21世纪全国高等院校汽车类创新型应用人才培养规划教材

汽车电气设备

主　编　吴焕芹　卢彦群
副主编　杨　帆
主　审　田晋跃

北京大学出版社
PEKING UNIVERSITY PRESS

内容简介

本书围绕培养高等复合型工程人才的需要，从人才培养的实际目标和任务出发，系统介绍了汽车电气设备的结构、工作原理及维修的相关知识，主要内容包括汽车电气设备的特点与组成、汽车供电系统、汽车起动机、汽车点火系统、汽车照明与信号系统、汽车仪表及报警系统、汽车安全气囊与安全带、汽车空调系统、汽车其他辅助电气设备、汽车全车电路等。书中内容阐述通俗易懂、精选实例，图文并茂，课后习题类型丰富。

本书可作为车辆工程及相近专业的专业课教材，也可作为相关工程技术人员的参考用书。

图书在版编目(CIP)数据

汽车电气设备/吴焕芹，卢彦群主编. —北京：北京大学出版社，2014.10
(21世纪全国高等院校汽车类创新型应用人才培养规划教材)
ISBN 978-7-301-24947-5

Ⅰ.①汽… Ⅱ.①吴… ②卢… Ⅲ.①汽车—电气设备—高等学校—教材 Ⅳ.①U463.6

中国版本图书馆CIP数据核字(2014)第231931号

书　　名：汽车电气设备
著作责任者：吴焕芹　卢彦群　主编
策 划 编 辑：童君鑫　黄红珍
责 任 编 辑：黄红珍
标 准 书 号：ISBN 978-7-301-24947-5/TH·0409
出 版 发 行：北京大学出版社
地　　址：北京市海淀区成府路205号　100871
网　　址：http://www.pup.cn　新浪官方微博：@北京大学出版社
电 子 信 箱：pup_6@163.com
电　　话：邮购部62752015　发行部62750672　编辑部62750667　出版部62754962
印　刷　者：北京鑫海金澳胶印有限公司
经　销　者：新华书店
787毫米×1092毫米　16开本　21.25印张　494千字
2014年10月第1版　2014年10月第1次印刷
定　　价：42.00元

前　言

进入21世纪以来，随着社会经济的快速发展，汽车工业在全面奔小康的进程中发挥着越来越大的作用，而汽车电气设备在汽车中的地位和作用也日益突出，它直接影响着汽车的动力性、经济性、环保性、舒适性和安全性。汽车电气设备的结构和功能日趋复杂和完善，自动化程度越来越高，产品品种越来越齐全。同时，国家提出，要调整优化大学生招生结构，大幅增加工程类专业招生比例，加强应用型人才、复合型人才和拔尖创新人才培养，扩大卓越工程师教育培养计划试点范围；教育部明确指出，要大力发展高等工程教育，培养一大批具有一定理论基础和较强实践能力的，适应现代生产、建设、管理、服务第一线的应用型人才，这是经济建设和社会发展的迫切需要，也为我们培养车辆工程方面的实用型人才提出了新的要求。因此，我们遵照教育部高等教育教材建设的要求，围绕培养高等复合型工程人才的需要，从人才培养的实际目标和任务出发，结合我们多年教学经验和体会，以理论够用为度，以能力培养为目标，构思和编写了本书。

本书是车辆工程、工程机械、汽车等专业的主要专业课教材，是规划教材之一。全书共分为10章，涉及汽车电气设备的特点与组成、汽车供电系统、汽车起动机、汽车点火系统、汽车照明与信号系统、汽车仪表及报警系统、汽车安全气囊与安全带、汽车空调系统、汽车其他辅助电气设备、汽车全车电路等内容。

本书的主要特点：①强调理论联系实际，注重实用性和培养大学生的应用实践能力及创新精神；②在每一章节中，重点突出基本原理兼典型车型实例，以建立原理与实车的有机内在联系；③每一章都设有导入案例，可以激发学生的学习兴趣；④每章后面都有复习思考题，题型多种多样，以利延伸思考、拓展视野；⑤教材的编排适合应用型人才的培养教育模式，力争汲取汽车电气领域最新成果，对教学、工程实践有一定的参考价值。

由于各学校课时数、教学侧重点不同，故各自应当按照自己的需求，在课时数和内容上做出适当选择。

本书可作为车辆工程及相关专业的专业课教材，也可以作为相关工程技术人员的参考书。

本书由吴焕芹、卢彦群教授担任主编，杨帆担任副主编，其中第1～3章、第5～6章和第8章由吴焕芹编写，第4章由卢彦群编写，第7章由齐芳编写，第9章由杨帆编写，第10章由蒋汪萍编写，全书由吴焕芹负责统稿、修订，由田晋跃教授主审。在此，我们向所有在本书的编写和出版过程中给予帮助的同志表示衷心的感谢！

由于编者水平有限，书中难免有疏漏之处，敬请读者提出宝贵意见。

编者

2014年5月

目　录

第1章 汽车电气基础知识

学习目标

掌握汽车电气系统的特点；

了解汽车电气系统的基本组成；

了解汽车电气系统常用检测工具及仪器设备，熟悉其使用方法；

了解汽车电气系统常见故障诊断方法。

教学要点

知识要点	能力要求	相关知识
汽车电气系统的特点	掌握汽车电气系统的特点，了解汽车负极搭铁的优点	低压、直流、单线制、并联连接、负极搭铁
汽车电气系统基本组成	了解汽车电气系统的基本组成，掌握汽车常见的保险装置，了解常用继电器、开关装置的类型，了解汽车导线及插接器	供配电盘、插接器、导线、开关装置
汽车电气系统常用检测工具及仪器设备	了解汽车电气系统常用检测工具及仪器设备，熟悉其使用方法	跨接线、试灯、汽车专用万用表
汽车电气系统常见故障诊断方法	了解汽车电气系统常见故障诊断方法	短路法、断路法、仪表检测、试火法

导入案例

早期的汽车电气系统非常简单，主要由起动系统、灯光信号系统和汽油机的点火系统构成。由于汽车用电量较小，汽车电气系统主要是电压为6V的电路系统。伴随着半导体器件的问世，电子技术在汽车领域中得到了广泛的应用，如电子控制燃油喷射、防抱死制动系统、主动悬架、电动助力转向、空调系统等。为了满足日益增长的汽车用电功率的需求，从20世纪50年代开始，汽车电气系统的电压逐渐由原来的6V上升至12V。

科技的进步，推动了汽车电气化的发展。据统计，自1990年开始，汽车的用电量每年以5%～8%的比例增加，汽车电子部件所占比例日益增加。电气化的汽车产品，具有更高的能源利用效率，从而降低了能源的使用成本，并顺应了日益被关注的环保趋势，有更少的二氧化碳和其他污染性气体排放量。与此同时，电气化的汽车，可在保证原有使用功能的基础上，使汽车有更强的安全性，并赋予汽车更多的便捷化和智能化功能，改善了消费者的使用体验，大幅提升了汽车在日常生活中的应用价值。

如果不能正确使用与维护汽车电器设备与电子电路系统，稍不留神就会酿成大祸，如汽车自燃等。其实，在自燃事故当中，汽车电路起火占据了自燃事件的较大比例。其中电路线路老化和汽车电路负荷过高都是主要原因。其一，由于发动机工作时，点火线圈的温度很高，容易使高压点火导线的绝缘层软化、老化、裂损，点火高压电易击穿绝缘层，造成高压电漏电、短路从而导致自燃。其二，现代汽车拥有越来越多的电子控制技术，汽车智能化的应用更使得汽车电子相应耗电量大幅提高。汽车上电路系统的负荷空间有限，汽车微电脑、电子元器件及各种传感器电路系统都容易造成损伤，故大量增加的各种附加电子设备，增加了汽车电路的负担，从而引发自燃火灾。除此之外，安装电器、改装线路也是造成短路从而引发汽车自燃的重要原因。

汽车电路系统的保养也是汽车养护的核心内容之一，如果电路是因为老化而漏电，则一定要及时更换，尤其对于使用3年以上的车辆，每年去维修厂进行一次彻底的汽车电路系统保养非常关键。

1.1 汽车电气系统的特点

汽车电气系统是汽车的重要组成部分，有其自身的特点，具体如下。

1. 低压

汽车电气系统的标称电压，汽油机为14V，柴油机为28V。对于发电装置，14V系统的蓄电池电压为12V，28V系统的蓄电池电压为24V。随着汽车车载电器和电子设备用电功率的持续增加，以及混合动力汽车、电动汽车技术的发展需求的不断提高，汽车电气系统的供电电压已提高到42V及42V/14V、42V/28V混合使用，但仍属于低压，在安全电压范围内。汽车电气系统采用低压的原因是安全性好，蓄电池单格数少，有利于减少蓄电池的质量和尺寸。

2. 直流

汽车电气系统均采用直流供电，其原因是发动机要靠直流电动机起动，电动机由蓄电池供电，而蓄电池电能消耗后又必须用直流电充电，所以汽车电气系统采用直流供电系统。

3. 单线制

单线制是指从电源到用电设备只用一根导线连接，而用汽车底盘、发动机等金属机体作为另一公共导线。由于单线制节省导线、线路简化清晰、安装和检修方便，且电器机件也不需要与车体绝缘，所以现代汽车电气系统普遍采用单线制。

随着汽车电子控制系统的发展，为了使电控系统工作可靠，其基本采用双线制，还有车载网络也采用双线制甚至四线制。

单线制目前仅指传统电气设备，如起动系统、点火系统、照明系统等大电流系统。

4. 并联连接

并联连接是指汽车上的双电源并联连接，可以起到互补的作用；汽车上的各种用电设备并联连接后，每个用电设备都由各自串联在其支路中的专用开关控制，不会产生相互干扰。

5. 负极搭铁

搭铁是指采用单线制时，将蓄电池的一个电极用导线连接到发动机或底盘等金属车体上。若蓄电池的负极与车体连接，就是负极搭铁；反之，若蓄电池的正极连接到金属车体上，则称为正极搭铁。

采用负极搭铁时，汽车电器对无线电设备(如汽车音响、通信系统等)的干扰小，故目前世界各国生产的汽车大多采用负极搭铁。

由于汽车上的电路都采用单线制，所以汽车上的搭铁与其他非单线制电控设备的接地有着本质的不同。汽车上的搭铁点和汽车车体都是汽车电器工作回路的重要组成部分。有些汽车故障就是由于导线的搭铁不良，没有构成回路，而造成电器的功能不能实现。搭铁点的分布一般是按电器位置、导线线束的走向和控制电流的流向等设计布置的。相隔不远的电器或电器导线走向一致的常常采用同一个搭铁点。因此，当搭铁点接触不良或电阻过大时，故障表现出的形式常常会有多种现象，即在该搭铁点上的多种电器电路均没有构成回路，从而使各电器功能失效。汽车的搭铁位置随车型的不同和配置的不同而有所差别。

1.2 汽车电气系统基本组成

汽车电气系统主要由供电装置(电源)、中间连接装置和用电设备组成。

汽车电源主要是蓄电池、交流发电机及电压调节器。

用电设备不仅包括传统的起动机、照明装置、空调、音响、辅助电器设备等用电装置，还包括许多新的车身电器设备和电控装置，如发动机电控系统、ABS、ESP、电控助力转向、电控悬架、安全气囊、车载导航等系统。

任何用电装置要获得电源供电，中间装置的连接必不可少。汽车上用的中间连接装置包括供配电盘、导线、开关、插接器、接线端子等，这些中间装置的选用和装配直接影响到用电设备的运行状况。

汽车供配电是指把汽车电源的电分配到各个控制系统及用电设备上。现在，不同的汽车最大的区别就是其所用电器配置和汽车供配电不同。由于汽车电器的配置不同，所以汽车供配电和电器的控制电路也不相同。

汽车供配电盘一般多在发动机舱内或驾驶舱前部，主要由熔断器、继电器、接线端子等组成，图 1.1～图 1.3 分别为桑塔纳 2000GSI 和广汽本田 2003 雅阁车的供配电盘。

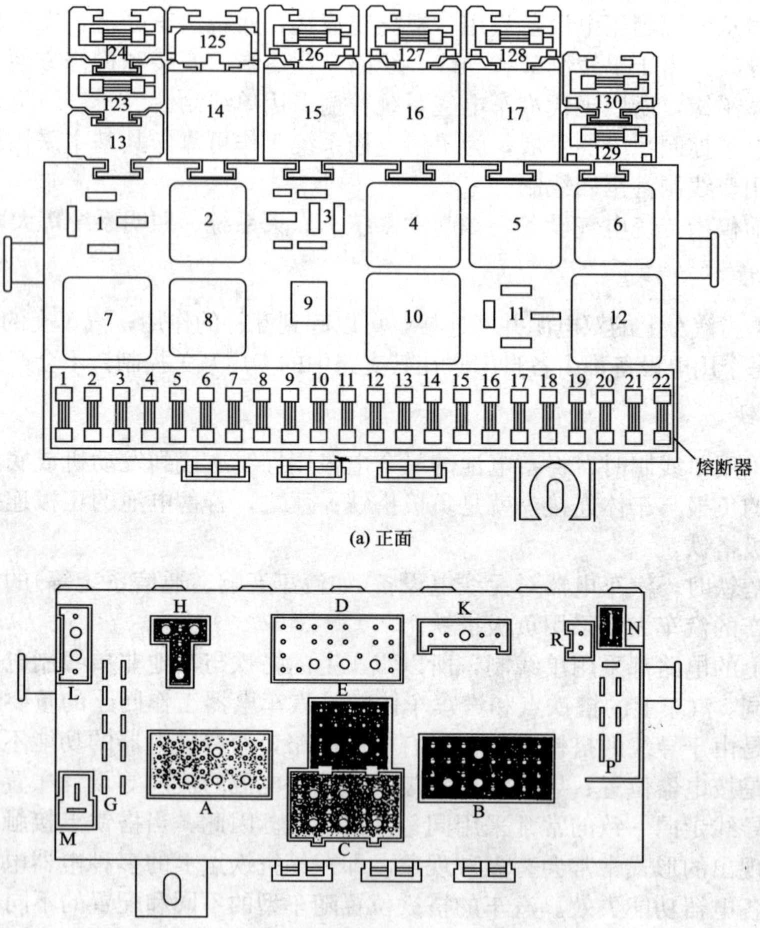

(a) 正面

(b) 反面

图 1.1　桑塔纳 2000GSI 供配电盘

继电器名称：1—空位；2—汽油泵继电器；3—空位；4—冷却液液位控制器；5—空调继电器；6—喇叭继电器；7—雾灯继电器；8—X 接触继电器；9—空位；10—刮水器继电器；11—空位；12—转向灯继电器；13—诊断线插座；14—摇窗机自动下降继电器；15—摇窗机延时继电器；16—内顶灯延时继电器；17—压缩机切断继电器

熔断器名称：1—散热风扇(不开空调时)(30A)；2—制动灯(10A)；3—点烟器、集控门锁、数字钟、内顶灯、后阅读灯、行李舱灯、遮阳板灯(15A)；4—警告灯(15A)；5—汽油泵(10A)；6—前雾灯(15A)；7—左尾灯、左前停车灯(10A)；8—右尾灯、右前停车灯、发动机舱照明灯(10A)；9—右前照灯(远光)(10A)；10—左前照灯(远光)(10A)；11—前风窗刮水器、清洗泵(15A)；12—电动摇窗机、ABS 控制单元(15A)；13—后窗除霜器(20A)；14—空调继电器(20A)；15—倒车灯、车速传感器(10A)；16—喇叭(15A)；17—发动机控制单元(10A)；18—喇叭继电器、灯光开关、ABS 警告灯(10A)；19—收放机、转向灯、防盗器控制单元(10A)；20—牌照灯、杂物箱照明灯(10A)；21—左前照灯(近光)(10A)；22—右前照灯(近光)(10A)；123—喷油器、空气流量计、炭罐电磁阀、氧传感器加热器(10A)；124—后雾灯(10A)；125—电动摇窗机热保护器；126—空调鼓风电动机(30A)；127—自动天线(10A)；128—电动后视镜(3A)；129—ABS 液压泵(30A)；130—ABS 电磁阀(30A)

背面线束：A—仪表板线束(蓝色)；B—仪表板线束(红色)；C—前照灯线束(黄色)；D—发动机线束(白色)；E—尾部线束(黑色)；G—连接单个插头(颜色不定)；H—空调操纵线束(棕色)；K—空位；L—连接喇叭继电器(在仪表板线束内)(灰色)；M—空位；N—单个插头(黑色)；P—连接单个插头(颜色不定)；R—空位

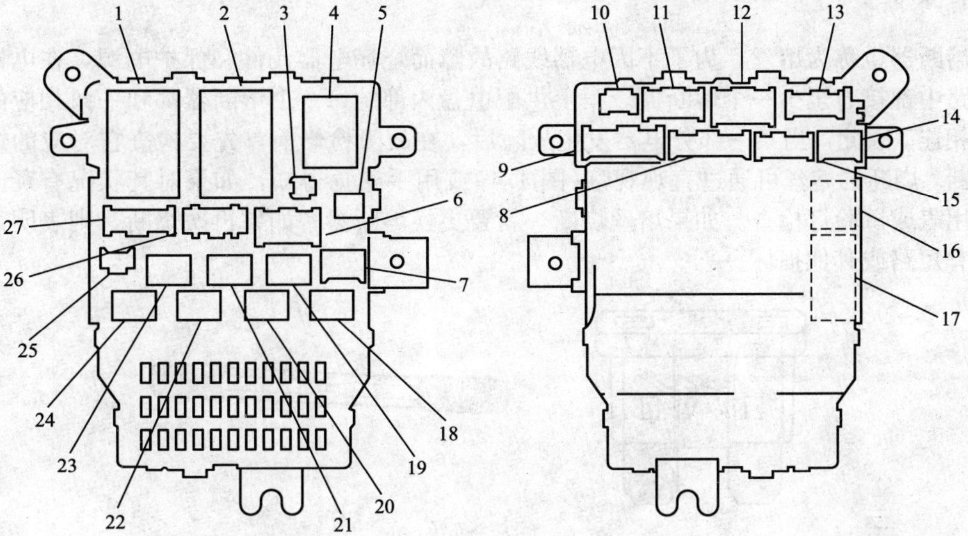

图 1.2 广汽本田 2003 雅阁供配电盘(一)

1—仪表板线束 X；2—仪表板线束 N；3—仪表板线束 R；4—转向信号/危险警告继电器；5—仪表板线束 S；6—仪表板线束 A；7—选择插接器；8—地板线束 E；9—地板线束 F；10—车顶线束 I；11—发动机室线束 C；12—发动机室线束 B；13—发动机室线束 D；14—空位；15—地板线束 H；16—仪表板线束 Q；17—仪表板线束 P；18—起动机切断继电器；19—A/C 压缩机离合器继电器；20—A/F 传感器继电器；21—PGN-F1 主继电器 1；22—电动机窗继电器；23—点火线圈继电器；24—PGM-F1 主继电器 2；25—MCIC(MPCS)维修检测插接器；26—驾驶员车门线束 K；27—驾驶人车门线束 J

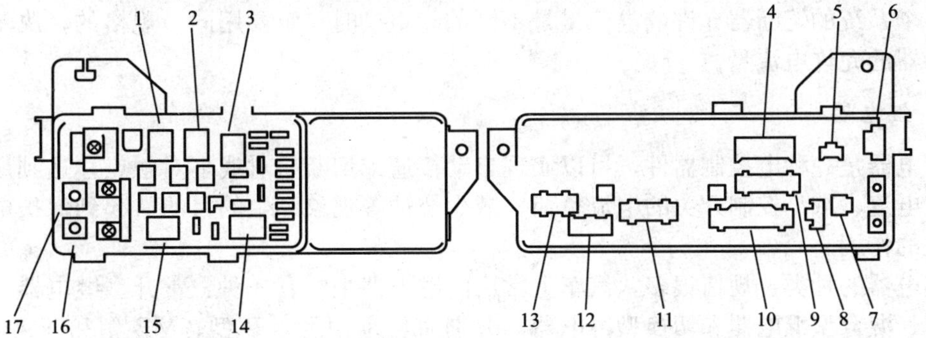

图 1.3 广汽本田 2003 雅阁供配电盘(二)

1—鼓风机电动机继电器；2—A/C 压缩机离合器继电器；3—后车窗除雾器继电器；4、6、8、9、12、13—发动机室线束；5—发动机室线束(ELD 装置)；7—空位；10、11—前发动机室线束；14—散热器风扇继电器；15—冷凝器风扇继电器；16、17—起动机副线束

1. 熔断器

熔断器也称为熔丝，为了不因电器线路故障而烧坏电器元件和保护电源，在电器的供电线路中都接有至少一个熔断器。车上供配电盘内部的每一个熔断器都和一条相应的电气线路相连。因此，当某一部分电器发生故障后，在故障检修前首先要检查它对应的熔丝是否烧断。烧断的熔丝可通过直观观察(图 1.4)或用手感觉得知，如果对其状况有疑问，可用万用表或试验灯检查。如果熔丝烧断，就要更换熔断器。如果再次烧断，则表明系统内一定有短路或其他损坏。

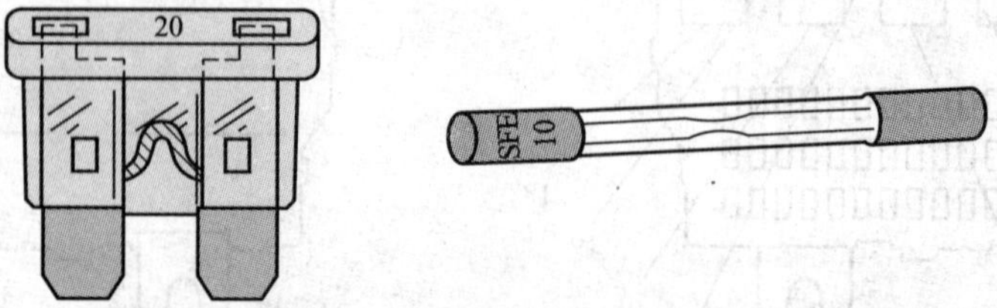

(a) 熔丝完好

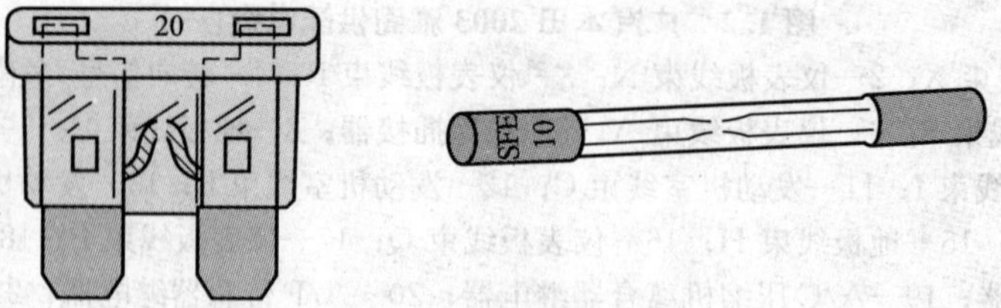

(b) 熔丝烧断

图 1.4　熔断器

熔断器是以允许通过的最大额定电流来规定的。汽车上常用熔断器的规格有 30A、20A、15A、10A、3A 等，它们分别用绿、黄、蓝、紫、红等不同的颜色来加以区别。要注意各个系统的熔断器允许的电流量是不同的，更换时一定要用同一规格的，决不可以加大熔断器的允许电流量。

2. 继电器

继电器是一种电控制器件，可以实现自动接通或切断一对或多对触点，达到用小电流控制大电流、减小控制开关的电流负荷、减少烧蚀等现象产生的目的，起到保护电路中控制开关的作用。

继电器的种类、规格很多，汽车上常用的继电器主要有 4 种：常开型继电器、常闭型继电器、混合型继电器和切换型继电器，分别命名为 M 型、B 型、MB 型和 T 型继电器。继电器外形如图 1.5 所示，内部结构如图 1.6 所示，其符号与性能见表 1-1，一些常用的标准继电器见表 1-2。

继电器上一般都印有该继电器的电路符号，并指明了各插脚，与供配电盘正面板的继电器插座的插孔标号相对应。若所印符号和插脚不清楚，则可用试灯或万用表的电阻挡根据继电器的规格和性能判定。

有些设计将继电器与电子电路组合在一起，构成功能模块，如闪光放大器(也称为闪光继电器)和刮水放大器(也称为刮水器继电器)等。

图 1.5　继电器

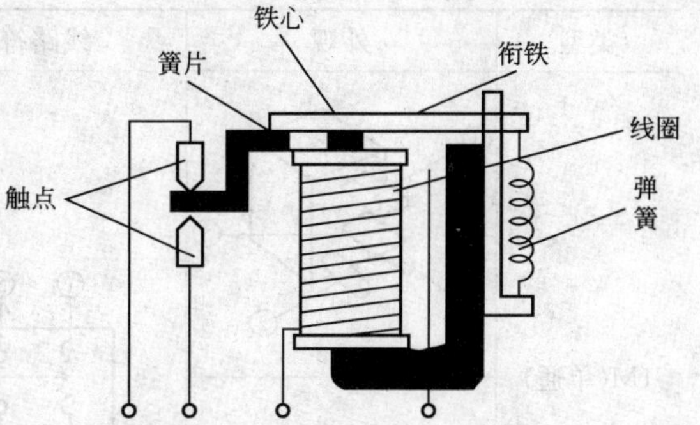

图 1.6　继电器内部结构示意图

表 1-1　继电器的规格和性能

常开型继电路	常闭型继电器	混合型继电器	切换型继电器
1M（单通）	1B（单断）	1M1B（一通一断）	1T（单切换）
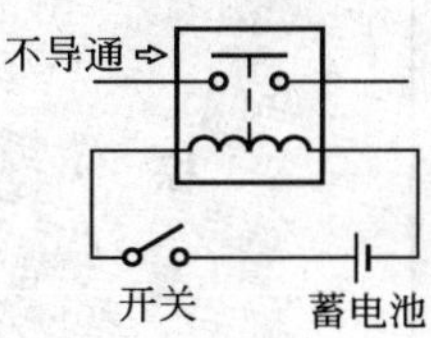	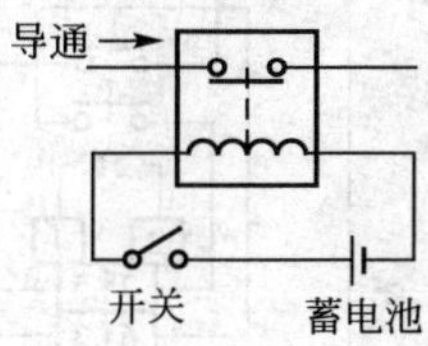	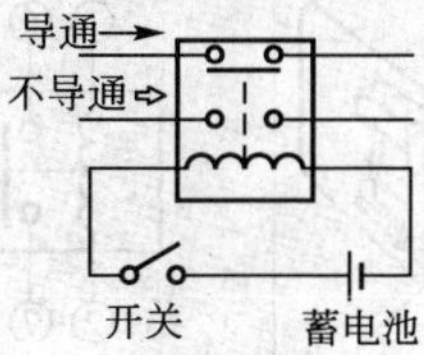	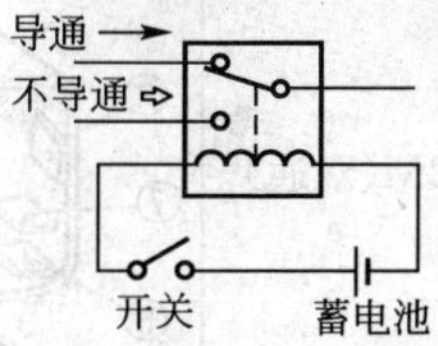
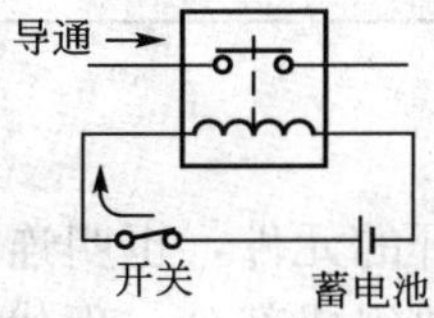	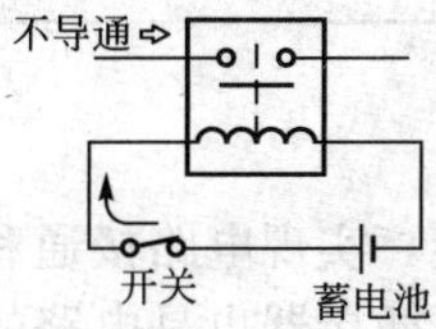	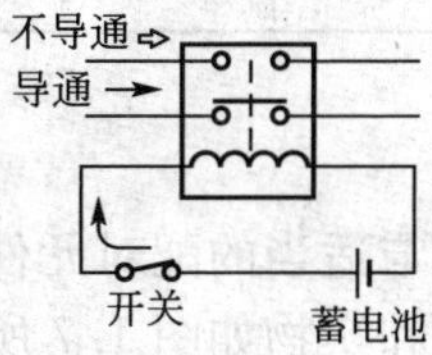	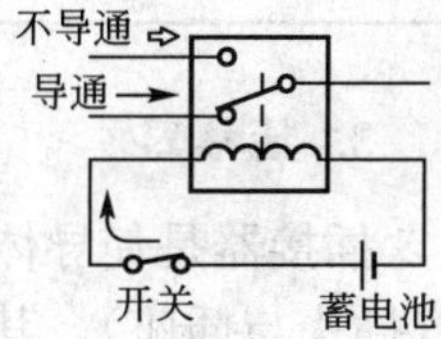

表 1-2　标准继电器

类型	外观	线路符号	插接件符号及接线	颜色
IT(单切换)	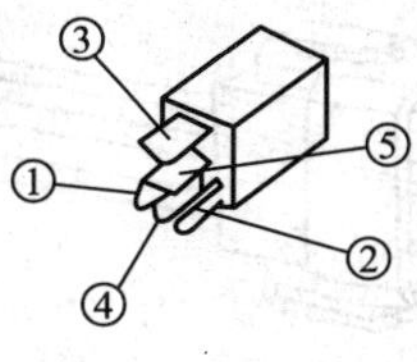	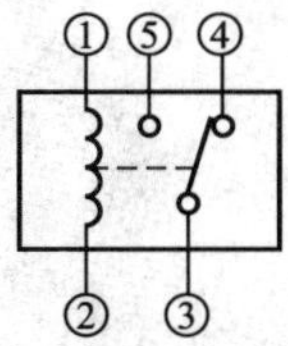	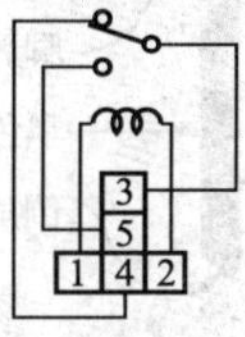	黑
	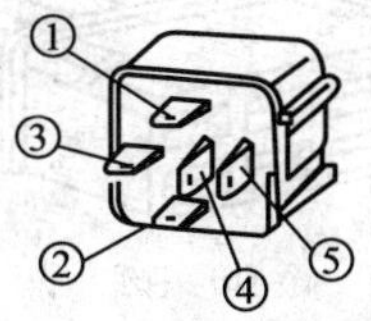		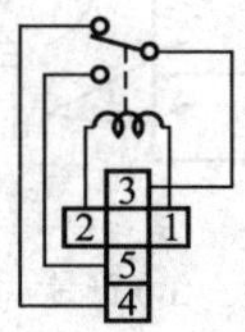	蓝或绿

（续）

类型	外观	线路符号	插接件符号及接线	颜色
1M(单通)	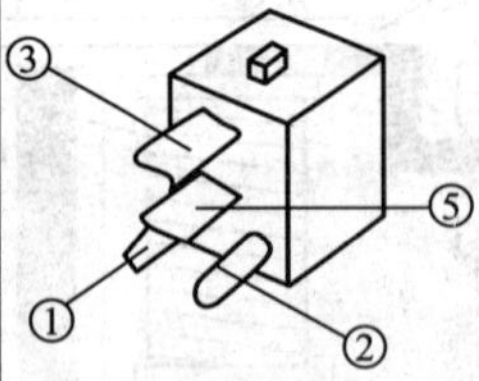	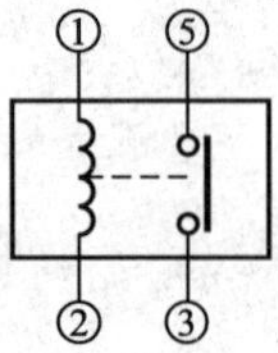	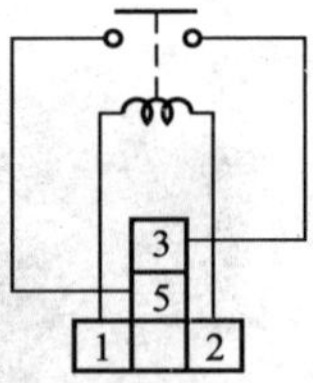	黑
			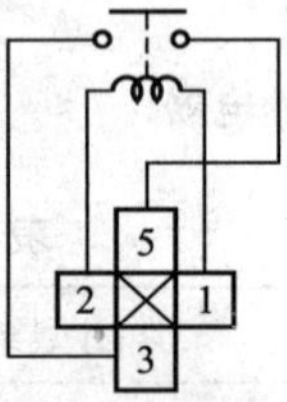	蓝
2M(双通)	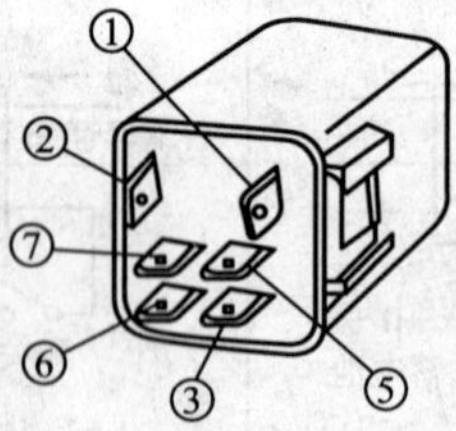	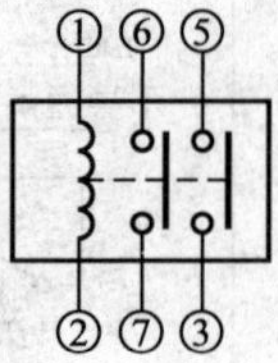	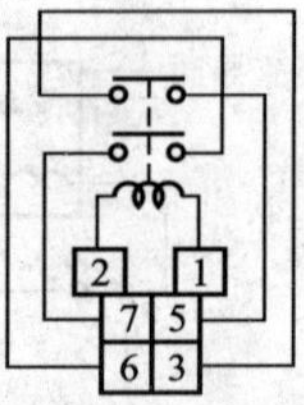	棕

3. 插接器

插接器是使导体(线)与适当的配对元件连接，实现电路接通和断开的元件，也叫连接器(插头与插座)，其符号和实物如图 1.7 所示。插接器也是电路的重要组成部分，现代一辆典型轻型汽车大约有 1500 个插接器，汽车电器部分的故障多数是由于插接器的接触不良或短路、断路而造成的相应部分工作失灵。故障检修时，在检查过熔断器后接下来就要检查插接器与导线了，在保证电路畅通无误后，再去检查电子元件。

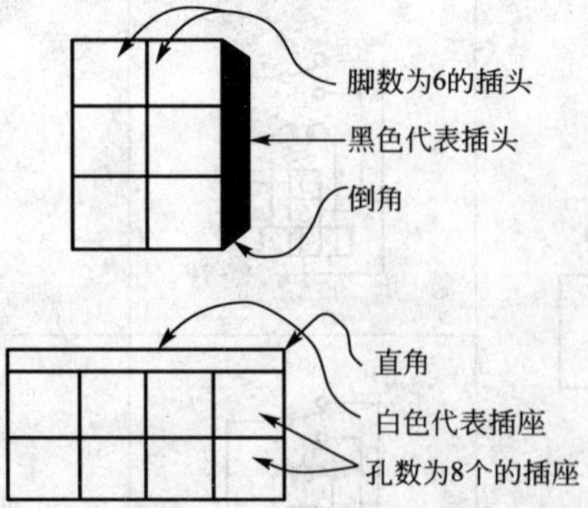

(a) 符号

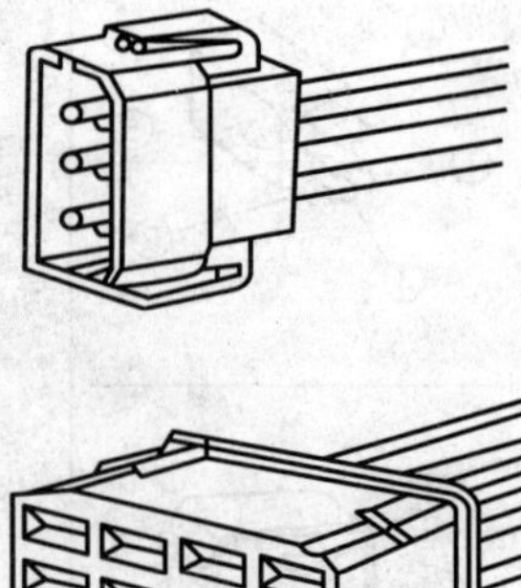

(b) 实物

图 1.7　插接器的符号和实物示意图

为防止汽车在行驶过程中插接器偶然松脱，汽车上所有线束的插接器都有锁止部分。某些插接器(插头)的侧面带有一个夹子，用于将插接器固定到位于车身或另一部件上的固定座上，此夹子采用拉式锁件。固定好的插接器是无法断开插接的，除非首先按压夹子松开锁件，然后再将插接器从其固定座上拔下。某些插接器(插座)的侧面带有一个锁环，用于将插接器(插头)上的固定桩锁住(扣住)，断开插接时要先提起锁环，然后再将插接器断开，如图 1.8 所示。注意：分离插接器时，不得牵拉接线，应该拉动插接器体。在连接插接器前，应确保插接器洁净且无松脱的接线端子，确保接线端子处在原位，并且没有弯折，要检查防松止动器和橡胶密封是否有松脱。某些插接器的背面填充了防水油脂，在扣塑料帽前必要时要添加油脂，如果油脂被污染，则予以更换，如图 1.9 所示。最后直接插好插接器并要确保可靠锁止。

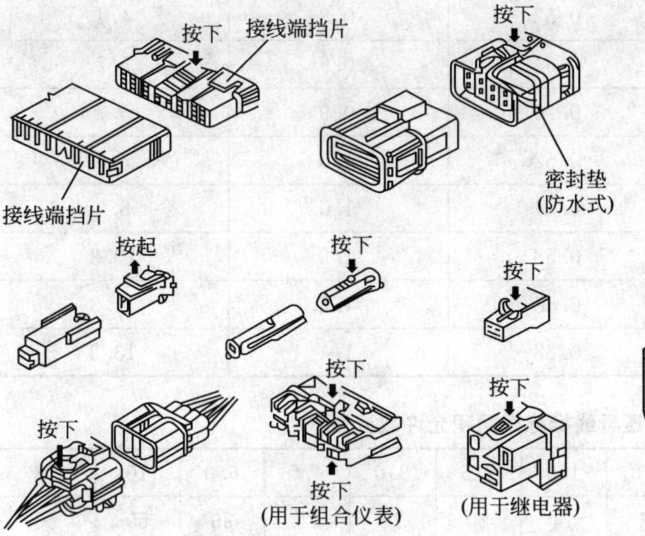

图 1.8　松开锁件示意图

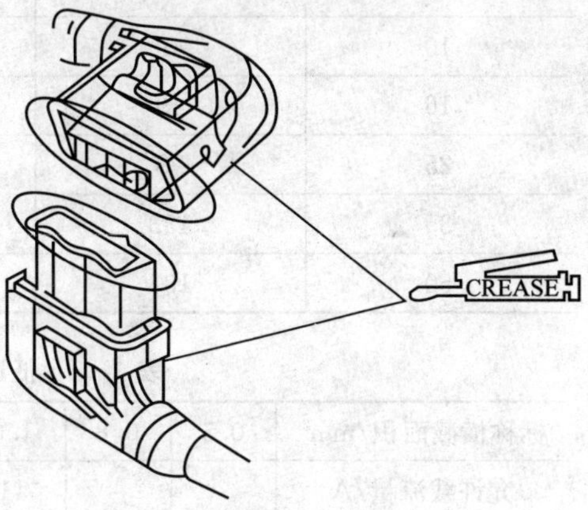

图 1.9　添加防水油脂示意图

4. 导线与线束

汽车用导线分为低压线和高压线两种。低压线又有普通导线、起动电缆和蓄电池搭铁电缆之分；高压线又有铜芯线与阻尼线之分。汽车导线主要根据导线的绝缘、通过电流的大小和机械强度 3 个方面的要求进行选择。

1) 低压导线

(1) 普通导线。普通低压导线为铜质多丝软线，根据其外皮绝缘包层材料的不同又分为 QVR 型(聚氯乙烯绝缘包层)和 QFR 型(聚氯乙烯-丁腈复合绝缘包层)两种。

普通导线的横截面积主要根据用电设备的工作电流进行选择。对功率很小的设备而言，如果仅根据工作电流的大小来选择导线，那么由于其截面积小、机械强度低，导线就很容易折断，因此汽车电气系统中所用的导线截面积最小的不小于 0.5mm²。汽车低压导线的结构与规格见表 1-3，其允许载流量见表 1-4，汽车 12V 电气系统主要电路导线横截面的推荐值见表 1-5。

表 1-3　汽车用低压导线的结构与规格

标称横截面积/mm²	线芯结构		绝缘层标称厚度/mm	电线最大外径/mm
	根数	单根直径/mm		
0.5			0.6	2.2
0.6			0.6	2.3
0.8	7	0.39	0.6	3.5
1.0	7	0.43	0.6	2.6
1.5	17	0.52	0.6	2.9
2.5	19	0.41	0.8	3.8
4	19	0.52	0.8	4.4
6	19	0.64	0.9	5.2
8	19	0.74	0.9	5.7
10	49	0.52	1.0	6.9
16	49	0.64	1.0	8.0
25	98	0.58	1.2	10.3
35	133	0.58	1.2	11.3
50	133	0.68	1.4	13.3

表 1-4　低压导线标称截面积允许载流量

标称横截面积/mm²	0.5	0.8	1.0	1.5	2.5	3.0	4.0	6.0	10	13
允许载流量/A			11	14	20	22	25	35	50	60

表 1-5　汽车 12V 电气系统主要电路导线横截面的推荐值

汽车种类	额定电压/V	标称截面/mm²	用于连接的电器设备与电路名称
轿车 载重车 挂车	12	0.5	尾灯、顶灯、指示灯、仪表灯、牌照灯、燃油表、刮水器、电动机、石英钟
		0.8	转向灯、制动灯、停车灯、分电器
		1.0	前照灯近光灯丝、电喇叭(3A 以上)
		1.5	前照灯远光灯丝、电喇叭(3A 以上)
		1.5～4	5A 以上线路(除本表所列电气线路以外)的连接导线
		4～6	电热塞
		4～25	电源线
		16～95	起动线路

导线截面还受通过电路的电压降的制约。整车电路的电压降最大允许值为0.8V。当发电机以额定负载工作时，电源线的电压降最大允许值为0.3V。当起动机通过起动电流时，电压降的最大允许值为0.5V。这是因为导线横截面积小时，导线电阻将增大，温度将升高。电阻增大会使电压降增大，可能导致用电设备供电电压不足而无法正常工作。温度升高会加速导线老化，缩短其使用寿命；温度过高还有可能导致火灾。

随着汽车电器增多，导线数量也不断增加。为了便于维修，低压导线常以不同颜色来区分。其中，横截面积在 $4mm^2$ 以上的采用单色线，而 $4mm^2$ 以下的采用双色线，双色线的主色所占的比例大些，辅助色所占的比例小些。辅助色条纹与主色条纹沿圆周表面的比例为1∶5～1∶3，双色线的标注第一色为主色，第二色为辅助色。汽车用低压导线的颜色、代码及主要用途见表1-6。

表1-6　汽车用低压导线的颜色、代号与主要用途

导线颜色	黑	白	红	绿	黄	棕	蓝
代号	B	W	R	G	Y	Br	Cr
用途	搭铁线	控制灯线	电源线	数据传输线	控制灯线	搭铁线	信号线

在全车线路中，为了生产和维修的方便，导线上一般都标注数字和字母符号，用来表示导线的截面积和颜色。如2.5RY、1.0RW等，其中数字2.5、1.0表示导线横截面积，单位为 mm^2；第一个字母R表示导线主色，第二个字母Y或W表示导线的辅助颜色，即轴向条纹状或螺旋状的颜色。

(2) 起动电缆。起动电缆是指连接蓄电池正极与起动机电源端子之间的电缆，其横截面积有 $25mm^2$、$35mm^2$、$50mm^2$、$70mm^2$ 等多种规格，允许电流高达500A乃至1000A以上。为了保证起动机正常工作并产生足够的驱动力矩，要求起动线路上每100A电流产生的电压降不得超过0.1～0.15V。

(3) 搭铁电缆。蓄电池搭铁电缆俗称搭铁线，线芯是由铜丝编织成的扁形软铜线。

2) 高压导线

高压导线用来传送高压，由于其工作电压很高(一般都在10kV以上)、电流强度较小，因此高压导线的绝缘包层很厚、线芯截面积很小，但耐压性能很好。国产汽车用高压导线有铜芯线与阻尼线两种。高压点火线的型号与规格见表1-7。

表1-7　高压点火线的型号与规格

型号	名称	线芯结构		标称外径/mm
		根数	单线直径/mm	
QGV	铜芯聚氯乙烯绝缘高压点火线	7	0.39	7.0±0.3
QGXV	铜芯橡胶绝缘聚氯乙烯护套高压点火线			
QGX	铜芯橡胶绝缘氯丁橡胶护套高压点火线			
QG	全塑料高压阻尼点火线	1	2.3	

3) 线束

汽车上的全车线路(除高压线以外)，为了让其不凌乱且方便安装和检修并保护导线的绝缘，一般都将同路的不同规格的导线用棉纱编织或用薄聚氯乙烯带半叠缠绕包扎成束，称为线束。一辆汽车可以有很多线束。

汽车线束在汽车电气系统中占有重要位置，尤其是近年来，随着汽车电器与电子设备的增多，线束总成的结构与线路也越来越复杂，如图 1.10 和图 1.11 所示。因此，对线束的结构、功能、适用性、可靠性都提出了更高的要求。

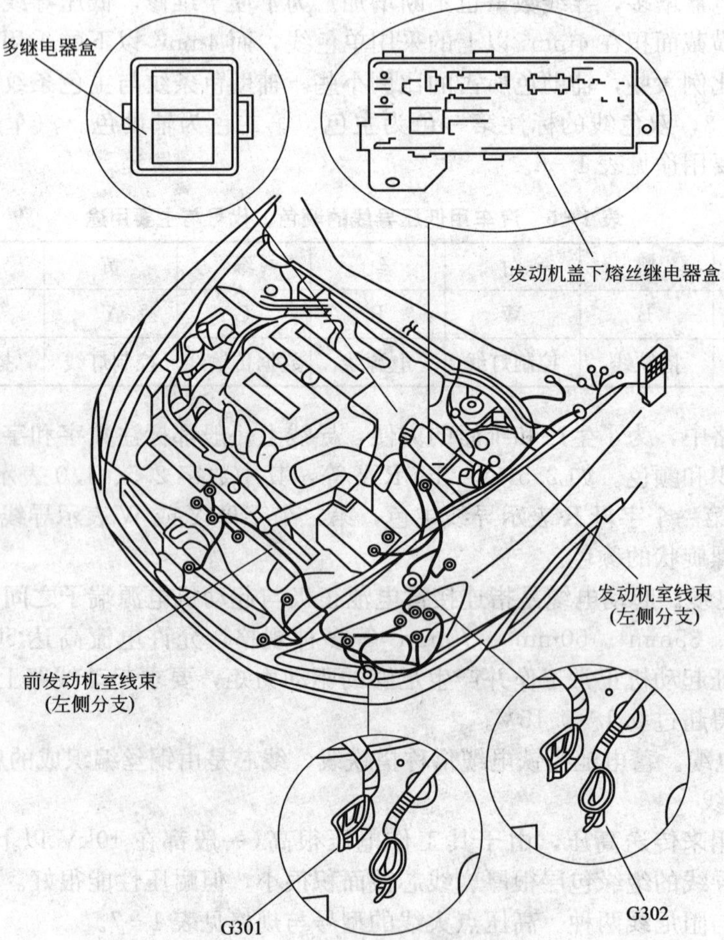

图 1.10　广汽本田 2003 雅阁发动机室线束与搭铁位置图

G301、G302—搭铁点

现代汽车的线束总成由导线、端子、插接器、护套等组成。端子一般由黄铜、纯铜、铝材料制成，它与导线的连接均采用冷铆压合的方法。为了避免装配和安装中出错，插接器还可制成不同的规格型号、形体和颜色，这样不仅拆装方便而且还不容易出现差错。

安装线束时，一般先将仪表板和车灯总开关、点火开关等连接好，然后再往汽车上安装。线束在安装时，应用卡簧或绊钉固定，以免松动磨坏；线束不得拉得过紧，尤其在拐弯处更要注意，在绕过锐角或穿过金属孔时，应用橡胶或护套保护，否则容易磨坏线束而发生短路、搭铁，并有烧毁全车线束、酿成火灾的危险；连接电器时，应根据插接器的规格及导线的颜色或接头处套管的颜色，分别接于电器上，不易辨别导线的头尾时，一般可

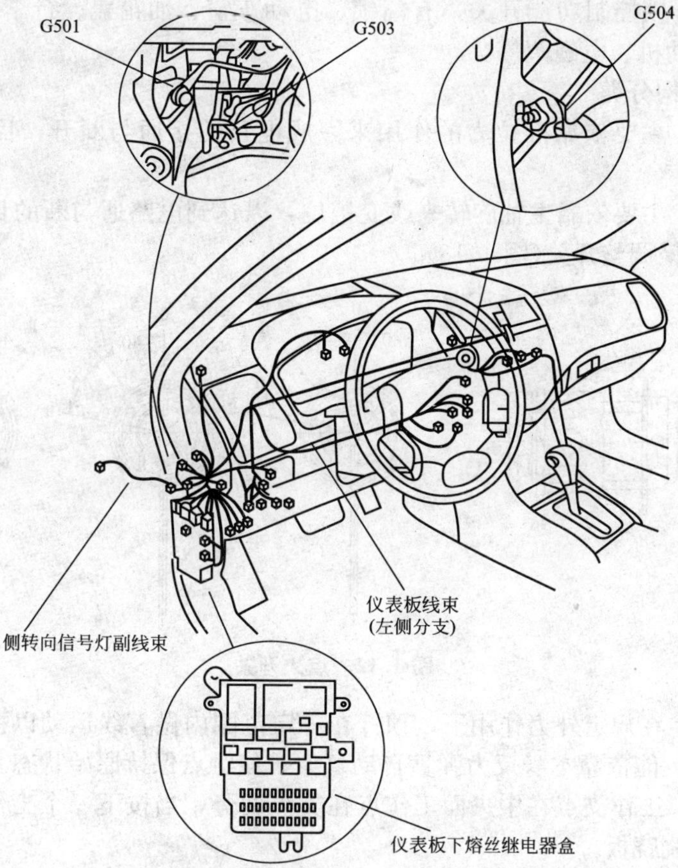

图 1.11　广汽本田 2003 雅阁仪表板线束与搭铁位置图

G501、G503、G504—搭铁点

用试灯法(1.3 节中将介绍)区分。

5. 开关装置

开关是汽车电气系统重要的组成部分，汽车电器开关类型较多，可以从功能与结构两个方面来分类。

1) 按功能分类

(1) 驾驶操作功能开关，有点火起动、恒速、超速、后视镜控制开关等。控制的负载有电动机、继电器、灯、电路等。

(2) 报警信号功能开关，有转向灯、喇叭、警告灯、制动灯开关等。控制的负载有灯、继电器、电磁阀等。

(3) 灯光信号控制功能开关，有前照灯、雾灯、倒车灯、仪表灯、踏步灯开关等。控制的负载主要是灯。

(4) 刮水器系统功能，如刮水器、洗涤器、风窗加热开关等。控制的负载有电动机、继电器、电阻、泵等。

(5) 空调系统控制功能开关，有风扇、空调、温控开关等。控制的负载有电动机、电磁阀等。

(6) 门、窗、锁控制功能开关，有门锁、电动车窗、油箱盖、行李舱、天窗开关等。控制的负载有电动机、电磁阀等。

2) 按机械结构分类

(1) 推拉式。主要依靠推拉力的作用来完成电路的接通与断开，目前仅在国内公交车、货车上使用。

(2) 旋转式。主要依靠主轴旋转来改变挡位，以达到电路通与断的目的。如点火开关(图 1.12)，后视镜调整开关(图 1.13)。

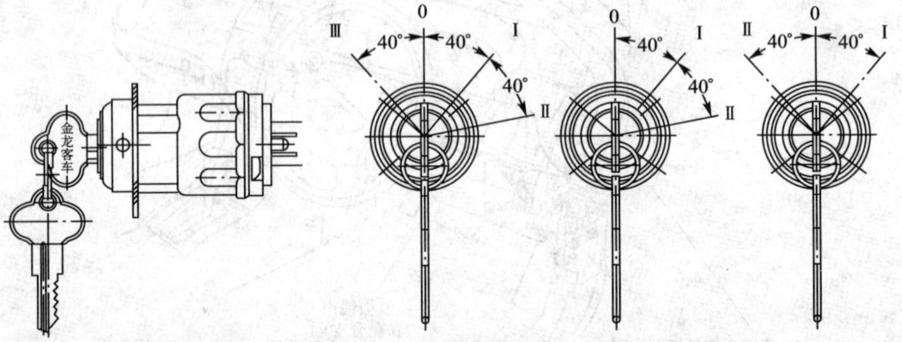

图 1.12　点火开关

(3) 顶杆式。在规定外力作用下，顶杆在一定范围内做直线运动以推动触点闭合或打开，外力消失时，能依靠本身反力弹簧自动复位，使触点保持原始状态。如制动灯开关。

(4) 跷板式。工作支点在中央而工作点在支点两旁，当按下一个工作面时，另一工作面则向上，形如跷跷板。

(5) 电子型。利用电子元件来实现控制汽车电路的作用。目前典型的产品是电子调光开关，如图 1.14 所示为配置在桑塔纳轿车上的前照灯开关，主要由旋转式开关和电子调光系统组成。

(6) 按钮式。通过点按的形式实现开关作用，此类型开关俗称 push 开关，该开关目前广泛用在上海通用别克、上海大众帕萨特(图 1.15)、神龙富康等车型上。

图 1.13　桑塔纳 2000 后视镜调整开关

图 1.14　桑塔纳轿车用前照灯开关

图 1.15　帕萨特轿车警告灯开关

(7) 板柄式开关。主要利用杠杆的作用原理来达到控制目的，典型的产品是当前普遍流行的组合开关。典型组合开关及功能见表1-8。

表1-8 目前典型的组合开关及功能

类别	名称	功能
灯光	变光开关 转向灯开关 停车灯开关	近光、远光、超车信号 断开、向左、向右、自动回位、变道 断开、向左、向右(点火锁处于断开状态)
用电量控制	刮水器开关 洗涤器开关 喇叭按钮触点	断开、低速、高速、间歇、短暂 断开、接通 断开、接通
电源控制	点火开关	闭锁、接通、点火、起动
防盗控制	转向锁	开锁、锁紧、保险

阅读材料1-1

信号型开关

随着电子技术的发展，车载电脑和车载网络的应用日趋普及，控制开关和用电设备的控制形式也发生了一些变化，产生了信号型开关，并获得了推广和应用。信号型开关和传统控制开关的主要区别见表1-9。

表1-9 信号型开关和传统控制开关的比较

对比内容	传统的控制开关	信号型开关
电路连接形式	开关与用电设备串联	开关与用电设备没有直接电路连接
控制形式	直接控制	间接控制
流经开关的电流	与用电设备的工作电流相等	信号电流小
开关的功能	不能改变	可以根据需要重新定义

3) 开关的符号表示

各品牌汽车的开关符号不相同，可查阅相关手册。电路中常见的开关符号见表1-10。

表1-10 电路中常见的开关符号

序号	图形符号	名称	序号	图形符号	名称
1	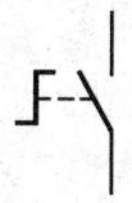	旋转、旋钮开关	2	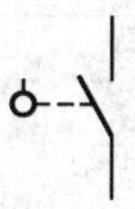	液位控制开关

（续）

序号	图形符号	名称
3	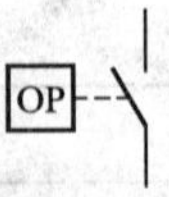	机油滤清器报警开关
4	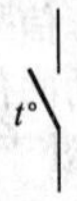	热敏开关动合触点
5	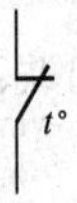	热敏开关动断触点
6	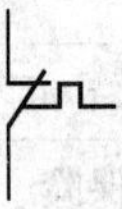	热敏自动开关动断触点
7	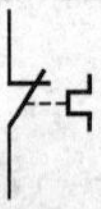	热继电器触点
8	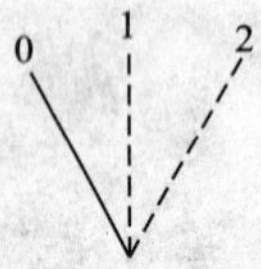	旋转多挡开关位置
9		钥匙操作
10		热执行器操作
11		温度控制
12		压力控制
13	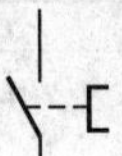	拉拔开关
14	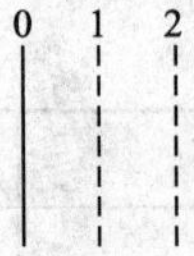	推拉多挡开关位置
15	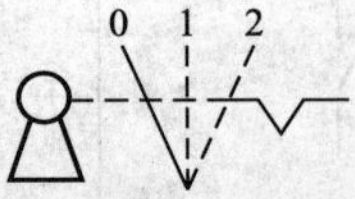	钥匙开关（全部定位）
16	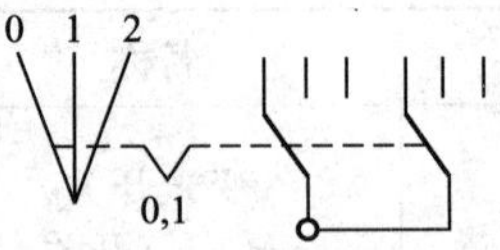	多挡开关，点火、起动开关，瞬时位置为 2 能自动返回至 1（即 2 挡不能定位）
17	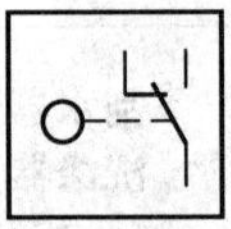	节流阀开关
18	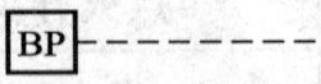	制动压力控制
19		液位控制
20	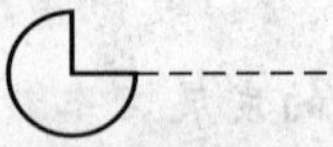	凸轮控制
21	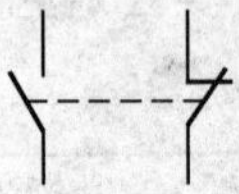	联动开关
22	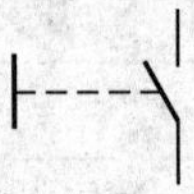	手动开关的一般符号
23	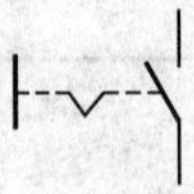	定位（非自动复位）开关
24	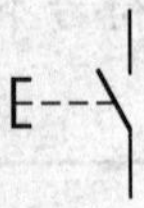	按钮开关
25	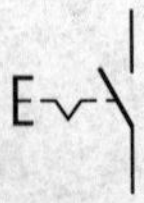	能定位的按钮开关

1.3 汽车电气系统常用检测工具及仪器

1.3.1 跨接线

跨接线是一根测试导线，如图 1.16 所示。使用跨接线，即用已知良好的导线来代替怀疑有故障的电路部分。它可以使电流“绕过”被怀疑已开路或断路的电路部分，从而使电路形成回路，如图 1.17 所示，因此，其作用相当于导通性测试。

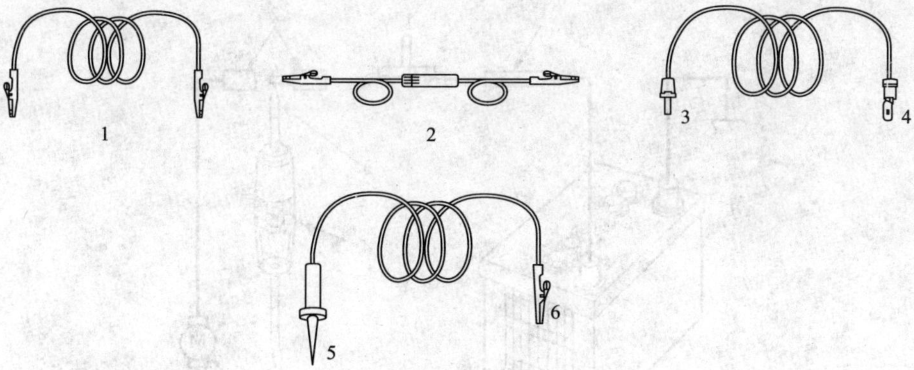

图 1.16 各种类型的跨接线

1、6—鳄鱼夹；2—带直列式熔丝的跨接线；3—针形端子；4—接片端子；5—探头

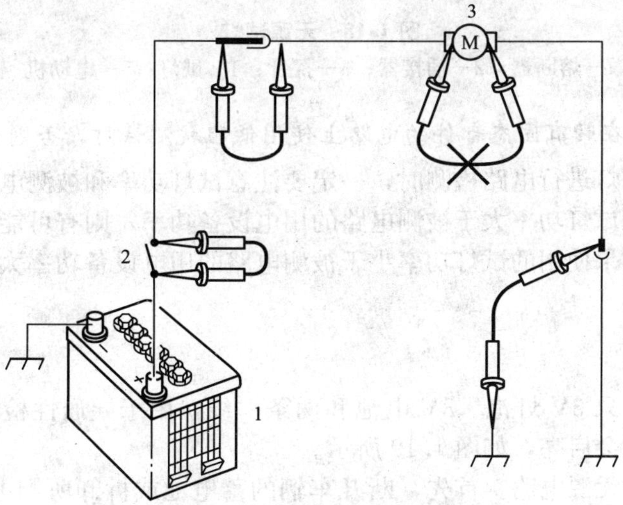

图 1.17 跨接线检测示意图

1—蓄电池；2—开关；3—电动机

如果连接好跨接线后电路工作正常，不连接跨接线时工作不正常，则表示所跨接的部位存在开路故障。

注意：跨接线仅用于旁通电路的非电阻性部件，如开关、插接器和导线段等；禁止在任何负载两端使用跨接线，因为这样会导致蓄电池直接短路并熔断熔丝或烧损其相关电气元件。

1.3.2 试灯

1. 无源试灯

无源试灯包括一只12V灯泡和两条引线，如图1.18所示，用于测试是否有电压。在将一条引线接地后，用另一条引线沿电路接触不同的点，检测接触点是否有电压。如果灯泡启亮，表明测试点有电压。

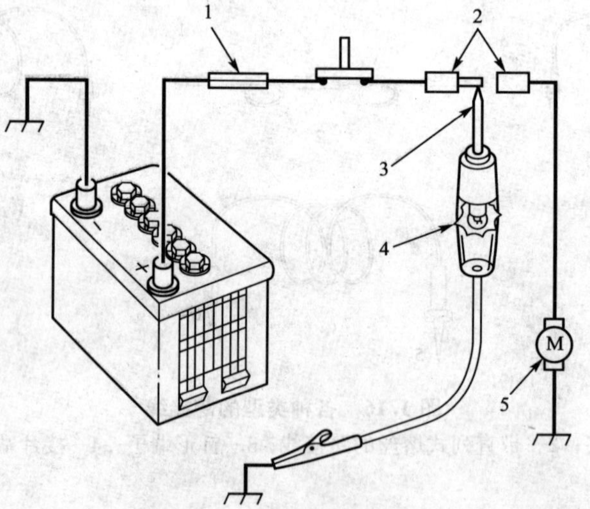

图1.18 无源试灯

1—熔断器；2—插接器；3—探针；4—试灯；5—电动机

注意：禁止在带有固态部件的电路上使用低阻抗测试灯，否则会损坏这些部件。

另外，用无源试灯进行电路检测时，一定要注意试灯功率和被测电路的用电设备功率相匹配。如果使用的试灯功率大于被测电路的用电设备功率，则有可能会损伤被测电路及其相关电路元件；如果使用的试灯功率小于被测电路的用电设备功率太多，则有可能使检测结果不真实。

2. 有源试灯

有源试灯包括一只3V灯泡、3V电池和两条引线，用于导通性检查。如果使两条引线相互接触，灯泡就会启亮，如图1.19所示。

有源试灯仅用于无源电路。首先，断开车辆的蓄电池或拆卸所测电路供电的熔断器。在应该导通的电路上选择两点，将有源试灯的两条引线连接至这两点。如果电路导通，试灯电路应形成回路，灯泡将启亮。

注意：禁止在带有固态部件的电路上使用有源试灯，否则会损坏这些部件，试灯的局限性在于它不能显示被检电路点的电压值是多少，另外，不提倡用试灯检测电子控制电路。

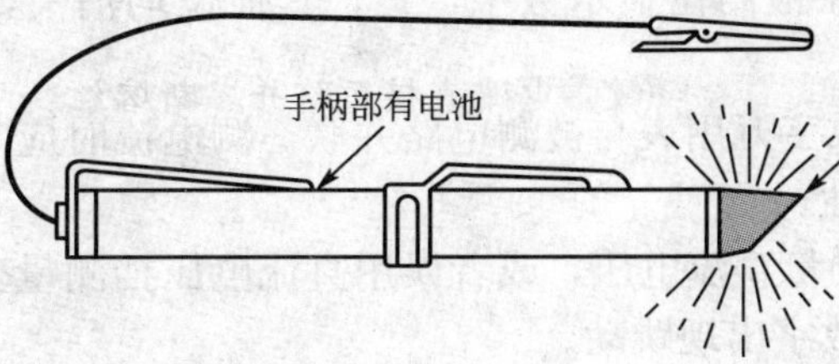

图 1.19　有源试灯

3. LED 试灯

LED 试灯是一种高阻抗试灯，可以用来检测电子电路。

1.3.3　万用表

1. 通用数字式万用表

通用数字式万用表由直流数字电压表、模/数转换器、发光二极管显示器或液晶显示器及保护电路等组成，如图 1.20 所示，其工作原理是把被测的模拟量转化成数字量并在屏幕上显示出来。

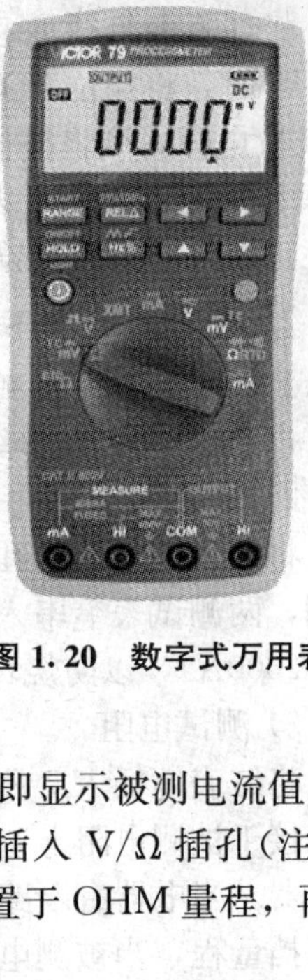

图 1.20　数字式万用表

1）功用及使用方法

（1）测量电压。普通数字式万用表可测量直流电压，也可测量交流电压。测量时，先将黑表笔插入 COM 插孔，红表笔插入 V/Ω 插孔，然后将功能开关置于 DCV（直流）或 ACV（交流）量程，并将测试表笔连接到被测电源两端，显示器将显示被测电压值。

（2）测量电流。该万用表可测量直流和交流电流。测量时，先将黑表笔插入 COM 插孔，红表笔需视被测电流的大小而定。如果被测电流最大为 2A，则应将红表笔插入 A 孔；如果被测电流最大为 20A，则应将红表笔插入 20A 插孔。再将功能开关置于 DCA（直流）或 ACA（交流）量程，将测试表笔串联接入被测电路，显示器即显示被测电流值。

（3）测量电阻。测量时，先将黑表笔插入 COM 插孔，红表笔插入 V/Ω 插孔（注意：红表笔极性此时为“+”，与指针式万用表相反），然后将功能开关置于 OHM 量程，再将两表笔连接到被测电路上，显示器将显示出被测电阻值。

（4）测试二极管。测试时，先将黑表笔插入 COM 插孔，红表笔插入 V/Ω 插孔，然后将功能开关置于二极管挡，再将两表笔连接到被测二极管两端，显示器将显示二极管正向压降的 mV 值。当二极管反向时则过载。根据万用表的显示，可检查二极管的质量并可鉴别所测量的二极管是硅管还是锗管。

2）使用注意事项

（1）如果无法预先估计被测电压或电流的大小，则应先拨至最高量程挡测量一次，再视情况逐渐把量程减小到合适位置。测量完毕，应将量程开关拨到最高电压挡，并关闭电源。

(2) 满量程时，仪表仅在最高位显示数字“1”，其他位均消失，这时应选择更高的量程。

(3) 测量电压时，应将数字万用表与被测电路并联。测电流时应与被测电路串联，测直流量时不必考虑正、负极性。

(4) 当误用交流电压挡测量直流电压，或者误用直流电压挡测量交流电压时，显示屏将显示“000”，或低位上的数字出现跳动。

(5) 禁止在测量高电压(220V 以上)或大电流(0.5A 以上)时换量程，以防止产生电弧，烧毁开关触点。

(6) 当显示“BATT”或“LOWBAT”时，表示电池电压低于工作电压。

2. 汽车专用万用表

以现代化的汽车修理理念，检查靠资料，检测靠仪器，检修靠设备，已经是不争的事实。汽车专用万用表是在普通数字万用表的基础上增加了一些汽车专用的检测功能。以笛威 9406 型万用表为例说明，如图 1.21 所示。

1) 测量电压

将红色表笔插入正极测试座孔内，黑色表笔插入负极测试座孔内。测量直流电压(DCV)时，将挡位开关 6 旋至 DCV 量程范围，再按一下 4 键转换成直流测试状态，如要量 12V 电压，则将挡位开关 6 旋至在 20V 量程上，并将测试仪表笔连接到被测负载的信号源上(自己认为是信号源)，另一表笔搭铁，则显示电压，读数值时，也显示出红表笔的极性正极，如果极性错了，需将两笔互换测试。

注意：如果不知被测电压值范围，应先选择最高量程挡位，然后视情况而降；如果只显示“1”，说明测量值过量程，应将开关置于高挡位；在测电压时不要轻易测量高电压，以免损坏内部电路。

2) 测量电流

将红表笔插入 9 孔座中，黑表笔插入 8 孔座中，将挡位开关旋至到 DCA 或 ACA 量程范围，两测试表笔串入电路中。如果要测量 20A 以上的电流，就要串接感应式电流夹钳(5～2000A)，以防烧坏万用表。

3) 测试电阻

将红表笔插入 7 孔座内，黑表笔插入 8 孔座内。旋转挡位开关置所需 Ω 量程上，将表笔跨接于被测电阻上，如各种电磁阀、继电器、高压线包、电位计、进气温度传感器等汽车电器。当电器有断路时，会显示“1”。如果电阻值大于量程，也会显示“1”，此时应换用高挡量程，当被测电阻值高于 1MΩ 时，电表读数值会在数秒后才稳定。

注意：测试电阻时，必须确保电路电源已关闭，电容已放完电，方能测试。

4) 测试频率

将红表笔插入 7 孔座中，黑表笔插入 8 孔座中，把挡位开关置于 Hz 量程。正极接传感器的控制端或信号端，负极接车身或蓄电池负极。如果读不到频率信号数值，则选择触发准位 HI 和 LO 即可。在汽车电路中，采用频率信号输入和输出信号的装置有曲轴位置传感器、车轮转速传感器、发动机转速传感器、点火线圈初级线圈控制信号等。

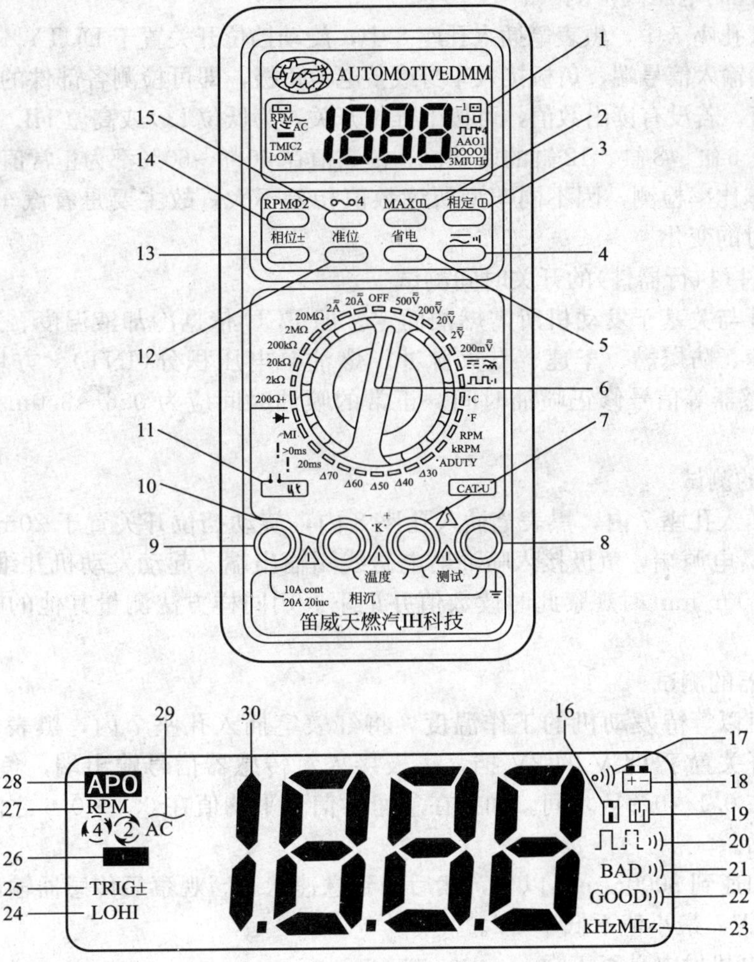

图 1.21 笛威 9406 型万用表面板和液晶显示屏幕

1—LCD 液晶显示屏幕；2—MAX——测试读取最大值(如测试发电机电压时，按下此键，可测得这一段落发电机输出的最高电压值)；3—锁定(按下此键，测得的数值定格)；4—AC(交流)/DC(直流)(按下此键可直接转换交流、直流测试形式)；5—省电(按下此键，可使电源在 15min 后自动关闭)；6—挡位开关(拨动开关选择需测试挡位)；7—插孔(正极测试表笔红色插座和温度正极测试表笔插座)；8—插孔(负极测试表笔黑色插座)；9—插孔(测试电流 A 正极表笔红色插座)；10—插孔(测试温度负极黑色插座)；11—防水符号；12—准位(测试电路中平均电压时，按下此键可选择以上为 HI 高和以下为 LO 低)；13—相位±(按下此键，可选择波形斜率正负)；14、27— RPM(实现四行程/二行程/DIS 转速/HD 闭合角方式)；15—按下此键可显示出表内部熔丝是否正常；16—指示灯，指示显示屏目前被锁定的显示值；17—指示灯，指示电路导通测试声响功能已启动；18—指示灯，灯亮时表示需要更换表的内部电池；19—指示灯，显示测试当中已启动最大测试功能；20—指示灯，指示读取电路中脉冲信号；21—BAD 指示器(如果电路中白金触点和二极管及熔丝损坏，则报警)；22—GOOD 指示器，指示电路中白金触点和二极管及熔丝未损坏；23—kHzMHz(目前显示高频 kHz 或中频 MHz)；24—LOHI(显示测试电路中平均电压值时 HI 以上，不是 LO 以下)；25—TRIG±(显示基准相位，+为上方取值，-为下方取值)；26—显示正负极表笔接反；28—APO(表示 15min 不用则自动关闭)；29—AC(显示目前为交流测试方法)；30—数字，显示测试中的数值

5）百分比控制电压阀检测

红表笔插入孔座 7 中，黑表笔插入孔座 8 中，旋动挡位开关置于 DUTY%。将正极接入所需测量部件的输入信号端，负极接入车身或蓄电池负极，即可检测各部件的各项动作，显示为百分比数值。若没有读出数值，可按下准位开关，为低位 LO 或高位 HI。在读取百分比数值时，不论是 6 缸、8 缸、12 缸的发动机，读数值在 40%～60%都为正常值。

对于各动作比率检测，因不同车型所读数值相差不大，故主要是看汽车工况的变化，如开或关空调时的变化。

6）动作元件(执行器件)的开关时间测试

喷油器的开与关基于发动机所需燃油而定。但 ECU 依据冷却液温度、进气压力、节气门开度、转速、防爆燃、车速、点火脉冲、燃油泵电压积分(INT)、方块学习记忆体(BLM)、氧传感器等信号修正喷油时间。正常的喷油时间应为 0.6～3.0ms(轻负荷和重负荷)。

7）喷油器的测试

将红表笔插入孔座 7 内，黑表笔插入孔座 8 内，旋动挡位开关置于 20ms 位置。正极接入喷油器 12V 电源端，负极接入喷油器电磁线圈输出端。起动发动机并维持怠速工况，发动机转速至 700r/min 时观察此时读数值并记下。用同样方法测量其他的喷油器，以判定是否损坏。

8）氧传感器的测试

起动发动机以等待发动机的工作温度，将红表笔插入孔座 7 内，黑表笔插入孔座 8 内。旋动挡位开关置于 DCV 的 2V 挡，正极接入氧传感器信号输出端，负极接入车体。测得读数值应在 0.1～0.9V 之间。如果在怠速时信号平均值在 0.4～0.6 之间，则表示混合气过浓或过稀。

将发动机加速到 3000r/min 以上，然后回到怠速状态。观察氧传感器输出的信号，最大值不超过 1.2V，最小值不低于 0V。

9）测试发电机发电是否正常

将红表笔插入孔座 7 内，黑表笔插入孔座 8 内，旋动挡位开关置于 20V 电压挡。按下 AC/DC 转换键，使 AC 显示目前为直流电压。正极接入蓄电池正极，负极接入蓄电池负极，测量出的读数值为目前蓄电池的电压。

起动发动机，在怠速工况下测量出读数值，与蓄电池的电压比较，数值应稍高。加速发动机转速观察电表数值十几秒，电压最大值不能超出规定指示一般为 12V，最高电压值为 14.5V。

10）读取故障码

将红表笔插入孔座 7 内，黑表笔插入孔座 8 内，旋转挡位开关置于 20 脉冲信号位置。将正极接入测试接口的信号输出端上，负极接入车身或蓄电池负极，并按下声响按键。打开点火开关(不起动)即可通过声响读取故障码，如听到长“滴”声，短“滴滴”声，则表示为 12 号故障码，此时会显示出输出端的电压信号值。

不同车型检测，不同部位检测，12 号故障码代表的含义不同，单项测试与组合测试也不同，如雅阁轿车的发动机故障码为 12 时，表示废气再循环(EGR)阀升程传感器故障，故障原因有开度不足、电压过高、磨损等；ABS 系统的故障码为 12 时，则表示右前轮速度传感器故障，故障原因有电磁波干扰或间歇性接触不良等；安全气囊系统的故障码为 12

时，表示驾驶席安全气囊点火器电阻大，故障原因为断路。

11) 发动机转速的测试

将红表笔插入孔座7内，黑表笔插入孔座8内，旋动挡位开关置于TACHO的某个位置，这和测量的发动机缸数有关。将正极接入高压线包信号输入端，负极接入车身。起动发动机，观察仪表显示的读数值。

12) 闭合角测量(对有分电器而言)

将红表笔插入孔座7内，黑表笔插入孔座8内，按下RPM键。将正极接入高压线包信号输入端，负极接入车身。起动发动机并使其处于怠速状态，待稳定后读取数值。

1.4 汽车电气系统常见故障诊断方法

汽车电气系统常见故障有：断路、短路、接触不良、电气设备的损坏等，常见的诊断方法如下。

1. 直观诊断法

汽车电路发生故障时，有时会出现冒烟、火花、异响、焦臭、发热等异常现象。这些现象可直接观察到，从而可以判断出故障所在部位。

2. 断路法

汽车电路设备发生搭铁(短路)故障时，可用断路法判断，即将怀疑有搭铁故障的电路段断开后，观察电气设备中搭铁故障是否还存在，以此来判断电路搭铁的部位和原因。

3. 短路法

汽车电路中出现断路故障时，还可以用短路法判断，即用螺钉旋具或导线将被怀疑有断路故障的电路短接，观察仪表指针变化或电气设备工作状况，从而判断出该电路中是否存在断路故障。

4. 试灯法

试灯法就是用一只汽车用灯泡作为试灯，检查电路中有无断路故障。

5. 仪表法

观察汽车仪表板上的电流表、冷却液温度表、燃油表、机油压力表等的指示情况，判断电路中有无故障。例如，发动机冷态接通点火开关时，冷却液温度表指示满刻度位置不动，说明冷却液温度传感器有故障或该线路有搭铁。

6. 低压搭铁试火法

低压搭铁试火法即拆下用电设备的某一线头对汽车的金属部分搭铁(碰试)观察是否产生火花来判断有无故障的一种检测方法，分为直接搭铁和间接搭铁两种。所谓直接搭铁，是未经过负载而直接将线路搭铁，看是否产生强烈的火花。例如，要判断点火线圈至蓄电池一段电路是否有故障，可拆下点火线圈上连接点火开关的线头，在汽车车身或车架上刮碰，如果有强烈的火花，则说明该电路正常；如果无火花产生，则说明该段电路出现了断路。间接搭铁是通过汽车电器的某一负载而搭铁，看是否能产生微弱的火花来判断线路或负载是否有故障。

特别值得注意的是，低压搭铁试火法不能在电子线路汽车上应用。

7. 高压试火法

高压试火法是对高压电路进行搭铁试火，观察电火花状况以判断点火系统的工作情况。具体方法是：取下点火线圈或火花塞的高压导线，将其对准火花塞或缸盖等，距离约5mm，然后接通起动开关，观察其跳火情况。如果火花强烈，呈天蓝色，且跳火声较大，则表明点火系统工作正常；否则，说明点火系统工作不正常。

本章小结

本章主要讲述了汽车电气系统的特点、基本组成、常用的检测工具及仪器设备，以及检修方法，使学生对汽车电气系统有一个基础的认识。

复习思考题

一、判断题

1. 汽车电路中间连接器件主要为导线和供配电盒。(　　)

2. 低压导线只需根据用电设备的工作电流选择导线的截面积。(　　)

3. 起动电缆线属铜质多芯软线，是用于连接蓄电池与起动机电磁开关的主接线。(　　)

4. 蓄电池的搭铁线一般采用钢丝编织成的扁形软导线，不带绝缘层。(　　)

5. 高压点火系统即高压电缆，简称高压线。(　　)

6. 插接器由插头和插座两部分组成。(　　)

7. 对由于汽车行驶振动而使线束对车体产生的撞击处，常常用塑料覆盖件或泡沫塑料管套装保护，并加以固定。(　　)

8. 易熔线常用于保护电源电路或重要电路。(　　)

9. 熔断器常用于对局部电路进行保护。(　　)

10. 电路断电器常用于保护流经较小电路的用电设备。(　　)

11. 现代汽车上，常将熔断器、电路断电器和继电器等集中布置在一块或几块安装板上，其背面用以连接线束，形成供配电盘。(　　)

12. 汽车上各电气设备的连线大多采用双线制。(　　)

13. 电压检测时，将万用表(直流电压挡)的负表笔接“－”或与蓄电池负极相连。(　　)

14. 电路中有对地短路故障时，最明显的征兆是熔断器烧断。(　　)

15. 在检修方法上，传统的汽车电器故障，往往采用“试火”的方法逐一判明故障部

位及原因。( )

二、选择题

1. 为了保证导线本身有足够的机械强度，故其截面积不小于( )mm^2。

A. 0.2　　B. 0.5　　C. 0.7　　D. 0.8

2. 低压线按用途不同可分为( )。

A. 普通低压线　　B. 起动电缆线

C. 蓄电池搭铁线　　D. 以上3种说法均正确

3. 汽车起动电缆线常用的截面积有25mm^2、35mm^2、50mm^2、70mm^2 等多种规格，允许电流达( )A。

A. 100～200　　B. 200～500　　C. 500～1000　　D. 1000～1500

4. ( )用于发动机点火线圈至火花塞之间的高压电路。

A. 低压线　　B. 蓄电池搭铁线

C. 高压点火线　　D. 起动机电缆

5. 插接器内的针脚有片状和( )两种。

A. 球状　　B. 针状　　C. 正方形　　D. 菱形

6. 为了防止汽车行驶中因颠簸、振动而造成插接器的脱开，插接器还设计有( )装置。

A. 锁紧　　B. 报警　　C. 闭锁　　D. 提示

7. 为防止车辆被盗，一般点火开关上设有( )机构。

A. 报警　　B. 鸣响　　C. 转向盘锁止　　D. 车轮自锁

8. 当线路中电流超过额定电流数倍时，( )将首先熔断，以保护线路免遭损坏。

A. 电磁线圈　　B. 易熔线　　C. 续流二极管　　D. 金属触点

9. 现代汽车上，常将熔断器、电路断电器和继电器等集中布置在一块或几块安装板上，其背面用以连接( )，形成中央接线盒。

A. 金属片　　B. 线束　　C. 熔体　　D. 熔丝

10. ( )不但安装方便，而且减少了大量的导线及线路故障。

A. 单线制　　B. 双线制　　C. 多线制　　D. 无线制

11. 汽车电流一般采用直流12V制，大功率柴油发动机因其起动时起动机的功率较大，通常采用直流( )V制。

A. 12　　B. 24　　C. 36　　D. 48

12. 汽车上各电气设备的连线大多采用( )。

A. 单线制　　B. 双线制　　C. 多线制　　D. 无线制

13. 汽车上有蓄电池和发电机两个电源，它们之间采用( )连接。

A. 单线制　　B. 并联　　C. 串联　　D. 同轴

14. 为了防止短路而烧毁线束，在汽车电器线路中，除设有开关和继电器等控制器件外，还设有( )。

A. 电路报警器件　　B. 电路提升器件

C. 电路保护器件　　D. 电路修复器件

15. 线路故障包括( )等。

A. 短路　　B. 断路　　C. 接线松脱　　D. 以上说法均正确

16. 在测量电压时，万用表指示没有电压值，表明(　　)。

A. 断路　　B. 短路　　C. 系统正确　　D. 接线虚连

17. 在用试灯检查电压时，如试灯亮，表明(　　)。

A. 断路　　B. 短路　　C. 有电　　D. 接线虚连

18. 用试灯检查电压时，可以根据试灯的明亮程度来判断(　　)。

A. 故障种类　　B. 电压值大小　　C. 故障位置　　D. 连接线情况

19. 导通情况可用万用表的欧姆挡逐段进行检查。测试中欧姆挡读数接近(　　)，为正常导通。

A. 1　　B. 90　　C. 无穷大　　D. 0

20. 在进行对地短路故障检查时，由熔断器盒处开始每隔一定距离来回拨动一下线束，如拨动时欧姆表读数(　　)，表明该处附近有对地短路点。

A. 消失　　B. 跳动　　C. 跳至无穷大　　D. 不变

三、问答题

1. 汽车电气系统有什么特点?
2. 汽车电源是什么?
3. 汽车上用的中间连接装置都有哪些?
4. 什么是汽车供配电?
5. 继电器起什么作用?
6. 汽车插接器如何防止松脱?
7. 汽车导线截面积是如何确定的? 导线颜色怎么区分?
8. 汽车开关装置按机械结构来分，主要有哪几种类型?
9. 跨接线起什么作用?
10. 汽车专用万用表能检测哪些数据?
11. 汽车电气系统常见故障诊断方法有哪些?

第2章 汽车供电系统

学习目标

掌握铅酸蓄电池的结构组成、工作原理及工作特性；
了解常见新型蓄电池的工作原理；
掌握交流发电机的构造、工作原理及特性；
掌握交流发电机及调节器工作原理；
了解 42V 及 14V/42V 双电压汽车电气系统的组成。

教学要点

知识要点	能力要求	相关知识
蓄电池	了解蓄电池的结构组成；掌握蓄电池的工作原理；掌握蓄电池的工作特性；了解蓄电池的使用及维护方法；了解新型蓄电池的类型	结构、充放电过程、工作特性、充足电特征、容量、新型蓄电池
交流发电机	熟悉交流发电机的结构；掌握交流发电机的工作原理及工作特性	电动势的产生、整流原理、励磁方式、输出特性、空载特性、外特性
电压调节器	了解电压调节器的调节方法；掌握电子式电压调节器的调节原理及过程	电子式电压调节器
双电压汽车电气系统	了解双电压电气系统的使用及特点	42V 汽车电气系统

导入案例

蓄电池发明于1796年，比第一辆汽车的发明早89年，而蓄电池在汽车上的应用，则是汽车发明后25年的事情了。1885—1910年，大多数汽车不需要蓄电池，因为汽车上没有用电的设备，就连汽车起动点火也不需外界供电。虽然从1908年起有少数汽车装用电喇叭，但采用的都是干电池，消耗很大。到1911年，才开始用蓄电池电喇叭。蓄电池的可靠程度远超过了干电池，它至少能够使用一个月，而且蓄电池重新充电后还能够再度使用，不像干电池那样用过了就被丢弃。蓄电池的可靠性主要是电动汽车行业为自己的研究和发展需要所做出努力的结果，因为电动汽车需要有良好的电能才能使电动车辆与汽油机和蒸汽机汽车进行竞争。

1915年，纽约城的福雷斯特公司发现了一种能够较好地保持蓄电池电解液里水分的方法。这种被称作20世纪自动注水器的装置，就是把盛有水的铝容器，用螺纹固定在隔火板上，水从此容器通过橡胶管流到蓄电池里，那时，电池通常是安装在紧靠前座的位置或地板底下。水通过内装浮子阀的硬橡皮杯进到蓄电池，当蓄电池栅格被注满水时，浮子阀即能控制停止进水。

1971年旁蒂克推广了一种全封闭蓄电池，在其使用寿命期内不需加水，它的侧壁上的接线柱也是不生锈的。因此，这种电池就被命名为方便电池。

汽油机用蓄电池后，为了充电就装置了直流发电机和调节器，装置直流发电机的汽车，存在电池的过载问题，但此问题由戴登工程研究所研究了调节器后，得到了解决。改良后的直流发电机于1912年首先使用在凯迪拉克汽车上。在第二次世界大战期间，武装部队需要一种能够提供比直流发电机更大电流的机组，故采用了交流发电机。交流发电机在民用车辆上的应用并不是很快就实现的，直到1962年才开始限制汽车上应用直流发电机的数量。

汽车供电系统的功用是向车载各用电设备提供电能，由蓄电池与发电机并联组成。在发动机工作时，由发动机带动发电机向汽车用电设备提供电能，并向蓄电池充电。蓄电池的主要功用包括：

(1) 储存电能，以便于迅速及时地将储存的电能提供给起动机使汽车起动。

(2) 在发电机电压低或不发电时，向汽车用电设备供电。

(3) 在汽车同时启用的用电设备功率超过了发电机的额定功率时，协助发电机供电。

(4) 相当于一个大电容，可以吸收电路中的瞬变过电压，对汽车的电气设备及电子元件起到保护作用。

(5) 可以保持长时间不使用的汽车动力记忆功能及报警系统有效。

上述功能中前两项是最重要的。对汽车电子控制系统来说，蓄电池也是电子控制装置的不间断电源。当接通起动开关起动发动机时，蓄电池在3～5s内必须向起动机连续供给强大的电流(汽油发动机汽车一般为200～600A，柴油发动机汽车一般为800A以上)。根据蓄电池的工作特点，对汽车用蓄电池的要求是容量大、内阻小，以保证蓄电池具有足够的起动能力。能满足发动机起动需要的蓄电池称为起动型蓄电池，汽车上使用的就是起动型蓄电池。

由于发动机工作时的转速变化范围很大，故要求发电机在发动机转速变化范围内都能正常发电且电压稳定，以满足用电设备的用电需求。此外，还要求发电机的体积小、质量轻、故障率低、发电效率高、充电性能良好、维护方便或少维护、使用寿命长等，以确保汽车的使用性能。

2.1 铅酸蓄电池

蓄电池是一种可逆的低压直流电源，既能将化学能转换为电能，也能将电能转换为化学能。汽车上一般用铅酸蓄电池(简称蓄电池)。

蓄电池按性能可以分为干式荷电蓄电池和免维护蓄电池两类。

(1) 干式荷电蓄电池：极板在干燥状态下能在较长时间(一般为2年)内保存制造过程中所得电量的蓄电池，简称干荷电蓄电池。使用时，只需加入电解液，等过20～30min就可使用。

(2) 免维护蓄电池：蓄电池在有效使用期(一般为4年)内无需进行添加蒸馏水等维护工作的蓄电池，也称无需维护蓄电池。

蓄电池按极板结构可分为形成式、涂膏式和管式蓄电池。

2.1.1 蓄电池的构造

蓄电池的基本构造如图2.1所示。

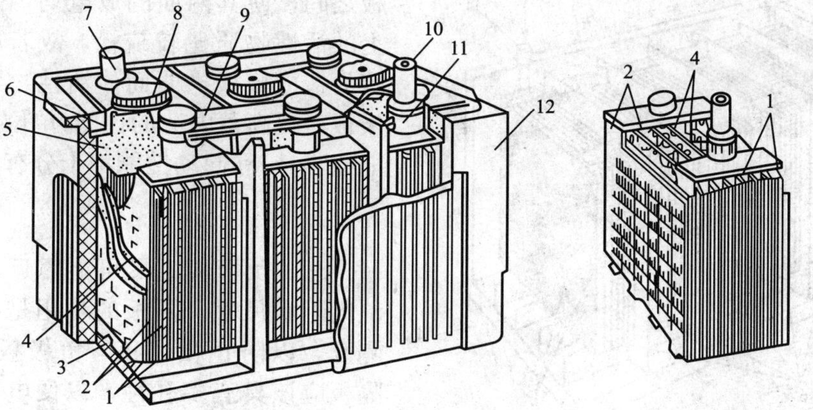

(a) 6V蓄电池　　(b) 单格电池

图2.1 蓄电池的结构

1—正极板；2—负极板；3—肋条；4—隔板；5—护板；6—封料；
7—负极柱；8—加液孔盖；9—连条；10—正极柱；
11—极柱衬套；12—蓄电池容器

1. 极板与极板组

正极板上的活性物质是二氧化铅(PbO_2)，负极板上的活性物质是纯铅(Pb)，它们均由铅膏(铅粉、稀硫酸及少量添加剂的混合物)填充在用铅锑合金铸成的栅架上。在充足电的状态下，正极板呈深棕色，负极板呈深灰色。

将一片正极板和一片负极板浸入电解液中，便可得到2V左右的电压。为了增大蓄电池的容量，将多片正极板和负极板各自用横板焊接并联起来，组成正极板组和负极板组。将正负极板相互嵌合(中间用隔板隔开)的极板组(图2.2)置于存有电解液的容器中，就构成了单格电池，单格电池的标称电压为2V。因此，一个12V的蓄电池由6个单格电池串联而成，如图2.3所示。12V电系汽车选用一个电池，24V电系汽车选用两个电池。

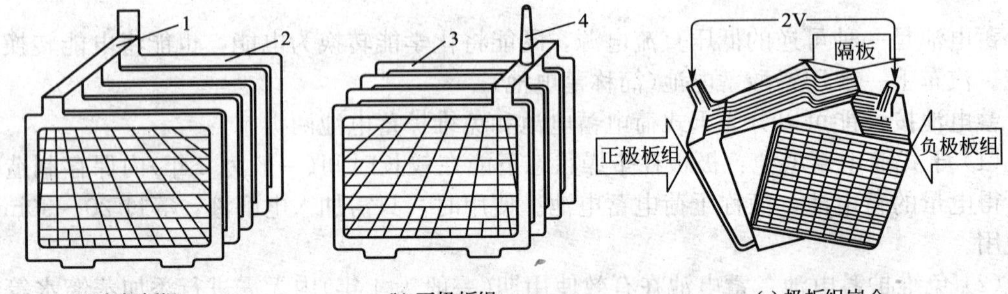

(a) 负极板组　(b) 正极板组　(c) 极板组嵌合

图2.2　蓄电池极板组的结构

1—连条；2—负极板；3—正极板；4—极柱

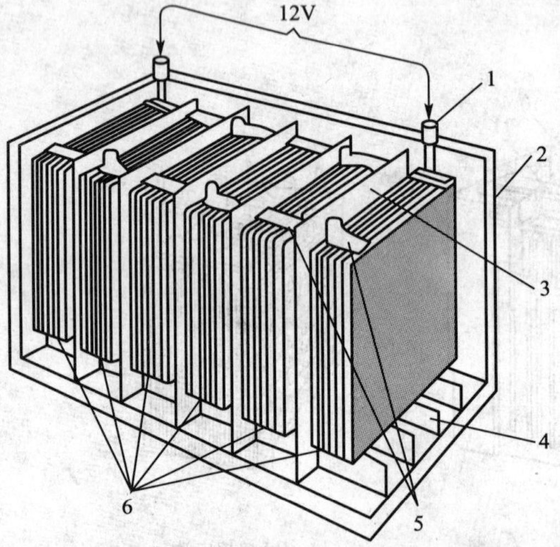

图2.3　12V蓄电池极板组的结构

1—极柱；2—电池槽；3—间壁；4—突棱；5—连条；6—极板组

每个单格电池的正极板总比负极板少一片，这是为了使每片正极板都置于两片负极板之间，使其两面的放电均匀。由于正极板上的活性物质比较疏松，故若单面放电，则容易造成极板拱曲而使活性物质脱落。薄型极板对提高蓄电池的比能(单位质量所提供的电能容量)和起动性能都十分有利。

2. 隔板

正、负极板应尽可能靠近，以减小蓄电池内阻和尺寸。隔板的功用是将正、负极板隔开，以防止相邻正、负极板接触而短路。隔板应该具有多孔性，以便电解液渗透，还应具有良好的耐酸性和抗氧化性。微孔橡胶和微孔塑料隔板耐酸、耐高温性能好，寿命长，成本低，因此目前广泛使用。微孔塑料和微孔橡胶隔板的结构如图2.4(a)所示。安装隔板时，带槽一面应面向正极板，且沟槽必须与壳体底部垂直。因为正极板在充电、放电过程中的化学反应剧烈，而沟槽能使电解液上下直通，也能使气泡沿槽上升，还能使脱落的活性物质沿槽下沉。

免维护蓄电池普遍采用了聚氯乙烯袋式隔板，结构如图2.4(b)所示。使用时，正极板被隔板袋包住，脱落的活性物质保留在袋内，不仅可以防止极板短路，而且还可以取消壳体底部凸起的肋条而使极板上部容积增大，从而增大电解液的储存量。

3. 电解液

电解液的作用是使极板上的活性物质发生溶解和电离，产生电化学反应。电解液由纯净的硫酸与蒸馏水按一定的比例配制而成，相对密度一般为1.24～1.30。电解液纯度是影响蓄电池电气性能和使用寿命的重要因素。

(b) 塑料隔板　　(b) 袋式隔板

图2.4　蓄电池隔板结构

4. 壳体

壳体用于盛放电解液和极板组，蓄电池壳体由电池槽和电池盖两部分组成，壳内用间壁分成3个或6个互不相通的单格，底部的凸棱用以搁置极板组，凸棱间的凹槽则可积存从极板上脱落下的活性物质，以避免沉积的活性物质连接正、负极板而造成短路。对于采用袋式隔板的免维护蓄电池，因为脱落的活性物质积存在袋内，所以没有设置凸棱。

蓄电池壳体应耐酸、耐热、耐振动、耐冲击等。目前使用的干式荷电蓄电池与免维护蓄电池普遍采用聚丙烯透明塑料壳体，电池槽与电池盖之间采用热压工艺粘合为整体结构，不仅耐酸、耐热、耐振动冲击，而且壳体壁薄(厚约2mm)而轻，易于热封合，外形美观，成本低廉，生产效率高。蓄电池各单格电池之间采用铅质连条串联连接。干式荷电蓄电池与免维护蓄电池普遍采用穿壁式点焊连接，所用连条尺寸很小，并设置在壳体内部。单格电池的加液孔盖都设有一通气小孔。在蓄电池充电时，应将通气孔打开，保持蓄电池内空气流通。蓄电池的装配过程如图2.5所示。

5. 蓄电池技术状态指示器

目前，装备全密封型免维护蓄电池的轿车越来越多，由于这种蓄电池盖上没有设置加液孔，因此不能用普通密度计测量电解液的相对密度。为此，在这种免维护蓄电池盖上设有一个结构如图2.6(a)所示的蓄电池技术状态指示器来说明蓄电池的技术状况。蓄电池技术状态指示器又称为内装式密度计，由透明塑料管、底座和颜色不同的两只小球(一只为蓝色，一只为红色)组成，通过螺纹安装在蓄电池上。两只小球安放在塑料管与底座之间的中心孔中，红色球在上、蓝色球在下。两只小球是由密度不同的材料制成的，因此，可随电解液相对密度变化而上下浮动。

蓄电池技术状态指示器是根据光学折射原理来反映蓄电池技术状态的。当蓄电池电量充足时，中心呈红色圆点，周围呈蓝色圆环，表示蓄电池技术状态良好，如图2.6(b)所示，英文表示为“OK”。当蓄电池电量不足时，其观察结果如图2.6(c)所示，中心呈红色圆点，周围呈无色透明圆环，表示蓄电池亏电严重，必须立即充电，英文表示为“Charging Necessary”。当电解液液面过低时，两只小球都将下移到极限位置，其观察结果如图2.6(d)所示，中心呈无色透明圆点，周围呈红色圆环，表示电解液不足，不能继续使用，必须更换蓄电池。如果这种指示器安装在干式荷电蓄电池上，则说明必须添加蒸馏水，英文标识为“Add Distilled Water”。

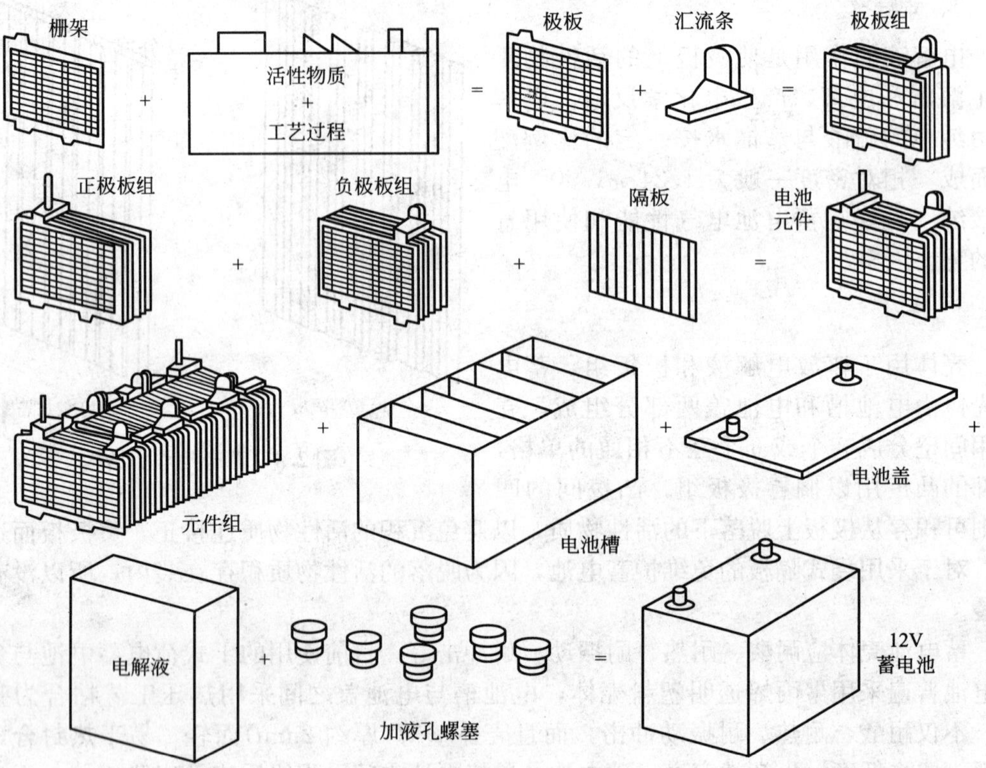

图 2.5　蓄电池的装配过程

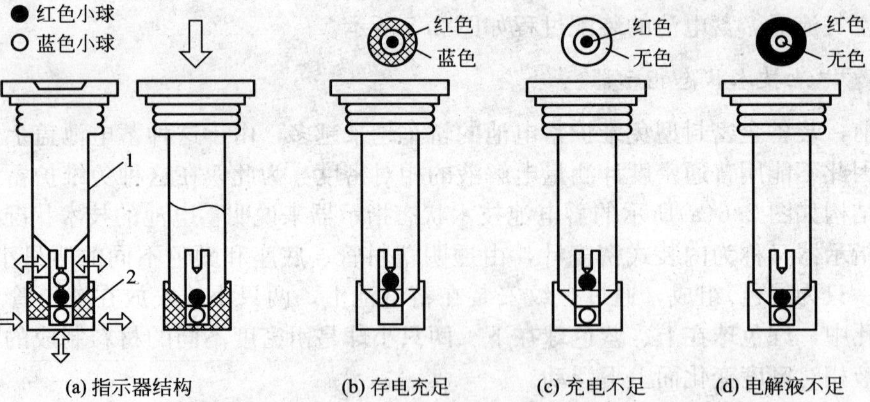

图 2.6　蓄电池技术状态指示器结构原理

1—透明塑料管；2—指示器底座

2.1.2　蓄电池的工作原理

蓄电池的工作过程就是化学能与电能的转换过程。放电时，蓄电池将化学能转换为电能供用电设备使用；充电时，蓄电池将电能转换为化学能储存起来备用。根据双极硫酸盐化学理论，蓄电池中参与化学反应的物质，正极板上是二氧化铅（PbO_2），负极板上是海绵状铅(Pb)，电解液是硫酸水溶液(H_2SO_4)。当蓄电池和负载接通放电时，正极板上的二氧化铅和负极板上的铅都将转变成硫酸铅($PbSO_4$)，电解液中的硫酸成分减少，相对密度下降。当蓄电池接通直流电源充电时，正、负极板上的硫酸铅又将分别恢复成原来的二氧化铅和纯铅，电解液中的硫酸成分增加，相对密度增大。若不考虑蓄电池化学反应的中间过程，其充、放电时总的化学反应方程式为：

$$\underset{正极}{PbO_2}+\underset{电解液}{2H_2SO_4}+\underset{负极}{Pb}\underset{充电}{\overset{放电}{\rightleftharpoons}}\underset{正极}{PbSO_4}+\underset{电解液}{2H_2O}+\underset{负极}{PbSO_4}$$

1. 蓄电池电动势的建立

蓄电池的电动势是由正、负极板浸入电解液后产生的。

在负极板处，铅融入电解液生成两价的铅离子(Pb^{2+})，并在极板上留下两个电子使极板带负电，如图2.7所示。此时，负极板相对于电解液的电位约为－0.1V。

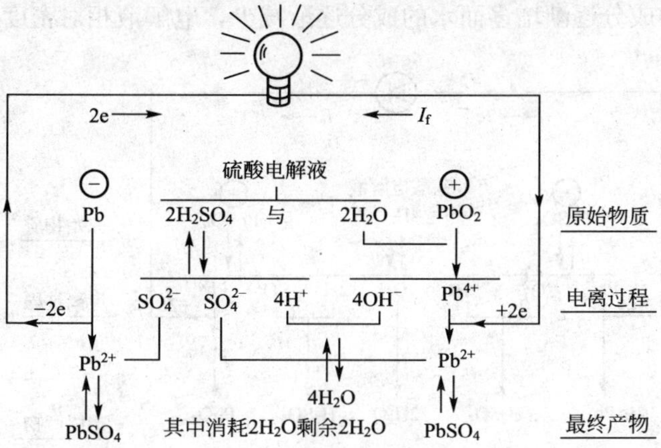

图2.7 蓄电池放电过程

在正极板处，少量的PbO_2融入电解液，并与H_2O反应生成$Pb(OH)_4$，再分离出Pb^{4+}和OH^-，即

$$PbO_2+2H_2O \rightarrow Pb(OH)_4 \quad Pb(OH)_4 \rightarrow Pb^{4+}+4OH^-$$

一部分Pb^{4+}沉附在正极板上，正极板相对于电解液的电位约为＋2.0V。因此，当外电路未接通时，蓄电池正、负两极板的静电动势E_j约为：

$$E_j=[2.0-(-0.1)]V=2.1V$$

2. 蓄电池的放电过程

将蓄电池的化学能转换成电能的过程称为放电过程。当蓄电池接上负载(各种电子控制系统、灯光、仪表、起动机等)时，电流I_f从正极板经过负载流向负极(电子从负极转移到正极)，使正极电位降低，负极电位升高，从而使正负极间的电位差逐渐降低。

正极板的Pb^{4+}得到来自负极板的两个电子后，变成Pb^{2+}，与电解液中的SO_4^{2-}反应，在极板上生成难溶的$PbSO_4$。正极板水解出的O^{2-}与电解液中的H^+反应，生成稳定物质H_2O。即

$$Pb^{4+}+2e \rightarrow Pb^{2+} \quad Pb^{2+}+SO_4^{2-} \rightarrow PbSO_4$$

负极板上每个铅原子放出两个电子后，生成的Pb^{2+}与电解液中的SO_4^{2-}反应，在极板

上生成难溶解的 $PbSO_4$。

理论上，放电过程可以一直进行到正、负极板上的活性物质全部转变为硫酸铅为止。但由于放电生成的硫酸铅沉附于极板表面，使电解液不能渗入到极板内层，造成极板内层活性物质不能利用。因此所谓完全放电，事实上只有 20%～30%的活性物质转变为硫酸铅。要提高活性物质的利用率，就必须增大活性物质与电解液之间的反应面积。目前，常用的措施是采用薄型极板和增大活性物质的孔率。

放电时 H_2SO_4 浓度不断下降，正负极板上的 $PbSO_4$ 增加，电池内阻增大(硫酸铅不导电)，电解液浓度下降，电池电动势降低。

3. 蓄电池的充电过程

将电能转换成蓄电池的化学能的过程称为充电过程。此时，正负极板上发生的化学反应与放电过程正好相反，反应过程如图 2.8 所示，正负极板上的 $PbSO_4$ 将分别还原为 PbO_2 和 Pb，电解液中硫酸的成分逐渐增多而水的成分逐渐减少，电解液相对密度逐渐增大。

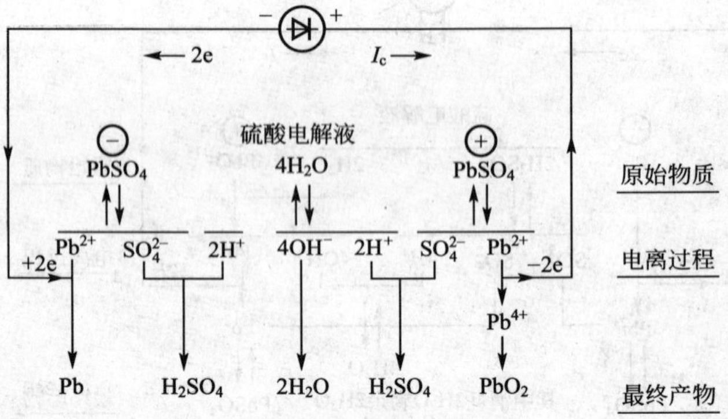

图 2.8　蓄电池充电过程

在负极板上，在外界电流的作用下，$PbSO_4$ 被离解成 Pb^{2+} 和 SO_4^{2-}，由于负极不断从外电源获得电子，故负极板附近游离的 Pb^{2+} 被中和为 Pb，并以海绵状铅附在负极板上，即

$$PbSO_4 \rightarrow Pb^{2+} + SO_4^{2-}$$

当接通充电电源后，在电解力作用下，Pb^{2+} 获得两个电子变为金属 Pb 沉附在负极板上，而 $SO_4{}^{2-}$ 则与电解液中的 H^+ 结合生成硫酸，负极板上的总反应为：

$$PbSO_4 + 2e + 2H^+ \rightarrow Pb + H_2SO_4$$

在正极板处，也有少量的 $PbSO_4$ 溶入电解液中，呈离子状态，离解为 Pb^{2+} 和 SO_4^{2-}，即

$$PbSO_4 \rightarrow Pb^{2+} + SO_4^{2-}$$

在电源电场力的作用下，Pb^{2+} 失去两个电子变为 Pb^{4+}，Pb^{4+} 与电解液中水解出来的 OH^- 结合生成 $Pb(OH)_4$，$Pb(OH)_4$ 再分解为 PbO_2 和 H_2O，SO_4^{2-} 则与电解液中的 H^+ 结合生成 H_2SO_4，正极板上的总反应为：

$$PbSO_4 - 2e + 2H_2O + SO_4^{2-} \rightarrow PbO_2 + 2H_2SO_4$$

可见，充电过程中正、负极板上的 $PbSO_4$ 将逐渐转变为 PbO_2 和 Pb，电解液中硫酸成分逐渐增多，水逐渐减少，电解液相对密度逐渐增大。当充电接近终了时，电解液相对

密度将增大到最大值，充电电流会使水分解，变成 H_2 和 O_2，产生大量的气泡并从电解液中逸出。因此，这也可以成为充电终了时的判断条件之一。水的分解反应式为：

$$2H_2O \rightarrow 2H_2\uparrow + O_2\uparrow$$

电解液中，正极不断产生游离的 H^+ 和 SO_4^{2-}，负极不断产生 SO_4^{2-}，在电场力的作用下，H^+ 向负极移动，SO_4^{2-} 向正极移动，形成电流。

从上面可以看出，铅酸蓄电池放电时，电解液中硫酸逐渐减少，水逐渐增多，溶液相对密度下降；铅酸蓄电池充电时，电解液中的硫酸逐渐增多，水逐渐减少，溶液相对密度上升。实际工作中，可以根据电解液相对密度的变化来判断铅酸蓄电池的充电程度。

2.1.3 蓄电池的型号

蓄电池型号是指由一个或几个字母与数字组合成的符号，分别表示用途、结构特征，并将这些符号按一定的规律排列组合成一种标记。根据行业标准 JB/T 2599—2012《铅酸蓄电池名称、型号编制及命名办法》规定，蓄电池型号优先采用汉语拼音与阿拉伯数字表示，当汉语拼音无法表述时可采用英语字头与阿拉伯数字表示，英语字头为国际电工委员会所提及的英文铅酸蓄电池词组。

蓄电池型号由三部分组成，第一部分为串联的单体蓄电池数，第二部分为蓄电池用途、结构特征代号(表 2-1、表 2-2)，第三部分为标准规定的额定容量。如 6 个单体串联的额定容量为 100A·h 的干式荷电起动型蓄电池的型号为：6-QA-100。

表 2-1 蓄电池用途代号

序号	蓄电池类型(主要用途)	型号	汉字及拼音或英语字头		
			汉字	拼音	英语
1	起动型	Q	起	qi	
2	固定型	G	固	gu	
3	牵引(电动机车)用	D	电	dian	
4	内燃机车用	N	内	nei	
5	铁路客车用	T	铁	tie	
6	摩托车用	M	摩	mo	
7	船舶用	C	船	chuan	
8	储能用	CN	储能	chu neng	
9	电动道路车用	EV	电动车辆		electric vehicles
10	电动阻力车用	DZ	电助	dian zhu	
11	煤矿特殊	MT	煤特	mei te	

表 2-2　蓄电池结构特征代号

序号	蓄电池特征	型号	汉字及拼音或英语字头		
			汉字	拼音	英语
1	密封式	M	密	mi	
2	免维护	W	维	wei	
3	干式荷电	A	干	gan	
4	湿式荷电	H	湿	shi	
5	微型阀控式	WF	微阀	wei fa	
6	排气式	P	排	pai	
7	胶体式	J	胶	jiao	
8	卷绕式	JR	卷绕	juan rao	
9	阀控式	F	阀	fa	

例如：东风 EQ2012 型越野汽车用 6-QW-180 型蓄电池，表示由 6 个单格电池组成，额定电压为 12V，额定容量为 180A·h 的起动型免维护蓄电池。蓄电池特征为附加说明，在同类用途的产品中具有某种特征需要在型号中加以区别时采用，特征也以汉语拼音字母表示。

2.1.4　蓄电池的工作特性

蓄电池的工作特性主要包括静止电动势、内阻、放电特性、充电特性和容量。

1. 静止电动势

静止电动势 E_j 是指蓄电池在静止状态下(不充电也不放电)正负极板之间的电位差(开路电压)。静止电动势的大小取决于极板上活性物质溶解电离达到平衡时，在极板单位面积上沉附的 Pb^{2+} 和电子的数量，而这直接受电解液密度和温度的影响。在电解液密度为 1.050～1.300g/cm³ 的范围内，静止电动势 E_j 与电解液密度及温度的关系可由如下的经验公式表示。

$$E_j = 0.84 + \rho_{25℃}$$
$$\rho_{25℃} = \rho_T + 0.00075(T-25)$$

式中：$\rho_{25℃}$——温度为 25℃时的电解液密度(g/cm³)；

ρ_T——实际测得的电解液密度(g/cm³)；

T——实际测得的电解液温度(℃)。

2. 蓄电池内阻

蓄电池内阻大小反映了蓄电池带负载的能力。在相同条件下，内阻越小，输出电流越大，带负载的能力越强。蓄电池内阻包括极板电阻、隔板电阻、电解液内阻和串联单格电池的连条内阻等。

3. 蓄电池的放电特性

蓄电池的放电特性是指以恒流 I_f 放电时，蓄电池端电压 U_f、电动势 E 和电解液密度 ρ 随放电时间 t 的变化而变化的规律。图 2.9 所示是以 20h 放电率($I_f=0.05C_{20}$，C_{20} 指蓄电池额定容量)恒流放电的特性曲线。

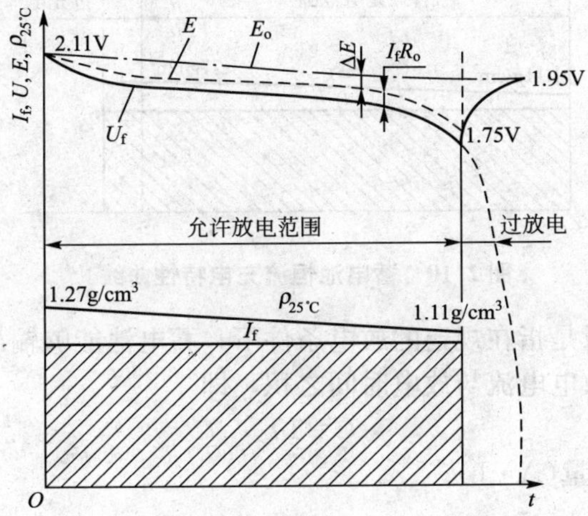

图 2.9 蓄电池的恒流放电特性曲线

终止电压与放电电流的大小密切相关，放电电流越大，放电时间越短，允许放电的终止电压也越低，其关系见表 2-3。

表 2-3 放电电流与终止电压的关系

放电电流/A	$0.05C_{20}$	$0.1C_{20}$	$0.25C_{20}$	$1C_{20}$	$3C_{20}$
连续放电时间	20h	10h	3h	30min	5.5min
单格电池终止电压/V	1.75	1.70	1.65	1.55	1.5

4. 蓄电池的充电特性

蓄电池的充电特性是指以恒流 I_c 充电时，蓄电池充电电压 U_c、电动势 E 及电解液密度 ρ 等随充电时间变化的规律。图 2.10 所示是以 20h 充电率($I_c=0.05C_{20}$)恒流充电的特性曲线。

因为充电电压 U_c 必须克服蓄电池电动势 E 及内阻电压降 I_cR_0 才能在电路中形成电流，所以充电电压始终高于电动势，即

$$U_c=E+I_cR_0$$

蓄电池充足电的特征如下。

(1) 蓄电池的端电压上升至最大值(单格电池电压为 2.7V)，且 2h 内不再变化。

(2) 电解液大量冒气泡，呈现“沸腾”现象。

5. 蓄电池的容量

蓄电池的容量是反映蓄电池对外供电能力及选用蓄电池的重要指标，是蓄电池的主要

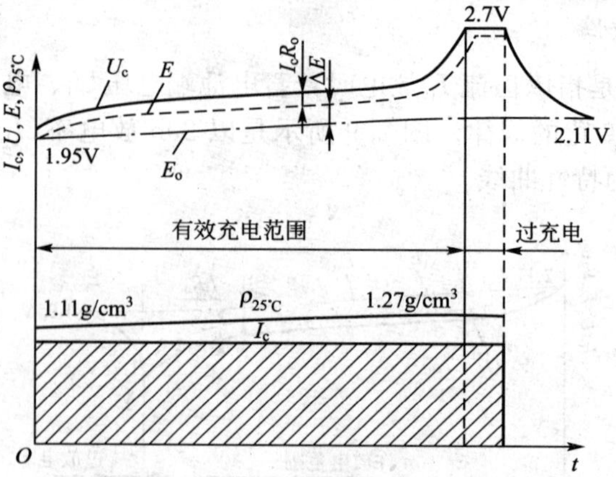

图 2.10　蓄电池恒流充电特性曲线

性能参数。蓄电池的容量是指在规定的放电条件下，蓄电池能够输出的电量。当恒流放电时，蓄电池的容量等于放电电流与放电时间之积，即

$$C=I_f t_f$$

式中：C——蓄电池的容量(A·h)；

I_f——放电电流(A)；

t_f——放电时间(h)。

蓄电池的容量与放电电流、温度及电解液的密度等因素有关，因此蓄电池的标称容量是在一定的标准规范下测得的。

(1) 额定容量 C_{20}。根据 GB/T 5008.1—2005《起动用铅酸蓄电池技术要求》的规定，C_{20}是指完全充足电的蓄电池，在电解液温度为 25℃时，以 20h 放电率($I_f=0.05C$)连续放电到单格电池电压降至 1.75V(12V 蓄电池端电压下降至(10.50±0.05)V，6V 蓄电池下降至(5.25±0.02)V)时，蓄电池所输出的电量。额定容量是检验新蓄电池质量和衡量蓄电池能否继续使用的重要指标。

(2) 储备容量 C_m。根据 GB/T 5008.1—2005 规定，C_m 是指完全充足电的蓄电池，在电解液温度为 25℃时，以 25A 电流连续放电到单格电池电压降至 1.75V 时所持续的时间，其单位为 min。蓄电池的储备容量说明当汽车充电系统失效时，蓄电池尚能持续提供 25A 电流的能力。

储备容量与额定容量有如下换算关系：

$$C_{20}=\sqrt{17778+208.3C_m}-133.3$$

在 $C_{20}\geqslant 200$A·h 或 $C_m\geqslant 480$min 时，上式不适用。

蓄电池的容量越大，可以提供的电能就越多。影响蓄电池容量的因素主要有极板的构造、放电电流、电解液温度和电解液的密度 4 个方面。

2.1.5　蓄电池的使用与维护

1. 蓄电池的正确使用

1) 电解液的配制

电解液应使用符合蓄电池用硫酸和纯净水配制，配制比例见表 2-3。

（1）铅酸蓄电池电解液是用纯净水和浓硫酸配制成的，汽车用蓄电池电解液的密度为(1.280±0.005)g/cm³(25℃)。

（2）配制电解液的容器必须是耐酸及耐温的，有釉陶瓷、玻璃缸、塑料槽或铅衬木槽。配制时，工作人员必须穿戴好防护用具。

（3）配制前将器皿洗涮干净，并用纯净水清洗。

（4）配制电解液时，应先将需要的纯净水放入容器内，然后将浓硫酸缓慢注入纯水内，并不断搅拌。严禁将水注入硫酸内，以免发生飞溅灼伤。

电解液密度换算公式为：

$$d_{25}=d_{T}+0.0007(T-25)$$

式中：d_{25}——25℃电解液密度；

d_{T}——当温度为T时的电解液密度；

0.0007——温度系数；

T——实测电解液温度。

2）电池的充电

（1）充电前的准备。

① 检测电解液或纯水是否符合规定要求。

② 打开蓄电池上的排气栓。

③ 加液或补水至最高液面线。

（2）充电连接。

① 充电机的正极与蓄电池正极相接，负极与蓄电池负极相接，切勿反接。

② 对多只电池充电可根据充电规模大小确定。

③ 充电连接必须牢固。

（3）充电方式：通常充电的种类有恒流充电、恒压充电及快速充电3种。

恒流充电可进行初充电、补充充电、普通充电和均衡充电。

① 初充电：初充电是指非干荷电电池使用之前的首次充电。

a. 非干荷电电池注入电解液后，静止16h，待温度降至35℃以下时方可开始充电。

b. 首次充电电流一般为30A，充至单格电压为2.4V时，电流减半继续充电。

② 补充充电：针对存放时间长、干荷电性能较差的干荷电电池或添加电解液并充足电后停用1个月左右的电池而说，补充充电电流为30A，补充充电时间为5h左右，或根据存放时间长短确定充电时间。

③ 普通充电：普通充电是指电池经初充电后在使用过程中的充电。

a. 汽车电池普通充电第一阶段采用20A，充电1～2h至电压升到每格2.4V以上后，电流减半再充电10h左右。

b. 充电电量一般为放电电量的1.5倍以上，或者充入额定容量的1.3～1.5倍。

④ 均衡充电：用普通充电的方法将电池充足，然后用20A电流充电。

a. 当电池冒出均匀气泡，温度上升时，停止充电1h，如此重复3～4次。

b. 每一单格电池都能产生大量气泡，并且电流、电压、电解液密度趋于不变时结束。

恒压充电是以始终不变的电压对电池进行充电。开始时充电电流较大，然后逐渐减小。恒压充电电压通常为2.3～2.4V。这种情况下充电，气体产生很少，耗水量少，因此恒压充电常用于免维护密封铅酸蓄电池。

快速充电：

① 快速充电是采用大电流、脉冲电流，并采用短时间放电的间歇式充电方法对电池进行充电。

② 快速充电法用20A大电流充电。

③ 快速充电用特制的快速充电机完成。

(4) 电池充足电判断标志。

① 电池单格内有大量气泡产生。

② 电池单格电压在2.6～2.8V，且在2h以上测定都不变(这是指新电池，用过的电池单格电压要低一些)。

③ 电解液密度达(1.280±0.005)g/cm^3(25℃)且2h以上测定不变。

(5) 电池充足电注意事项。

① 液温不得超过45℃，否则应采取降温措施(减少充电电流或停止充电或放入水槽中冷却)。

② 通风良好。

③ 禁止火源。

2. 蓄电池的维护

铅酸蓄电池的维护分为日常维护和定期维护两种。日常维护是指平时日常工作中的维护，这是蓄电池维护工作的最基本而有效的一项工作。定期维护是指针对蓄电池的不同情况，在充电站进行一定项目的维护。只有在日常维护工作做好的基础上，再结合定期维护，才能把蓄电池的维护工作做好。

1) 日常维护

(1) 经常保持蓄电池表面的清洁。

(2) 按照规定进行蓄电池的充电、放电和补充电工作。

(3) 充电过程中，电解液的温度不得超过45℃。

(4) 充放电过程，保持通风。

2) 定期维护

(1) 起动用蓄电池每半个月就应认真地检查连条、极柱及输出接线的接触情况和牢固程度，彻底清除金属部位(如接线端子)的氧化物和锈蚀，更换金属部位的凡士林油。

(2) 电池失水时应及时补充纯水，防止极板露出液面而氧化和降低利用率，且勿补充电解液。

(3) 电池在使用过程中应调整好充电器的电压(13.8～14.4V)，防止过充电。

2.2 新型蓄电池

由于受到内燃机污染和能源危机的冲击，20世纪70年代以来，世界各国都在大力开发研究新型电池。用电池代替发动机作为汽车的动力源，不仅可以节约石油，而且还可使汽车的传动系统大大简化、污染降低、噪声减小、操纵方便。但是，由于铅酸蓄电池比能仅为 40～50W·h/kg，即其质量大而容量小，需要经常充电，因此用作长途电动汽车的动力源很不适宜。目前，常用的电动汽车只能用于车站、码头、工厂内部等短距离运输。对新型高能电池的需求是：比能应达到 140W·h/kg，充、放电循环次数达到 800 次以上，充电一次可使电动汽车行驶 240km 左右。目前，世界各国研究新型高能电池的重点是钠硫电池、燃料电池、锌-空气电池等。

2.2.1 钠硫电池

钠硫电池的结构如图 2.11 所示。在钠硫电池中，阴极反应物质是熔融的钠；阳极反应物质是带有一定导电物质的 6 价熔融硫；电解质为β-氧化铝($NaAl_{11}O_7$)固体电解质，它既是绝缘体又能自由传导钠离子。

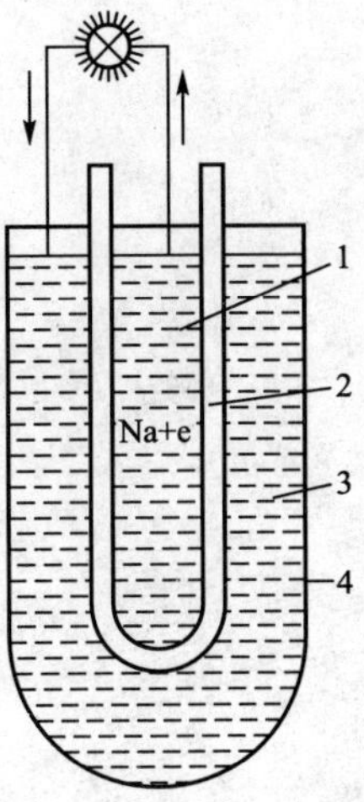

图 2.11 钠硫电池的结构

1—熔融钠；2—氧化铝固体电解质；3—带有一定导电物质的硫；4—不锈钢壳体

钠硫电池的工作原理是，当外电路接通时，阴极处不断产生钠离子并放出电子，即

$$Na \rightleftharpoons Na^+ + e$$

电子通过外电路流向阳极，而 Na^+ 通过β-氧化铝的电解质与阳极的反应物质硫相互起作用，生成钠的硫化物，即

$$2Na + xS \rightleftharpoons Na_2S_x$$

式中，Na_2S_x 可以是 Na_2S_2、Na_2S_4、Na_2S_5 等。上述反应不断进行，电路中就获得电流。这种电池理论上的比能可达 660W·h/kg，效率可达 100%(放电量等于充电量)，且充电时间短、无污染、原材料丰富；缺点是硫化钠易燃烧、工作温度高(高达 250～300℃)、使用寿命短。

钠硫电池具有许多显著优点：一是比能高，其理论比能为 760W·h/kg，实际已大于 100W·h/kg，是铅酸蓄电池的 3～4 倍；二是可大电流、大功率放电，其放电电流密度一般可达 200～300mA/cm^3，并在瞬间放出其 3 倍的固有能量；三是充放电效率高，由于采用固体电解质，所以没有通常采用液体电解质二次电池的那种放电及副反应，充放电电流效率几乎是 100%。当然，钠硫电池也有不足之处，因为其工作温度为 300～350℃，所以，电池工作时需要一定的加热保温，当汽车不行驶时保持蓄电池的温度，当蓄电池工作时，由电流产生的热量维持蓄电池的温度。钠硫蓄电池目前使用的壳体材料是昂贵的渗铬镀层，以防止高温液体钠的腐蚀。

2.2.2 燃料电池

燃料电池由燃料(氢、煤气、天然气等)、氧化剂(氧气、空气、氯气)、电极(多孔烧结镍电极、多孔银电极等)和电解质(KOH 等溶液)组成，利用燃料的氧化反应，将化学能直接转变为电能。这种电池只要不断地加入燃料和氧气，就会不断地产生电能，故称燃料电池。燃料电池的种类很多，有氢-氧、甲烷、联氨等，现以氢-氧燃料电池为例给予说明。

氢-氧燃料电池是一种最普通的燃料电池，它先把燃料转化为氢气，然后与氧气分别在电池的两极发生氧化和还原反应，从而产生电能。氢-氧燃料电池的结构如图 2.12 所示，A 是氧气腔，氧气由高压氧气筒提供，工作压力为 666～1333kPa。E 是氢气腔，氢气由高压氢气筒供给。正极 B 是多孔性的氧电极(活性炭电极)，由包在塑料中的银粉制成，并用钴和钯的混合物作催化剂。负极 D 是多孔性的氢电极(活性炭电极)，用铂或钯作催化剂。C 是饱含电解液的石棉填充物，电解液是 30%～35%的氢氧化钾(KOH)溶液，由液压泵使其循环。其化学反应方程式是：

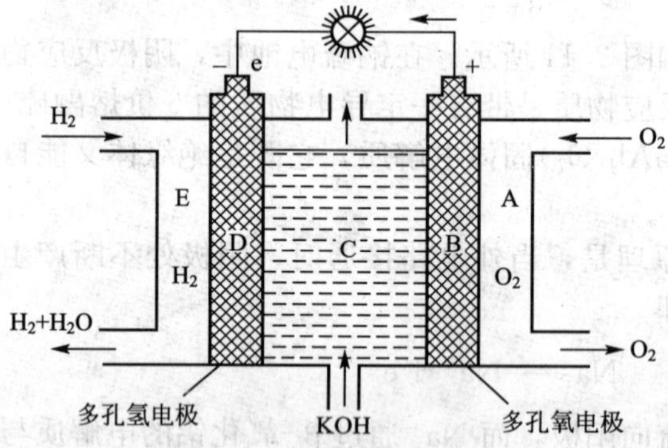

图 2.12　氢-氧燃料电池结构示意图

A—氧化腔；B—正极(多孔氧电极)；C—含电解液的石棉层；D—负极(多孔氢电极)；E—氢气腔

$$KOH \rightleftharpoons K^{+} + OH^{-}$$

电解液中的 KOH 不断电离和化合并形成相对平衡状态，即放电时在负极 D 氢电极处的氢气与氢氧根离子化合生成水，并放出电子；电子通过外电路送到正极，即

$$H_2 + 2OH^{-} \rightarrow 2H_2O + 2e$$

在正极 B(氧电极)处，氧气与水及外电路流来的电子起作用，生成氢氧根离子，进入电解液，即

$$O_2 + 2H_2O + 4e \rightarrow 4OH^{-}$$

电池的总反应式为：

$$2H_2 + O_2 \rightarrow 2H_2O$$

在反应过程中，氢气和氧气不断地消耗并生成水，所以只要不断地供给氢气和氧气，反应就能继续进行，并不断地产生电能向外电路供电，电动汽车就能继续行驶。目前燃料电池的比能达到 200～350W・h/kg，为铅酸蓄电池的 47 倍，且不需要充电，只要不断供应燃料就可继续使用，因此适合作为电动汽车的动力源。其缺点是需要贵重金属作催化剂，成本高，且燃料的储藏和运输都有一定的困难，因此有待进一步解决。

依据电解液的不同，燃料电池可以分为以下 5 类。

(1) 碱性燃料电池。采用氢氧化钾溶液为电解液。这类电池最贵，用于航天和其他特殊用途(如导弹、宇宙飞船、卫星等空间飞行器)。

(2) 离子交换膜燃料电池。采用极薄的塑料薄膜作为电解液，成本次之。这类电池用于汽车、潜艇、便携式电源、小型固定工厂。

(3) 磷酸燃料电池。采用磷酸溶液为电解液。这类电池用于小型固定工厂。目前世界上有200kW的磷酸燃料电池电站在运行。

(4) 熔融碳酸盐燃料电池。采用碳酸锂或碳酸钾溶液为电解液。这类电池用于大型工厂。

(5) 固体氧化物燃料电池。采用氧化锆或氧化钇溶液为电解液。这类电池用于大型工厂。

目前，应用最广的是离子交换膜燃料电池。

燃料电池把燃烧反应所放出的能量直接转变为电能，所以它的能量利用率高，是热机效率的两倍以上。它的设备轻巧，既像常规电站能输出电能，又没有普通发电站发出的噪声，只要把氢气(或者天然气、净化煤气等)和空气(氧气)输入到燃料电池内，通过电化学反应就可变成电能。它可连续运行，而且很少产生污染，燃料电池的比能高，单位质量输出的功率大。

2.2.3 锌-空气电池

锌-空气电池的比能可达到150～400W·h/kg，正极板是由金属网集电器、活性层等组成的薄空气电极，负极板由纯锌组成，电解液为氢氧化钾水溶液。放电时，正极板上的反应为：

$$O_2+2H_2O+4e\rightarrow 4OH^-$$

负极锌板锌的氧化过程可概括为：

$$Zn+2OH^-\rightarrow ZnO+H_2O+2e$$

充电时，按上述过程反向进行。

电池的总反应式为：

$$2Zn+O_2\rightarrow 2ZnO$$

锌-空气电池具有放电电压稳定、无污染等优点。但工作时用于清除空气中的二氧化碳、滤清、通风等需要消耗一定能量，还要限制放电电流等，故需进一步研究解决。

阅读材料2-1

其他新型蓄电池

1. 镍镉蓄电池

目前，镍镉蓄电池的应用广泛程度仅次于铅酸蓄电池。其比能可达55W·h/kg，比功率超过190W/kg，可快速充电，循环使用寿命是铅酸蓄电池的2倍多，可达到2000多次，但价格为铅酸蓄电池的4～5倍。它的初期购置成本高，但由于其在比能和使用寿命方面的优势，故其长期的实际使用成本并不高。使用中要注意做好回收工作，以免重金属镉造成环境污染。

2. 镍氢蓄电池

镍氢蓄电池是目前人们看好的第2代电池之一，是一种取代镍镉蓄电池的产品，当然也是取代铅酸蓄电池的产品。镍氢蓄电池和镍镉蓄电池一样，也属于碱性电池，其特性和镍镉蓄电池相似，不过镍氢蓄电池不含镉、铜，不存在重金属污染问题。目前生产电动汽车镍氢蓄电池的公司主要是Ovonie公司，它现有80A·h和130A·h两种单元电池，并由此构成 30kW·h 和 50kW·h 两种规格的电池。其比能达 75～80W·h/kg，比功率达 160～230W/kg，循环使用寿命超过 600 次。该蓄电池曾装在几种电动汽车上试用，其中，一类车一次充电可行驶 345km，有辆车一年行驶了 8 万多千米。由于其价格较高，目前尚未大批量生产。估计随着镍氢蓄电池技术的发展，其比能可超过 80W·h/kg，循环使用寿命可超过 2000 次，价格可降至 150 美元/kW·h。通用汽车公司已把它作为今后几年电动汽车优先考虑的蓄电池。

3. 飞轮蓄电池

飞轮蓄电池是 20 世纪 90 年代提出的新概念电池，它突破了化学电池的局限，用物理方法实现储能。众所周知，当飞轮以一定角速度旋转时，就具有一定的动能。飞轮蓄电池正是以其动能转换成电能的。高技术型的飞轮用于储存电能时，就很像标准电池。飞轮蓄电池中有一个电机，充电时该电机以电动机形式运转，在外电源的驱动下，电机带动飞轮高速旋转，即用电给飞轮蓄电池“充电”，增加了飞轮的转速，从而增大其动能；放电时，电机则以发电机状态运转，在飞轮的带动下对外输出电能，完成机械能(动能)到电能的转换。当飞轮蓄电池输出电能时，飞轮转速逐渐下降，飞轮蓄电池的飞轮是在真空环境下运转的，转速极高(高达 200000r/min)，其使用的轴承为非接触式磁轴承。据称，飞轮蓄电池比能可达 150W·h/kg，比功率达 5000～10000W/kg，使用寿命长达 25 年，可供电动汽车行驶 500 万 km。美国飞轮系统公司已用最新研制的飞轮蓄电池成功地把一辆克莱斯勒 LHS 轿车改成电动轿车，一次充电可行驶 600km，由 0 到 96km/h 的加速时间为 6.5s。

4. 锂蓄电池

锂蓄电池可分为锂离子蓄电池和锂分子(高聚合物)蓄电池两种。锂蓄电池具有体积小，质量能和质量功率高、电压高、安全性高(固态)、无污染等优点。锂蓄电池的能量密度(体积能和质量能)几乎是镍镉蓄电池的 1.5～3 倍，也就是说在同样大小能量的情况下，锂蓄电池的体积和质量可减小 1/2 左右。单元电池的平均电压为 3.6V，相当于 3 个镍镉或镍氢电池串接起来的电压值。使用锂蓄电池能减少电池组合体的数量，从而因单元电池电压差所造成的电池故障的发生概率可减小许多，也就是说大大延长了电池组合体的寿命。

相对于镍镉蓄电池和镍氢蓄电池，锂蓄电池充电时不用先进行放电(因锂蓄电池无记忆性)，从而给使用带来了极大的方便，同时也节省了电能。锂蓄电池还具备自放电低的优点，即在非使用状态下储存时，其内部几乎不发生化学反应，故相当稳定。锂蓄电池的自放电率仅为 5%～10%。由于锂蓄电池不含有镉、汞和铅等重金属，因此可以说是绿色的环保电池。

由于锂离子(分子)蓄电池的负极采用的是硬石墨电极，从测定的端子电压就能清楚知道蓄电池所剩的电荷量，故具有检测精度高等实际应用上的优点。据报道，现一般的锂离子蓄电池比能为 100W·h/kg，质量功率高达 1500W/kg，是镍氢等蓄电池无法相比的。这也是人们看中锂蓄电池的根本所在。锂蓄电池已日臻完善，在电动车上它大有取代铅酸蓄电池、镍镉蓄电池、镍氢蓄电池之势，并将随着电动车的普及发展而成长壮大。在能源日显匮乏的不远将来，电动汽车定会得到大发展，锂蓄电池也将与燃料蓄电池一并成为 21 世纪电动车用蓄电池的主角。

2.3 交流发电机

除电动汽车外，蓄电池在汽车运行中只能充当发动机起动、停止或怠速等工况下的备用电源。在发电机正常工况下，汽车的用电设备主要靠发电机供电。同时，当蓄电池存电不足时，发电机又是蓄电池的充电电源。目前，传统的整流子直流发电机已完全被硅整流交流发电机取代，故在此只介绍交流发电机与调节器。

2.3.1 交流发电机的构造

汽车用普通交流发电机的结构大同小异，其基本结构都是由转子、定子、整流器和端盖4部分组成的。整体式交流发电机是在基本结构的基础上增加了电压调节器，且都采用集成电路调节器。交流发电机基本零部件组成与整体结构如图2.13和图2.14所示。

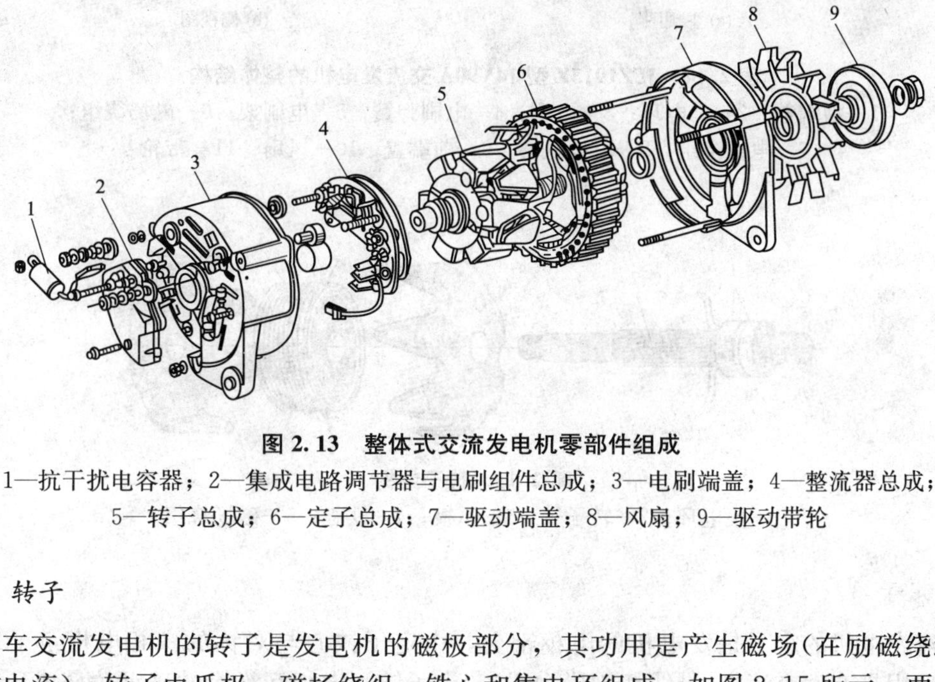

图2.13 整体式交流发电机零部件组成

1—抗干扰电容器；2—集成电路调节器与电刷组件总成；3—电刷端盖；4—整流器总成；
5—转子总成；6—定子总成；7—驱动端盖；8—风扇；9—驱动带轮

1. 转子

汽车交流发电机的转子是发电机的磁极部分，其功用是产生磁场(在励磁绕组上加入励磁电流)。转子由爪极、磁场绕组、铁心和集电环组成，如图2.15所示。两块爪极压装在转子轴上，爪极间的空隙内装有铁心，铁心也压装在转子轴上，磁场绕组绕在铁心上。

集电环由彼此绝缘的两个铜环组成，压装在转子轴的一端并与转子轴绝缘。磁场绕组的两端分别焊接在两个集电环上，两个集电环分别与发电机后端盖上的两个电刷相接触。当两个电刷与直流电源接通时，磁场绕组中便有电流流过并产生轴向磁场，被磁化的爪极中一块为N极，另一块为S极，于是就形成了4～8对相互交错的磁极。国产交流发电机大多是6对磁极。将转子爪极设计成鸟嘴形状是为了使磁场呈正弦分布，以便电枢绕组产生的感应电动势有较好的正弦波形。

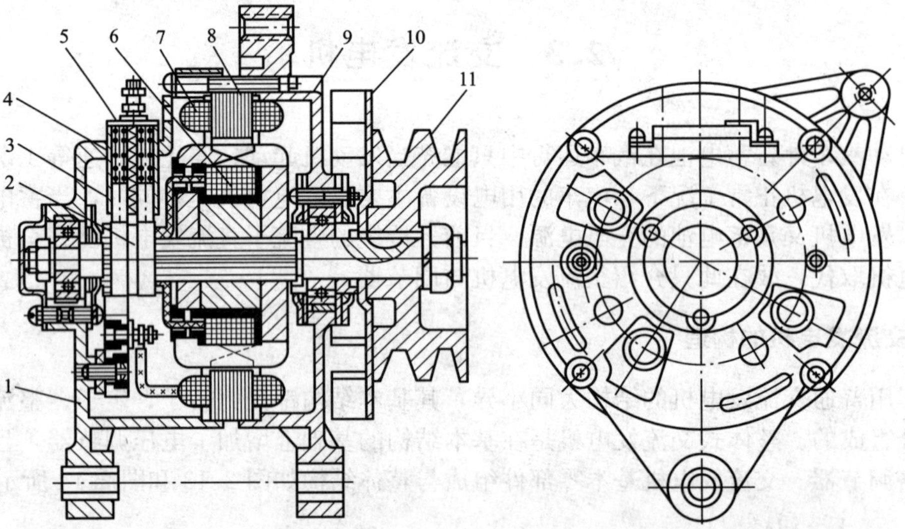

(a) 主视图　　　　(b) 侧视图

图 2.14　JFZ1913Z 型 14V90A 交流发电机的整体结构

1—后端盖；2—集电环；3—电刷；4—电刷弹簧；5—电刷架；6—磁场绕组；
7—电枢绕组；8—电枢铁心；9—前端盖；10—风扇；11—带轮

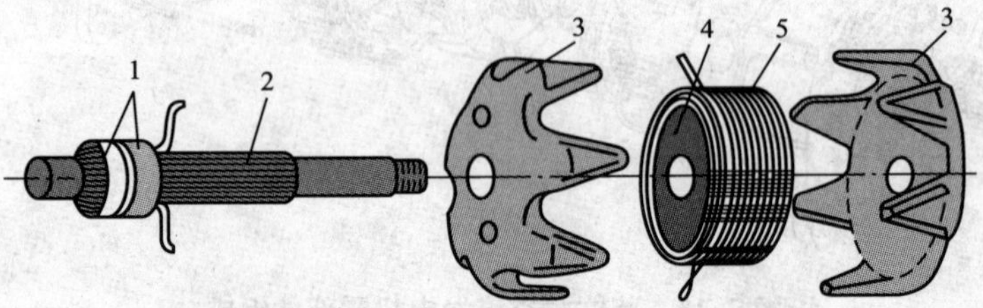

图 2.15　转子结构

1—集电环；2—转子轴；3—爪极；4—铁心；5—磁场绕组

2. 定子

交流发电机的定子是发电机的电枢部分，由定子铁心与对称的三相电枢定子绕组组成，其功用是产生交流电(导线切割磁力线)。定子铁心由相互绝缘的硅钢片叠成环状，环的内圆表面开有线槽，电枢三相绕组按一定规则对称嵌放在槽内。

三相绕组的联结方法有两种，即星形联结(Y联结)和三角形联结(△联结)，如图 2.16 所示。当采用Y联结时，三相绕组的 3 个末端 U_2、V_2、W_2 联结在一起，称为中性点，3 个始端 U_1、V_1、W_1 作为交流发电机的输出端，如图 2.16(a)所示。当采用△联结时，一相绕组的始端与另一相绕组末端联结，共有 3 个节点，即为交流发电机的输出端，如图 2.16(b)所示。三相电枢绕组一般为Y联结，也有采用△联结的。

为保证电枢三相绕组产生大小相等、相位差为 120°(电角度)的对称电动势，三相绕组的绕制应遵循下列原则：

(1) 每组绕组的线圈个数和每个线圈的匝数应完全相等。

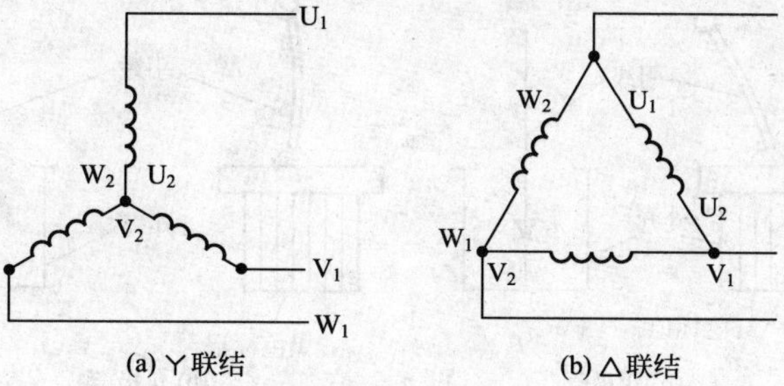

图 2.16　三相绕组的联结方法

(2) 每个线圈的节距(两个有效边所跨的定子槽数)必须相同。

(3) 三相绕组的始端 U_1、V_1、W_1 在定子槽内的排列必须相隔 120°(电角度)。

3. 整流器

交流发电机整流器的作用是将三相定子绕组产生的交流电变换为直流电。整流器一般由 6 个整流二极管和二极管的散热板组成。交流发电机整流器总成的结构如图 2.17 所示。汽车发电机上的硅整流二极管外形及符号如图 2.18 所示。汽车交流发电机用整流二极管有正极管和负极管之分。一个普通交流发电机具有 3 只正极管和 3 只负极管。引出电极为二极管正极的称为正极管，其上标有红色标记；引出电极为二极管负极的称为负极管，其上标有绿色或黑色标记。安装整流二极管的铝质散热板称为整流板。现代汽车交流发电机的整流器多数都有两块整流板。

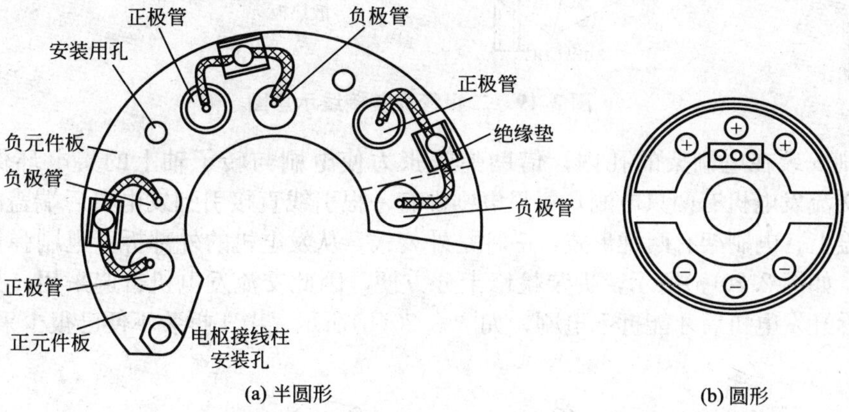

图 2.17　交流发电机整流器总成的结构

安装 3 只正极管的整流板称为正整流板，安装 3 只负极管的整流板称为负整流板，如图 2.19 所示。有的交流发电机只有正整流板而没有负整流板，3 只负极管直接压装在发电机的后端盖上，即后端盖相当于负整流板，由于不便维修，这种结构已被淘汰。

4. 端盖与电刷组件

交流发电机的前、后端盖均用铝合金压铸而成，铝合金为非导磁材料，可减少漏磁，并具有质量轻、散热性能好等优点。在发电机后端盖内装有电刷组件，电刷组件由电刷、电刷架和电刷弹簧组成。电刷用铜粉和石墨粉模压而成，电刷架用酚醛玻璃纤维塑料模压

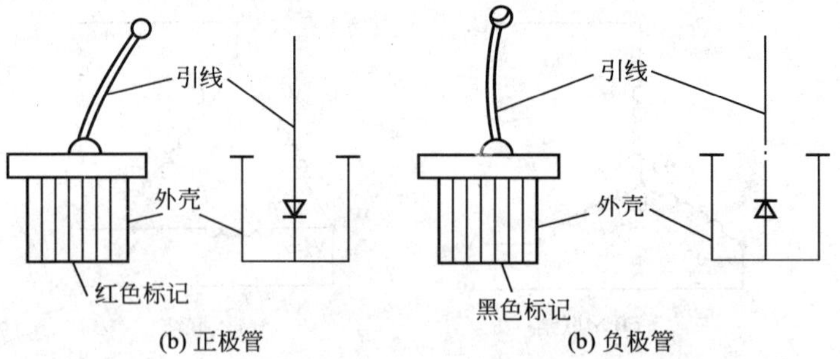

图 2.18　硅整流二极管的外形及符号

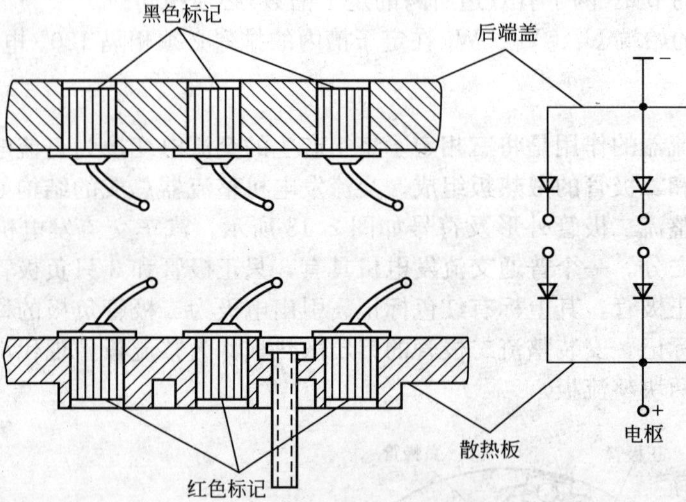

图 2.19　二极管安装接线示意图

而成。电刷安装在电刷架的孔内，借助弹簧张力使电刷与转子轴上的集电环保持良好接触。每个交流发电机有两只电刷，每只电刷都有一根引线直接引到发电机后端盖的接线端子上或后端盖上。电刷架有两种形式，一种是外装式，从发电机的外部拆下电刷弹簧盖板即可拆下电刷，如图 2.20(a)所示，拆装检修十分方便，因此交流发电机普遍采用；另一种是内装式，需拆开发电机后才能拆下电刷，如图 2.20(b)所示，由于拆装不便已很少采用。

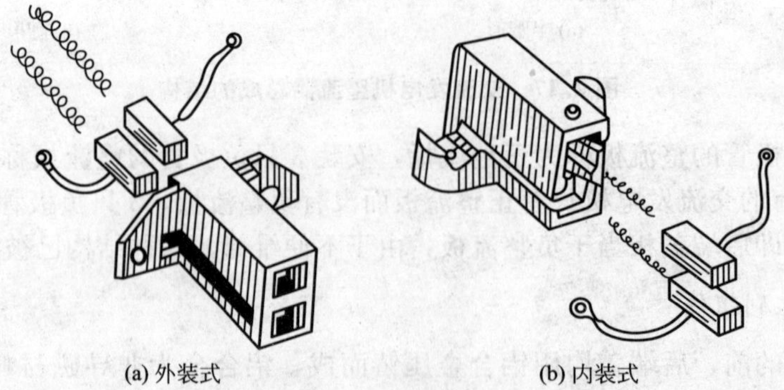

图 2.20　电刷组件

交流发电机有内搭铁和外搭铁之分，如图 2.21 所示。磁场绕组的一端经集电环和电刷与发电机端盖绝缘的磁场绕组接线柱(标记“F”或“磁场”)相连接，另一端通过引线与发电机外壳相连，这种搭铁方式的发电机称为内搭铁型交流发电机，如图 2.21(a)所示。东风 1090 型载货汽车用 JF132 型交流发电机即为内搭铁型交流发电机。磁场绕组的两端经集电环和电刷，通过引线均与绝缘接线柱(标记“F_1”“F_2”)相连，磁场绕组通过“F_1”或“F_2”接线柱经调节器搭铁的，称为外搭铁型交流发电机，如图 2.21(b)所示。桑塔纳、捷达、红旗、奥迪、解放等大多数汽车均采用外搭铁型交流发电机。

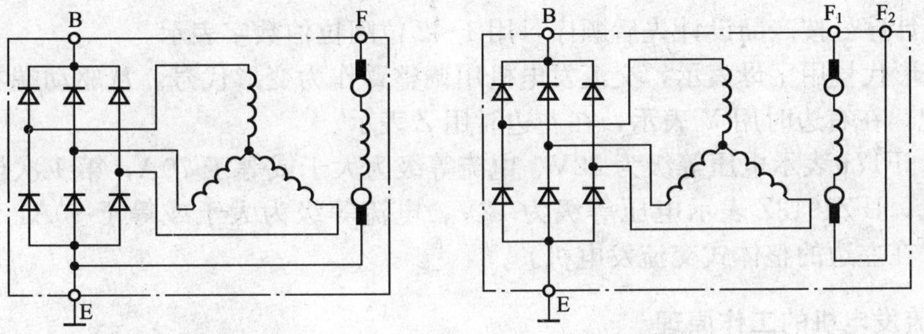

(a) 内搭铁型交流发电机　　(b) 外搭铁型交流发电机

图 2.21　交流发电机的搭铁形式

交流发电机端盖前装有带轮，由发动机通过风扇传动带驱动发电机轴旋转。一般在带轮后还装有叶片式风扇，由铝合金板或钢板冲压或焊接而成。当风扇与带轮一起转动时，通过前、后端盖上制有的通风口，空气便从进风口流入，经发电机内部再从出风口流出，由此便将内部热量带出，达到强制通风散热的目的，这称为外装式风扇。近年来，为提高发电机的效率，减小发电机的体积，又出现了内装式风扇，即风扇叶片直接设置在发电机转子上。

2.3.2　交流发电机的型号

汽车交流发电机的型号组成如图 2.22 所示，图中代号含义如下。

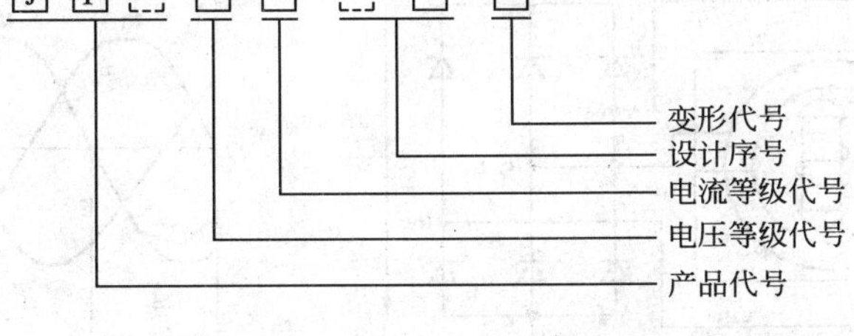

图 2.22　发电机型号编制方法

(1) 产品代号用 2～3 个字母表示，如 JF、JFZ、JFB、JFW 分别表示交流发电机、整体式交流发电机、带泵交流发电机和无电刷交流发电机。

(2) 电压等级代号和电流等级代号分别用 1 位阿拉伯数字表示，其含义分别见表 2-4 和表 2-5。

表 2-4 电压等级代号

电压等级代号	1	2	3	4	5	6
电压等级/V	12	24	42			

表 2-5 电流等级代号

电流等级代号	1	2	3	4	5	6	7	8	9
电流大小/A	～19	20～29	30～39	40～49	50～59	60～69	70～79	80～89	≥90

(3) 设计序号按产品设计先后顺序，用1～2位阿拉伯数字表示。

(4) 变形代号用字母表示，交流发电机用调整臂作为变形代号。从驱动端看，在中间的不加标记，在右边时用Y表示，在左边时用Z表示。

例如，JF171表示电压等级为12V、电流等级为大于或等于70A，第1次设计的普通交流发电机；JFZ1913Z表示电压等级为12V、电流等级为大于或等于90A，第13次设计，调整臂在左边的整体式交流发电机。

2.3.3 交流发电机的工作原理

汽车用交流发电机是一种他励转自励三相同步交流发电机，通过由硅二极管组成的三相桥式整流电路将定子绕组所产生的感应交变电动势转变为直流电输出，所以也称为硅整流发电机。

1. 三相交变电动势的产生

交流发电机是根据电磁感应原理产生三相交变电动势的。三相同步交流发电机的工作原理如图2.23所示。发电机的转子为磁极，磁极绕组通过电刷和集电环引入直流电而产生磁场；发电机的定子为电枢，三相电枢绕组按一定的规律分布在定子的槽中，彼此相差120°(电角度)。当转子旋转时，产生一个旋转磁场；转子爪极制作成鸟嘴形特殊结构，可使定子绕组感应产生的交流电动势近似于正弦曲线波形，因此三相电枢绕组产生的感应电动势按正弦规律变化。

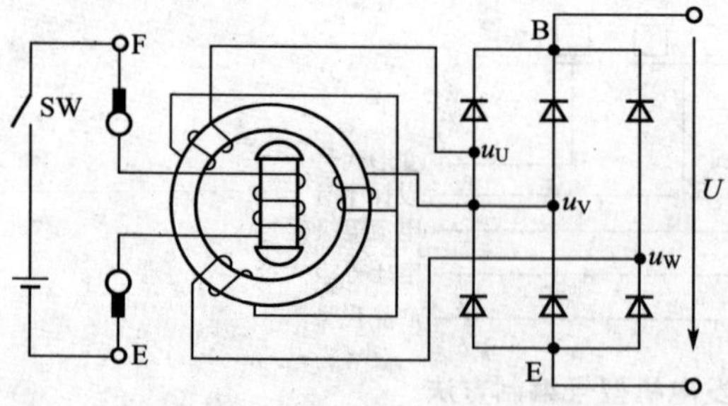

(a) 汽车交流发电机电路

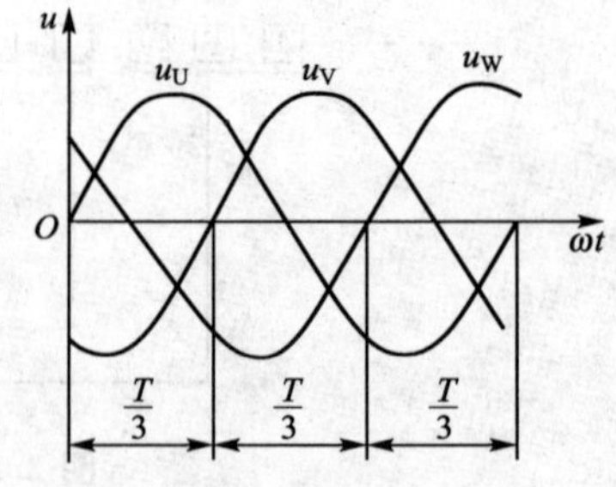

(b) 感应电动势输出波形

图 2.23 交流发电机的工作原理

三相绕组中交流电动势瞬时值的表达式为

$$e_U=\sqrt{2}E_\phi\sin(\omega t)$$

$$e_V=\sqrt{2}E_\phi\sin(\omega t-120°)$$

$$e_W=\sqrt{2}E_\phi\sin(\omega t-240°) \tag{2-1}$$

式中：E_ϕ——每相电动势的有效值(V)；

ω——电角速度(rad/s)，$\omega=2\pi f$。

交流发电机每相绕组中感应产生的电动势有效值E_ϕ为

$$E_\phi=4.44KfN\Phi=C_e\Phi n \tag{2-2}$$

式中：K——绕组系数，采用整距集中绕组时，$K=1$；

f——感应电动势的频率(Hz)，$f=Pn/60$，其中，P为磁极对数，n为发电机转速(r/min)；

N——每组绕组的匝数(匝)；

Φ——每极磁通(Wb)；

C_e——与发电机结构有关的参数。

从式(2-2)可以看出，定子绕组内感应电动势的大小与每组绕组串联线圈的匝数及感应电动势的频率成正比，即定子绕组的匝数越多，转子的转速越高，绕组内感应产生的电动势也就越高。

当定子绕组采用Y联结时，任意两个输出端之间的输出电压称为线电压，输出电流称为线电流，分别用U_L、I_L表示，每相绕组的相电压和相电流分别用U_ϕ、I_ϕ表示，如图2.24(a)所示。它们之间的相互关系为

$$U_L=\sqrt{3}U_\phi \tag{2-3}$$

$$I_L=I_\phi \tag{2-4}$$

当定子绕组采用△联结时，电压与电流的关系如图2.24(b)所示，即

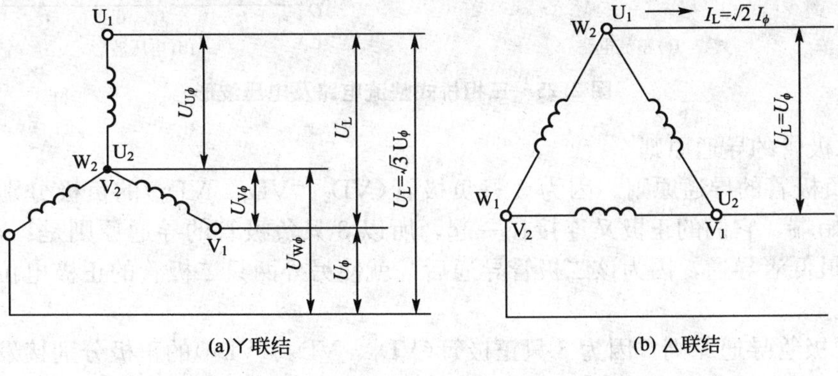

图2.24 三相绕组联结法不同时，电压与电流的关系

$$U_L=U_\phi \tag{2-5}$$

$$I_L=\sqrt{3}I_\phi \tag{2-6}$$

从上述公式可以看出，在交流发电机转速相同的条件下，Y联结比△联结具有较高的输出电压；当输出线电压相同时，△联结输出电流较大。因此采用Y联结的交流发电机在发动机转速较低时便可以向蓄电池充电，而采用△联结的交流发电机则需要较高的发动机转速才能向蓄电池充电。

2. 整流原理

汽车用的蓄电池为直流电源，考虑到发电机停转时，车用的各种电器必须能正常工作，用电设备均选用直流供电方式，这就要求交流发电机最终能提供直流电动势，所以交流发电机内必须配置硅整流器。二极管具有单向导电特性，即当给二极管加上正向电压时，二极管导通，呈现低阻抗状态；当给二极管加上反向电压时，二极管截止，呈现高阻抗状态。利用二极管的单向导电特性，便可把交流电变为直流电。三相桥式整流电路由6只硅二极管组成，其电路原理和电压波形如图2.25所示。其中，VD_1、VD_3、VD_5 的负极(壳体)压装在元件板或正整流板上，它们的正极分别接三相定子绕组始端U、V、W，故称为正极管；另外3只二极管 VD_2、VD_4、VD_6 的正极(壳体)压装在后端盖或负整流板上，负极则分别接三相定子绕组始端U、V、W，故称为负极管。

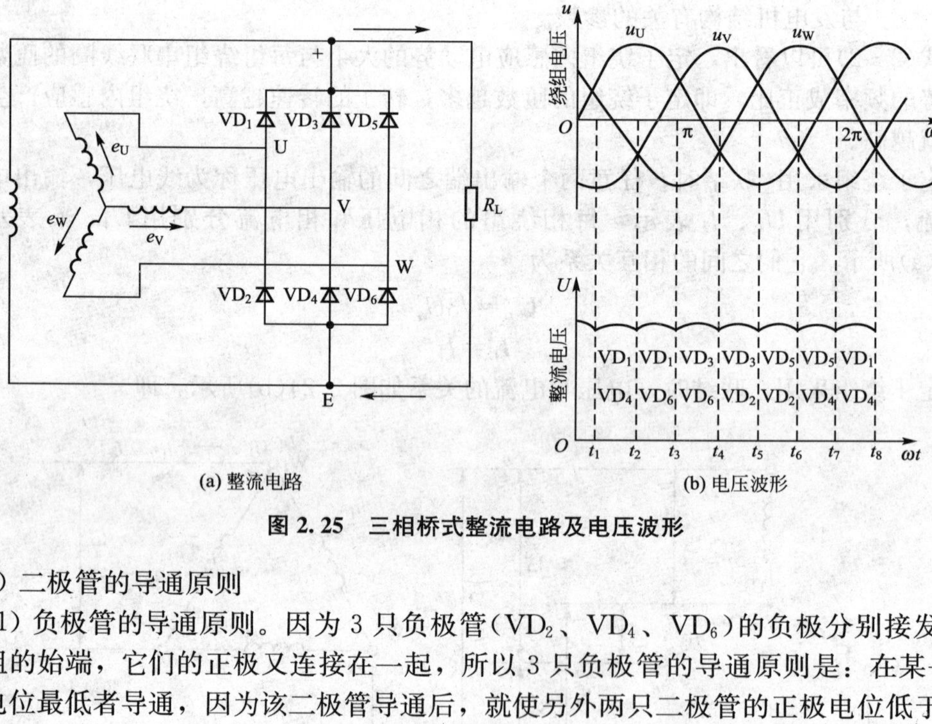

(a) 整流电路　　(b) 电压波形

图2.25　三相桥式整流电路及电压波形

1) 二极管的导通原则

(1) 负极管的导通原则。因为3只负极管(VD_2、VD_4、VD_6)的负极分别接发电机三相绕组的始端，它们的正极又连接在一起，所以3只负极管的导通原则是：在某一瞬间，负极电位最低者导通，因为该二极管导通后，就使另外两只二极管的正极电位低于负极而不能导通。

(2)正极管导通原则。因为3只正极管(VD_1、VD_3、VD_5)的正极分别接发电机三相绕组的始端，它们的负极又连接在一起，所以3只正极管的导通原则是：在某一瞬间，正极电位高者导通，因为正极电位最高的二极管导通后，就使另两只二极管的负极电位高于正极而不能导通。

2) 整流过程

根据上述正、负极二极管的导通原则，交流发电机整流器的整流过程如下。

(1) 在 $t_1 \sim t_2$ 时间内，U相电位最高，V相电位最低，所以二极管 VD_1、VD_4 获得正向电压而导通，电流从U相出发，经二极管 VD_1、负极电阻 R_L、二极管 VD_4 回到V相构成回路。因为二极管的内阻很小，所以U、V两相之间的线电压都加在负载电阻 R_L 上。

(2) 在 $t_2 \sim t_3$ 时间间隔内，U相电位最高，而W相电位变为最低，所以二极管 VD_1、

VD_6 获得正向电压而导通。U、W 两相之间的线电压加在负载 R_L 上。依此类推，6 只二极管在一个周期内，以 6 种不同的组合两两导通，依此循环，周而复始，使负载电阻两端得到一个比较平稳的直流脉冲电压 U，负载电压波形及各时间间隔内二极管的导通情况如图 2.25(b)所示。可以计算得到发电机输出直流脉动电压的平均值为

$$U=1.35U_L=2.34U_\phi \quad (\text{Y联结}) \tag{2-7}$$

$$U=1.35U_\phi \quad (\triangle\text{联结}) \tag{2-8}$$

式中：U——输出直流电压平均值；

U_L——定子绕组输出的线电压的有效值，$U_L=\sqrt{3}U_\phi$；

U_ϕ——每相绕组的相电压的有效值。

实际上，车用二极管正向导通时，管压降 U_d 为 0.2～0.6V，所以负载电压的实际值应为式(2-7)或式(2-8)的计算值减去两个二极管的管压降。由上述分析可知，三相桥式整流电路中，每只二极管在交流电的一个周期内，只有 1/3 时间处于导通状态，所以每只二极管的平均电流 I_d 只为负载电流的 1/3，即

$$I_d=\frac{1}{3}I \tag{2-9}$$

设每只二极管所承受的最高反向电压为 U_{DRM}，其值应为线电压 U_L 的最大值。即

$$U_{DRM}=\sqrt{2}U_L=\sqrt{2}\times\sqrt{3}U_\phi=2.54U_\phi \tag{2-10}$$

3. *励磁方式*

汽车用交流发电机的励磁方法与一般工业用交流发电机不同，其在无外接直流电源的情况下，也可利用磁极的剩磁自励发电，但由于交流发电机转子的剩磁较弱，故发电机只有在较高速时才能自励发电，因而不能满足汽车用电的要求。为了使交流发电机在低速运转时的输出电压满足汽车上用电的要求，在发电机开始发电时采用他励方式，即由蓄电池提供励磁电流，增强磁场，使电压随发电机转速很快上升。这就是交流发电机低速充电性能好的主要原因。当发电机输出电压高于蓄电池电压，一般发电机的转速达到 1000r/min 左右时，励磁电流便由发电机自身提供，这种励磁方式称为自励。由此可见，汽车交流发电机在输出电压建立前后分别采用他励和自励两种不同的励磁方式。

2.3.4 交流发电机的特性

汽车用硅整流交流发电机的工作特点是工作转速变化范围大。交流发电机的特性有输出特性、空载特性和外特性。

1. 输出特性

交流发电机的输出特性又称负载特性或输出电流特性。它是指发电机向负载供电时，保持发电机输出电压恒定(对 12V 的发电机规定为 14V，对 24V 的发电机规定为 28V)，即 $U_t=C$(常数)时，输出电流 I 与转速 n 之间的函数关系，即 $I=f(n)$。交流发电机的输出特性如图 2.26 所示。由输出特性曲线

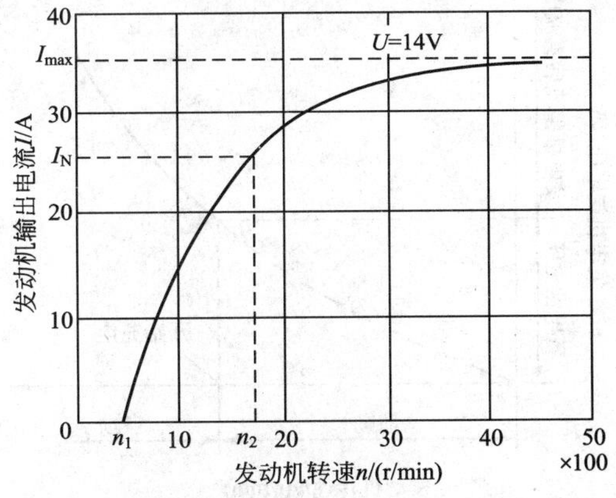

图 2.26 交流发电机的输出特性

$I=f(n)$可以看出以下几点。

(1) 当发电机转速过低时，其端电压低于额定电压，此时发电机不能向外供电；当转速达到空载转速 n_1 时，电压达到额定值；当转速高于空载转速 n_1 时，发电机才能向外供电。因此，空载转速 n_1 常作为选择发电机与发动机速比的主要依据。

(2) 当转速 $n>n_1$ 时，发电机输出电流 I 随转速 n 升高而逐渐增大；当转速 $n=n_2$ 时，发电机输出额定功率(额定电流 I_N 与额定电压之积)，故称转速 n_2 为满载转速。

空载转速和满载转速是交流发电机的主要性能指标，在使用过程中应定期检测这两个参数，并与规定值相比较，以判断发电机的性能是否正常。

(3) 当发电机转速超过一定数值后，发电机输出电流 I 不再随转速 n 升高而逐渐增大，而是逐渐趋于某一稳定电流值——最大输出电流或限流值 I_{MAX}。该特性表明汽车用交流发电机自身具有自动限制输出电流的自我保护能力。一般情况下，$I_{MAX}\approx1.5I_N$。

交流发电机之所以具有自我限流保护能力，不再需要限流器，其原因如下：①发电机定子绕组具有一定的感抗，当发电机转速很高时电动势的交变频率很高，电枢绕组的感抗作用很大，阻碍交流电流的能力增强，可产生较大的内部电压降；②定子电流的增大使电枢反应增强，即定子电流形成的磁场对转子磁场产生去磁作用，反过来使定子绕组中的感应电动势下降。因为上述两种作用，发动机的输出电流不再增加，故交流发电机具有自身限制输出电流的作用。

2. 空载特性

空载特性是指发电机空载时(负载电流 $I=0$)，发电机的端电压 U 与 n 之间的函数关系，即 $U=f(n)$，称为发电机的空载特性。从图 2.27 所示的空载特性曲线可以看出，随转速的升高，发电机端电压上升较快，且由他励转入自励发电时，即能向蓄电池补充充电，进一步证实了其低速充电性能好的优点。因此，空载特性是判定硅整流发电机充电性能是否良好的重要依据。

3. 外特性

外特性是指发电机转速一定时，发电机的端电压 U 与输出电流 I 之间的关系，即 n 为某一定值时，$U=f(I)$的函数关系，如图 2.28 所示。从外特性曲线可以看出，在一定转速

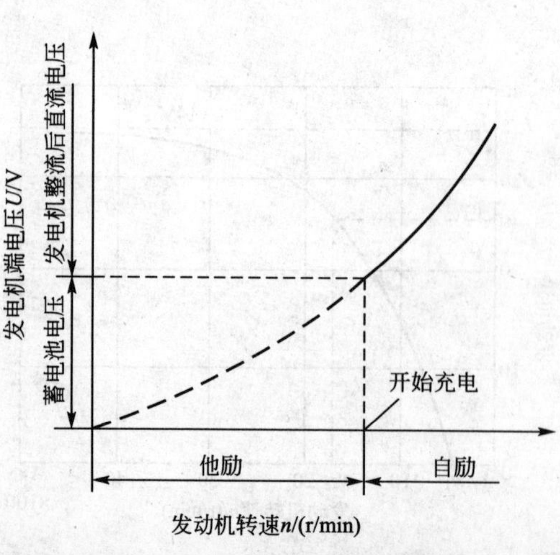

图 2.27 交流发电机的空载特性

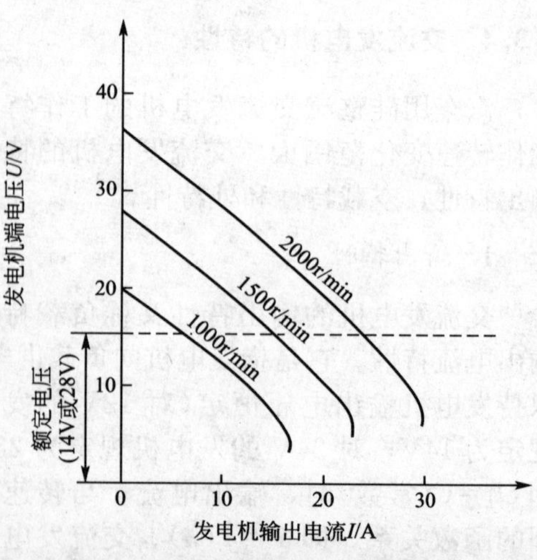

图 2.28 交流发电机的外特性

下，输出电流增加时发电机端电压将有较大下降。反之，在发电机高速运转时，如果突然失去负载，其端电压将急剧上升，这样可能造成整流二极管和调节器中电子元器件因瞬时过电压而损坏。

2.3.5 交流发电机性能的改善

有的交流发电机除具有组成三相桥式整流电路的6个二极管外，还具有2个中性点二极管，其接线柱的记号为“N”。中性点与发电机外壳(即搭铁)之间的电压 U_N 是通过3个负极管三相半波整流得到的直流电压，即 $U_N=1/2U_0$，中性点电压一般用来控制各种继电器，如磁场继电器、充电指示灯继电器等。

有的交流发电机还利用中性点的输出来提高发电机的输出功率，如图2.29所示。

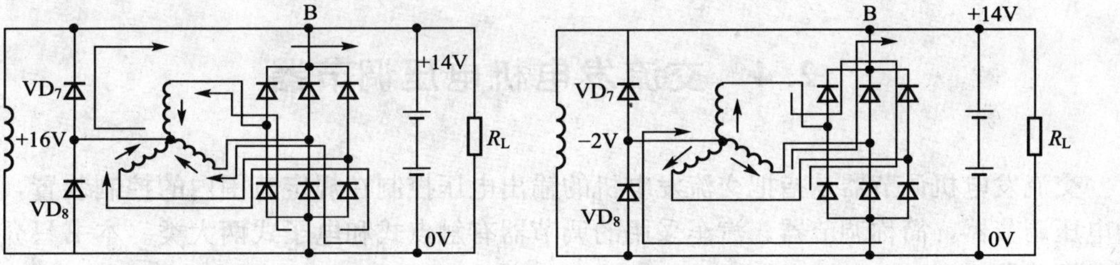

(a) 中性点电压瞬时值高于输出电压 (b) 中性点电压瞬时值低于搭铁电位

图2.29 中性点二极管的电流

发电机高速时，且当中性点电压的瞬时值高于输出电压(平均电压14V)时，从中性点输出的电流如图2.29(a)所示，其输出电路为：定子绕组→中性点二极管 VD_7→负载(包括蓄电池)→负极管→定子绕组。当中性点电压瞬时值低于搭铁电位时，流过中性点二极管 VD_8 的电流如图2.29(b)所示，其输出电路为：定子绕组→正极管→B接线柱→负载(包括蓄电池)→中性点二极管 VD_8→定子绕组。

当三相定子绕组采用Y联结时，三相绕组3个末端的公共接点称为三相绕组的中性点，中性点与发电机外壳(即搭铁)之间的电压，是通过 VD_2、VD_4、VD_6 3只负极管三相半波整流得到的直流电压，称为中性点电压，中性点电压的平均值等于交流发电机输出直流电压的一半，即

$$U_N=\frac{1}{2}U \qquad (2-11)$$

式中：U_N——中性点电压；

U——发电机输出直流电压。

国外的部分交流发电机(如日本的电装、三菱公司及德国的Bosch公司的交流发电机)还利用中性点二极管的输出来提高发电机的输出功率。在Y联结的交流发电机上，在中性点与输出接线柱之间增加了两个二极管，称为中性点二极管。在发电机高速运转(2000r/min以上)情况下，可以提高交流发电机输出功率的10%～15%。当交流发电机输出电流时，中性点的电压含有交流成分，即中性点三次谐波电压，且其幅值随发电机的转速而变化，如图2.30所示。

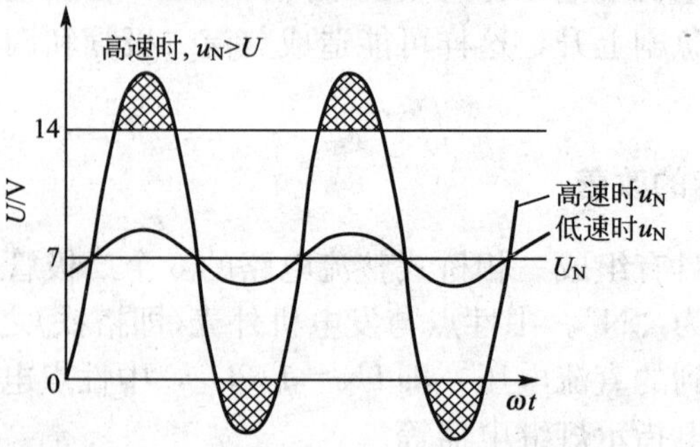

图 2.30 中性点三次谐波

2.4 交流发电机电压调节器

交流发电机调节器是指把交流发电机的输出电压控制在规定范围内的控制装置，又称为电压调节器，简称调节器。汽车采用的调节器有触点式和电子式两大类。本书只介绍电子式调节器。

2.4.1 调节器的作用

从发电机各电枢绕组的电动势与发电机的转速和磁极的磁通成正比可推出

$$E=C_e\Phi n \tag{2-12}$$

式中：E——交流发电机的等效电动势；

C_e——交流发电机的结构常数；

Φ——交流发电机磁极磁通；

n——交流发电机的转速。

若忽略发电机内阻电压降，则

$$U\approx E=C_e\Phi n$$

汽车用交流发电机是由发动机按固定的传动比驱动旋转的，其转速的高低取决于发动机的转速。在汽车行驶过程中，由于发动机转速随时都在发生变化，故发电机转速也随之改变。因此，发电机的输出电压必然随转速的变化而变化。汽车用交流发电机工作时的转速很不稳定且变化范围很大，若对发电机不加以调节，其输出电压将随发动机转速的变化而变化，这与汽车用电设备要求电压恒定相矛盾。因此，发电机必须有一个自动的电压调节装置。交流发电机调节器的作用就是当发动机转速变化时，自动对发电机的电压进行调节，使发电机的电压稳定，以满足汽车用电设备的要求。

2.4.2 调节器的调节方法

由于发电机的电动势及端电压与磁通也成正比关系，故当发电机转速变化时，如果要保持发电机电压恒定，就必须相应改变磁极磁通。磁极磁通的多少取决于磁场电流的大小，在发电机转速变化时，只要自动调节磁场电流，就能使发电机电压保持恒定。调节器的调节原理就是通过调节磁场电流使磁极磁通改变来使发电机输出电压保持恒定。

汽车用发电机电压调节器的基本原理如图 2.31(a)所示。调节器动作的控制参量为发电机电压，即当发电机的电压上升到设定的上限值 U_2 时，调节器动作，使磁场绕组的励磁电流 I_f 下降或断流，从而减弱磁极磁通，致使发电机电压下降；当发电机电压下降到设定的下限值 U_1 时，调节器又动作，使 I_f 增大，磁极磁通增强，发电机电压又上升；当发电机的电压上升到 U_2 时又重复上述过程，使发电机的电压在设定的范围内脉动，从而得到一个稳定的平均电压 U_c。在发电机某一转速下，调节器起作用后发电机电压波形如图 2.31(b)所示。

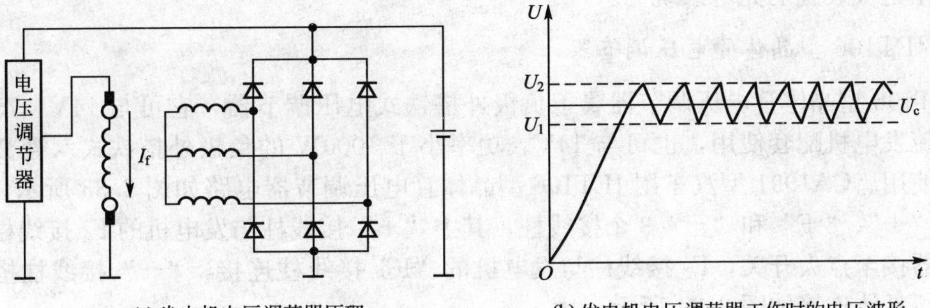

(a) 发电机电压调节器原理　　(b) 发电机电压调节器工作时的电压波形

图 2.31　发电机电压调节器基本原理

各种调节器都是通过调节磁场电流使磁极磁通改变来控制发电机输出电压的。电子调节器调节磁场电流的方法是利用晶体管的开关特性，使磁场电流接通或切断来调节发电机磁场电流。

2.4.3　调节器的型号

汽车交流发电机调节器的型号组成如图 2.32 所示，图中代号的含义如下。

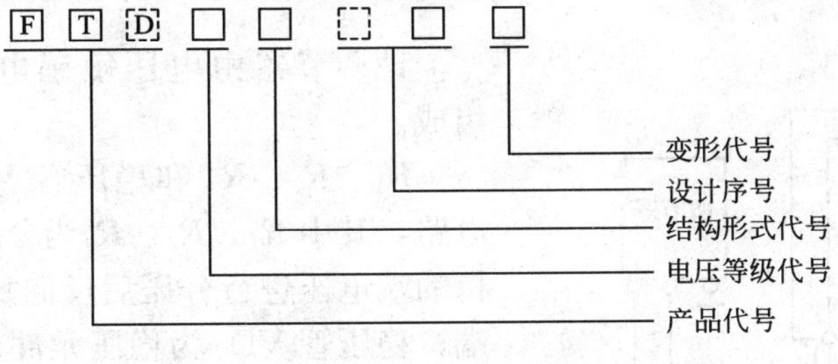

图 2.32　汽车交流发电机调节器的型号组成

(1) 产品代号。交流发电机调节器的产品代号为 FT、FTD 两种，分别表示发电机调节器和电子式发电机调节器。

(2) 电压等级代号。与交流发电机相同，参见表 2-4。

(3) 结构形式代号。调节器的结构形式代号用 1 位阿拉伯数字表示，数字“4”表示分立元件式；数字“5”表示集成电路式。

(4) 设计序号。按产品设计先后顺序，用 1～2 位阿拉伯数字表示。

(5) 变形代号。以汉语拼音大写字母 A，B，C，…顺序表示(但不能用 O 和 I 两个字母)。

例如，FTD152 表示电压等级为 12V 的集成电路式调节器，第 2 次设计。

2.4.4 电子调节器工作过程

晶体管式电压调节器是利用晶体管的开关特性来控制发电机的磁场电流，以使发电机的输出电压保持恒定。目前，国内外生产的晶体管调节器一般都是由 2～4 个晶体管、1～2 个稳压管和一些电阻、电容、二极管等组成的，并由印制电路板连接成电路，然后用轻而薄的铝合金外壳将其封闭。调节器对外伸出“+”（或“S”、“点火”）、“F”（或“磁场”）、“E”（或“搭铁”、“−”）等字样的接线柱或引出线，分别与交流发电机等连接构成整个汽车电气装置的充电系统。

1. JFT106 型晶体管电压调节器

JFT106 型晶体管电压调节器属于负极外搭铁式电压调节器，它可与 14V、750 W 的九管交流发电机配套使用，也可与 14V、功率小于 1000W 的负极外搭铁式六管交流发电机配套使用。CA1091 型汽车用 JFT106 型晶体管电压调节器电路如图 2.33 所示，该调节器共有“+”、“F”和“−”3 个接线柱，其中“+”接线柱与发电机的 F_2 接线柱连接后经熔断器接至点火开关，F_2 接线柱与发电机的“F”接线柱连接，“−”接线柱搭铁，不能接错，具体连接如图 2.34 所示。

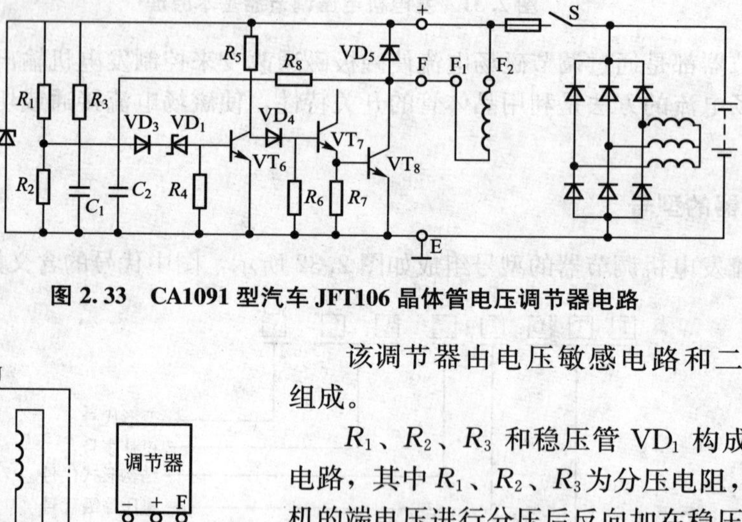

图 2.33　CA1091 型汽车 JFT106 晶体管电压调节器电路

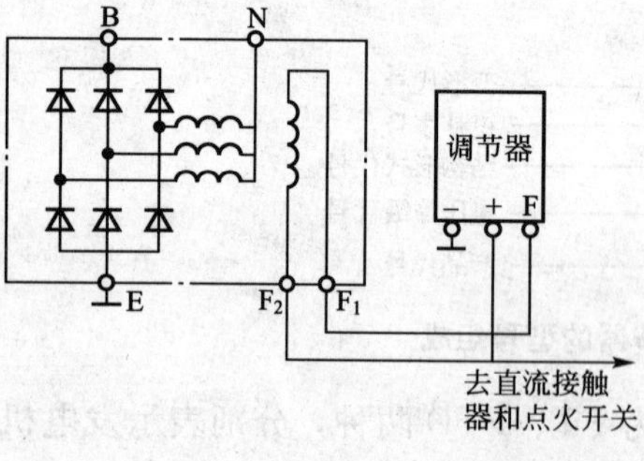

图 2.34　CA1091 型汽车晶体管接线图

该调节器由电压敏感电路和二级开关电路组成。

R_1、R_2、R_3 和稳压管 VD_1 构成了电压敏感电路，其中 R_1、R_2、R_3 为分压电阻，将交流发电机的端电压进行分压后反向加在稳压管 VD_1 的两端；稳压管 VD_1 为稳压元件，随时感受着发电机端电压的变化。当交流发电机的端电压在稳压管 VD_1 上的分压低于稳压管 VD_1 的稳压值时，稳压管 VD_1 截止；当交流发电机的端电压在稳压管 VD_1 上的分压高于稳压管 VD_1 的稳定电压时，稳压管 VD_1 导通。可见，电压敏感电路可以非常灵敏地感受出交流发电机端电压的变化，从而起到控制开关电路的作用。

晶体管 VT_6、VT_7、VT_8 组成复合大功率二级开关电路，利用其开关特性控制磁场电路的接通或断开。

(1) 起动发动机并闭合点火开关，蓄电池通过分压器将电压加在稳压管 VD_1 两端，由于此电压低于稳压管 VD_1 的稳定电压值，VD_1 截止，使 VT_6 截止，VT_7、VT_8 导通，这时蓄电池经大功率晶体管 VT_8 供给励磁电流，使发电机处于他励状态，建立电动势。

(2) 发动机带动发电机，转速逐渐升高。当发电机端电压高于蓄电池端电压时，发电机便由他励转为自励的正常发电工作。由于此时转速尚低，输出电压未达到调节电压值，VT_6 仍然截止，VT_7、VT_8 仍然导通，因此发电机的端电压可以随转速和自励电流的增大而升高，逐渐提高输出电压。

(3) 当转速升至一定值使输出电压达到调压值时，经分压器加至稳压管 VD_1 两端的反向电压达到稳定电压值，VD_1 反向击穿导通，使 VT_6 导通，VT_7、VT_8 截止，断开了励磁电路，发电机端电压便下降。当发电机端电压下降到调压值以下时，经分压器加至稳压管 VD_1 两端的反向电压又低于稳定电压值，使 VT_6 又截止，VT_7、VT_8 又导通，再一次接通了励磁电路，发电机端电压又上升。如此循环，就能自动调控发电机的端电压，使其恒定在调压值上。

图 2.33 所示的晶体管电压调节器的其他一些电子元器件的作用如下。

电阻 R_4、R_5、R_6、R_7 为晶体管的偏置电阻。

稳压管 VD_2，利用稳压管的稳压特性，可在发电机负载突然减小或蓄电池接线突然断开时，对发电机所产生的正向瞬变过电压起保护作用，并可以利用其正向导通特性，对开关断开时电路中可能产生的反向瞬变过电压起保护作用。

二极管 VD_3，接在电压敏感电路中的稳压管 VD_1 之前，以保证稳压管安全可靠工作。当发电机端电压很高时，它能限制稳压管 VD_1 电流不致过大而烧坏；当发电机端电压降低时，它又能迅速截止，保证稳压管 VD_1 可靠截止。

二极管 VD_4，接在 VT_6 集电极与 VT_7 基极之间，提供 0.7V 左右的电压，使 VT_7 导通时迅速导通，截止时可靠截止。

二极管 VD_5，反向并联于发电机励磁绕组两端，起续流作用，防止 VT_8 截止时磁场绕组中的瞬时自感电动势击穿 VT_8，从而保护晶体管 VT_8。

反馈电阻 R_8，具有提高灵敏度、改善调压质量的作用。

电容 C_1、C_2，能适当降低晶体管的开关频率。

2. JFT201 型晶体管调节器

JFT201 型晶体管调节器电路如图 2.35 所示。

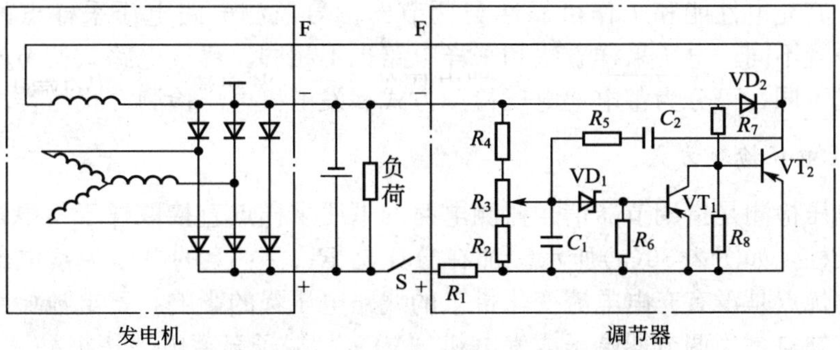

图 2.35　JFT201 型晶管调节器电路

由电阻 R_2、R_3、R_4 组成分压器，当接通点火开关时，蓄电池端电压较低，经分压器分压后不能击穿稳压管 VD_1，晶体管 VT_1 截止，VT_2 导通，蓄电池向发电机励磁绕组提供励磁电流。

当发电机端电压高于蓄电池端电压时，发电机由他励转为自励而正常发电。在发电机端电压略高于电压调节值时，稳压管 VD_1 击穿导通，晶体管 VT_1 导通，VT_2 截止，切断了发电机励磁电路，使发电机端电压下降。当发电机端电压下降到低于调整值时，分压器分得的电压低于 VD_1 稳定电压值，稳压管 VD_1 和晶体管 VT_1 又截止，VT_2 又导通，再一次接通发电机励磁电路，使发电机端电压又升高。如此循环下去，发电机电压便被稳定在调整范围之内。

图 2.35 所示晶体管调节器的其他一些电子元器件的作用如下。

二极管 VD_2，与发电机励磁绕组并联，起续流作用。当晶体管 VT_2 突然由导通转换为截止时，VD_2 与励磁绕组构成回路，保护 VT_2 集电极不被励磁绕组产生的自感电动势反向击穿。

电位器 R_3，可以改变加在稳压管 VD_1 上的分压比，得到所需要的电压值。

电阻 R_1，起稳压作用，可以减小负载变化对发电机输出电压的影响。因为当发电机负荷增大时，由于定子绕组电压降增大及电枢反应增大，发电机的端电压也有所下降。增设 R_1 后，随着发电机端电压的下降，分压器两端的电压也降低，使 VD_1 两端的反向电压也减小，这就相对延长了 VT_1 的截止时间及 VT_2 的导通时间，使励磁电流有所增加，从而有效地补偿了发电机因内阻电压降和电枢反应的增加而造成的电压降，改善了发电机的负载特性，故 R_1 又称为稳压电阻。

电容 C_1，并联在电位器 R_3 滑动触点下部与 R_2 的两端，可以降低晶体管 VT_1 的开关频率并减少晶体管的功率损耗。

电阻 R_5 和电容 C_2，组成正反馈电路，以提高晶体管调节器的灵敏度，改善电压波形。当 VT_2 趋向截止时，集电极电压下降，通过电阻 R_5 和电容 C_2 正反馈给稳压管 VD_1，使其左端电位降低，VT_1 基极电流增大而迅速导通，VT_2 可靠截止，发电机励磁电流迅速下降，所以电阻 R_5 和电容 C_2 正反馈电路加速了 VT_2 的截止速度，使调节电压更加稳定，同时也减少了 VT_2 的过度损耗。

2.4.5 调节器信号电压取样方式

目前，汽车上使用的交流发电机均为集成电路式调节器与发电机配装在一起的整体式交流发电机，其充电性能和工作可靠性与调节器信号监测电路电压采样点的选取密切相关。采样点位置不同，电压采样方法和采样电路也不相同。集成电路式调节器根据电压信号输入的方式不同，可分为蓄电池电压检测方式和发电机电压检测方式两类。

1. 蓄电池电压检测方式

蓄电池电压检测是指调节器信号监测电路的电压采样点直接取样于蓄电池端，取样点为蓄电池正极柱，如图 2.36(a)所示。加在分压器 R_1、R_2 上的电压为蓄电池端电压。这种检测方式的优点是没有充电电流变化带来的线路电压降的影响，蓄电池始终处于良好的充电状态。其缺点是当调节器端子或发电机“VD_H”端子至蓄电池正极柱“B”之间的导线接触不良或断路时，由于监测电路检测不到发电机端电压，会造成发电机电压过高或失控。因此，实际使用中一般很少采用这种取样方法，如果采用，则需在电路中进行改善处理，减少缺陷。图 2.37 所示为实际采用的蓄电池电压检测法的电路，在这个电路中，在调节器的分压器与发电机 B 点之间增加了一个电阻 R_6 和一个二极管 VD_2，这样，当 B 点与蓄电池正极之间或 S 点与蓄电池正极之间出现断线时，由于 R_6 的存在，仍能检测出发电机的端电压 U_B，从而使调节器正常工作，可以防止发电机电压过高的现象。

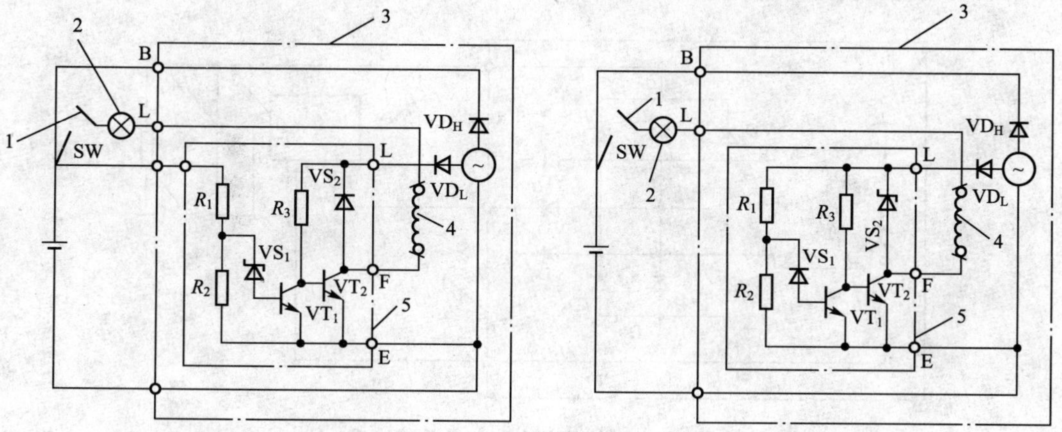

(a) 蓄电池电压检测方式　　(b) 发电机电压检测方式

图 2.36　发电机调节器信号电压检测方式

1—点火开关；2—充电指示灯；3—发电机；4—磁场绕组；5—调节器；

VD_H—发电机对外输出整流桥；VD_L—发电机提供磁场电流整流桥

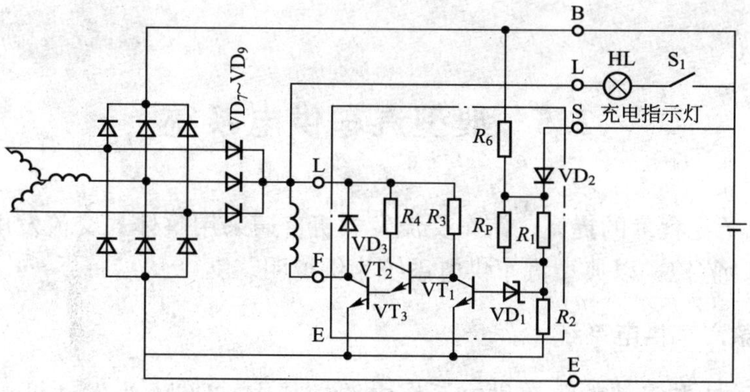

图 2.37　蓄电池电压检测补救电路

2. 发电机电压检测方式

发电机电压检测是指调节器信号监测电路的采样点直接取自发电机输出端，如图 2.36(b)所示。采用发电机电压取样法时，根据调节器所配用的发电机类型的不同，调节器的取样电路也不相同。发电机电压检测方式的优点是工作可靠性高，即使发电机输出端“VD_H”与蓄电池正极柱“B”之间的导线断路或接触不良，也不会导致发电机电压失控。其缺点是调节器的负载特性较差，特别是当充电电流较大时，因为发电机“VD_H”端至蓄电池正极柱“B”之间的电压降较大，会造成蓄电池端的电压偏低而使其充电不足。因此，大功率发电机不宜采用发电机电压检测方式。

图 2.36 中 VD_H 和 VD_L 的实际电路如图 2.38 所示。VD_H 是由 VD_1～VD_6组成的桥式整流电路，其输出直流电压 U_B 向用电设备供电，同时向蓄电池充电。VD_L 是指由 VD_7～VD_9 与 VD_2、VD_4、VD_6 组成的三相桥式整流，其整流原理及整流电压与 VD_H 一样，U_D 用于向磁场绕组提供励磁电流。

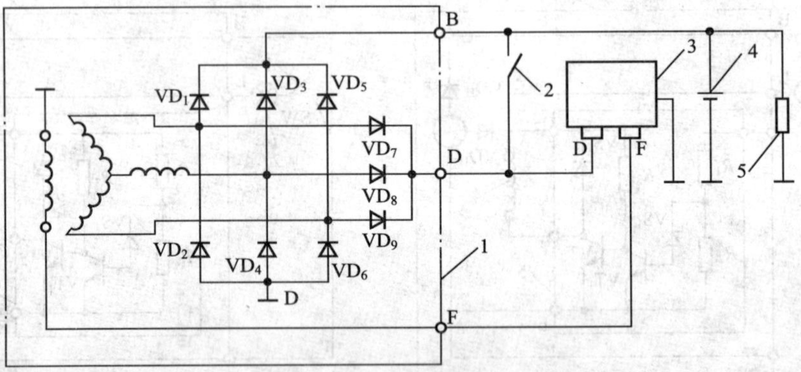

图 2.38　九管交流发电机整流电路

1—发电机和整流电路；2—点火开关；3—调节器；4—蓄电池；5—用电设备

上述两种基本电路中，如果采用发电机电压检测法线路，发电机的引出线可以少一根。其不足之处在于，当 B 点与蓄电池正极之间的电压降较大时，蓄电池的充电电压将会偏低，使蓄电池充电不足。因此，一般大功率发电机要采用蓄电池电压检测方式的调节器。

2.5　典型汽车供电系统

随着汽车电子化程度的提高，汽车交流发电机普遍采用整体式交流发电机，其工作状况受发动机 ECU 监控，以典型汽车供电系统为例说明。

2.5.1　丰田某款汽车供电系统

图 2.39 所示是丰田某款汽车供电系统电路，其中，ECM 为发动机控制模块，ALT 为交流发电机 alternator 的缩写。

该供电系统主要由发电机、蓄电池、充电指示装置、点火开关及各种连接导线组成。发电机是汽车的主要电源，大部分时间汽车由其供电。该车的发电机主要由传动带轮及风扇、转子总成、定子总成、整流器、电压调节器及电源输出端子组成。该发电机采用内置集成式 IC 电压调节器，具有调节耐压值高、电压调节精度高、质量轻及体积小等特点。蓄电池主要负责起动供电及发电机发电有剩余时储存电能。本车型的蓄电池为免维护电池。正常工作电压为 12.5～12.9V。充电指示灯监控发电机是否正常发电，点火开关控制整个电路的工作。

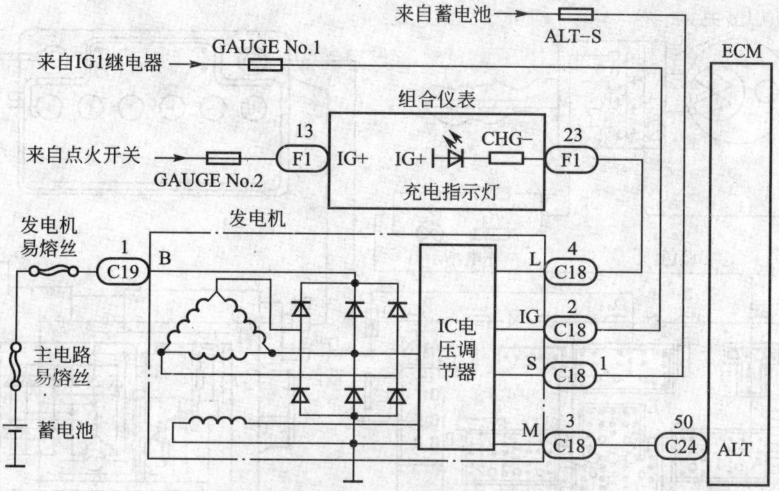

图 2.39　丰田某款汽车供电系统

4 号端子 L 连接组合仪表中的充电指示灯，与点火开关、GAUGE No. 2、蓄电池一起控制指示灯的亮与灭。3 号端子 M 是发电机发电情况检测端，将发电情况发送至发动机控制模块。

1 号端子 S 通过 ALT－S 熔断器检测蓄电池电压。B 是电源输出端子。2 号端子 IG、点火钥匙、点火继电器一起向 IC 电压调节器提供工作电压。ALT－S 是蓄电池电压检测电路熔断器，额定值为 7. 5A。GAUGE No. 2 是 7. 5A 熔断器。GAUGE No. 1 是 10A 熔断器。发电机易熔丝(120A)主要用于保护发电机工作电路，主电路易熔丝(200A)主要用于保护整个汽车电路。F1 是仪表板插接器，其上方的数字表示脚标，例如 12、23。C18 是发电机插接器，其上方的数字表示脚标，例如 4、3、2、1。C19 是发电机 B 端插接器。

当发动机转速出现异常，发现电压低于 11. 2V 或发电机出现故障时，充电指示灯亮，发电机正常工作时，充电指示灯熄灭。通过 IC 电压调节器控制发电机励磁电路中电流的大小来实现电压恒定控制。

2. 5. 2　桑塔纳轿车供电系统

桑塔纳轿车采用整体式交流发电机供电系统，如图 2. 40 所示。

交流发电机 3 只正极管与 3 只负极管组成一个三相桥式整流电路，称为输出整流电路，3 只磁场二极管与 3 只负极管也组成一个三相桥式整流电路，称为磁场电流整流电路，其输出端“D＋”用蓝色导线经蓄电池旁边的单端子插接器 T_1 与汽车配电盒(也称为供配电盘)D 插座的 4 端子连接，再经汽车配电盒内部线路与 A 插座的 16 端子相连。点火开关端子㉚用红色导线经汽车配电盒上的单端子插座 P 与蓄电池正极连接，点火开关端子⑮用黑色导线与仪表板下方黑色插座的端子连接，经仪表板印制电路上的电阻 R_1、R_2 和充电指示 LED 灯(R_2 和充电指示灯串联后再与 R_1 并联)及二极管接回到黑色插座端子 10，再用蓝色导线与汽车配电盒 A 插座的 16 端子连接。

当发电机工作时，定子绕组中产生的三相交流电动势经输出整流电路整流后，输出直流电压 U_{B+} 向负载供电并向蓄电池充电，发电机的磁场电流则由磁场电流整流电路整流后输出的直流电压 U_{D+} 供给。

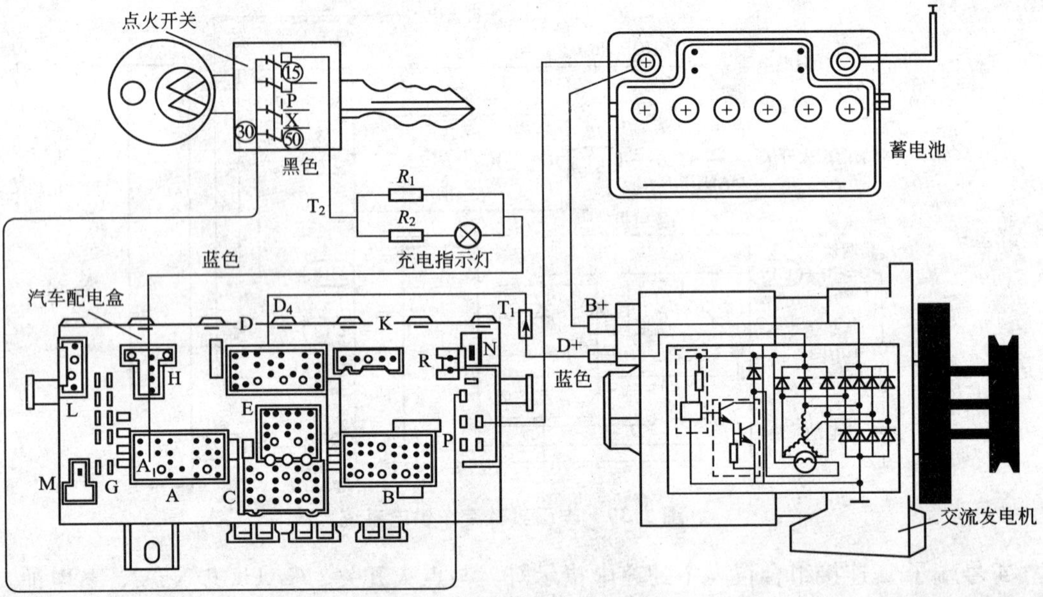

图 2.40　桑塔纳轿车供电系统

充电指示灯的控制过程：当点火开关接通时，充电指示灯电路接通，其电路为：蓄电池正极→汽车配电盒 P 插座→点火开关端子㉚→点火开关→点火开关端子⑮→电阻 R_1、R_2 和充电指示灯→二极管→汽车配电盒 A 插座的 16 端子→汽车配电盒内部线路→D 插座的 4 端子→蓄电池旁边的单端子插接器 T_1→发电机“D+”端子→发电机磁场绕组→调节器→搭铁→蓄电池负极，组成闭合回路。由此可见，充电指示灯一端(左端)接蓄电池电压，一端(右端)接发电机“D+”端输出电压。在发电机尚未发电时，发电机“D+”端尚无电压输出，充电指示灯两端电位差较大，指示灯发亮，指示磁场电流接通并由蓄电池供电。

发动机起动后，随着发电机转速的升高，发电机“D+”端电压升高，充电指示灯两端的电位差降低，指示灯亮度减弱。当发电机电压升高到蓄电池充电电压 U_c 时，发电机“B+”端与“D+”端电位相等($U_{B+}=U_{D+}=U_c$)，此时充电指示灯两端电位差降低到零，指示灯熄灭，指示发电机已正常发电，磁场电流由发电机自己供给。

当充电系统出现故障而不能正常发电时，由于“D+”端无电压输出或输出电位降低，充电指示灯两端电位差增大，指示灯发亮，指示蓄电池放电，同时警告驾驶员应及时停车排除故障。

2.6　汽车供电系统故障诊断与排除

汽车供电系统常见的故障有充电指示灯不亮、充电系统不充电、充电指示灯时亮时灭、蓄电池充电不足、发电机充电电流过大等，具体分析如下。

1. 充电指示灯不亮故障

1）故障现象

接通点火开关和发动机正常运转时，充电指示灯始终不亮。

2）故障原因

充电指示灯灯丝断路；熔丝烧断，使指示灯线路不通；指示灯或调节器电源线路导线断路或接头松动；蓄电池极柱上的电缆接头松动；点火开关故障；发电机电刷与集电环接触不良；调节器内部电路故障，如调节器内部电子元器件损坏而使大功率晶体管不能导通或大功率晶体管本身断路。

3）故障诊断与排除

当接通点火开关充电指示灯不亮，且起动发动机后发电机不能发电时，故障诊断程序与排除方法如下。

(1) 首先断开点火开关，检查仪表熔丝是否断路。如熔丝断路，必须更换相同容量的熔丝；如熔丝良好，则继续检查。

(2) 接通点火开关，用万用表检测熔丝上的电压值，如电压为零，说明点火开关及点火开关与熔丝之间线路有故障，应予检修或更换；如熔丝上的电压等于蓄电池的电压，则继续检查。

(3) 拆下调节器接线端子上的导线，接通点火开关，用万用表检测调节器接线柱上的导线电压，如电压为零，说明仪表板上的充电指示灯或充电指示灯的旁通电阻断路，或仪表板与调节器之间的线路断路，应予检修或更换；如调节器接线柱上的导线电压等于蓄电池的电压，则继续检查。

(4) 检查电刷与电刷弹簧，检查电刷与集电环接触是否良好，否则应予检修或更换；如接触良好，则继续检查。

(5) 检查调节器有无故障，如有则需更换调节器总成。

(6) 检查发电机的转子绕组有无短路、断路、搭铁故障，如有则需更换。

2. 电源系统不充电故障

1）故障现象

发动机起动后，仪表板上的充电指示灯不熄灭，或是在发动机正常运转过程中，充电指示灯始终亮着，这都说明发电机出现了不充电故障。

2）故障原因

发电机磁场绕组短路、断路或搭铁而导致磁场电流减小或不通；定子绕组短路、断路或搭铁故障；整流器故障；电刷磨损过短、电刷弹簧无弹性或电刷在电刷架中卡住，而造成电刷不能与集电环接触或接触不良；调节器故障，如调节器内部电子元器件损坏而使大功率晶体管不能导通或大功率晶体管本身断路；交流发电机的传动带过松，由于传动带打滑，发电机不转或转速过低而不发电，连接的有关线路有故障。

3）故障诊断与排除

当充电指示灯常亮时，说明点火开关、熔丝及充电指示灯技术状态良好(指九管、十一管交流发电机的电源系统)。

(1) 断开点火开关，检查交流发电机传动带的挠度是否符合规定(5～7mm)，挠度过大应予调整；如传动带的挠度正常，则继续检查。

(2) 拆下调节器接线端子上的导线，接通点火开关，用万用表检测调节器接线柱上的导线电压，如电压为零，充电指示灯发亮，说明仪表板与调节器之间的线路搭铁，应予检修或更换；如调节器接线柱上的导线电压等于蓄电池的电压，则继续检查。

(3) 检查电刷与电刷弹簧，检查电刷与集电环接触是否良好，否则应予检修或更换；如接触良好，则继续检查。

(4) 检查调节器有无故障，如有则需更换调节器总成。

(5) 检测发电机的定子绕组、转子绕组有无短路、断路、搭铁等故障；检测整流器有无故障，如有应予检修或更换。

3. 充电指示灯时亮时灭故障

1) 故障现象

接通点火开关和发动机正常运转时，充电指示灯时亮时灭。

2) 故障原因

发电机传动带挠度过大而出现打滑现象；发电机个别整流二极管断路、一相定子绕组连接不良或断路而导致发电机输出功率降低；发电机电刷磨损过多；调节器调节电压过低；相关线路接触不良。

3) 故障诊断与排除

(1) 检查传动带的挠度是否符合规定。

(2) 检查相关线路的连接情况，如不正常，则需检修。

(3) 拆下调节器和电刷组件总成，并按前述方法检查调节器和电刷组件，如不正常，则需检修或更换。

(4) 检修发电机总成。

4. 蓄电池充电不足故障

1) 故障现象

接通点火开关时充电指示灯能亮，发动机起动后和运转时充电指示灯也能熄灭，但蓄电池会很快出现亏电，并且起动发动机时，起动机运转无力，夜间行车前照灯灯光暗淡。

2) 故障原因

(1) 发电机传动带过松或损坏。

(2) 发电机输出端子“B”至蓄电池正极柱之间线路断路或导线端子接触不良。

(3) 发电机电刷磨损过多导致电刷与集电环接触不良。

(4) 发电机电刷弹簧卡滞或弹力不足而导致电刷与集电环接触不良。

(5) 调节器的调节电压过低或其内部电路有故障。

(6) 发电机转子绕组短路，磁场变弱而导致发电机输出功率降低。

(7) 发电机整流器故障或定子绕组有短路、缺相故障而导致发电机输出功率降低。

(8) 蓄电池使用时间过长，极板硫化、损坏或活性物质脱落；全车线路中有导线搭铁而漏电。

3) 故障诊断与排除

依据相应的原因进行诊断与排除。

5. 发电机充电电流过大故障

1) 故障现象

汽车灯泡易烧，蓄电池温度过高且电解液消耗过快，说明发电机充电电流过大。

2）故障原因

发电机充电电流过大的原因一般是调节器调节电压过高或调节器失效。

3）故障诊断与排除

在确认灯泡易烧、蓄电池温度过高和电解液消耗过快而无其他原因时，应更换调节器。

2.7 42V及42/14V电压汽车电气系统简介

近年来，在以节能、环保和安全为中心的现代汽车中，电气设备越来越多，电气负荷越来越大，汽车电气设备的使用量每年以大约6%的速率增加，电器产品的成本每年以10%～30%的比例下降。为了提高汽车的各种性能并减轻车辆自身质量，将会使用更多更复杂的电子设备替代机械部件。车载电气设备的拥有量可能在下一个10年会以更快的速度增长，高档豪华车辆中电器产品将会达到车辆成本的40%左右。车载电器产品的增加使汽车上所使用的导线数量、长度、质量、种类增加，特别是信号线的增加速率更快。在20世纪50年代中期，汽车上的导线仅有75m长；而今天，一辆高档车的导线束长度超过2km，质量为35kg。在一些新式车辆中，导线数量超过5600根，在特殊的轿车线路中至少要使用200多种不同的导线，以便完成不同的功用要求。这些新的特点对车载电气系统提出了更高的要求和挑战，特别是对提高车载电源系统输出功率的要求更是明显。

在传统的14V电压供电系统中，因电压太低，新的电气设备的应用受到很大的限制。因为若满足用电设备所需的更大功率，就需要增大电流，这不仅不利于整个电气系统的稳定，而且也使电线本身的耗电量增加。解决此问题的唯一办法就是提高供电系统的供电电压，使之满足电气设备的需要。同时，在同等功率的情况下，提高额定电压值可以大大降低额定电流，这样不仅可以减小电气设备本身的体积、质量和损耗，也有利于控制装置的小型化和集成化。

因此，电压最好能在人体安全电压范围(直流电压60V)以下，通常将电压确定为14V的3倍，即42V，蓄电池电压为36V。如果是14V的4倍，即56V，考虑到电压的波动，可能超过60V，将对人体产生危害。

42V电压电气系统主要是由42V交流发电机、36V电压标准的起动机、36V蓄电池及42V电气总线组成的。单42V电气系统的方案在纸上讨论很容易，但是要获得成功的应用则相当困难，且42V单电压方案也很昂贵，因为它使汽车所有的电器元件都必须按照42V的电压标准重新设计。因此，最现实、最简单可行的方案就是采用双电压车载电气系统。在这种方案中，存在42V和14V两种总线。根据两种电气标准的电压的不同，系统中的交流发电机、蓄电池、AC/DC(交流变为直流)和DC/AC(直流变交流)变换器等设备的配置与连接也将不同。

2.7.1 双交流发电机系统

该车载电气系统由两个分别独立的42V和14V电气子系统组成，包括42V和14V两个交流发电机、36V和12V两个蓄电池、42V和14V两个AC/DC变换器，要么一个12V起动机(保留现有的起动机)，要么一个36V的起动机(新开发的起动机)等，各子系统分别为各自对应电压标准的设备供电，该方案如图2.41所示。该系统方案看似简单，也较易于实现，但两套发电机、AC/DC变换器和两个蓄电池组，既增加了车载电气系统的成本、体积、质量及导线的数量等，又占据汽车上有限的空间，很不便于在汽车上进行合理布置。因此，这种方案没有太大的实际开发应用和进一步研究的价值。

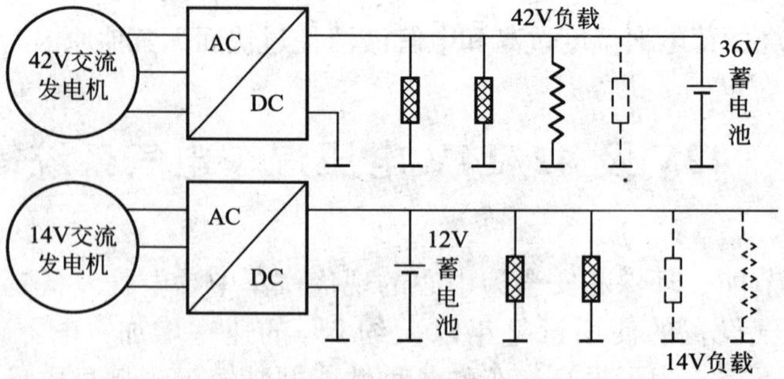

图 2.41　双交流发电机系统方案

2.7.2　单 42V 交流发电机系统

单 42V 交流发电机系统可以克服双交流发电机存在的上述局限性，且可以较快地实现提高车载电压的目的。通过中间 DC/AC 变换器，该方案不仅可以给传统 14V 电压值的设备提供相应电压，对现有 14V 车载电气系统不作任何变动，而且还能够较方便地给 42V 的电气设备提供所需电压。这些负载设备可以是新增车载电气系统的新设备，也可以是原 14V 电压值设备或是其中功率消耗较大的设备经过重新开发设计后转换为 42V 电压标准的设备。图 2.42 是 14V 设备与 42V 供电电压设备的负载分配与功率需求图。这种方案中，通常将发电机和起动机集成在一套装置中，由微控制器(MCU)控制它们工作，并协调它们之间的转换。该装置称为集成式交流发电机-电动机系统(ISAS)。交流发电机产生 42V 的电压，起动机由直流 36V 蓄电池供电。

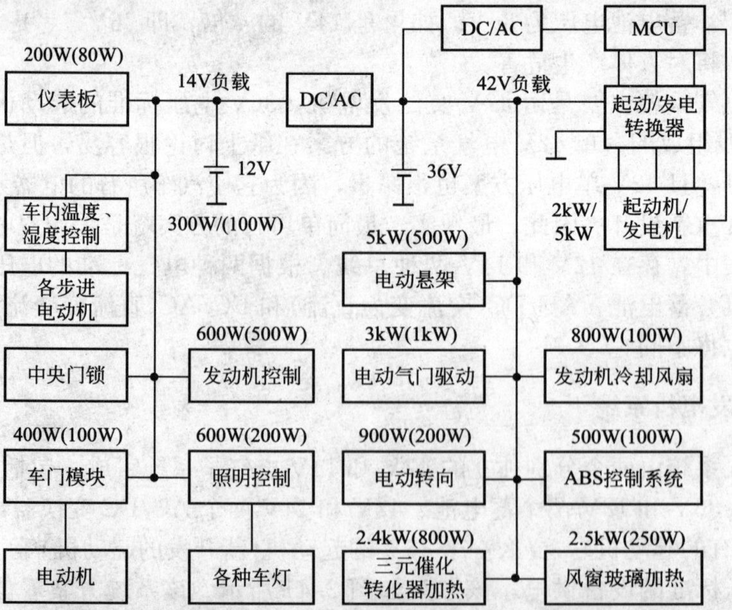

图 2.42　42V/14V 双电压系统负载分配与功率需求图

2.7.3 蓄电池组与DC/AC变换器的车载电气系统

图2.43所示为使用双蓄电池的一种车载电气系统结构布置图。该系统有一个42V/36V集成式交流发电机-起动机系统(ISAS)，一套36V的蓄电池组和一套12V的蓄电池组。两套DC/DC变换器完成14V与42V之间负载电压的双向转换。这种车载电气功率分配系统的高低电压之间具有一定的功率互补性，但结构较复杂，两套DC/DC变换器和两套蓄电池组增加了成本，也使线路较复杂、费用较高，因而实用性变差。

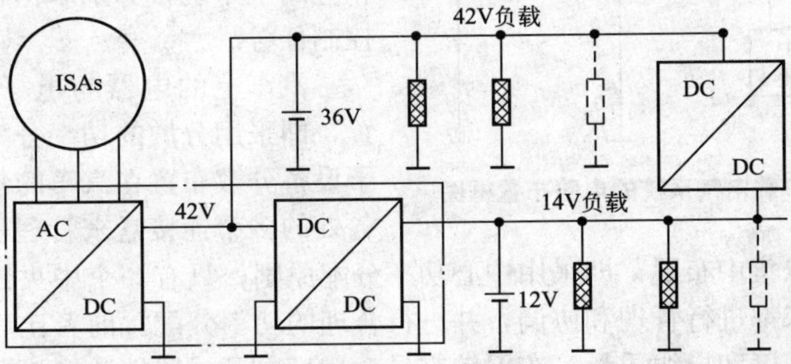

图2.43 使用双蓄电池的具有一定冗余的双电压电气系统结构

图2.44所示为经过改进之后的一种车载电气系统结构布置框图。这种功率分配系统的高低电压之间功率互补性较差，但只用一套AC/DC变换器，因而降低了部分成本。它除了结构和线路较简单、设备布置较容易外，还有电压稳定性较好、实用性较好的特点。

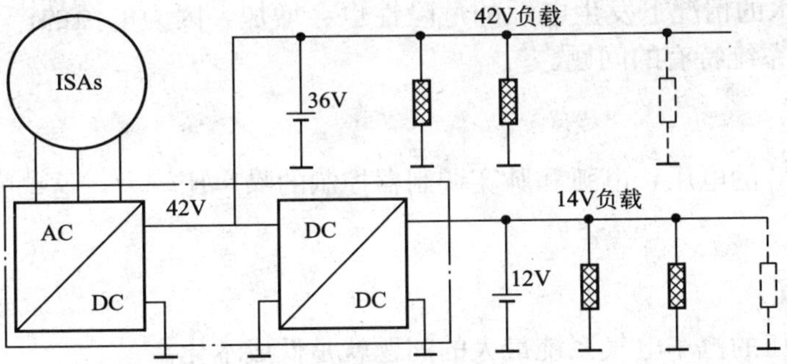

图2.44 使用双蓄电池的简单双电压电气系统结构

在上述两种车载电气系统结构中，灯光照明按14V电气负载连接。自20世纪90年代中期以来，世界各大汽车公司，如通用、宝马、大众、雷诺、梅塞德斯-奔驰等均对此问题进行了深入研究，目前，汽车业已就使用14V/42V电压供电达成一致。

当然，双电压供电系统还存在着一定的缺点，两套蓄电池组不仅占用很大的空间，也使汽车自重增加。尽管如此，双电压供电系统还是有可能被很快应用。

单42V车载电气系统的电路布置框图如图2.45所示。微控制器单元(MCU)控制起动机和发电机的工作，并协调和管理它们之间的切换。42V的负载直接使用42V的电压值，对于其他电压值的负载，需经过DC/DC变换器或脉宽调制器(PWM)将42V的电压变换

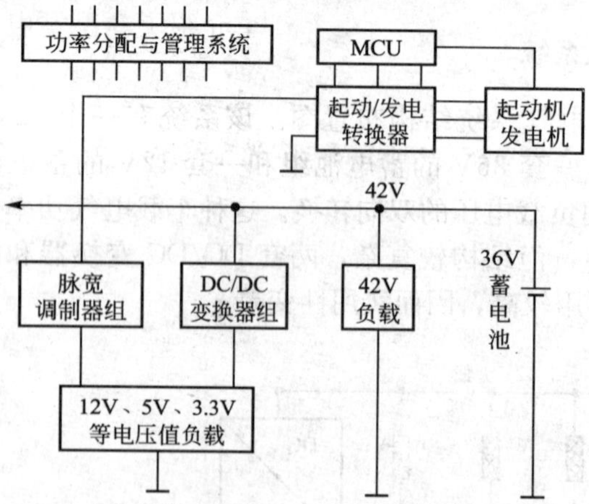

图 2.45　42V 车载电气系统的电路布置框图

成相应等级的工作电压之后，才能正常使用。42V 电压值电气系统中的功率分配与管理系统起着重要的作用，协调发电与电能消耗之间出现的供求矛盾，使功率的使用分配和消耗达到最佳状态。功率分配与管理系统具有监视和精确管理交流发电机、蓄电池、电器负载和功率传递的功能，可以分为 4 个相应的子系统，分别承担各自对应的管理和控制任务。

汽车上的电器与电子设备可以分散布置，即采用分散的功率分配原则，电器与电子设备分散布置在汽车的各处，通过分散在各处的多个连接盒来管理和协调它们之间的功率分配；也可以集中布置，即采用中心功率分配原则，只有一个中央控制器，对整个汽车各处的功率需求都进行管理和协调，并进行合理的功率分配。前者比后者可减少线束数量，减小导线的长度和导线质量，布置较容易。42V 电子元器件散热效果较好。

2.7.4　采用 42V 电压汽车电气系统需要解决的技术问题

汽车电源的 42V 化，需要解决下面的技术问题。

1. 电弧和漏电

对于传统的 14V 电源系统，当电压增大到其 3 倍时，电极之间产生漏电的危险性就会增加，而且在有水的情况下发生电蚀的危险性也会增加，因为电蚀的产生和电压成正比。电弧是 42V 配电系统特有的问题。

2. 噪声

由于采用 42V 的电压，电弧和脉宽调制器控制的噪声比较大，这些噪声对音响系统和通信系统有影响。

3. 成本问题

采用 42V 电压的汽车电气系统最大的问题就是低成本化。

随着车载系统的增加，特别是大功率系统的增加和对车辆节能的要求，今后会增加对 42V 电源系统的需求。42V 电源管理控制正在从机械继电器或直接开关转移到半导体开关。对于机械继电器在 42V 化方面存在的电弧问题及其所造成的尺寸扩大、可靠性及成本问题，当使用金属氧化物半导体场效应管(MOSFET 管)时都可以解决，因此有其成本优势。

本章小结

本章讲述了铅酸蓄电池的构造及工作原理，包括蓄电池充放电过程、工作及使用特性；简单介绍了蓄电池的使用与维护。介绍了车用交流发电机的构造、工作原理、工作特性；详细介绍了电压调节器的结构组成、工作原理及调节过程，并简单介绍了新型蓄电池及汽车42V电源电压供电系统。

复习思考题

一、填空题

1. 汽车上有两个电源：一个是________，一个是________。
2. 单格电池的电压是________，3个单格电池串联后，其电压为________。
3. 正极板上的活性物质是________；负极板上的活性物质是________。
4. 电解液是由________和________配制而成的。
5. 铅酸蓄电池的充电过程是________转变成________的过程。
6. 充电终了时，正负极板上的硫酸铅已大部分转变为________和________。
7. 充电的基本方法有________、________，汽车上采用________。
8. 充电种类主要有________、________和________3种。
9. 冬季使用铅酸蓄电池时，要特别注意保持________，以免电解液相对密度________，致使________。
10. 定期检查铅酸蓄电池，发现液面过低时，应补加________。
11. 转子总成的作用是产生________。它由________、________绕组、两块________、________等组成。
12. 定子总成的作用是产生________，它由________和________所组成。
13. 定子绕组的连接方式有________和________两种方式，硅整流发电机常采用________。
14. 硅整流器的作用是把三相同步交流发电机产生的________变成________输出。
15. 正二极管的中心引线为________，管壳为________。

二、选择题

1. 铅酸蓄电池静止电动势的大小取决于(　　)。
A. 电解液的相对密度和温度　　B. 电解液中的硫酸和水
C. 内电阻和端电压　　D. 极板和隔板

2. 铅酸蓄电池放电时，端电压逐渐(　　)。
A. 上升　　B. 平衡状态
C. 下降　　D. 不一定

3. 硅整流发电机的中性点电压等于发电机直流输出电压的(　　)。
A. 1/2　　B. 1　　C. 1/3　　D. 1/4

4. 从汽车上拆卸蓄电池时，应先拆(　　)，后拆(　　)。
A. 正极　　B. 搭铁　　C. 较低　　D. 稍低

5. 一般硅整流发电机都采用(　　)，即每相绕组的首端分别与整流器的硅二极管相接，每相绕组的尾端在一起，形成中性点(N)。
A. 星形联结　　B. 串联

C. 三角形联结　　　　　　　　　　　　D. 并联

6. 整流器的作用是把三相同步交流发电机产生的(　　)电转换成(　　)电输出，它一般用6个硅二极管接成三相桥式整流电路。

A. 交流电　　　　　　　　　　　　B. 直流电

C. 低压　　　　　　　　　　　　　D. 高压

7. 当发电机低速运转，电压(　　)蓄电池电动势时，蓄电池向电压调节器励磁线圈供电，同时进行他励发电。

A. 低于　　　　　　　　　　　　　B. 高于

C. 等于　　　　　　　　　　　　　D. 不一定

三、判断题

1. 汽车在正常运行时，向用电器供电的是发电机。(　　)

2. 汽车上用的电和日常生活中用的电是一样的，都是交流电。(　　)

3. 汽车上采用单线制时，必须是负极搭铁。(　　)

4. 酸性蓄电池的电解液为化学纯净的硫酸和蒸馏水。(　　)

5. 起动发动机的电源是发电机。(　　)

6. 栅架的作用是容纳活性物质。(　　)

7. 配制电解液时，将蒸馏水注入硫酸中。(　　)

8. 电解液的液面低于规定值时，应加稀硫酸，以保持一定的液面高度。(　　)

9. 加液孔盖密封，主要是防止电解液溢出和外界空气进入电解液中。(　　)

10. 铅酸蓄电池的放电过程是化学能转变成电能的过程。(　　)

11. 在放电过程中，电解液相对密度是逐渐升高的。(　　)

12. 配制电解液时，先将硫酸倒入适当的容器内，然后将蒸馏水徐徐地注入硫酸中，同时用玻璃棒不断地搅拌。(　　)

13. 配制电解液时，严禁将蒸馏水倒入硫酸内。(　　)

14. 免维护蓄电池在使用过程中，要经常补加蒸馏水。(　　)

15. 中性点接线柱与定子绕组中心相连。(　　)

16. 硅整流二极管的特性是单向导电。(　　)

17. 充电指示灯灭说明发电机有故障。(　　)

18. 充电指示灯亮表示蓄电池处于充电状态。(　　)

四、问答题

1. 汽车用蓄电池的功用是什么？对汽车用蓄电池有何要求？

2. 铅酸蓄电池为何负极板比正极板多一片？如何提高蓄电池活性物质的利用率？

3. 普通铅酸蓄电池长时间充电为何会出现沸腾现象？充足电的标志是什么？

4. 蓄电池工作特性有哪些指标？什么是蓄电池的额定容量？

5. 蓄电池充放电过程中，内部物质如何变化？能否长时间处于亏电状态？

6. 为何工业用硫酸和普通水不能用于蓄电池？

7. 汽车交流发电机的功用是什么？

8. 交流发电机定子绕组的Y形联结和△联结有何不同？

9. 什么是他励？一般什么时候是他励？

10. 什么是发电机的输出特性、空载特性和外特性？
11. 交流发电机为何具有自我保护能力？
12. 中性点电压有何用途？
13. 交流发电机电压调节器的作用是什么？电子式调节器如何调节励磁电流？
14. 交流发电机整流器如何把交流电整流为直流电？

第3章 起动机

学习目标

了解起动机的结构；
掌握起动机的工作原理及直流串励式起动机工作特性；
能根据发动机的参数选择起动机；
理解各种起动机的工作原理及应用；
了解起动机的发展趋势及新型起动机的特点。

教学要点

知识要点	能力要求	相关知识
起动机结构及工作原理	了解起动机的结构；掌握起动机的工作原理及直流串励式起动机工作特性	组成结构、工作原理、工作特性
起动机基本参数的选择	能根据发动机特点选择不同型号的起动机	功率的选择、传动比的选择
典型起动机的结构	掌握电磁控制强制啮合式起动机工作原理，理解各种新型起动机原理	起动机类型、工作过程、新型起动机
起动机发展趋势	了解汽车起动机发展趋势	起动机-发电机

导入案例

起动机的诞生

1910 年冬天，一个妇女驾驶一辆凯迪拉克汽车，在密歇根州贝尔岛的一座木桥上抛锚了。因为该妇女没有足够的力气用手摇柄来起动发动机，因而不得不在寒冷的桥上等待别人的帮助。恰好来了另外一辆车，是凯迪拉克汽车驾驶员卡顿，卡顿帮助妇女起动汽车。当卡顿摇动发动机的起动手柄时，发动机产生了回火，手柄反转，打在卡顿的脸上，打破了卡顿的额头。过了一会儿又来了一辆汽车，坐着两位凯迪拉克公司的工程师，一位叫欧内斯特，另一位是威廉姆·福尔芝，他们立即把卡顿送到医生那里。之后，他们召集工程师开会，说丢掉手摇柄起动汽车是当务之急，如果能够实现这点，那么凯迪拉克汽车就不会再出此类事故了。

汽车发动机的自动起动，过去已经尝试过许多次，有的是采用机械装置，有的是用气动方式，也有的是用电驱动的方式。但是对各种自动起动的尝试均因可靠性、有效性、紧凑性等方面的不足而遭失败。

当凯迪拉克的工程师还未能提出一个可以使用的自动起动装置时，公司邀请在戴登工程研究所工作的凯特林及其儿子接替这一工作。凯特林提供了一种自动起动机，该装置是一套将起动机和发电机用一个超越离合器与减速器连接在一起的组合部件。齿轮与飞轮啮合，在起动机和发动机曲轴之间得到 25∶1 的减速比，这样就有足够的转矩保证摇动发动机，使起动成功。1912 年在凯迪拉克汽车上得到了推广应用。起初，通用汽车公司的高级官员并不十分相信这个新装置，因此要求汽车上仍装置手摇柄。而 1924 年在纽约举行的汽车展览会上，参加展出的 119 种车型有 110 种车型采用该起动装置。1949 年，克莱斯勒公司成为第一个使用联合按键操纵点火起动开关的公司。

汽车发动机必须靠外力带动曲轴来帮助起动，即依靠外力拖动，使发动机依靠自身运转的惯性而进入连续不断的吸气、压缩、燃烧、排气工作循环时，发动机才能视为完全起动。发动机的起动系统一般由蓄电池、电流表、起动机、点火开关、继电器等组成。起动机的作用是将蓄电池的电能转变为机械能，驱动发动机使其起动。在各种各样的起动装置中，目前汽车上普遍使用的是电力起动机，它是将装有电磁开关的电动机作为起动动力的。

为使内燃机正常起动并持续运转，必须要有最小起动转速，这便要借助起动机。影响起动机最小起动转速的主要因素如下：

(1) 起动系统的额定电压。

(2) 能够起动发动机的最低温度，即极限起动温度。

(3) 发动机的曲轴阻力，即发动机在极限起动温度下曲轴所需的转矩。

(4) 蓄电池的特性。

(5) 在蓄电池和起动机之间的电压降。

(6) 起动机与飞轮齿圈之间的传动比。

(7) 起动机特性。

(8) 发动机在极限起动温度时的最低曲轴转速。

在汽车电气系统中，起动机不是一个孤立的系统，这是因为起动系统还与其他很多系统有关，特别是蓄电池。

对发动机起动要求最为重要的另一个因素是极限起动温度。随着温度的上升，起动机转矩不断下降，而发动机在最小转速下所需的转矩是不断升高的，不同汽车最低极限温度各不相同，轿车为－25℃，而起动机制造商建议在－20～20℃之间。

3.1 起动机的结构及工作原理

起动机一般由以下3部分组成。

(1) 直流串励式电动机。其作用是产生转矩，即将蓄电池的电能转变为机械能的装置。

(2) 传动机构。其作用是在发动机起动时使起动机驱动齿轮啮入飞轮齿环，将起动机转矩传给发动机曲轴；而在发动机起动后，使驱动齿轮自动打滑，避免起动机发生电枢飞散的“飞车”事故。

(3) 控制装置(即电磁开关)。用来接通和切断电动机与蓄电池之间的电路，控制起动机驱动齿轮与发动机飞轮的啮合与分离。在有些汽油机上，还具有接入和隔除点火线圈附加电阻的作用。

图3.1所示为一典型起动机的结构。

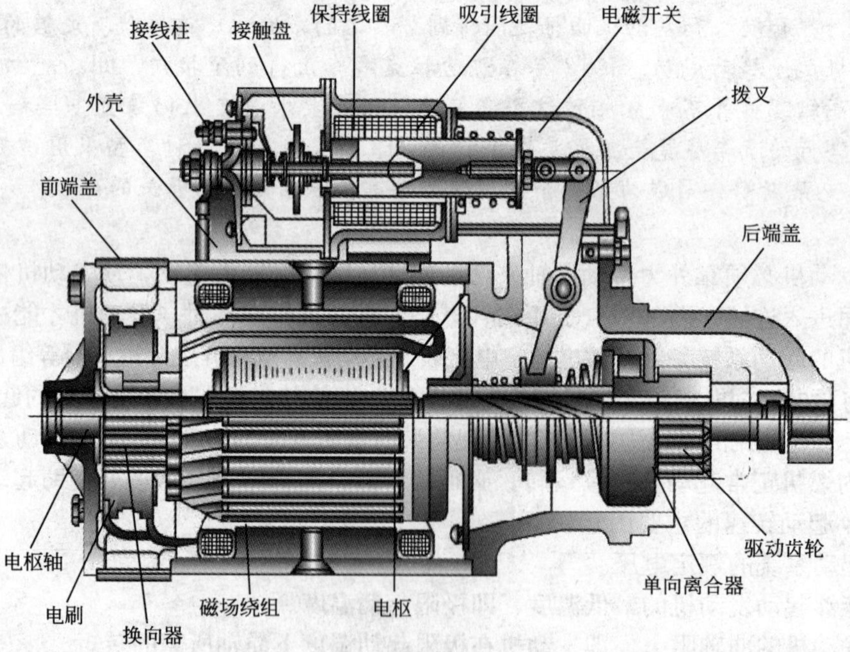

图3.1 典型起动机的结构

3.1.1 直流串励式电动机

1. 结构组成

直流电动机的构造与发电机类似，主要由机壳、磁极、电枢、换向器及电刷等部分组成。

(1) 机壳。用钢管制成，一端开有窗口，作为观察电刷与换向器工作之用，平时用防尘箍盖住。机壳上只有一个电流输入接线柱并在内部与磁场绕组的一端相接。壳内装有磁极。

(2) 磁极。磁极是由固定在机壳上的铁心上的磁场绕组组成的。磁极的作用是建立电动机的电磁场。一般装有4个(2对)磁极，在大功率起动机中，为增大起动机的电磁力矩，有的装有6个(3对)磁极。磁场绕组采用较粗的矩形裸铜线绕制，4个磁场绕组的连接方法主要有两种，一种是4个绕组相互串联，另一种是两串两并(图3.2)，无论采用哪种连接方式，其产生的磁场都相互交错。

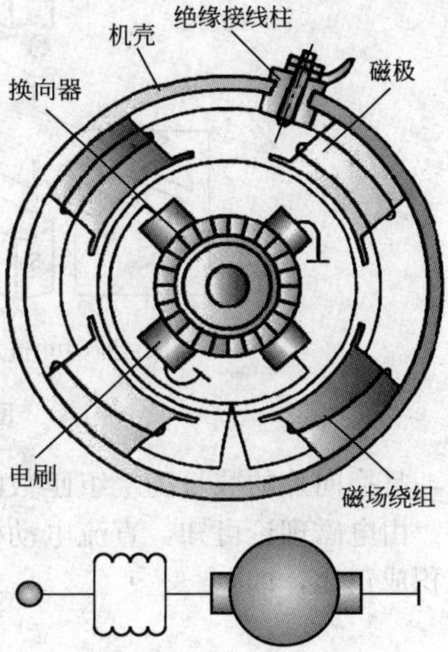

图3.2 磁场绕组的接法

(3) 电枢。产生转矩的核心部件，由外圆带槽的硅钢片叠成的铁心和嵌装在铁心槽内的电枢绕组组成。转子铁心与电枢轴为过盈配合。电枢绕组采用矩形裸铜线绕制，可满足几百安培起动电流的要求。汽车起动机上的电枢绕组和磁场绕组一般采用串励方式连接。

(4) 换向器。换向器的作用是连接磁场绕组、电枢绕组和电源，并保证电枢产生的电磁力矩方向不变，使电枢轴能输出固定方向的转矩。它由许多截面呈燕尾形的铜片围合而成，铜片嵌在换向器轴套和压环组成的槽中，铜片之间及铜片与轴套、压环之间均用云母片绝缘。铜片一端有焊接电枢绕组线头的凸缘。

(5) 电刷。电刷的作用是将电流引入电动机。一般有4个电刷架，固定在前端盖上。其中，两个电刷架与端盖绝缘，称为绝缘电刷架；另外两个电刷架与端盖直接铆合而搭铁，称为搭铁电刷架。电刷由铜与石墨粉压制而成，加入铜是为了减少电阻并增加耐磨性。电刷装在电刷架中，并借助弹簧压力将其压紧在换向器上。

(6) 端盖。起动机有前后两个端盖，前端盖一般用钢板压制而成，其上装有4个电刷架，后端盖由灰铸铁浇注而成。它们分别装在机壳的两端，靠两个长螺栓与电动机机壳固定在一起。两端盖内均装有青铜石墨轴承套或铁基含油轴承套，以支撑电枢轴。

2. 工作原理

直流电动机是将电能转变为机械能的设备，如图3.3所示。

电动机的电枢与直流电源相接，电流由正电刷和换向片A输入，经电枢绕组后从换向片B和负电刷流出，如图3.3(a)所示。此时绕组中的电流方向为$a \rightarrow d$，由左手定则可以确定导体ab受向左的作用力F_1与F_2相等，整个绕组受到逆时针方向的转矩作用而转动。当电枢转过半周，如图3.3(b)所示，换向片B与正电刷接触，换向片A则与负电刷接触，绕组中的电流方向变为$d \rightarrow a$，因而在N极和S极下面导体中的电流方向总是保持不变，电磁转矩的方向也就不变，使电枢受转矩作用仍按逆时针方向转动。这样在电源连续对电动机供电时，电枢就不停地按同一方向转动。

由于一个线圈所产生的转矩太小，转速又不稳定，因此实际电动机的电枢采用多匝线

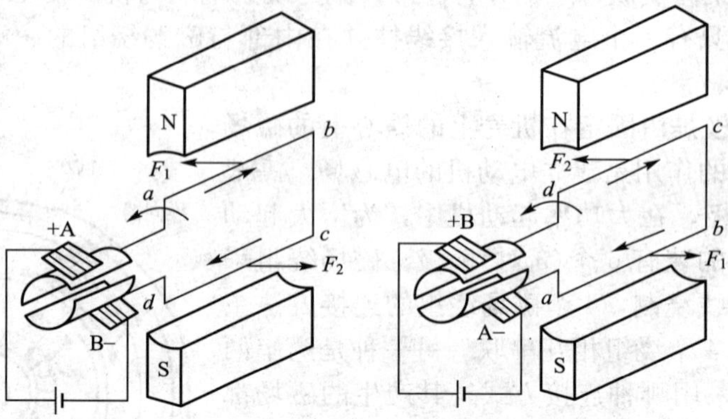

(a) 线匝中电流方向为$a\to d$　　(b) 线匝中电流方向为$d\to a$

图 3.3　直流电动机的工作原理

圈，且换向片的数量随绕组匝数的增多而增加。

由电磁理论可知，直流电动机转矩(单位为 N·m)的大小，与电枢电流及磁极磁通的乘积成正比，即

$$M=C_m\Phi I_s \tag{3-1}$$

式中：C_m——电动机常数，与电动机的磁极对数 P、电枢绕组总根数 Z 及电枢绕组电路的支路对数 a 有关，$C_m=PZ/(2\pi a)$；

I_s——电枢电流(A)；

Φ——磁极磁通(Wb)。

由式(3-1)可知，欲增大电动机的转矩，应增大其电枢电流或增强其磁通。

直流电动机通电时，产生的电磁转矩使电枢旋转，当电枢旋转时，其绕组又会切割磁力线，按电磁感应理论，在电枢绕组中又会产生感应电动势，其方向用右手定则判定。该电动势恰好与外加电枢电流方向相反，因此称为反电动势 E_f(单位为 V)，其大小为

$$E_f=C_e\Phi n \tag{3-2}$$

式中：C_e——与电动机结构有关的常数，$C_e=PZ/(60a)$；

n——电动机转速(r/min)。

由于反电动势的存在，直流电源加在电枢上的电压，一部分用来平衡反电动势，另一部分则落在电枢绕组的电阻上，即

$$U=E_f+I_sR_s \tag{3-3}$$

式中：R_s——电枢回路的电阻(Ω)，包括电枢绕组的电阻及电刷与换向器的接触电阻。

式(3-3)是电动机运行时必须满足的一个基本条件，称为电压平衡方程式。

由式(3-3)可求出电枢电流 I_s，即

$$I_s=\frac{U-E_f}{R_s}=\frac{U-C_e\Phi n}{R_s} \tag{3-4}$$

当电动机的负载增加时，由于电枢轴上的阻力矩增大、电枢转速降低而使反电动势随之减小，电枢电流增大，因此，电动机转矩将随之增大，并且直到电动机的转矩增大到与阻力矩相等时为止，这时电动机将在新的负载下以新的较低的转速平稳运转。反之，当电

动机的负载减小时，电枢转速上升，反电动势增大，则电枢电流减小，电动机转矩相应减小，直至电动机的转矩减小到与阻力矩相等时为止，电动机则在较高转速下稳定运转。可见，当负载发生变化时，电动机的转速、电流和转矩将会自动地做相应的变化，以满足负载的要求。这就是直流串励式电动机的转矩自动调节原理。

3.1.2 传动机构

传动机构包括单向离合器和拨叉等。单向离合器起着单向传递转矩将发动机起动，同时又能在起动后自动打滑，以防止发动机起动后飞轮带动起动机电枢高速飞转而造成事故的作用。拨叉的作用是与移动衬套一起使单向离合器做轴向移动，将驱动齿轮与发动机飞轮啮合。现代汽车上常用的单向离合器有滚柱式、摩擦片式和弹簧式3种。

1. 滚柱式单向离合器

滚柱式单向离合器是目前国内外汽车起动机中使用最多的一种。滚柱式单向离合器的结构如图3.4(a)所示。驱动齿轮1由40号中碳钢加工后淬火而成，与外壳2连成一体，外壳内装有十字块3和4套滚柱4及弹簧，十字块与花键套筒固联，护盖7与外壳2相互扣合密封。花键套筒8外面套有缓冲弹簧10及移动衬套11，末端固装着拨叉与卡簧。整个单向离合器总成利用花键套筒套装在起动机轴的花键部位，可以做轴向移动及随轴转动。

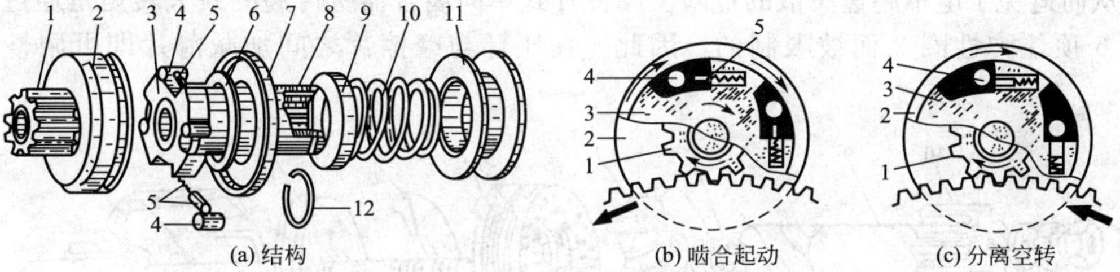

图3.4 滚柱式单向离合器

1—驱动齿轮；2—外壳；3—十字块；4—滚柱；5—压帽与弹簧；6—垫圈；
7—护盖；8—花键套筒；9—弹簧座；10—缓冲弹簧；11—移动衬套；12—卡簧

单向离合器的外壳与十字块之间的间隙为宽窄不同的楔形槽。这种离合器就是通过改变滚柱在楔形槽中的位置来实现离合的。

起动发动机时，驾驶人操纵控制装置使拨叉下端后移，将驱动齿轮推出使之与飞轮齿圈啮合。为防止两齿轮抵住，将齿轮齿端做成斜角，万一两齿轮抵住时，拨叉下端通过滑环压缩滑环后侧的缓冲弹簧(或称啮合弹簧)，拨叉仍能继续转动，拨叉上端前移使电动机开关线接通，待电动机通电稍转动，齿与齿槽对正后，缓冲弹簧伸张推动驱动齿轮使二者啮合。驱动齿轮与飞轮齿圈刚啮合而尚未转动时，电动机电路接通，电枢轴经传动导管带动外座圈旋转，在驱动齿轮尾部摩擦力和弹簧压力作用下，滚柱移向楔形腔室较窄的一端将外座圈和驱动齿轮尾部卡紧成一体，于是驱动齿轮随电枢轴一起转动并带动飞轮旋转，使发动机起动(图3.4(b))。

起动发动机后，此时由于飞轮齿圈带动驱动齿轮高速旋转且比电枢轴的转速高得多，驱动齿轮尾部的摩擦力带动滚柱克服弹簧张力，使滚柱移向楔形腔室较宽的一端，滚柱在驱动齿轮尾部与外座圈间发生滑动，发动机的动力不能传给电枢轴，起到分离作用，电枢轴只能按自己的转速空转，避免了电枢超速飞散的危险(图 3.4(c))。当解除操纵后，在回位弹簧张力的作用下，驱动齿轮前移与飞轮齿圈分离，电动机停止转动，恢复原状。滚柱式单向离合器具有结构简单、坚固耐用、工作可靠等特点，但在传递较大转矩时容易卡住，故不能用于大功率起动机，在中、小功率的起动机中得到了广泛的应用。

2. 摩擦片式单向离合器

大功率的起动机上多采用摩擦片式单向离合器，它是通过摩擦片的压紧和放松来实现离合的，其结构如图 3.5(a)所示。

摩擦片式单向离合器的外接合鼓 1 用半圆键固定在起动机轴上，两个弹性圈 2 和压环 3 依次沿起动机轴装进外接合鼓中，主动片 4 的外凸齿装入外接合鼓的切槽中，钢制的从动片 5 以其内齿插入内接合鼓 6 的切槽中。内接合鼓有螺纹孔并旋在起动机驱动齿轮柄 9 的三线螺纹上，齿轮柄则自由地套在起动机轴上，内垫有减振弹簧 8，并用螺母锁紧以免从轴上脱落。内接合鼓 6 上有两个小弹簧 7，轻压各片，以保证它们彼此接触。

摩擦片式单向离合器的动作原理如下：当起动机带动曲轴旋转时，内接合鼓 6 沿螺旋线向右移动，将摩擦片压紧，并利用摩擦片将电枢的转矩传给飞轮 11，如图 3.5(b)所示；发动机起动后，起动机驱动齿轮 10 被飞轮 11 带动旋转，当其转速超过电枢转速时，内接合鼓 6 则沿着螺旋线向左退出，摩擦片松开，这时驱动齿轮 10 虽高速旋转，但不驱动电枢，从而避免了电枢超速飞散的危险。摩擦片式单向离合器所传递的最大转矩是通过内接合鼓 6 顶住弹性圈 2 而被限制的，因此，在压环与摩擦片之间加减薄片即可调整最大转矩。

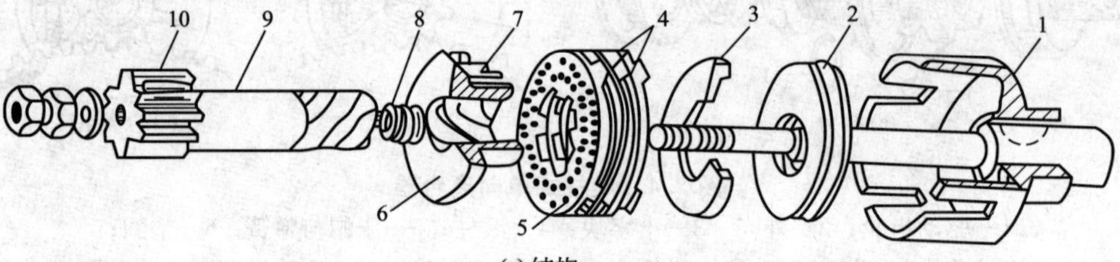

(a) 结构

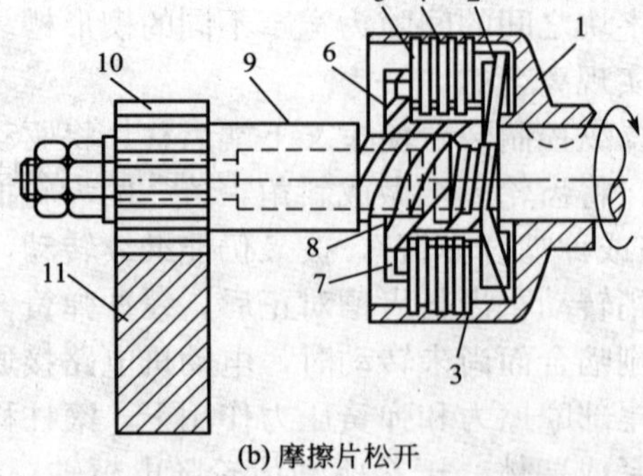

(b) 摩擦片松开

图 3.5 摩擦片式单向离合器

1—外接合鼓；2—弹性圈；3—压环；4—主动片；5—从动片；6—内接合鼓；
7—小弹簧；8—减振弹簧；9—齿轮柄；10—驱动齿轮；11—飞轮

3. 弹簧式单向离合器

弹簧式单向离合器的结构如图 3.6 所示。

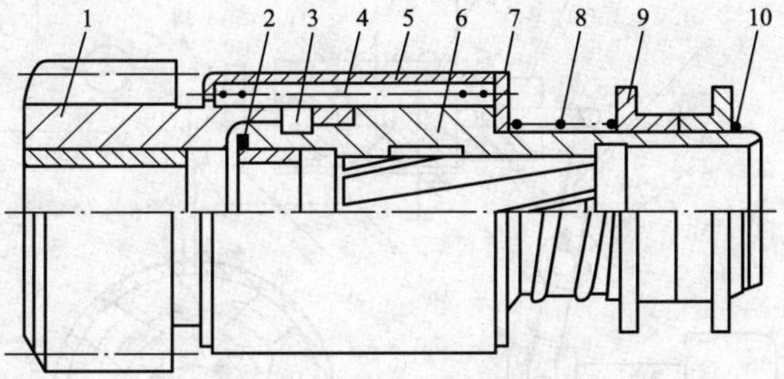

图 3.6　弹簧式单向离合器

1—驱动齿轮；2—挡圈；3—月牙形圈；4—扭力弹簧；5—护圈；
6—套筒；7—垫圈；8—缓冲弹簧；9—移动衬套；10—卡簧

起动机驱动齿轮套在起动机电枢轴的光滑部分，连接套筒 6 套在电枢轴的螺旋花键上，两者之间由两个月牙形圈 3 连接。月牙形圈的作用是使驱动齿轮与连接套筒之间不能做轴向移动，但可相对转动。在驱动齿轮柄和连接套筒 6 上包有扭力弹簧 4，扭力弹簧的两端各有 1/4 圈内径较小并分别匝紧在齿轮柄和连接套筒上。当起动机带动曲轴旋转时，扭力弹簧扭紧包紧齿轮柄与连接套筒，于是电枢的转矩通过扭力弹簧 4、驱动齿轮 1 传至飞轮齿环，使发动机起动。发动机起动后，驱动齿轮的转速高于起动机电枢，则扭力弹簧放松，这样飞轮齿圈的转矩便不能传给电枢，即驱动齿轮 1 只能在电枢轴的光滑部分空转，以避免电枢超速飞散的危险。这种单向离合器具有结构简单、工艺简化、寿命长、成本低等优点。但因扭力弹簧圈数多，轴向尺寸较长，故只适用于大功率柴油机的起动，而不适宜在小型起动机上装用。

3.1.3　电磁式控制装置

电磁式控制装置一般称为起动机的电磁开关，其作用是控制驱动齿轮与飞轮齿圈的啮合与分离，控制电动机电路的接通与切断。它与电磁式拨叉合装在一起，利用挡铁控制起动机驱动齿轮与飞轮的啮合与分离。用按钮或钥匙控制电磁铁，再由电磁铁控制主电路开关，以接通或切断主电路。由于装有电磁铁，可进行远距离控制，操作省力，因此现代汽车大都采用这种方式。电磁开关主要由活动铁心、保持线圈、吸引线圈、接触盘、拨叉等组成。下面以黄河 JN150 型汽车用 ST614 型起动机为例，如图 3.7 所示，说明电磁开关的工作原理。

电磁开关用来在接通电动机供电电路的同时推出驱动齿轮，使其与飞轮齿圈啮合。当接通起动开关时，如图 3.8 所示，吸引线圈 6 中的电流经起动机的励磁绕组 F 和电枢绕组后搭铁，保持线圈 5 则直接搭铁。这时，这两个线圈产生同方向的磁通，并产生很强的吸引力，吸引活动铁心运动，同时通过电枢中的电流使电枢轴缓慢运转。如图 3.7 所示，电磁开关的活动铁心运动使与其连接的传动拨叉 3 推出，向飞轮移动直至啮合，当驱动齿轮与飞轮齿圈完全啮合时，活动铁心运动正好使由动、静触点组成的主触点闭合。主触点闭

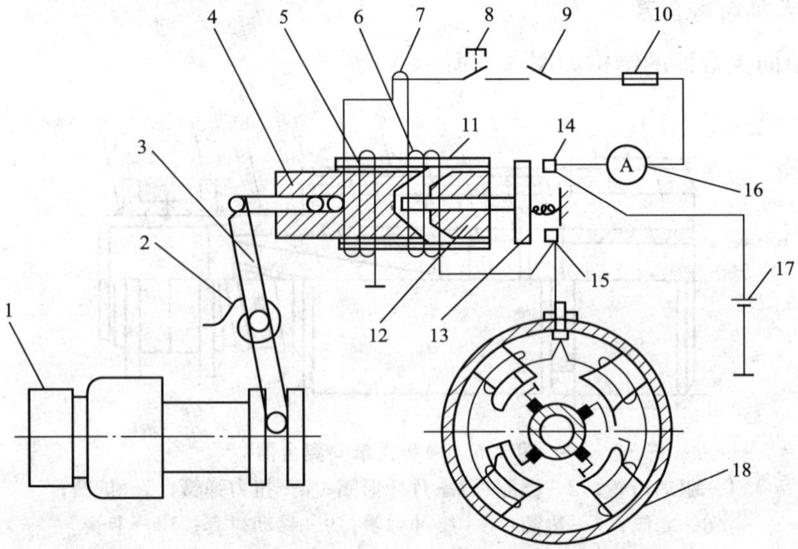

图 3.7 ST614 型起动机电磁开关的结构原理

1—驱动齿轮；2—回位弹簧；3—拨叉；4—活动铁心；5—保持线圈；6—吸引线圈；
7—接线柱；8—起动按钮；9—起动总开关；10—熔断器；11—黄铜套；12—挡铁；
13—接触盘；14、15—接线柱；16—电流表；17—蓄电池；18—电动机

合后，吸引线圈的两端被主触点短路，如图 3.9 所示，蓄电池输出大电流直接进入电动机而发出较大的转矩，经飞轮被放大 6 倍(传动比为 10～15)后克服发动机的阻力矩将其拖动。吸引线圈被短路后，由于此时动、静铁心完全接触，磁阻很小，只靠保持线圈中的电流就能维持铁心的吸合状态。发动机起动后，断开起动开关，由起动开关供给保持线圈的电流被切断，如图 3.9 所示。但此瞬间主触点仍闭合，电流从主触点流向吸引线圈，再经保持线圈搭铁，而这时吸引线圈电流改变了方向，两个线圈产生的磁通方向相反而抵消。在回位弹簧的作用下，静铁心、动铁心(带动拨叉和驱动齿轮)返回原位，主触点断开，起动机因断电而停转。

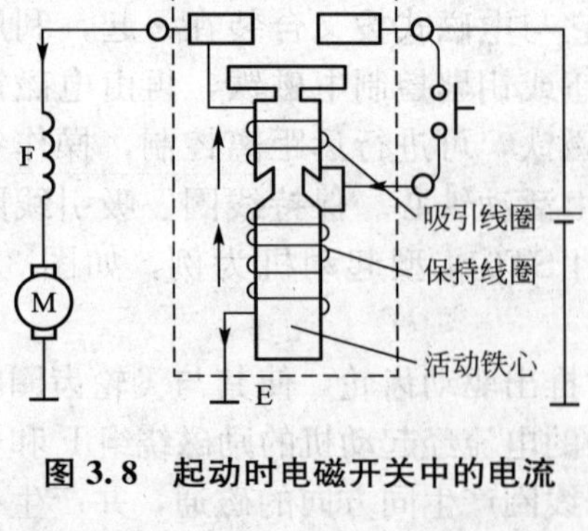

图 3.8 起动时电磁开关中的电流

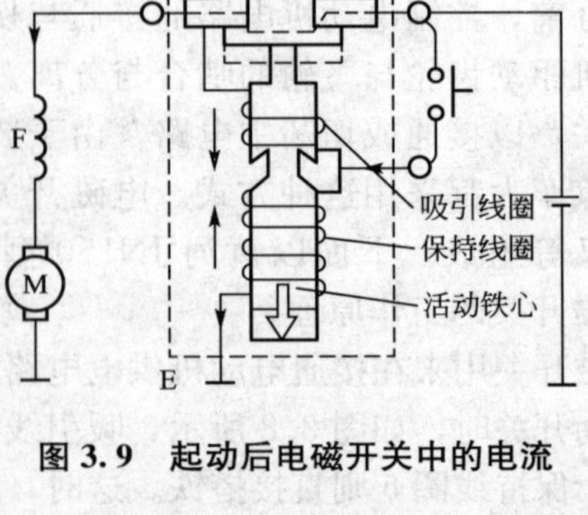

图 3.9 起动后电磁开关中的电流

这种电磁开关利用挡铁与电磁铁心之间一定的气隙，保证驱动齿轮先部分啮入飞轮齿环后才接通起动主电路。它具有操作轻便、工作可靠的优点。

3.2 起动机工作特性及基本参数的选择

3.2.1 转矩特性

转矩特性是指电动机的电磁转矩随电枢电流变化的关系，即$M=f(I_a)$。

由于串励式直流电动机的磁场绕组与电枢绕组串联，故电枢电流与励磁电流相等。在磁路为饱和时，磁通Φ与电枢电流I_a成正比，即$\Phi=C_iI_a$。因此，电动机转矩M(单位为N·m)为

$$M=C_m\Phi I_a=C_mC_iI_a^2=CI_a^2 \tag{3-5}$$

式中：C——常数，$C=C_mC_i$；

I_a——电枢电流(A)。

而磁路饱和后，Φ=常数，电动机转矩为

$$M=C_m\Phi I_a \tag{3-6}$$

由式(3-5)和式(3-6)可知，在磁路未饱和时，串励式直流电动机的电磁转矩与电枢电流的平方成正比；在磁路饱和后，磁通几乎不变，电磁转矩才与电枢电流呈线性关系。串励式直流电动机转矩特性如图3.10所示。

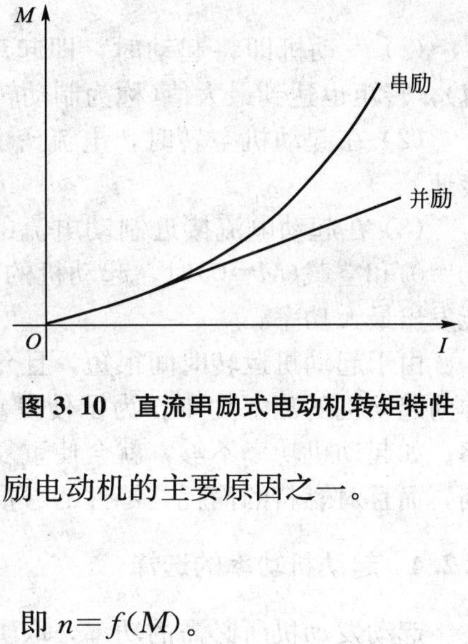

图3.10 直流串励式电动机转矩特性

这是串励式直流电动机的一个重要特点，即在电枢电流相同的情况下，串励式直流电动机的转矩要比并励式直流电动机大。特别是在起动的瞬间，由于发动机的阻力矩很大，起动机处于完全制动的情况下，$n=0$，反电动势$E_f=0$。此时，电枢电流将达到最大值(称为制动电流)，产生最大转矩(称为制动转矩)，从而使发动机易于起动。这是起动机采用串励电动机的主要原因之一。

3.2.2 机械特性

电动机转速随转矩而变化的关系，称为机械特性，即$n=f(M)$。

在串励式直流电动机中，由电压平衡方程式可得：

$$n=\frac{U-I_a(R_s+R_L)}{C_m\Phi} \tag{3-7}$$

在磁路未饱和时，由于Φ不是常数，I_a增大时Φ也增大，故转速n将随电枢电流的增加而显著下降，又由于转矩M正比于电枢电流I_a的平方，所以串励式直流电动机的转速随转矩的增加而迅速下降，如图3.11所示，即具有软的机械特性。由于串励式直流电动机具有软的机械特性，即轻载时转速高，重载时转速低，故对起动发动机十分有利。因为重载时转速低，可使起动安全可靠，这是起动机采用串励式直流电动机的又一原因。串励式直流电动机在轻载时转速很高，易造成电动机“飞车”事故。因此，对于功率较大的串励式直流电动机，不允许在轻载或空载下运行。

3.2.3 功率特性

起动机功率与电流的关系 $P=f(I)$称为功率特性。起动机的转矩、转速、功率与电流的关系称为起动机特性曲线，图 3.12 所示为 QD124 型起动机特性曲线。

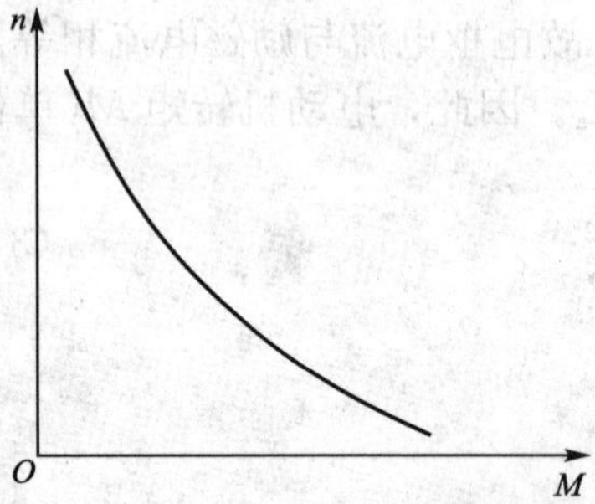

图 3.11 直流串励式电动机机械特性

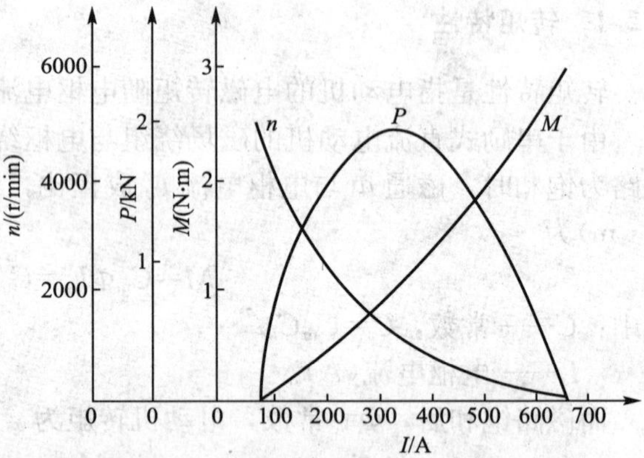

图 3.12 QD124 型起动机特性曲线

(1) 发动机即将起动时，即起动机刚接入瞬间，此时 $n=0$，电流最大(称为制动电流)，转矩也达到最大值(称为制动转矩)。

(2) 在起动机空转时，电流 I_a 最小(称为空转电流)，转速 n 达到最大值(称为空转转速)。

(3) 在起动电流接近制动电流的一半时，起动机的功率 P 最大。因此，在完全制动($n=0$)和空载($M=0$)时，起动机的功率都等于零。当电流为制动电流的一半时，起动机能发出最大功率。

由于起动机运转时间很短，且允许其以最大功率运转，所以把起动机的最大输出功率称为起动机的额定功率。为了使发动机能迅速、可靠地起动，起动机必须具有足够的功率。如起动机功率不够，就会使重复起动的次数增多，起动时间延长，这不仅对蓄电池不利，而且对燃料的消耗、零件的磨损及车辆的工作都是极其不利的。

3.2.4 起动机功率的选择

起动发动机所必需的功率，取决于发动机的最低起动转速和发动机的起动阻力矩，可按式(3-8)计算：

$$P=\frac{M_Q n_Q}{9550} \tag{3-8}$$

式中：P——起动机功率(kW)；

M_Q——发动机的起动阻力矩(N·m)；

n_Q——最低起动转速(r/min)。

发动机的起动阻力矩 M_Q 是指在最低起动转速时的发动机阻力矩。发动机的阻力矩包括摩擦阻力矩、压缩损失力矩和驱动发动机辅助机构的阻力矩。摩擦阻力矩主要由活塞与气缸壁的摩擦及曲轴轴承的摩擦所决定，另外还取决于润滑油的黏度；压缩损失力矩主要取决于气缸的容积和压缩比的大小，气缸容积和压缩比越大，压缩损失力矩越大；驱动发动机辅助机构的阻力矩包括驱动发动机分电器、汽油泵、机油泵和水泵等的阻力矩。因此，发动机的阻力矩主要取决于气缸的工作容积、缸数、压缩比、转速和温度等。柴油机的起动阻力矩比汽油机几乎大一倍，这是因为柴油机的压缩比高，且驱动燃油泵等辅助机构的功率也较大。各型号发动机的阻力矩应由试验方法确定。温度为0℃时发动机的阻力矩(单位为N·m)可用经验公式求得：

$$M=C_0V \tag{3-9}$$

式中：V——发动机的工作容积(L)；

C_0——系数，不同发动机的系数见表3-1。

表3-1 不同发动机的系数 C_0

发动机类型	压缩比	缸数		
		4缸	6缸	8缸
汽油机	5	3	3.5	3.8
汽油机	7	3.5	4	4.2
柴油机	15	7	7.2	7.4

发动机的最低起动转速是指保证发动机可靠起动的曲轴最低转速。汽油机最低起动转速通常为50～70r/min；柴油机靠压缩点火，而压缩行程终了的空气温度则取决于周围介质的温度、气缸壁的温度和压缩时间的长短。柴油机的最低起动转速一般为100～200r/min。

3.2.5 蓄电池容量的确定

起动机的功率P确定后，可按如下经验公式确定蓄电池的容量C，即

$$C=(600\sim800)\frac{P}{U} \tag{3-10}$$

式中：C——蓄电池额定容量(A·h)；

P——起动机额定功率(kW)；

U——起动机额定电压(V)。

对于大功率的起动机(7.5kW以上)，蓄电池的容量可以选择比计算值小些。

3.2.6 传动比的选择

起动机与发动机之间的传动比，应能保证发动机可靠起动，同时能使起动机达到最大功率。如选择不当，则起动机的功率不能充分利用，发动机仍会起动困难。因此，必须正确选择传动比，以使起动机在发动机最低起动转速时仍能发出本身的最大功率。

选择传动比时，以使起动机工作在最大功率最为有利，即最佳传动比是与起动机的最大功率相对应的。在实际工作中，传动比选得往往比最佳值稍小，这时虽然起动机的工作电流有所增大，功率减小了一些，但起动机的转矩却增大较多，对起动非常有利。

此外，传动比的选择还受飞轮齿环和起动机驱动齿轮的限制。通常起动机驱动齿轮为9～13齿(个别情况有5～7齿的)。在汽油机中，起动机与曲轴的传动比一般为13～17；柴油机因其起动转速较高，传动比较小，一般为8～10。

3.3 典型起动机

在目前车辆使用的各种起动机中，电动机部分一般没有本质的差别，控制方法目前也基本采用电磁控制装置，只有传动机构的啮入方式有很大差别，因此起动机按传动机构啮入方式分为以下几种。

(1) 电磁控制强制啮合式：起动机旋转时，驱动齿轮借助电磁力拉动杠杆，自动啮入飞轮齿环。

(2) 电枢移动式：靠磁极磁通的电磁力，使电枢轴向移动，将驱动齿轮啮入飞轮齿环。

(3) 齿轮移动式：靠电磁开关推动安装在电枢轴孔内的啮合杆，从而使驱动齿轮啮入飞轮齿环。

电枢移动式、齿轮移动式起动机性能较好，但其结构较复杂。目前应用较多的是电磁控制强制啮合式起动机。除上述外，还有磁极为永久磁铁的永磁起动机，以及内装减速齿轮的减速起动机等。

3.3.1 电磁控制强制啮合式起动机

1. 丰田汽车常规型起动机

丰田汽车常规型起动机属于电磁控制强制啮合式起动机，结构如图 3.13 所示，其单向离合器为滚柱式。

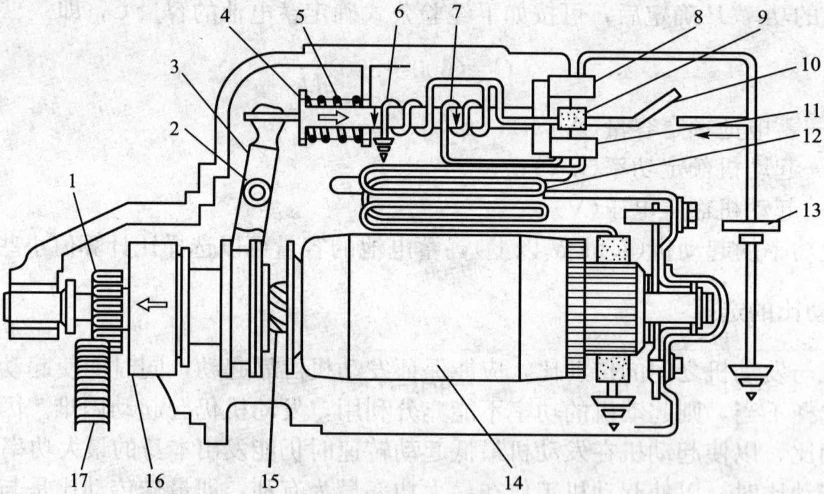

图 3.13 丰田汽车常规型起动机

1—小齿轮；2—转轴；3—传动杆；4—活动铁心；5—回位弹簧；6—保持线圈；7—吸引线圈；8、9、11—端子；10—点火开关；12—励磁线圈；13—蓄电池；14—电枢；15—螺旋花键；16—起动机离合器；17—齿圈

(1) 点火开关位于起动位置时，端子 9 将蓄电池电流传至保持线圈 6 和吸引线圈 7。流经吸引线圈的电流通过端子 11，流至电动机励磁线圈 12 和电枢线圈。这时牵引线圈两端的电压降使通过电动机磁力线圈的电枢的电流较小，因此电动机运转速度较低。与此同时，吸引线圈与保持线圈所产生的磁场，将活动铁心 4 向右拉动，压住回位弹簧 5 使小齿轮 1 通过传动杆 3 向左移动，与发动机齿圈 17 啮合。在此阶段，起动机低速运转，使齿轮可以平顺啮合。

螺旋花键的作用是帮助小齿轮与齿圈平顺啮合。当电磁开关和螺旋花键将小齿轮推至与齿圈完全啮合的位置时，固定在活动铁心尾端的接触片使端子 8 和端子 11 短路而接通主开关。这一短路连接使较强的电流通过起动机，从而使电动机以较大的转矩转动。螺旋花键也就使小齿轮更牢固地与齿圈啮合。与此同时，吸引线圈两端的电压相等，没有电流流过吸引线圈。因此，这时活动铁心只是由保持线圈所施加的电磁力保持在原位。

(2) 发动机起动后，将点火开关从起动(STA)位置扭回至点火(ON)位置，便切断了正作用在端子 9 上的电流。但此时主开关仍保持闭合状态，部分电流便从端子 11 经吸引线圈流至保持线圈。由于流至保持线圈的电流与吸引线圈中的电流方向相反，两个线圈所产生的磁场相互抵消，从而使回位弹簧将活动铁心拉回。这便切断了曾经作用在电动机上的强电流，同时活动铁心将驱动小齿轮与发动机齿圈分离。

2. EQ1090 型载货汽车起动机

EQ1090 型载货汽车采用的是国产 QD124 型起动机，该起动机是一种有起动继电器的电磁控制强制啮合式起动机，采用滚柱式单向离合器。

起动继电器的作用是接通电磁开关线圈的电路，借以保护点火开关起动触点，避免烧蚀触点，延长使用寿命。因此直接用点火开关起动触点控制电磁开关线圈的电路，起动时通过触点的电流很大(一般为 35～40A)，会使触点很快损坏。这种电磁开关在现代汽车上的使用最为普遍。起动继电器为一常开型电磁继电器，其铁心上的线圈一端搭铁，一端接起动机开关主接线柱，并由点火开关控制，如图 3.14 所示。

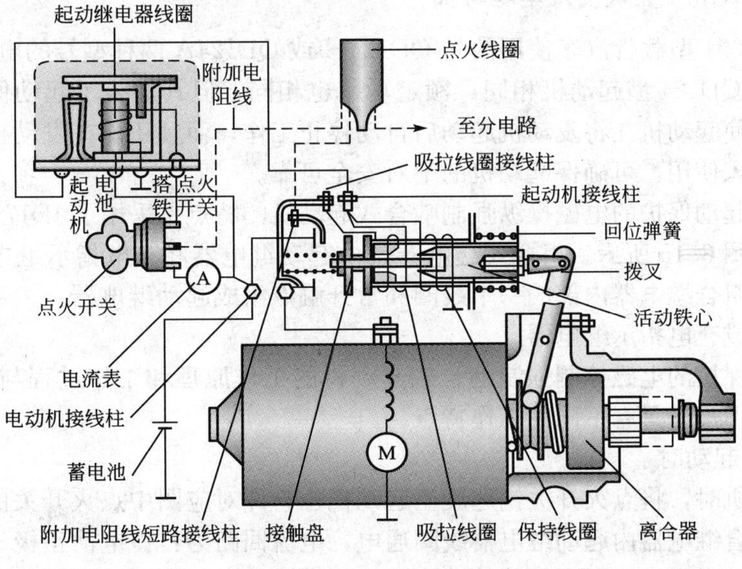

图 3.14 QD124 型起动机

1）发动机起动时

发动机起动时，将点火开关旋至起动挡，起动继电器线圈有电流通过，吸下可动触点臂，使继电器触点闭合，从而接通了电磁开关线圈的电路，电流流向：蓄电池正极→主接线柱→电流表→点火开关起动触点→起动继电器“点火开关”接线柱→线圈→搭铁→蓄电池负极，起动继电器触点闭合，接通电磁开关电路。其回路为：蓄电池正极→主接线柱→起动继电器的电池接线柱→起动继电器触点→起动继电器的起动机接线柱，在电池开关接线柱处分流，一条回路经保持线圈、搭铁到蓄电池负极；同时，另一条回路经吸引线圈、导电片、主接线柱、起动机、搭铁到蓄电池负极。

两个线圈的电流同方向产生合成电磁力将活动铁心吸入，在起动机缓慢转动之下，拨叉推出滚柱式单向离合器，使驱动齿轮柔和地啮入飞轮齿环。当驱动齿轮与飞轮齿环接近完全啮合时，活动铁心推动接触盘将起动机的主电路接通，起动机便以正常转速起动发动机。

主电路接通时，吸引线圈被短接，齿轮的啮合靠保持线圈产生的电磁力维持在吸合位置，此时保持线圈的工作电路为：蓄电池正极→主接线柱→起动继电器电池接线柱→起动继电器触点→起动继电器的起动机接线柱→电磁开关接线柱→保持线圈→搭铁→蓄电池负极。

2）发动机起动后

当发动机起动后，离合器开始打滑，松开点火开关钥匙后即自动转回到点火挡位，起动继电器线圈断电，起动继电器触点跳开，使电磁开关两个线圈串联，吸引线圈流过反向电流，加速电磁力的消失，其电路为：蓄电池正极→主接线柱→接触盘→另一主接线柱→导电片→吸引线圈→电磁开关接线柱→搭铁→蓄电池负极。由于电磁开关电磁力迅速消失，活动铁心和推杆在回位弹簧的作用下返回。接触盘先离开两个主接线柱，触点切断了起动机与蓄电池之间的电路，点火线圈附加电阻也随即接入点火系统。最后拨叉将打滑的离合器拨回，驱动齿轮便脱离了飞轮齿环，起动机完成起动工作。

3. 解放 CA1091 型载货汽车起动机

解放 CA1091 型载货汽车使用的是 QD124H 或 QD124A 两种型号的电磁控制起动机，其总成结构和 QD124 型起动机相同，额定功率也相同，但其加装了起动保护装置。该起动保护装置能使起动机在将发动机起动后自动停止工作，而且还能在发动机运转工况下防止起动机误接入使用，可确保起动机的绝对安全可靠。

这种具有起动保护的电磁操纵强制啮合式起动机的特点是采用了 JD171 型组合式继电器，其电路如图 3.15 所示。组合式继电器是由起动继电器和充电指示继电器组合而成的继电器总成，组合继电器内部的一个线圈和常开触点组成起动继电器，内部的另一个线圈和常闭触点组成充电指示继电器。

具有起动保护的电磁控制强制啮合式起动机的工作原理和工作过程与 QD124 型起动机基本相似，不过它具有不同的工作特点。

1）发动机起动时

起动发动机时，将点火开关钥匙旋至起动挡位，即对应图中点火开关的点火、起动线路均接通，组合继电器内起动继电器线圈通电，电流回路为：蓄电池正极→电流表→点火开关起动触点→组合继电器 SW 接线柱→组合继电器内部的起动继电器线圈→L 接线柱→

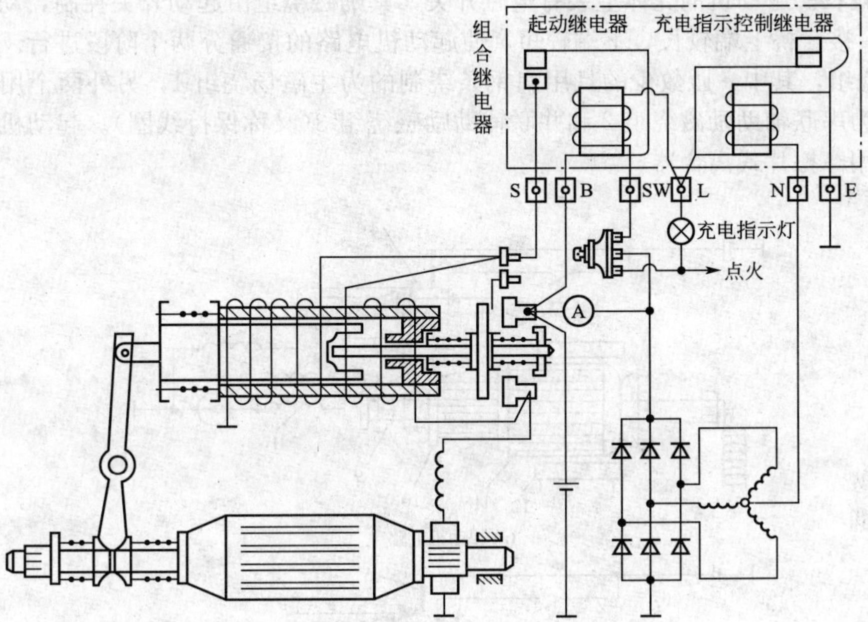

图 3.15　解放 CA1091 起动系统控制电路

充电指示继电器常闭触头→搭铁→蓄电池负极。于是起动继电器的常开触点立即闭合，接通了起动机电磁开关电路。起动机进入起动状态，同时，充电指示灯点亮，其电路为：蓄电池正极→电流表→点火开关点火触点→充电指示灯→L 接线柱→充电指示继电器常闭触头→搭铁→蓄电池负极。

2）发动机起动后

当发动机起动后，滚柱离合器打滑，松开点火开关，钥匙便自动返回至正常点火挡位置，此时只有点火电路接通，组合继电器内部的起动继电器线圈断电，常开触点恢复，切断了起动机电磁开关电路，电磁开关复原，起动机停止工作。如果发动机起动后没能松开点火开关钥匙，虽然离合器打滑可以防止飞车事故，但起动机却处于空载状态，此时转速可超过 5000r/min，严重威胁起动机安全。这时，组合继电器内部的充电指示继电器线圈承担硅整流发电机中性点的电压，使其常闭触点打开，自动切断组合继电器内部的起动继电器线圈的电路，其常开触点恢复常开，使电磁开关断电，起动机自动停止工作。与此同时，充电指示灯电路切断，充电指示灯熄灭。

3）起动机误接入时

如果在发动机运转时错误地将起动机接入使用，将会损坏起动机。由于在此控制电路中，组合继电器内部的充电指示继电器线圈中总是加有一定的发动机中性点电压，其常闭触点处于断开状态，因此，即使将点火开关误旋转至起动挡位，电路也不会接通，起动机电磁开关不会动作，从而起到了保护起动机的作用。

3.3.2　电枢移动式起动机

电枢移动式起动机电路如图 3.16 所示。起动机是借磁极磁力移动整个电枢而使驱动齿轮啮入飞轮齿环的。起动机的电枢 11 在回位弹簧 9 的作用下与磁极 12 错开一定距离，换向器比较长。起动机的壳体上装有电磁开关，其励磁绕组由起动开关控制，动触点为一接触桥 4，接触桥上端较长，下端较短，使起动机电路的接通分两个阶段进行。起动机有 3 个励磁绕组，其中，匝数少的且用扁钢条绕制的为主磁场绕组 1，另外两个用细导线绕制的分别为串联辅助励磁绕组 2 和并联辅助励磁绕组 3(又称保持线圈)。起动机单向离合器一般采用摩擦片式离合器。

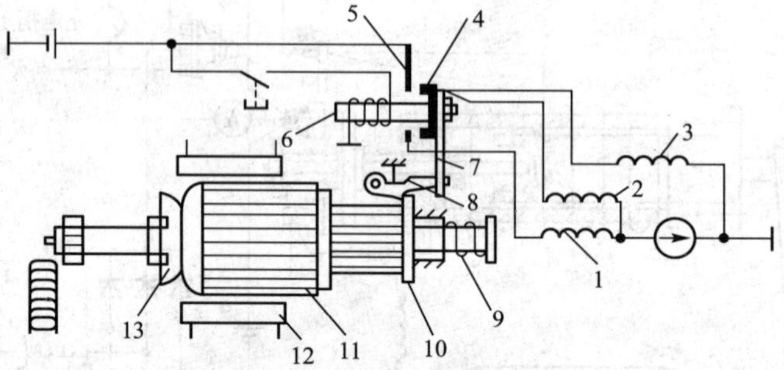

(a) 起动机电路

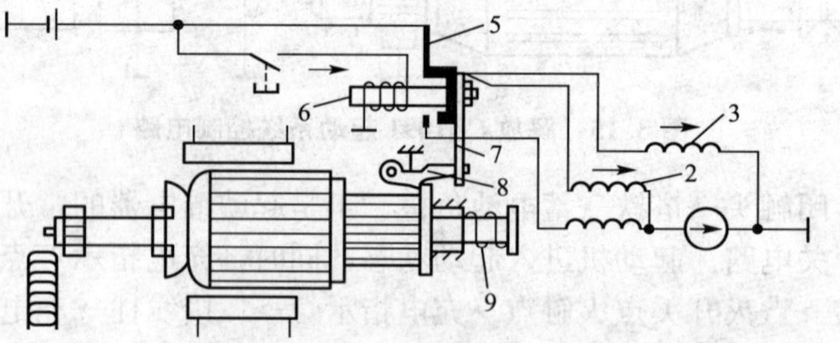

(b) 进入啮合——接入起动机的第一阶段

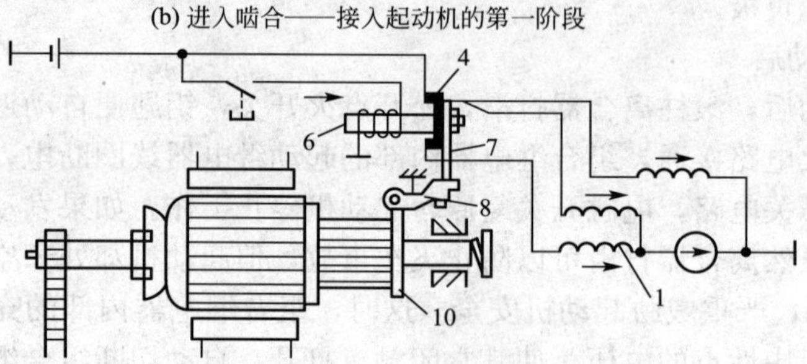

(c) 完全啮合——接入起动机的第二阶段

图 3.16　电枢移动式起动机电路

1—主磁场绕组；2—串联辅助励磁绕组；3—并联辅助励磁绕组(保持线圈)；
4—接触桥；5—静触点；6—电磁铁；7—挡片；8—扣爪；9—回位弹簧；
10—圆盘；11—电枢；12—磁极；13—摩擦式离合器

电枢移动式起动机的工作过程分为两个阶段，串联辅助励磁绕组主要在第一阶段工作，它不但可以增大吸引电枢的磁力，而且可以起限制空载转速的作用。

1）进入啮合

如图 3.16(b)所示，当接通起动开关时，电磁铁 6 产生吸力，吸引接触桥 4，但由于扣爪 8 顶住了挡片 7，接触桥只能上端闭合，接通串、并联辅助励磁绕组电路，其通路为：蓄电池正极→静触点 5→接触桥 4 上端，在此处分流，一条回路为并联辅助励磁绕组 3→

搭铁→蓄电池负极；另一条回路为串联辅助励磁绕组2→电枢→搭铁→蓄电池负极。

并联辅助励磁绕组和串联辅助励磁绕组产生的电磁力用以克服回位弹簧9的反力，吸引电枢向左移动，从而使起动机驱动齿轮啮入飞轮齿环。

此时由于串联辅助励磁绕组的电阻大，故流过电枢绕组的电流很小，起动机仅以较小的转速旋转，电枢低速旋转并向左移动，齿轮柔和啮入，这是接入起动机的第一阶段。

2) 完全啮合

如图3.16(c)所示，电枢11移动使小齿轮完全啮入飞轮齿环后，固定在换向器端面的圆盘10顶起扣爪8，使挡片7脱扣，由于接触桥4的下端闭合，接通了起动机的主磁场绕组1，起动机便以正常的工作转矩和转速驱动曲轴旋转，这是接入起动机的第二阶段。

在起动过程中，摩擦式离合器13接合并传递转矩。发动机起动后，离合器打滑，曲轴转矩便不能传到起动机轴上。这时起动机处于空载状态，转速增高，电枢11中反电动势增大，因而串联辅助励磁绕组2中的电流减小。当电流小到磁极磁力不能克服回位弹簧9的反力时，电枢11在回位弹簧9的作用下被移回原位，于是驱动齿轮脱开，扣爪8回到锁止位置，为下次起动做准备。直到断开起动开关后，起动机才停止旋转。

电枢移动式起动机保护飞车的能力不受功率限制，因此可做成大功率起动机。它的不足之处是不宜在倾斜位置工作，结构复杂，传动比不能大。此外，当离合器摩擦片磨损后，摩擦力会大大降低，因此需要经常调整。

3.3.3 齿轮移动式

齿轮移动式起动机是靠电磁开关推动安装在电枢轴孔内的啮合杆而使驱动齿轮与飞轮齿圈啮合的。德国Bosch公司生产的TB型起动机采用了这种结构，其起动机控制电路如图3.17所示。

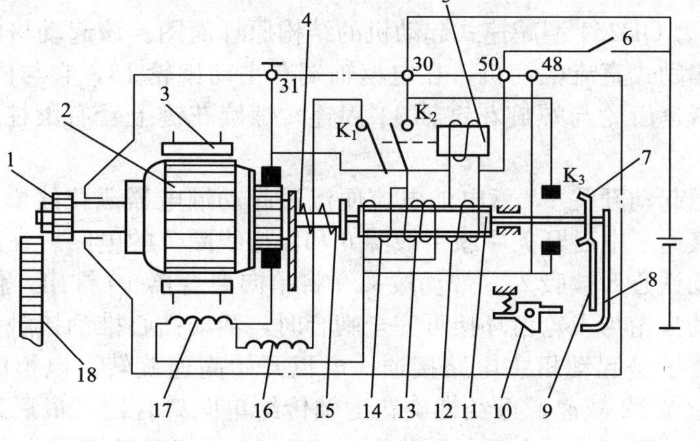

图3.17 齿轮移动式起动机控制电路

1—驱动齿轮；2—电枢；3—磁极；4—复位弹簧；5—控制继电器；6—起动开关；7—接触盘；8—释放杆；9—挡片；10—扣爪；11—活动铁心；12—保持线圈；13—阻尼线圈；14—吸引线圈；15—啮合杆；16—制动绕组；17—励磁绕组；18—飞轮；K_1—常闭触头；K_2—常开触头；K_3—电磁开关主触头

1）发动机不工作时

发动机不工作的情况下，控制继电器 5 常开、常闭触点处于初始状态，电磁开关触点 K_3 处于打开位置。

2）发动机起动时

接通起动开关 6，蓄电池电流经接线柱 50 流经控制继电器 5 的线圈和电磁开关的保持线圈 12，于是触点 K_1 打开，切断了制动绕组 16 的电路；触点 K_2 闭合，接通了电磁开关中吸引线圈 14 和阻尼线圈 13 的电路。在 3 个线圈磁力的共同作用下，电磁开关中的活动铁心 11 向左移动，推动啮合杆 15 使驱动齿轮向飞轮齿圈移动。由于此时吸引线圈 14 和阻尼线圈 13 与电枢串联，相当串入一个电阻，使电枢电流很小，电枢缓慢转动齿轮使其柔和啮入。

当驱动齿轮与飞轮齿圈完全啮合时，释放杆 8 立即将扣爪 10 顶开，使挡片 9 脱扣，电磁开关主触点 K_3 闭合，起动机主电路接通，通过摩擦片式单向离合器起动发动机。

3）发动机起动后

离合器打滑，起动机处于空载状态。断开起动开关 6，驱动齿轮退出啮合，起动机停止转动。此时与电枢绕组并联的制动绕组 16 起能耗制动作用，使起动机迅速停止转动。

3.3.4 减速式起动机

减速式起动机与普通的带电磁开关的强制啮合式起动机没有本质的区别，只是其在起动电枢和驱动齿轮之间增加了一套减速机构，因此可将起动机电枢的工作转速设计得较高，然后通过减速机构使驱动齿轮的转速降低并使转矩增加。装用减速齿轮机构后，可采用小型、高速、低转矩的电动机，从而使起动机的质量与体积减小，提高了起动性能，且使蓄电池的负担减轻。

减速式起动机的减速装置有内啮合式、外啮合式和行星齿轮式 3 种类型。

1. 内啮合减速式起动机

图 3.18 所示为 QD254 型减速式起动机的结构原理简图。该起动机的结构特点是：电动机为小型高速串励式直流电动机，在电枢轴端有主动齿轮 13，它与内啮合减速齿轮 12 相啮合；内啮合减速齿轮与螺旋花键轴 11 固连，螺旋花键上套有滚柱式单向离合器 10。其工作原理如下。

起动时，接通起动开关 1，蓄电池电流便流过起动继电器磁化线圈 2，于是起动继电器触点 3 闭合，接通了电磁开关中吸引线圈 6 和保持线圈 7 的电路。在两线圈电磁吸力的共同作用下，活动铁心 8 被吸入。带动拨叉 9 将单向离合器 10 推出，使驱动齿轮与飞轮齿环啮合。当驱动齿轮与飞轮齿环接近完全啮合时，活动铁心推动接触盘 5 的杆使接触盘将主触点 4 接通，于是起动机主电路接通，电枢开始高速旋转。电枢的旋转经主动齿轮 13、内啮合减速齿轮 12 减速，再经螺旋花键轴传给单向离合器，最后通过单向离合器传递给驱动齿轮使发动机起动，以后的工作则与 QD124 型起动机相同。

2. 行星齿轮减速式起动机

图 3.19 所示为 BJ2021 吉普车上装用的 12VDW1.4 型永磁减速式起动机的原理简图。

该起动机中有 6 块永久磁极，用弹性保持片固定于机壳内。传动机构为滚柱式单向离合器。减速机构为行星齿轮减速装置，它以电枢轴齿轮为太阳轮，另有 3 个行星齿轮及

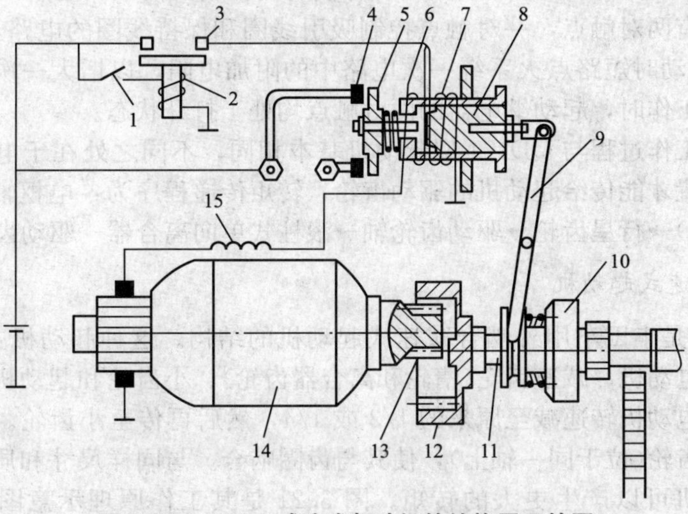

图 3.18　QD254 减速式起动机的结构原理简图

1—起动开关；2—起动继电器磁化线圈；3—起动继电器触点；4—主触点；5—接触盘；6—吸引线圈；7—保持线圈；8—活动铁心；9—拨叉；10—单向离合器；11—螺旋花键轴；12—内啮合减速齿轮；13—主动齿轮；14—电枢绕组；15—磁场绕组

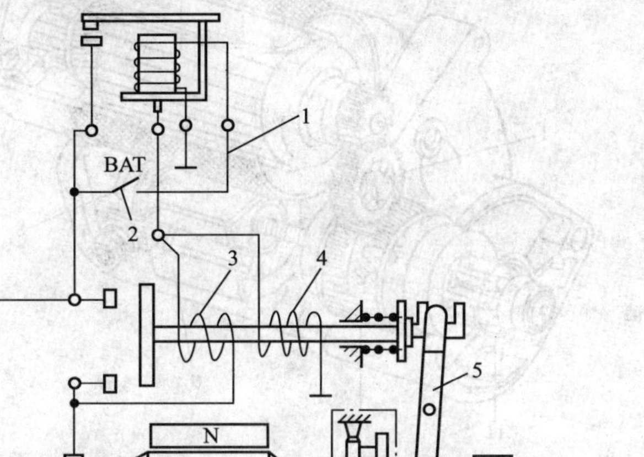

图 3.19　12VDW1.4 型永磁减速式起动机原理简图

1—起动继电器；2—点火开关；3—吸引线圈；4—保持线圈；5—拨叉；6—电枢；7—永久磁极；8—行星齿轮减速装置；9—滚柱式单向离合器

一个固定齿圈，太阳轮压装在电枢轴上与 3 个行星齿轮同时啮合；3 个行星齿轮的轴压装在一个圆盘上(行星齿轮在轴上可以灵活转动)，该圆盘与驱动齿轮轴制成一体。驱动齿轮轴一端制有螺旋花键，与单向离合器的传动套筒内的螺旋花键配合；内齿圈由塑料注塑而成，3个行星齿轮在其上滚动，内齿圈的外缘制有定位用的槽，以便嵌在后端盖上。

起动继电器有两对触点，一对触点控制吸引线圈和保持线圈的电路，另一对触点(图中未画出)用于起动时短路点火系统一次电路中的附加电阻，以增大一次电流，改善起动性能。起动机不工作时，起动继电器的两对触点均处于打开状态。

该起动机的工作过程与QD124型起动机基本相同，不同之处在于电枢轴的转矩需经行星齿轮减速装置才能传给起动机的驱动齿轮，转矩传递程序为：电枢轴产生的转矩经电枢轴齿轮(太阳轮)→行星齿轮→驱动齿轮轴→滚柱式单向离合器→驱动齿轮→飞轮。

3. 外啮合减速式起动机

图3.20所示是丰田车用外啮合减速式起动机的结构。这种起动机主要由电磁开关、结构紧凑的高速电动机、减速齿轮(惰轮和离合器齿轮)、小齿轮和起动机离合器等部件构成。减速齿轮将电动机转速减至原来的1/3或1/4，然后再传至小齿轮。电磁开关的活动铁心直接推动小齿轮(位于同一轴上)，使其与齿圈啮合。与同样尺寸和质量的常规起动机相比，这种起动机可以产生更大的转矩。图3.21是其工作原理示意图，具体工作过程如下。

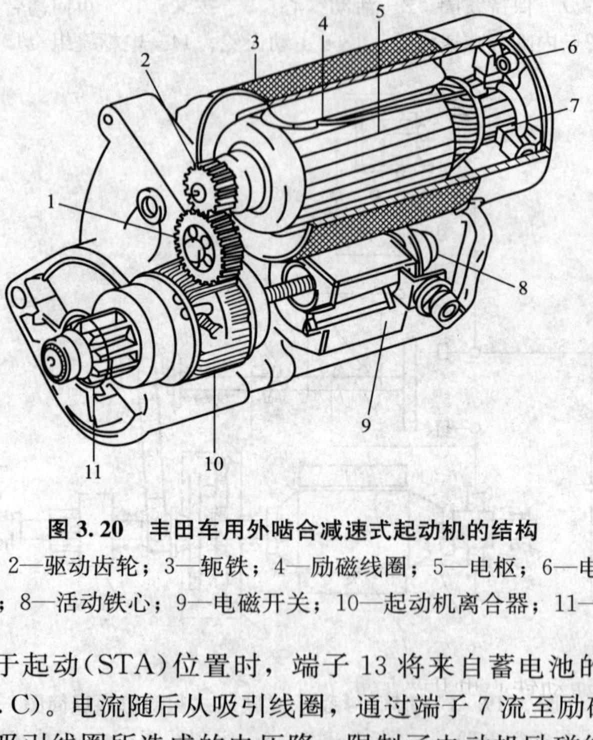

图3.20　丰田车用外啮合减速式起动机的结构

1—惰轮；2—驱动齿轮；3—轭铁；4—励磁线圈；5—电枢；6—电刷弹簧；7—电刷；8—活动铁心；9—电磁开关；10—起动机离合器；11—小齿轮

(1) 点火开关位于起动(STA)位置时，端子13将来自蓄电池的电流传至保持线圈(H.C)和吸引线圈(P.C)。电流随后从吸引线圈，通过端子7流至励磁线圈5和电枢4的线圈。由于已励磁的吸引线圈所造成的电压降，限制了电动机励磁线圈和电枢的电流供应，这时电动机只能以低速运转。与此同时，吸引线圈和保持线圈产生一个方向相同的磁场，将活动铁心9朝左推，并压住回位弹簧8，小齿轮1因此向左移动，直至与齿圈17啮合。在此阶段，电动机低速运转，使齿轮之间可以平顺啮合，同时螺旋花键14也帮助小齿轮与齿圈更加平顺地啮合在一起。

(2) 当电磁开关和螺纹花键将小齿轮推至与齿圈完全啮合的位置时，固定在活动铁心

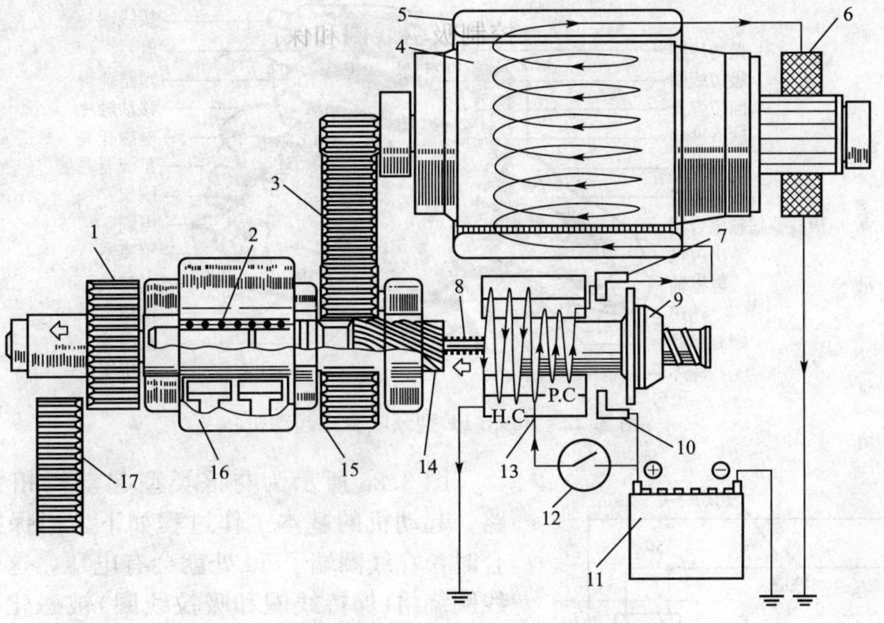

图 3.21　丰田车用减速式起动机的原理示意图

1—小齿轮；2—小齿轮回位弹簧；3—惰轮；4—电枢；5—励磁线圈；6—电刷；
7、10、13—端子；8—活动铁心回位弹簧；9—活动铁心；11—蓄电池；12—点火开关；
14—螺旋花键；15—离合器齿轮；16—起动离合器；17—齿圈；
H. C—保持线圈；P. C—吸引线圈

上的接触片，使端子 10 和端子 7 短路而接通主开关。这一短路连接，使较强的电流得以通过电动机使电动机以较大的转矩转动。螺旋花键使小齿轮与齿圈啮合得更牢固。与此同时，吸引线圈两端的电压变得相等，电流不再流经吸引线圈。因此，这时活动铁心只是由保持线圈所施加的磁力保持在原位。

(3) 起动完毕，将点火开关从“STA”位置扭回至“ON”位置，切断了施加在端子 13 上的电压。但主开关仍保持闭合状态，部分电流便从端子 7 通过吸引线圈流至保持线圈。由于流经保持线圈的电流与点火开关位于“STA”位置时的电流方向相同，保持线圈便产生了拉动活动铁心的磁力。另一方面，电流在吸引线圈中反向流动，产生了将活动铁心回复原位的磁力。

这两个线圈所产生的磁力相互抵消，使回位弹簧将活动铁心拉回，这便切断了施加在电动机上的强电流，活动铁心也几乎同时将小齿轮与齿圈分离。减速式起动机中所使用的电枢惯性小于常规起动机中所用的电枢惯性，摩擦力可以使其很快停止转动，因此，这种起动机不需要常规式起动机中所使用的制动装置。

3.3.5　预啮合式起动机

预啮合式起动机驱动小齿轮与飞轮齿圈常啮合，它们通过线圈的作用将小齿轮固定在啮合状态并防止剧烈的撞击。在这种起动机中，小齿轮与一个单向离合器相连，从而防止发动机反过来驱动起动机。图 3.22 所示为 Bosch FF 型起动机，它属于预啮合式起动机。

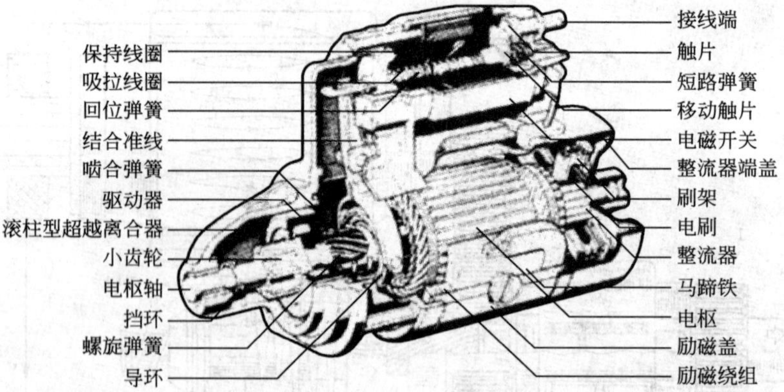

图 3.22　Bosch FF 型预啮合式起动机

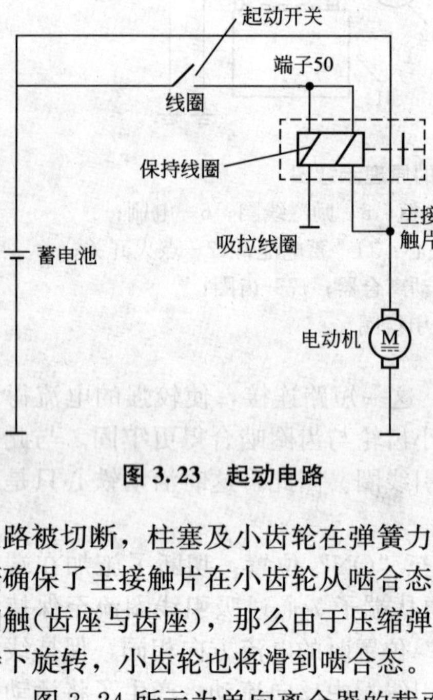

图 3.23　起动电路

图 3.23 所示为与该类型起动机相关联的电路。起动机的基本工作过程如下。当保持开关闭合时，在线圈端子 50 处就会有电压，这使得两个线圈绕组(保持线圈和吸拉线圈)被磁化。由于吸拉线圈的电阻很小，通过它的电流很大，因为线圈是与电动机电路串联的，故在电流的作用下，电动机会缓慢旋转，以方便接合。与此同时，在线圈中产生的磁场使电路触点吸合。当小齿轮与柱塞全啮合，即在行程的终端时，大负荷的铜触片闭合。这些触片闭合时，吸拉线圈由于两端相同的电压供给而被短路。保持线圈持续地将柱塞吸附在指定位置，直到线圈在开关处的电源被切断为止。当发动机起动后松开钥匙时，起动机主电路被切断，柱塞及小齿轮在弹簧力的作用下回到它们的起始位置。装在柱塞上的回位弹簧确保了主接触片在小齿轮从啮合态撤回之前打开。在接合时，若小齿轮的齿与飞轮的齿相触(齿座与齿座)，那么由于压缩弹簧受压主接触片就会闭合。此时，电动机在电源的支持下旋转，小齿轮也将滑到啮合态。

图 3.24 所示为单向离合器的截面图。由起动机产生的扭转力通过离合器传送到飞轮齿圈齿轮上。使用这个单向离合器的目的是为了防止起动机在发动机起动后，小齿轮处于啮合状态时以过大的速度驱动。离合器的驱动与被驱动部分之间有许多滚柱，滚柱是用弹簧作为负荷的，并通过压缩弹簧将两者楔形锁住，或在相反的方向上单向离合。虽然预啮合式起动机有许多变形，但它们的工作过程与上述基本相似。电动机绕组磁场的类型已经在很大程度上由永磁体型取代。

3.3.6　永磁铁型起动机

当前可利用的标准永磁铁型起动机适合使用在点燃式、排量达 2L 的发动机上，其功率在 1kW 左右。图 3.25 所示为典型的 Lucas M78R/M80R 型起动机。这种起动机的工作原理在很大程度上与传统的预啮合式电动机相似，主要区别在于永磁铁型起动机用高质量

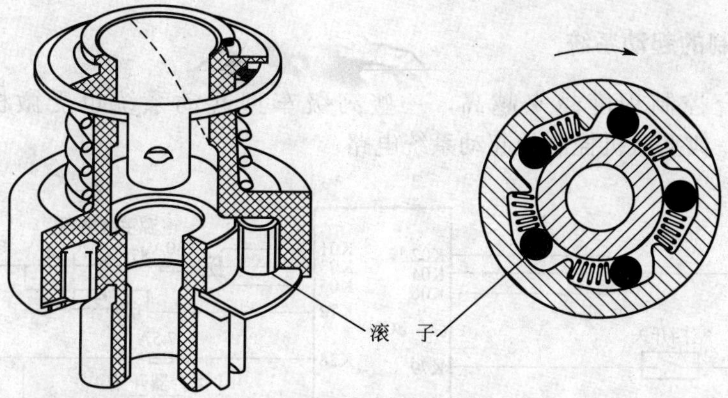

图 3.24　单向离合器

永磁马蹄型铁替代了励磁线圈。这样可使起动机的质量下降15%左右，扼流线圈的直径也可以根据需要得到减小。永磁铁采用了恒定的励磁方式，它也可以使速度及转矩特性保持恒定。然而，由于负荷的电压降及电枢线圈中低电阻的存在，使其特性与串联绕组电动机相类似，有时，在其主磁极间使用磁通片或附件极。另外，由于磁场的影响，永磁铁型电动机的特性曲线与串联型电动机非常相似。

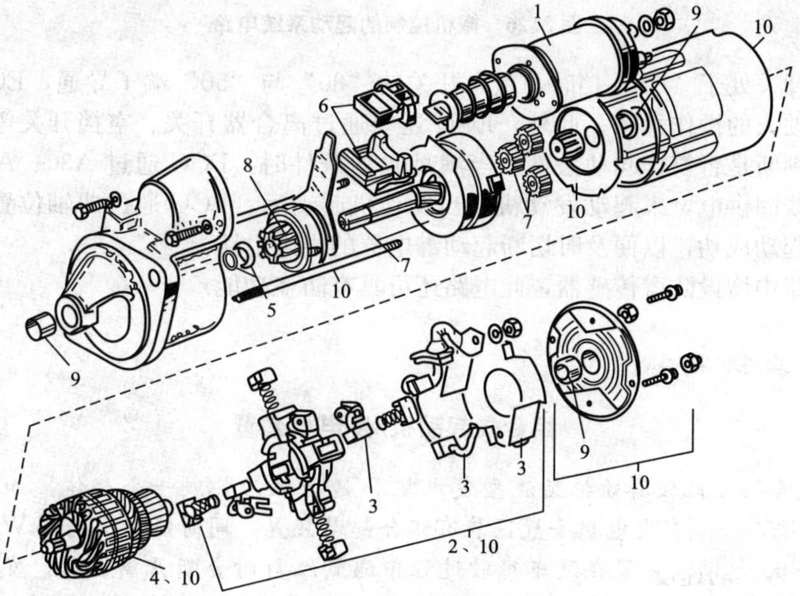

图 3.25　Lucas M78R/M80R 型起动机

1—线圈；2—电刷盒组件；3—电刷配套元件；4—电枢；5—紧固元件；
6—枢轴及绝缘元件；7—驱动轴及轴承托架组合配套元件；8—驱动组件；
9—轴套；10—电动机总成、驱动轴杂件

目前，制造商们在电刷的构造上也有所改进。铜和石墨的混合体得到了应用，电刷通常由两部分组成：一部分为功率区域，铜含量较高；另一部分为整流区域，石墨含量较高。这样做能提高电动机的寿命，同时也可以减小电压降。

3.3.7 微机控制的起动系统

发动机综合控制程度越来越高，一些高级车型起动系统也受微机(ECU)控制，图 3.26所示为一典型微机控制的起动系统电路。

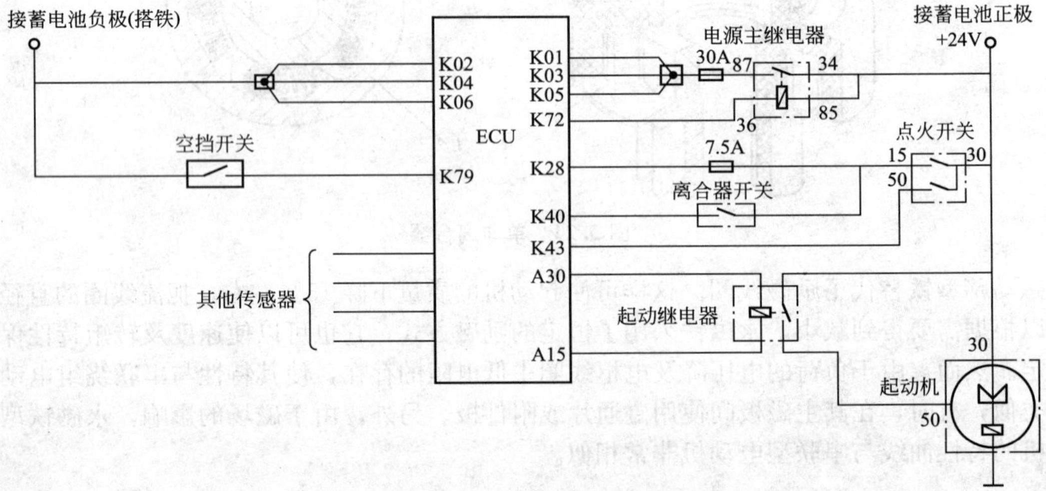

图 3.26 微机控制的起动系统电路

当点火开关处于“ST”挡时，点火开关的“30”与“50”端子导通，ECU 通过 K43 端子感知驾驶人的操作意图；此外，ECU 还要通过离合器开关、空挡开关等确定汽车所处的状态，判断是否符合起动条件。当满足起动条件时，ECU 通过 A30、A15 端子给起动继电器的线圈供电，来起动发动机。当发动机起动后，ECU 通过曲轴位置传感器判断发动机是否起动成功，以便及时切断起动继电器的供电电路。

如在电路中增设防盗传感器，此电路还可具有防盗功能。

阅读材料3-1

组合式起动机/发电机装置

如今汽车行业比较喜欢把交流型发电机和起动机组装成一个整体，如美国德尔福 Enetgen 系统，一般在发电机安置区装有组合起动装置，同时能输出约 5kW 的功率，其研发的“停止-起动”装置在汽车行驶过程中遇到红灯时会断开离合器，发动机也会自行熄火，这样能有效减少汽车低速行驶过程中的燃料损耗及废气排放；当信号灯变为绿色时，只要轻踩加速踏板，发动机又会被迅速唤醒。不仅如此，当发动机停止工作时，发电机仍能支持空调工作并保证车内舒适。俄罗斯西方科技大学在和 JM EPOH 的科研合作中，对伏尔加汽车制造厂制造的伐斯型汽车完成了“起动-发电一体化”设备的研发，即 CRY 研发。CRY 是汽车电源机组，包括变换器和无换向器电动机两部分，整套机组还包括电力电容器和保证系统正常运行的调控元件，CRY 可与电源电压变换器同时工作。CRY 在电动机和发电机两种工作环境下，可产生 12V 与 42V 的车载两级电压。

电动机安放于传动箱和圆筒体之间的特定区域内。为了有效冷却电动机中的定子，在电动机内设置冷却液流转专用的冷却沟，而电动机转子作为发动机飞轮被直接安放于曲轴一端。以上设备可完成大功率的双向传递工作，同时保证低速工作时曲轴扭转的稳定性，减少曲轴振动与噪声。因为离合器温度较高，且油泄露、磨损以及含尘比例等对其提出了更高要求，所以不能用带有换向器的电动机工作。如果运用非同步电动机，则需要克服转子在狭小空间内散热的难题，因此需在带整流桥永磁同步电动机研发的基础上研制出“起动-发电一体化”设备。但由于配高桥顽力磁钢永磁体电动机的制造费用较高，所以采用可逆向、无触点、可同步的感应子式电动机，因为它的转子轴无绕组、带齿轮，同时损耗最低。而定子内部则安置了同心线圈式多相绕组，构架及制造流程简单，同时其端部没有交叉，故还能保证电动机的平稳运行。

3.4 起动机常见故障与排除

1. 起动机不运转

1）故障现象

将点火钥匙旋至点火开关起动位置时，起动机不运转。

2）故障原因

(1) 蓄电池亏电，或连接导线断路、接头松脱。

(2) 起动继电器触点严重烧蚀或其线圈断路。

(3) 起动机电磁开关的触点严重烧蚀或其吸拉线圈断路。

(4) 起动机直流电动机内部绕组断路或短路。

(5) 起动机电枢轴弯曲，轴与轴承间隙过小。

(6) 换向器严重烧蚀，电刷磨损过多，电刷在刷架内卡住或压刷弹簧过软。

3）故障诊断

按下起动机开关起动机不转时，开前照灯或按喇叭，检查电路是否有电。若前照灯不亮，喇叭不响，则应检查蓄电池及导线是否无电或断路。若前照灯亮、喇叭响，说明蓄电池有电，这时可用螺钉旋具将起动机开关两接线柱搭接，若起动机空转，则是起动机开关有问题；如果起动机不转，并伴有强烈火花，则起动机内部有短路或搭铁处。如果既不转动，也无火花，则说明起动机内部有断路处。

对于电磁操纵式起动机，若点火开关旋至起动位置，起动机不转并且听不到活动铁心移动的声音，此时应首先检查起动继电器，看继电器几个接线柱上的导线是否完好和牢固，然后用“试灯”或“划火”方法检查继电器与蓄电池接线柱是否有电。若无电，则是接至该接线柱上的常通导线断路。如果有电，则用螺钉旋具把蓄电池接线柱与起动机接线柱短接，如果起动机或电磁开关立即工作，则继电器的电路有故障，但不能接通起动机电磁开关线圈的电路。因此，应进一步检查：把点火开关旋至起动位置，检查继电器的点火接线柱是否有电，如果无电，则说明该接线柱至点火开关的导线断路、接触不良，或点火开关的起动挡不通；若有电，则用螺钉旋具将继电器的电枢接线柱与机壳连接搭铁，如果继电器仍无反应，则是内部线圈断路、短路、接触不良；若继电器“嗒”的一声微响，触点闭合，起动机接线柱通电，则继电器线圈搭铁不良，回路不通(如继电器的电枢接线柱至直流发电机电枢的导线断路、接触不良、整流子太脏等)。

短接继电器的蓄电池接线柱和起动机接线柱后，如果起动机仍不工作，则应对电磁开关连接线进行检查。如果在点火开关旋至起动位置时，起动继电器“嗒”的一声微响，触点闭合并接通起动机接线柱电路，说明继电器电路正常。检查电磁开关时，用一根导线的一端接起动机开关的电池接线柱，另一端接电磁开关的线圈接线柱。如果这时起动机工作，则说明电磁开关和起动机电路良好，继电器至电磁开关的电路不通；如仍无反应，则可用螺钉旋具接通起动机主电路，若起动机工作，说明起动机内部电路正常，故障是电磁开关线圈断路、接触不良或活动铁心卡滞不能移动，应进一步检修或更换开关。若起动机仍不动，说明起动机内部断路(起动机内部断路后，吸拉线圈的回路不通，不产生磁力，吸不动活动铁心，故电磁开关不工作)，应对起动机解体修理。

2. 起动机运转无力

1) 故障现象

将点火钥匙旋至点火开关起动位置时，起动机能起动，但转动缓慢无力，带不动发动机。

2) 故障原因

(1) 蓄电池存电不足或起动电路导线接头松动而接触不良。

(2) 电刷与换向器接触不良，电动机绕组局部短路。

(3) 电动机轴转动不灵活或发动机装配过紧而使转动阻力过大。

3) 故障诊断与排除

在使用中起动机出现无力时，首先检查蓄电池是否充足电；其次检查线路中有无接触不良部位。如果上述均无问题，则是起动机本身的问题。在起动前开前照灯，当起动时前照灯灯光骤然变暗，则是蓄电池亏电。检验时，用试灯直接搭在蓄电池正、负两极柱上，再次起动，如果此时试灯亮度骤然变暗，则可以确定蓄电池亏电。电路接触不良，一般是由于接触点与连接点松动或锈蚀造成的，使电路之间产生了较大的接触电阻。起动时起动电流通过接触电阻产生较大的电压使实际加在起动机上的电压远远低于额定值，导致起动机转速低、运转无力。可用测量电压的方法进行判断。在起动时测量一下起动机主开关电源接线柱与发动机壳体间的电压，再测一下蓄电池正、负两极的端电压，正常时两者应相等。如果第二次测量时前者比后者低很多，说明电路中存在较大的接触电阻。假如身边无电压表也可用试灯如上进行两次检查，正常时试灯亮度应无变化。一般此故障是发生在搭铁支路上，为使电路工作可靠，最好将蓄电池搭铁线直接接在发动机壳体上；其次在蓄电池极柱上形成的结晶物也会使极柱与导线间产生较大的接触电阻。起动时测量起动机主开关电源接线柱与发动机壳体间的电压，如果电压在10V左右，起动机转速低，运转无力，则表明起动机内部有故障。

3. 起动机空转

1) 故障现象

接通点火开关后，起动机只是高速空转，而不能带动发动机运转。

2）故障原因

（1）单向离合器打滑或损坏。

（2）拨叉变形或拨叉联动机构松脱。

（3）起动机驱动齿轮不能在轴上自由滑动。

（4）飞轮齿圈或驱动齿轮损坏。

3）故障诊断与排除

（1）将曲轴转动一定角度后重新起动发动机，若起动正常，说明飞轮齿圈少数齿损坏，应更换齿圈。

（2）若起动机仍然空转，应拆下起动机检查变速器壳上电枢轴支承衬套是否磨损严重。

（3）若衬套良好，应检查单向离合器是否打滑，驱动齿轮是否损坏，拨叉与电磁开关是否脱开，拨叉各铰接部件是否磨损松旷等，并视具体情况予以修复或更换。

4. 起动机运转不停

1）故障现象

当发动机起动后，将点火开关关断，起动机仍然不能停止运转，并发出尖叫声。

2）故障原因

（1）单向离合器卡死。

（2）起动机驱动齿轮缓冲弹簧复位力过小或折断。

（3）起动继电器触点或电磁开关触点烧结焊死。

3）故障诊断与排除

出现这种故障应立即切断电源，否则会损坏起动机。在断电熄火后，先检查起动继电器触点和电磁开关触点是否烧结焊死，以排除电路不能断开的故障；再检查单向离合器是否卡死等机械故障，使驱动齿轮不能退出啮合位置而被飞轮反拖。

5. 起动机异响

1）故障现象

起动机在起动瞬间出现异常的撞击声。

2）故障原因

（1）齿顶缺损不能正常啮合。

（2）起动机安装不当，齿侧间隙太小。

（3）啮合弹簧过软或折断。

3）故障诊断

按下起动机开关有撞击声，则说明起动机驱动小齿轮啮入困难。这时用手摇柄将曲轴转动一个角度，再按下起动机开关试验。如果此时撞击声消失并能起动发动机工作，则说明飞轮齿圈部分齿轮啮入端打坏。

若曲轴转过任何角度撞击声都出现，驱动小齿轮始终不能啮入，则就有可能是起动机拨叉行程或电磁开关行程过短，导致驱动小齿轮尚未啮入即高速旋转。

此外，起动机固定螺栓或离合器固定螺栓松动，也可出现撞击声。鉴别该故障可在接通起动机开关时观察起动机壳体是否振抖，即可查明。

起动机在起动时经常发出金属摩擦声和撞击声，容易被认为是起动机驱动齿轮与飞轮发出的，将两种声音误断为打齿。起动机打滑时发出的金属摩擦声与打齿撞击声很相似，如没有实际诊断经验，是很难准确地判别出来的。现将起动机打滑声和打齿声判别方法介绍如下。

(1) 冷车时起动机驱动小齿轮打滑发生的次数较多，特别是冬季；而热车时很少发生或没有。而打齿无论是热车和冷车均会发生，但有时稍转动发动机的曲轴，此现象会暂时消失。

(2) 起动机起动的一瞬间，若起动机打滑，则水泵风扇叶片会出现微动现象，而打齿则无此现象。

(3) 起动机打滑时，只有起动机旋转发出驱动齿轮离合器的金属摩擦声，虽声音较响但不强烈，而打齿时发出的金属摩擦声，既响又强烈。

(4) 从车上拆下起动机检查时，会发现打滑的齿轮齿牙前端边缘没有金属磨损痕迹，而打齿的齿牙和飞轮牙的前端边缘都有明显的金属磨损痕迹。

本章小结

本章首先讲述了起动机的结构，通过转矩特性、机械特性、起动机特性曲线来描述起动机的特性，然后简述了起动机的工作原理及起动机的基本参数的选择；列举了几种典型起动机的结构和工作原理，最后总结了起动机的性能测试，常见故障及排除方法。

复习思考题

一、判断题

1. 常规起动机中，吸拉线圈、励磁绕组及电枢绕组是串联连接。(　　)
2、起动机中的传动装置只能单向传递力矩。(　　)
3. 在起动机起动的过程中，吸拉线圈和保持线圈中一直有电流通过。(　　)
4. 在永磁式起动机中，电枢是用永久磁铁制成的。(　　)
5. 起动机励磁线圈和起动机外壳之间是导通的。(　　)
6. 用万用表检查电刷架时，两个正电刷架和外壳之间应该绝缘。(　　)
7. 减速起动机中的减速装置可以起到降速增扭的作用。(　　)
8. 起动机换向器的作用是将交流电变成直流电。(　　)
9. 起动机电磁开关中只有一个电磁线圈。(　　)
10. 起动机的啮合过程应该是边低速旋转边啮合。(　　)

二、选择题(每题2分，共40分)

1. 直流串励式起动机中的“串励”是指(　　)。
A. 吸拉线圈和保持线圈串联连接
B. 励磁绕组和电枢绕组串联连接
C. 吸拉线圈和电枢绕组串联连接
D. 保持线圈和电枢绕组串联连接

2. 下列不属于起动机控制装置作用的是(　　)。
A. 使活动铁心移动，带动拨叉，使驱动齿轮和飞轮啮合
B. 使活动铁心移动，带动接触盘，使起动机的两个主接线柱接触或分开
C. 产生电磁力，使起动机旋转
D. 使活动铁心移动，带动拨叉，使驱动齿轮和飞轮脱离
3. 永磁式起动机中用永久磁铁代替常规起动机的(　　)。
A. 电枢绕组　　B. 励磁绕组　　C. 保持线圈　　D. 吸拉线圈
4. 起动机空转的原因之一是(　　)。
A. 蓄电池亏电　　B. 单向离合器打滑
C. 电刷过短　　D. 接触良好
5. 不会引起起动机运转无力的原因是(　　)。
A. 吸拉线圈断路　　B. 蓄电池亏电
C. 换向器脏污　　D. 电磁开关中接触片烧蚀、变形
6. 减速起动机和常规起动机的主要区别在于(　　)不同。
A. 直流电动机　　B. 控制装置
C. 传动机构　　D. 电磁线圈
7. 在行星齿轮式减速起动机中，行星齿轮(　　)。
A. 只是围绕各自的中心轴线转动　　B. 沿着内齿圈公转
C. 边自转边公转　　D. 只公转
8. 起动机驱动轮的啮合位置由电磁开关中的(　　)线圈的吸力保持。
A. 保持　　B. 吸拉　　C. 初级　　D. 次级
9. 起动机中直流串励电动机的功能是(　　)。
A. 将电能转变为机械能　　B. 将机械能转变为电能
C. 将电能转变为化学能　　D. 将化学能转变为电能
10. 起动机产生正常转矩是在(　　)。
A. 按下起动按钮后　　B. 驱动齿轮运动前
C. 驱动齿轮与飞轮环齿啮合后　　D. 松开起动钥匙后
11. 在复合继电器的作用下，依靠(　　)，可以防止误操作而导致起动机受损。
A. 发电机输出电压　　B. 起动机电枢绕组产生的反感应电动势
C. 发电机中性点电压　　D. 起动机励磁绕组产生的反感应电动势

三、问答题

1. 起动机一般由哪几部分组成？各部分的作用是什么？
2. 影响起动机最小起动转速的主要因素有哪些？
3. 直流电动机的基本组成是什么？工作过程如何？
4. 直流串励式电动机负荷变化时是如何自动调节转矩的？
5. 汽车起动机为什么要采用直流串励式电动机？
6. 起动机特性有哪些？影响起动机功率的因素有哪些？
7. 简述起动机常见的几种单向离合器，并叙述各自特点。
8. 试述滚柱式单向离合器的结构与工作原理。

9. 减速式起动机有哪几种类型？各有什么特点？
10. 说明永磁式起动机的两个优点和两个缺点。
11. 绘简图表示串励式、并励式和复合式电动机的速度-转矩特性。
12. 解释起动机电路中电压降的含义，说明为什么必须保持电压降最小。
13. 汽车起动机常见的故障有哪些？如何诊断？
14. 汽车空载试验及制动试验的目的是什么？如何判断其性能好坏？

第4章 点火系统

学习目标

了解汽车发动机点火系统的要求、功用及类型；
了解汽车发动机传统点火系统的基本工作原理；
掌握电子点火系统的主要组成和主要元器件的工作原理；
了解现代发动机微机点火系统的基本组成和原理。

教学要点

知识要点	能力要求	相关知识
点火系统基础知识	了解汽车发电机对点火系统的基本要求，点火系统的功用和类型	点火提前角、影响发动机点火可靠性的主要因素、点火系统的类型等
传统点火系统	了解传统点火系统的类型、结构组成、工作原理与特点	点火时刻、点火线圈、分电器、火花塞、点火特性等
普通电子点火系统	掌握电子点火系统各种触发原理	磁脉冲、霍尔及光电等点火系统
微机控制点火系统	掌握现代微机点火系统的基本构成和原理	掌握最佳点火提前角的控制方法和控制内容

导入案例

近100多年来，汽车点火系统总共有4种形式，即热管式、磁电机式、蓄电池式、微机控制式。

1883年戴姆勒发明的第一台汽油机采用热管点火。热管是一个从气缸内伸出的封闭的金属管，起动时用喷灯加热到红热状态，由于热管保持高热，故当气缸内混合气被压缩时，压力温度升高，就自己发生点火。它没有点火正时装置。

磁电机点火装置的研究者很多，但最早的专利是1883年由马库斯取得的。它是在气缸燃烧室内装置带电极的火花塞，由永磁微型发电机供电，用一个由凸轮轴带动的断电器周期性地断开线圈，产生高压电火花，点燃混合气。磁电机点火装置工作可靠，世界上最早大量生产的福特T型车，就是采用磁电机点火。但在20世纪30年代前后，随着多缸机的出现和蓄电池点火装置的改进，逐渐被后者所取代。美国福特公司于1927年停止生产福特T型车，磁电机在汽车上的应用也就停止了。

1912年人们发现利用蓄电池和发电机系统的电流，完全可以供给点火系统使用，因而磁电机点火系统就不再使用了。在1929年美国汽车展览会上，参展车119辆，有110辆采用蓄电池点火系统，只有9辆车仍用磁电机点火。多年来，蓄电池点火系统也在不断完善。如点火提前装置，约在1901年就出现由驾驶人操纵的手动点火提前装置，1930年出现真空提前点火，而1931年又出现组合的真空和离心提前点火装置。

20世纪60年代，出现有触点的电子点火系统，该系统以晶体管的通断，代替机械式触点的开闭，解决了传统点火系统触点火花烧蚀等一系列问题，点火性能得到明显提高。

20世纪70年代初，出现无触点的电子点火系统，该系统的性能比有触点式点火系统有了进一步的提高，但随着微电子技术的快速发展，这种被称为普通电子点火系统的技术，从20世纪70年代末期开始，便处于被微机控制点火系统所取代的进程中。

微机控制电子点火系统可以自主地、自如地根据发动机的工作状况的变化，精准地调整点火时刻，并能够大幅度地减少排放污染，使发动机的经济性、动力性、环保性得到全面、显著的提高，目前应用最为广泛。

4.1 概　　述

汽油机(及燃气式内燃机)的汽车，在其发动机的燃烧室里，都装有火花塞。在火花塞两电极之间加上直流电压后，可燃混合气会产生电离。当活塞处于压缩行程的上止点附近时，电压升高到一定值，此时，火花塞两极之间的气体间隙被击穿，产生电火花，使可燃混合气燃烧，产生巨大的爆发压力，从而推动活塞向下止点运动，再由曲柄连杆机构转化为连续不断的旋转扭矩，对外输出功率。

能够在火花塞两电极间产生电火花的这套装置，即为汽车点火系统，其作用是按照发动机各气缸的做功顺序，在正确的点火时刻，可靠顺利地点燃气缸中的可燃混合气，使发动机能及时、迅速地做功。

4.1.1 汽车对点火系统的要求

点火系统性能的好坏对发动机的工作有十分重要的影响。点火系统应在发动机各种工况和使用条件下保证可靠而准确地点火，为此，对点火系统有下列要求。

1. 正时

所谓正时即正确的点火时刻。既要保证每个气缸都有合适的点火提前角，也要保证点火系统能够随着转速、负载及其他参数的变化，自动地把点火提前角调整到最佳状态。图4.1所示为某款汽车发动机的有效功率 P_e 和燃油消耗率 g_e 与点火提前角之间的关系，它从另一个侧面说明点火提前角过大或过小都会使发动机的动力性(P_e)和经济性(g_e)下降。

2. 适位

适位即适当的火花塞位置，或者说必须有合适的电火花的位置。火花塞的位置要与燃烧室的结构形式相匹配(图4.2)，要有利于在排气和进气行程中将火花塞周围的废气扫净，电火花的位置还要有利于火焰传播均匀，保证燃烧平稳，且有利于有效地避免和减少爆燃和表面点火。

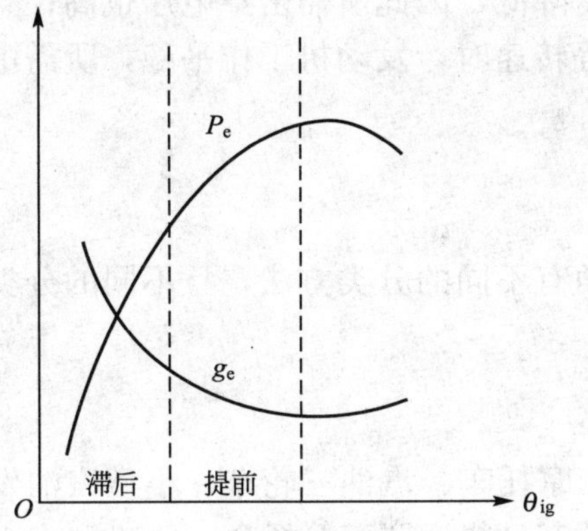

图4.1 节气门部分打开时，发动机有效功率、燃油消耗率与点火提前角的关系

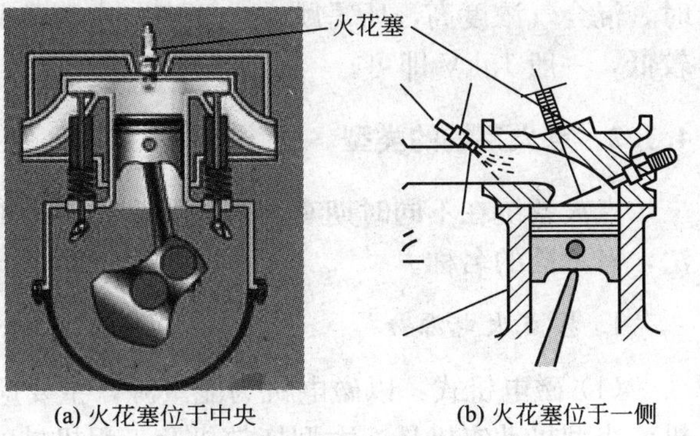

图4.2 火花塞的位置

3. 足量

足量即足够的点火能量。汽车的工况不同、车型不同、所用燃料不同，所需点火能量也不同。一般在正常温度下，1～5mJ的点火能量即可将混合气点燃，在起动、怠速和加速工况下，则需要10～20mJ的点火能量，而对于雾化不良、废气再循环、电极积炭、旁电极换位等特殊情况，则需25～35mJ的点火能量才能使混合气点燃，但为实现点火的可靠性，通常要求火花塞具有40～80mJ的点火能量，以保证百分之百地点火成功。

对于现代高速电控发动机，由于其运转速度很高，故点火能量可以超过100mJ。

4. 足压

足压即足够高的点火电压。影响点火电压的主要因素有以下几点。

(1) 点火线圈的性能参数：次级线圈与初级线圈的匝数比越大，则次级电压越高；互感系数、自感系数越大，点火电压越高。

(2) 火花塞的结构参数：火花塞对点火电压的影响，可由式(4-1)所示的柏申经验公式来表示。

$$U=f\left(\frac{dp}{T}\right) \tag{4-1}$$

式中：U——火花塞极间电压；

f——柏申函数；

d——火花塞两极间隙，在一定范围内，间隙越大，跳火电压越高；

p——可燃混合气压力，压力大，可燃混合气的密度大，不容易发生碰撞电离，所需电压较高；

T——可燃混合气温度，温度越高，分子活性越大，所需碰撞电离的电压就会越低。

(3) 电极的温度 T_p 和极性：火花塞正负电极的温度高时，周围分子易电离，所需跳火电压低；当火花塞正负电极的温度低时，周围分子难以电离，所需跳火电压高；当受热极为负极时，因为有阴极负电荷的发射作用，所以所需击穿电压低；当受热极为正极时，阴极负电荷的发射作用减弱，所以所需击穿电压高。

(4) 发动机工况的影响：起动时，温度低，空燃比小，电极温度低，所需跳火电压最高；加速时，大量冷空气进入气缸，火花塞周围温度降低，因此所需击穿电压也高；怠速时，混合气浓度高，所需跳火电压高；中等负荷中等转速时，发动机工作平稳，所需电压较低，一般 15kV 即可。

4.1.2 点火系统的类型

点火系统在不同时期有不同的类型，不同的视角有不同的分类方法，且不同的分类方法，有不同的名称。

1. 按点火电源分

(1) 磁电机式：以磁电机为能量源，主要应用在摩托车、汽油三轮车、小型汽油发电机、小型机动农机具、大型拖拉机及工程机械的汽油起动机、赛车等场合。

(2) 蓄电池式：以蓄电池为能量源，广泛应用于汽油及燃气汽车。

2. 按能量存储方式分

(1) 电感储能式：以电感为储能元件，需要时释放能量，应用广泛。

(2) 电容储能式：以电容为储能元件，需要时释放能量，应用较少。

3. 按先进程度分

(1) 传统型点火系统：其应用从 19 世纪末一直持续到 20 世纪 90 年代，在传统点火系统中，蓄电池或发电机向点火系统提供电能，利用机械方式控制点火时刻，点火正时的调节也采用机械式调节机构。

(2) 普通电子点火系统：普通电子点火系统的应用开始于 20 世纪 60 年代初，在该系统中，蓄电池或发电机向点火系统提供电能，晶体管控制点火时刻，但点火正时的调节一般仍采用机械式调节机构，储能方式有电感储能和电容储能两种。

(3) 微机控制式点火系统：起始于 20 世纪 80 年代初，经过不断发展和完善，一直应用到今天，该系统利用微机控制代替传统的机械和真空式点火时刻调节结构，控制精准，适应性强，目前应用广泛。

4. 按点火信号产生的方式分(电子点火系统)

(1) 磁感应式：利用电磁感应原理制成曲轴位置(或活塞位置)传感器，以便在点火时刻产生触发信号。

(2) 霍尔式：利用霍尔效应制成曲轴位置(或活塞位置)传感器，以便在点火时刻产生触发信号。

(3) 光电式：利用光电效应制成曲轴位置(或活塞位置)传感器，以便在点火时刻产生触发信号。

5. 按工作原理分

(1) 普通触点式：利用机械触点的开闭作为触发信号。

(2) 普通触点晶体管式：利用晶体管代替机械触点，但仍用机械触点作为触发开关来控制晶体管的通断。

(3) 无触点式：完全靠电子元器件控制初级回路的通断。

(4) 微机控制式：利用微机指令控制高压电的产生，即利用微机控制点火时刻，该点火系统又可以分为有分电器式和无分电器式两种类型，后者又可分为单缸单独点火和双缸同时点火两种情况。

4.1.3 点火时刻对发动机工作性能的影响

点火时刻用活塞到达压缩上止点前的曲轴转角来表示，也叫做点火提前角 θ_{ig}。也可以说，点火提前角是从火花塞开始跳火至活塞运动到压缩上止点时，曲轴所转过的角度。

(1) 点火时刻过晚(θ_{ig}过小)。若点火过晚，混合气开始燃烧时活塞已开始向下运动，使气缸容积增大，燃烧压力降低，因而转变为有效功的热量相对减小，发动机功率下降；此外还会使炽热的气体与气缸壁接触的面积增加，从而导致发动机过热。点火过晚的示功图如图 4.3(a)所示。

(2) 点火时刻过早(θ_{ig}过大)。如果点火过早，则活塞正在向上止点运动过程中，混合气已开始燃烧，气缸内气体压力迅速升高，而且气体压力作用的方向与活塞运动方向相反，因此在示功图上出现了套环，如图 4.3(b)所示。此时，发动机有效功减少，发动机功率也将下降。此外还有可能引起爆燃和运转不平稳现象，而且也会加快运动部件(如轴承)的损坏。

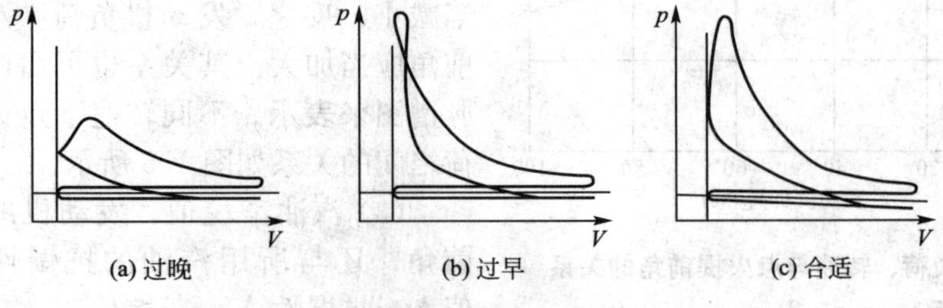

(a) 过晚　　(b) 过早　　(c) 合适

图 4.3　点火时刻对发动机示功图的影响

(3) 合适的点火时刻(θ_{ig}适中)。合适的点火时刻，应当在活塞到达压缩行程上止点之前恰当的时刻点火，使气体压力在活塞到达上止点后10°～15°时达到最高值，这样混合气燃烧产生的热能，就能在做功行程中得到充分利用，可以提高发动机的功率，如图4.3(c)所示。在理论上对应最大功率、最小燃油消耗率时的点火时刻为最佳点火提前角θ_{igo}(这是一种理想的概念，实际上是不存在的)。

4.1.4 影响最佳点火提前角θ_{igo}的因素

发动机工作时最佳的点火提前角不是固定值，它随很多因素而改变。影响点火提前角的主要因素是发动机的转速和混合气的燃烧速度。另外，混合气的燃烧速度还与混合气的成分、发动机的结构(燃烧室的形状、压缩比、火花塞性能等)、汽油辛烷值及其他一些因素有关。

(1) 发动机转速n。当节气门开度一定时，随发动机转速的升高，单位时间内曲轴转过的角度增大。如果混合气燃烧速度不变，则应适当增大点火提前角，否则燃烧会延续到做功行程，使发动机的动力性和经济性下降。其关系可由图4.4所示的三维脉谱图来表示。

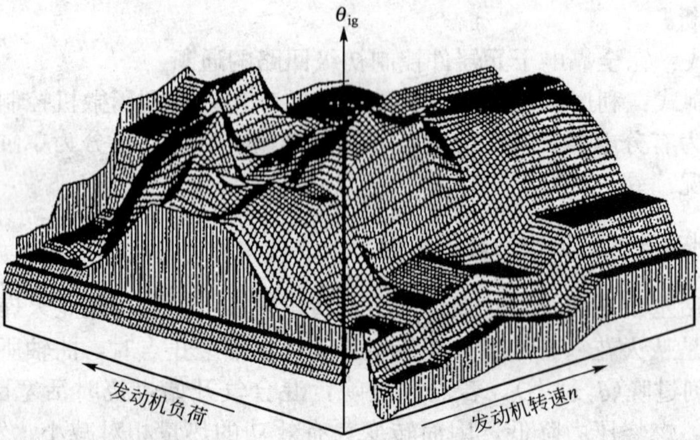

图4.4 点火提前角与转速、负荷之间的三维脉谱关系

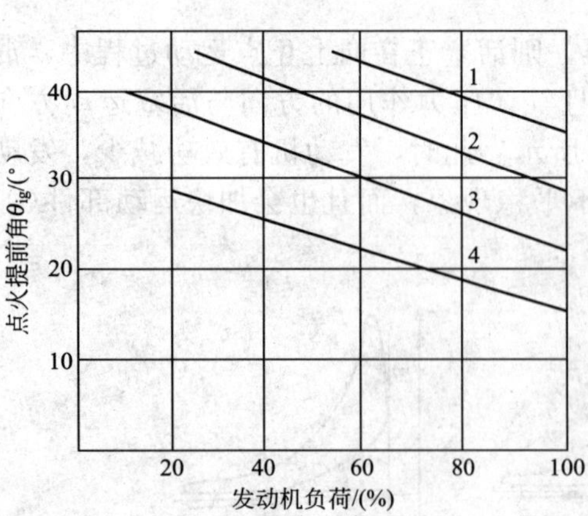

图4.5 负荷、转速与点火提前角的关系

1—n_1=2500r/min；2—n_2=1800r/min；3—n_3=1200r/min；4—n_4=600r/min

(2) 发动机负荷L：当发动机转速一定，发动机负荷增大时，随着节气门开度的加大，吸入气缸中的可燃混合气数量增多，压缩行程终了时气缸内的压力和温度升高，同时残余废气在气缸内混合气中所占的比例减少，混合气燃烧的速度加快，故点火提前角应适当减小；反之，发动机负荷减小时，点火提前角应当加大。其关系也可由图4.4所示的脉谱图来表示。不同转速下点火提前角与负荷之间的关系如图4.5所示。

(3) 汽油辛烷值。发动机的最佳点火提前角，还与所用汽油的抗爆性有关。辛烷值↑，抗爆性↑；辛烷值↓，抗爆性↓。使用辛烷值较高(即抗爆性较好)的汽油时，许用的点火提前角较大。使用辛烷值较低的汽油时，因为气缸内压力升高过快就会导致爆燃，所以应当适当减小点火提前角。

(4) 空燃比 λ。过浓过稀的混合气，燃烧速度都比较慢，需增加点火提前角，而影响可燃混合气空燃比的主要因素是气门开度、海拔高度等。空燃比对点火提前角的影响如图 4.6 所示。

(5) 压缩比 ε。压缩比越高，气缸温度、气缸压力越高，则混合气燃烧越快，点火提前角就要越小；反之，压缩比低，气缸温度、压力小，可燃混合气燃烧较慢，点火时刻应当提前。图 4.7 所示为空燃比为 12.75 时点火提前角随压缩比的变化而变化的关系曲线，绘制该曲线时的实验证明，当压缩比由 3.5 提高到 7 时，压缩行程终了时气缸内的压力和温度分别由 0.49MPa、390℃上升到 1.27MPa、480℃。

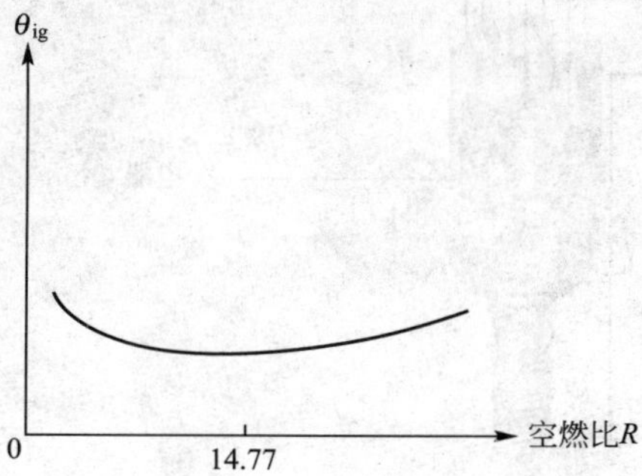

图 4.6 空燃比对点火提前角的影响

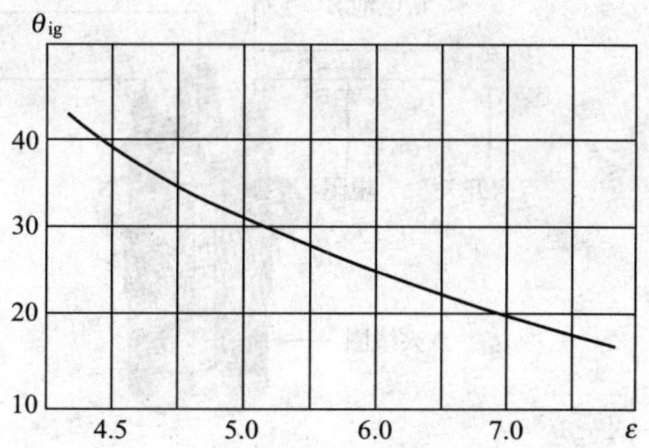

图 4.7 点火提前角与压缩比的关系

(6) 起动(STA)工况。发动机起动过程中，点火提前角按预先设定值进行控制。冷机起动时，设置较小的点火提前角；热机起动时，设定的点火提前角较大。现代发动机均有温度识别系统，微机可以根据起动热车期间的温度，自动调节点火时刻。

(7) 怠速(IDL)工况。发动机怠速时，应根据排放指标标定点火提前角。此外，还应根据怠速转速的高低对怠速点火提前角的控制进行简化处理，当怠速转速低于某个阈值时，点火提前角按给定值控制；当怠速转速超过阈值时，应根据冷却液温对点火提前角进行修正。冷却液温高于 50℃时，适当加大点火提前角；冷却液温低于 50℃时，适当减小点火提前角。

(8) 工作温度 T。工作温度升高，爆燃倾向增加，需适当减小点火提前角；温度降低，工作粗暴趋势减小，可适当增大点火提前角。

此外，影响点火时刻的因素还有火花塞数量、进气压力、排放要求、乙醇含量、甲醇成分及乳化措施等。

4.2 传统点火系统

传统点火系统结构简单、成本低，是一种应用较早、较普遍的点火系统。但该点火系统工作可靠性差，点火状况受转速、触点技术状况影响较大，需要经常维修、调整。随着汽车技术的发展，传统点火系统越来越不适应现代发动机对点火的要求，已被新的电子点火系统所取代。但是，为更清楚地了解现代汽车点火技术，必须从传统基础知识入手。

4.2.1 传统点火系统的组成

传统点火系统主要由电源(蓄电池)、点火开关、点火线圈(变压器)、分电器(断电器、配电器)、电容器、火花塞、高压导线、附加电阻、低压配线和接头等组成，如图4.8所示。

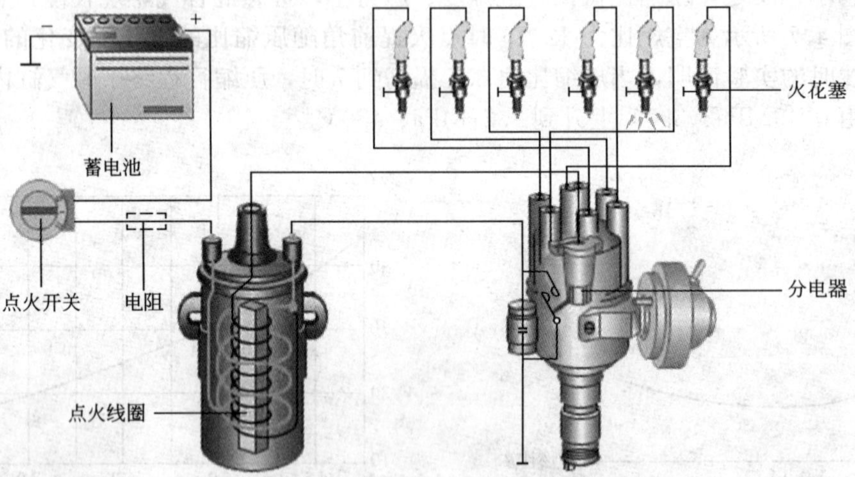

图4.8 传统点火系统的组成

传统点火系统大致可分为三部分：一是低压回路，蓄电池负极搭铁→蓄电池→点火开关→初级点火线圈→断电器(其触点闭合时)→搭铁；二是高压回路，次级点火线圈→点火开关和蓄电池搭铁→火花塞侧电极→火花塞两极间的气隙→火花塞中心电极→各缸高压导线→配电器侧电极→火花塞间隙→配电器中心电极→中央高压导线→次级点火线圈；三是一些附件，包括附加电阻、电容器、分电器凸轮轴、高低压接头等。

其中，点火能量源是蓄电池，其电压为12V或24V，由点火线圈和断电器共同产生10000V以上的高压。点火线圈实际上是一个变压器，主要由初级线圈、次级线圈和铁心组成；断电器是一个由凸轮操纵的机械式触点开关，其凸轮由发动机配气凸轮轴通过螺旋齿轮来驱动，并以同样的转速旋转，即曲轴齿轮每转两圈，配气凸轮轴转一圈，分电器凸轮转一圈，为了保证曲轴转两圈各缸轮流点火一次，断电器凸轮的凸棱数一般等于发动机的气缸数，断电器的触点与初级点火线圈串联，用来切断或接通点火线圈初级回路。

点火系统在不同车型上的布置不尽相同，但大都可用图4.9所示的布局来表示。

负责跳火的火花塞一般安装在气缸盖儿上，其嘴部深入燃烧室；称为分缸线的各缸高压线把从分电器分得的高压电传给各缸火花塞；分电器安装在发动机机体上，其轴通过下部的螺旋齿轮由配气凸轮轴来驱动，分电器轴驱动断电器凸轮来控制断电器机械触点的开闭；断电器触点控制着点火线圈(一般也布置在发动机外部离分电器不远处)初级回路的通与断，在初级回路断开的瞬间，次级点火线圈产生高压电，并通过中央高压导线传给分电器；点火开关安装在驾驶室内驾驶人方便操控的地方，用来人工控制蓄电池的电流流经点火系统。

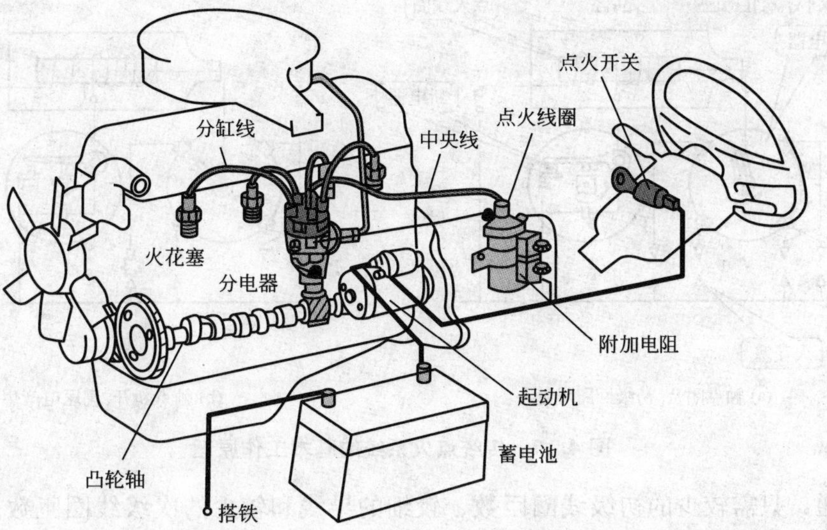

图 4.9　传统点火系统在车辆上的布局结构

4.2.2　传统点火系统的基本工作原理

当断电器触点闭合时，初级电路导通，电流从蓄电池的正极经点火开关、初级点火线圈、断电器触点，再搭铁流回蓄电池的负极(图 4.10(a))，此为低压回路。随着触点闭合时间的延长，初级回路中的电流逐渐增强，因为此过程中电流从无到有的变化过程比较缓慢，故在次级点火线圈中产生的感应电动势不够大，不能用来点火。

在初级点火线圈通电时，其周围产生磁场，并由于铁心的作用而加强。当发动机的某一气缸需要点火时，断电器凸轮使触点断开，初级电路被切断，初级电流迅速下降到零，铁心中的磁通随之迅速衰减至消失，此过程中初级回路的电流由最大到消失，变化迅速，因而在匝数多、导线细的次级点火线圈中感应出很高的电压。初级点火线圈中电流下降的速度越大，铁心中磁通的变化就越大，次级点火线圈中的感应电压也就越高。在断电器触点分开瞬间，次级电路中分火头恰好与侧电极对准，次级电流从次级点火线圈，经点火开关、蓄电池、搭铁到火花塞侧电极，从而使火花塞两极之间的间隙被击穿，产生电火花(图 4.10(b))，随后电流又从火花塞中心电极、分缸高压导线、配电器侧电极、配电器中心电极和中央高压导线流回次级点火线圈，形成高压回路。

4.2.3　传统点火系统的主要元件

1. 点火线圈

(1) 点火线圈的功用。点火线圈就是一只变压器，它负责把电源的低压电转变成火花塞跳火所需要的高压电。

(2) 点火线圈的类型。按其铁心的结构形式不同，可分为开磁路型和闭磁路型两种。

开磁路型点火线圈主要用于传统型汽油机上，现基本上已经被淘汰。

闭磁路式点火线圈。所谓闭磁路是指点火线圈的铁心是封闭型的，磁通全部经过铁心内部，而铁心的导磁能力约为空气的一万倍，故闭磁路点火线圈欲获得与开磁路点火线圈

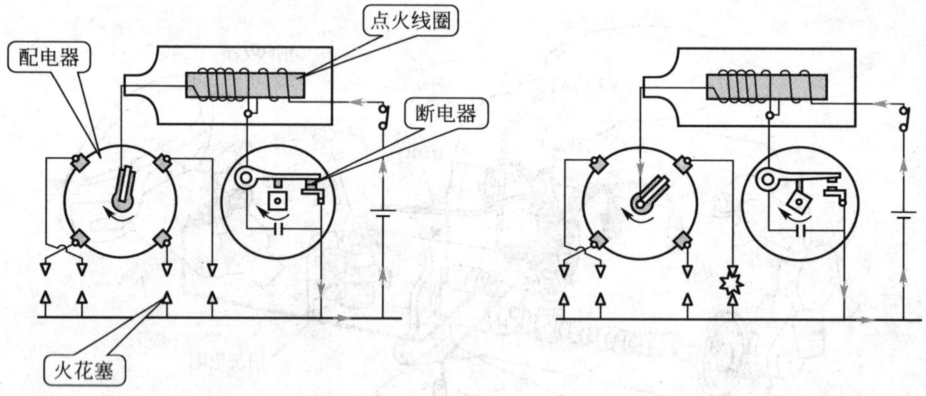

(a) 触点闭合，初级回路导通　　(b) 触点断开，高压电产生

图 4.10　传统点火系统的基本工作原理

相同的磁通，只需较少的初级线圈匝数、较细的导线和较少的次级线圈匝数即可。因此，闭磁路点火线圈，由于磁阻小，可有效通过线圈的磁动势，将点火线圈小型化。目前，闭磁路点火线圈已相当小型化，可与点火器合二为一，甚至可与火花塞连体化，电子点火系统普遍采用闭磁路式点火线圈。

闭磁路式点火线圈的结构如图 4.11 所示。在“Ⅱ”字形或“Ⅲ”字形铁心内绕有次级线圈，在次级线圈外面绕有初级线圈，初级线圈产生的磁通通过铁心构成闭合磁路。与开磁路点火线圈相比，闭磁路点火线圈具有漏磁少、能量损失小、能量转换效率高(可达75%)、体积小质量轻和易散热等优点，并可使分布电容 C_2 减小。

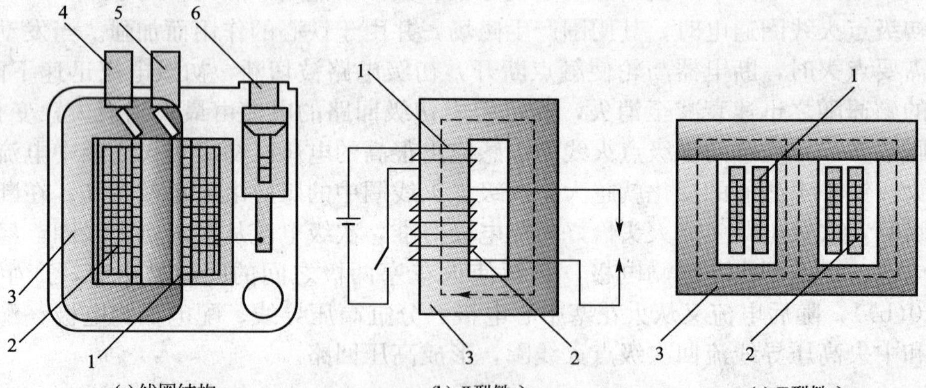

(a) 线圈结构　　(b) Ⅱ型铁心　　(c) Ⅲ型铁心

图 4.11　闭磁路型点火线圈

1—初级线圈；2—次级线圈；3—铁心；4—正接线柱；5—负接线柱；6—高压接线柱

(3) 点火线圈的工作原理。在断电器触点闭合时，初级点火线圈形成回路，产生初级电流 i_1，初级电流所流过的电路称为低压电路。低压电路的路径是：蓄电池正极→电流表→点火开关→点火线圈“+”接线柱→附加电阻 R_f→点火线圈“开关”接线柱→初级点火线圈 W_1→点火线圈“－”接线柱→断电器触点 K→搭铁→蓄电池负极。初级电流在初级线圈 W_1 中逐渐增大至某一值并建立较强的磁场。当触点打开时，初级电路被切断，初级电流及磁场迅速消失，由电磁感应定律可知：

$$e = \mathrm{d}\Phi/\mathrm{d}t = -L\mathrm{d}i/\mathrm{d}t \tag{4-2}$$

式中：e——初级线圈自感电动势，若不计内阻，等于初级回路的开路电压U_1；

Φ——为磁通量；

L——自感系数；

i——初级电流；

t——时间。

由于初级电流迅速变为0，电流的变化率很大，在初级绕组中，可感应出200～300V的自感电动势$e \approx U_1$。由变压器原理可知：$U_2/U_1 = N_2/N_1$，所以次级电压可用式(4-3)计算：

$$U_2 = \frac{U_1 N_2}{N_1} \tag{4-3}$$

式中：U_1、U_2——初级点火线圈电压和次级点火线圈电压；

N_1、N_2——初级、次级点火线圈匝数。

由于次级点火线圈W_2的匝数N_2大，因而在次级线圈内就感应出15～20kV的互感电动势U_2，U_2称为次级点火电压，U_2通过高压线输送给火花塞，击穿火花塞的电极间隙产生火花，点燃混合气。从点火线圈到火花塞的电路称为高压电路，高压电路的路径是：次级点火线圈W_2→附加电阻→点火开关“+”接线柱→点火开关→电流表→蓄电池→搭铁→火花塞侧电极→中心电极→配电器(旁电极、分火头)→次级点火线圈W_2。

(4) 点火线圈的型号。目前国际上对汽车点火线圈型号标注形式尚无统一规定。但根据我国QC/T 73—1993《汽车电气设备产品型号编制方法》的规定，型号组成如下：

DQ ① ② ③ ④ ⑤

其中，DQ为产品代号，代表“点火线圈”，DQG代表干式点火线圈，DQD代表电子点火系统用点火线圈。

① 为电压等级代号：1—12V；2—24V；6—6V。

② 为用途代号：1—单、双缸发动机；2—四、六缸发动机；3—四、六缸发动机(带附加电阻)；4—六、八缸发动机(带附加电阻)；5—六、八缸发动机；6—八缸以上发动机；7—无触点分电器；8—高能；9—其他(包括三、五、七缸)。

③、④ 为设计序号，用阿拉伯数字表示，如2代表第二次设计，10代表第10次设计。

⑤ 为变形符号，厂家自主决定，用英语大写字母表示，如A、B等。

2. 分电器

(1) 分电器的功用。一是及时断开点火线圈初级回路电流，二是负责按发动机的工作顺序把次级高压电合理分配到各个气缸的火花塞，三是根据负荷、转速等因素的变化自动调整点火时刻。

(2) 分电器的结构。分电器由断电器、配电器、调节机构和电容器等组成，如图4.12所示。

① 断电器。断电器由凸轮8、动触点2和定触点3及断电器活动触点臂弹簧12等组成，其结构如图4.13所示。其功用是周期性地接通和断开初级电路，使初级电流发生变化，以便在点火线圈中感应出次级电压。

断电器的触点过去一般由白金制成，俗称白金触点，后来多用钨质触点。

当断电器触点分开时，其触点间的最大间隙称为触点间隙。触点间隙一般规定为

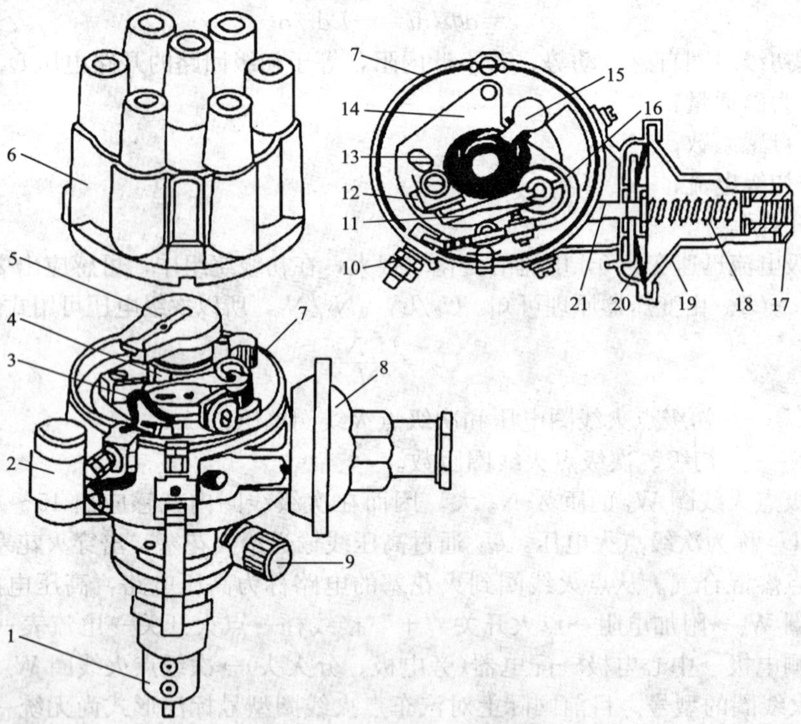

图 4.12　分电器结构示意图

1—联轴器；2—电容器；3—触点及其底板；4—凸轮；5—分火头；6—分电器盖；
7—分电器壳体；8—真空提前调节器；9—油杯，10—接线柱；11—活动触点臂；
12—固定触点及支架；13—偏心螺钉；14—活动底板；15—油毡及夹圈；
16—触点臂弹簧；17—螺母；18—弹簧；19—真空提前调节器外壳；
20—真空提前调节器膜片；21—拉杆

0.35～0.45mm。触点间隙过小，触点间易出现火花，使一次电路断电不良，并使触点氧化和烧蚀；触点间隙过大，将使触点闭合时间缩短，一次电流减小，二次电压降低。所以，从结构上必须保证触点间隙的大小可以调整。为此，旋松图 4.13 中的固定螺钉 4，转动偏心调整螺钉 5 时，可以使固定触点移动，改变与活动触点之间的间隙；将触点间隙调整为规定值后，再将固定螺钉旋紧。

断电器凸轮由分电器轴带动，凸轮上的突起与缸数一致，分电器轴端部的螺旋齿轮由配气凸轮轴上的螺旋齿轮来驱动。断电臂用弹簧片使触点闭合，凸轮轴带动断电凸轮转动，其突起顶动触点臂，克服弹簧的作用力使触点开启，当触点开启时，分电器的分火头正好对准相应的侧电极，感应产生的高压电由次级线圈经过分电臂、侧电极、高压导线传至相应气缸的火花塞。

② 配电器。配电器的功用是按点火顺序和时刻，将中央高压线上的电压轮流分配到相应气缸的火花塞上。其结构如图 4.14 所示。

从点火线圈高压线插孔中引出的高压线，插入分电器盖的中央插孔 1 中。中央插孔的下部装有炭精制成的中心触头 3，该触头借助其压紧弹簧的弹力与分火头上的导电铜片 6 紧密接触。分火头由绝缘体制成，靠分电器轴的上端 9 来驱动，分火头 8 转动时，与断电器凸轮的每个突起将白金触点断开一一对应到某个旁电极，产生高压电时，通过分火头导

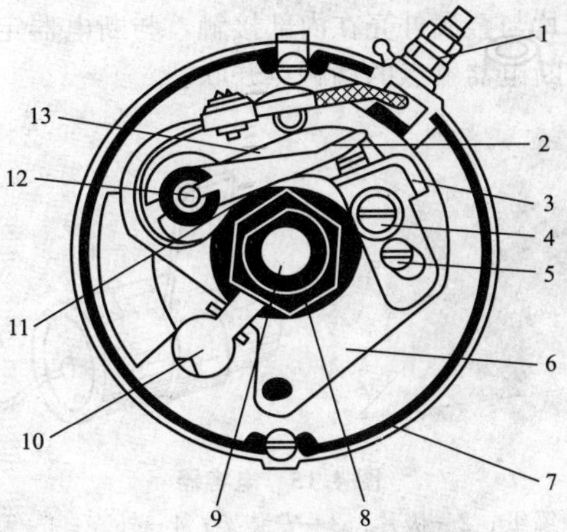

图 4.13 断电器结构示意图

1—接线柱；2—动触点臂及动触点；3—定触点及其支架；4—固定螺钉；
5—偏心调整螺钉；6—断电器活动底板；7—分电器壳；8—断电器凸轮；
9—分电器轮轴；10—油毡；11—胶木顶块；12—动触点臂弹簧；13—托板

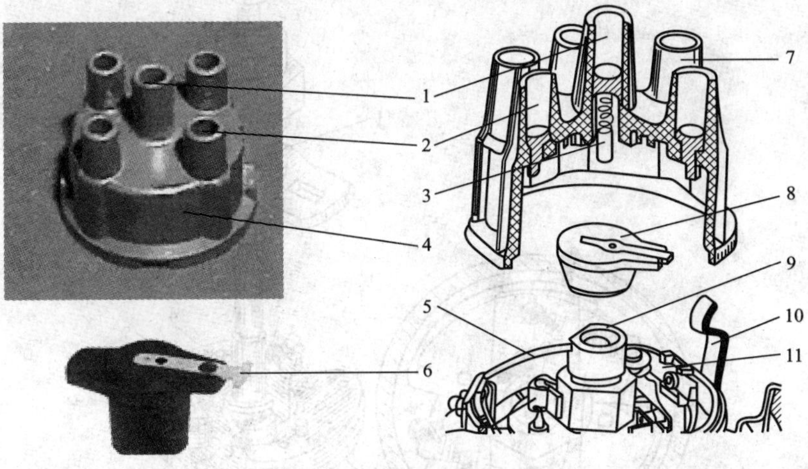

图 4.14 断电器结构示意图

1—中央高压导线插孔；2—分缸线插孔；3—炭精触头及弹簧；4—分电器盖(配电器壳)；
5—分电器壳；6—导电片；7—旁电极壳；8—分火头；9—断电器凸轮及分火头驱动轴端；
10—分电器盖弹簧夹；11—断电器动触点臂弹簧及固定夹

电片将高压电配送至对应的旁电极，由旁电极引出的分缸高压线，按发动机的工作次序分别连接至各缸火花塞的中心电极。分火头的导电片末端与各侧电极之间留有 0.2～0.5mm 的间隙，而非直接接触，靠高压击穿导电，以防磨损和压降。

③ 电容器。电容器与断电器触点并联，其功用是储存和释放能量，具体为：一是当断电器触点断开时，储存初级回路中的自感电动势，减小触点断开瞬间产生的电火花，防止触点烧蚀；二是加快初级回路中电流的衰减速度，通过自感和互感电压，增大点火能量。

较常用的电容器如图 4.15 所示。电容器的极片是两条狭长的金属箔，将两条狭长且很薄的绝缘纸与极片交错排列卷成圆柱形，在浸渍蜡质绝缘介质后，装入圆桶形的金属外壳中，加以密封。一个极片与金属外壳在内部接触，与断电器定触点并联，另一个极片与引出壳外的导线相连，与断电器触点的动触点并联。

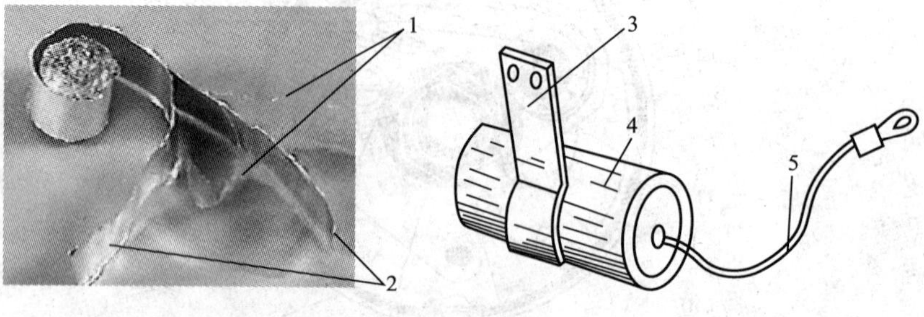

图 4.15　电容器

1—绝缘纸；2—极片；3—安装架；4—外壳；5—引出线

④ 离心式点火提前角调节器。也称离心式点火提前器，它的作用是根据发动机转速的变化自动调整点火时间。其结构如图 4.16 所示。

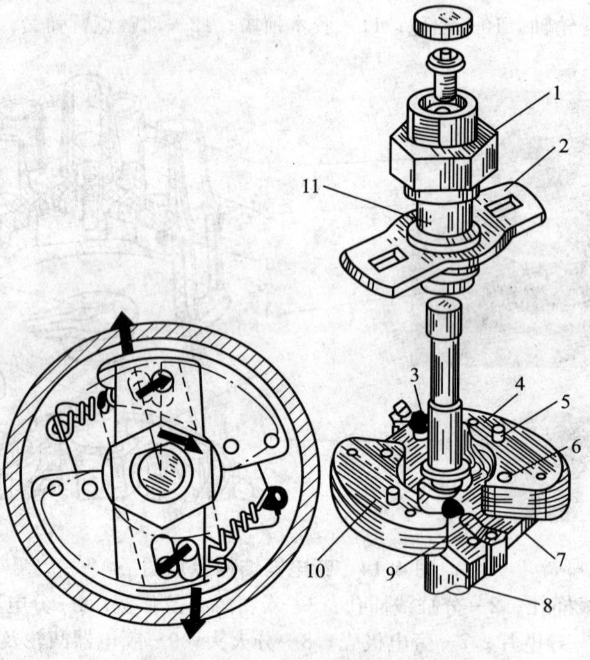

图 4.16　机械离心式点火提前器

1—断电器凸轮；2—带孔拨板；3、9—弹簧；4、10—离心重块；5—销钉；6—轴销；7—托板；8—分电器轴；11—轴套

汽车在运行中，发动机的负荷和转速是经常变化的。为了使发动机在各种工况下都能适时地点火，在汽车发动机的点火系统中，一般都设有两套自动调节点火提前角的装置。其中，一套是离心式点火提前调节装置，它随发动机转速变化自动地调节点火提前角；另一套是真空点火提前调节装置，它随发动机负荷变化自动地调节点火提前角。

值得注意的是，在离心式点火提前角调节器中，断电器凸轮和分电器轴并不是直接刚性地连接在一起的，而是由分电器轴 8 通过托板 7、离心重块 4、10 依次传动的。托板 7

固定在分电器轴8上，离心重块4和10分别松套在托板的两个轴销6上，两个离心重块的小端与托板7之间借弹簧3、9相连，与断电器凸轮1相连的拨板2的方形槽套在两离心重块的销钉上。

离心式点火提前装置调节点火提前角的基本原理是：当发动机的转速上升时，分电器轴8的转速随之升高，两重块4、10在离心力的作用下，克服弹簧3、9的拉力向外甩开，同时带动拨板7和凸轮1沿凸轮旋转的方向相对于分电器轴转动一个角度，点火提前角增大。转速越高，离心块离心力越大，点火提前角越大。当发动机的转速下降时，分电器轴的转速也随之下降，重块离心力减小，弹簧将重块拉回，凸轮逆旋转方向回转，点火提前角减小。

需要指出的是，为了使点火提前角的变化基本适应发动机的要求，离心调节器中的两个弹簧的弹力是不同的，低速时，只有弹力小的弹簧起作用，提前角的增加幅度较大；高速时，两个弹簧共同起作用，提前角增加的幅度较小。当转速达到一定值时，点火提前角不再增加。

⑤ 真空式点火提前角调节装置。该调节装置结构如图4.17所示，功用是在发动机负荷(即节气门开度)变化时，自动地调节点火提前角。它借助于进气歧管真空度的变化，采取改变断电器触点与凸轮之间相位关系的方法，在发动机负荷增大时自动地减小点火提前角，在发动机负荷减小时自动地增大点火提前角。

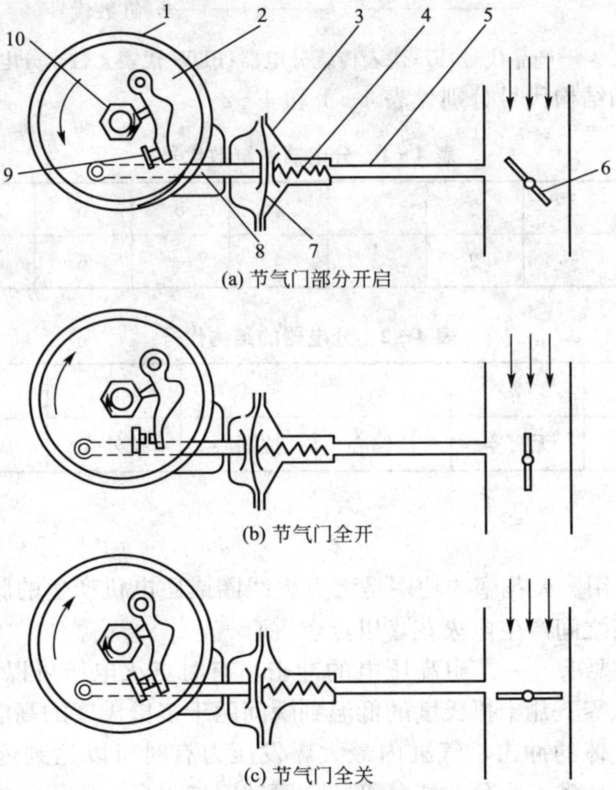

(a) 节气门部分开启

(b) 节气门全开

(c) 节气门全关

图4.17 真空式点火提前角调节装置

1—分电器壳；2—断电器底板；3—真空提前器外壳；4—弹簧；5—真空连接管；6—节气门；7—膜片；8—拉杆；9—断电器触点；10—断电器凸轮

真空式点火提前角调节装置的工作原理：

发动机小负荷工作时，节气门6的开度小，节气门后方的真空度大，在真空度的作用下，膜片7克服弹簧4的作用力向右移动(图4.17(a))，通过拉杆8沿断电器凸轮10转动的逆向转动断电器底板2，从而使点火提前角加大。

当发动机全负荷工作时，节气门6全开，化油器通气孔处的真空度不大，弹簧4的张力使膜片7向左拱曲，并通过拉杆8顺着断电器凸轮10的旋转方向转动断电器底板2及触点9，使真空点火提前角调节量很小(图4.17(b))。

当发动机的负荷为零，即怠速运行时，节气门几乎关闭，化油器的通气孔处于节气门的前方，其真空度几乎为零，从而使真空点火提前角调节量最小或为零(图4.17(c))。

(3) 分电器的型号。和点火线圈类似，分电器型号也无国际统一标准。根据QC/T 73—1993《汽车电气设备产品型号编制方法》规定，分电器的型号组成如下：

FD ① ② ③ ④ ⑤

⑤ —变形代号

③④ —设计序号

② —结构代号

① —缸数代号

FD —产品代号：FD代表传统分电器；FDW代表无触点分电器

其中缸数代号和结构代号分别见表4-1和4-2。

表4-1　分电器的缸数代号

缸数代号	1	2	3	4	5	6	7	8	9
缸数	—	2	3	4	—	6	—	8	—

表4-2　分电器的结构代号

结构代号	1	2	3	4	5	6	7
结构	无离心	无真空	拉偏心	拉同心	拉外壳	—	特殊结构

3. 火花塞

(1) 火花塞的功用。火花塞的功用是将点火线圈或磁电机产生的脉冲高压电引入燃烧室，并在其两个电极之间产生电火花，以点燃混合气。

(2) 对火花塞的要求。一是耐高压电的冲击，有时点火电压可以达到三四万伏以上；二是耐温度冲击，从零下几十摄氏度的低温到瞬间两千多摄氏度的高温，都是其工作温度范围；三是耐高压气体的冲击，气缸内最大爆发压力有时可以达到近10MPa；四是耐腐蚀，因为气缸内环境恶劣，水分、酸分等各种腐蚀因素很多，所以要求火花塞必须具有一定的抗腐蚀能力；五是应具有良好的自净性，即在正常的工作温度范围内，火花塞自身应该具备自动清洁燃烧积炭的性能；六是火花塞的击穿电压应尽可能低，使发动机高速时点火可靠并减轻点火系统的负担，延长使用寿命。

(3) 火花塞的结构。火花塞如图 4.18(a)所示，由金属壳体、绝缘体和导电体三大部分组成，如图 4.18(b)所示。

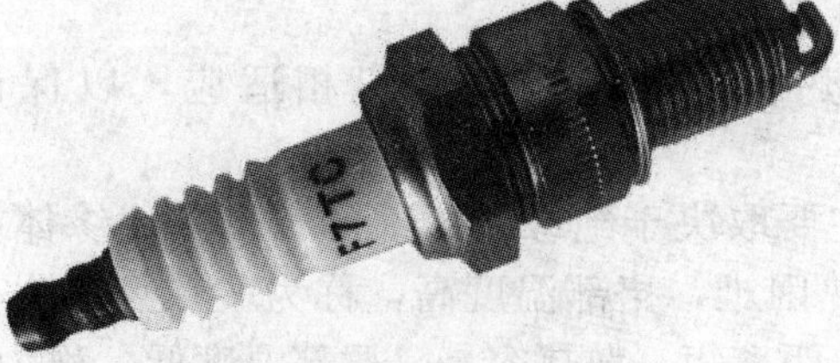

(a) 火花塞实物

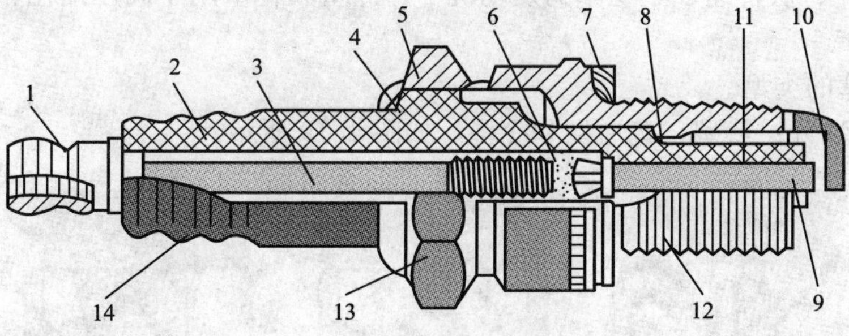

(b) 火花塞结构

图 4.18 火花塞

1—分缸线接线柱；2—绝缘体；3—金属杆；4、8—内垫圈；5—壳体；6—导电玻璃；
7—密封垫；9—中心电极；10—侧电极；11—绝缘体裙部；12—安装螺纹；
13—拧紧螺母；14—绝缘体表面伞棱

火花塞金属壳体带有拧紧螺母和旋入螺纹，用于安装和拧紧火花塞，在壳体的下端面焊有接地电极，俗称侧电极；在壳体内装有瓷质绝缘体，绝缘体里面包裹着导电金属杆、导电密封玻璃和中心电极，有的火花塞在绝缘体内贯通有一根完整的中心电极，中心电极上端有接线柱，用来连接从分电器过来的分缸高压电线；另外，火花塞内外还有垫圈和垫片，以利密封和牢固。

中心电极与侧电极之间有 0.6～1.0mm 的间隙，该间隙称为火花塞间隙。间隙过小，电压下降，间隙过大，不易击穿。高压电击穿合适的火花塞间隙，就会迸发出强烈的电火花，以点燃混合气。

绝缘体的上部制成表面伞棱，以减少和避免表面闪络现象。

中心电极和侧电极一般由镍铬硅或铬硅锰合金制成，也可用白金或铱金制成。

火花塞与气缸盖座孔之间应保证密封，有平面密封和锥面密封两种方式。平面密封时，在火花塞与座孔之间应加装铜包石棉垫圈，而锥面密封则是靠火花塞壳体的锥形面与气缸盖上相应的锥形面进行密封。为了确保密封，火花塞应按汽车生产厂规定的拧紧力矩拧紧。

(4) 火花塞的热特性。火花塞绝缘体紫铜垫圈以下的锥形部分称为绝缘体的裙部。火花塞的热特性是指火花塞吸收和散发热量的性能，可以用吸收的热量与散出的热量达到平衡状态时的温度来表示。试验表明，发动机工作时火花塞绝缘体裙部的温度若保持在

450～750℃时，落在绝缘体裙部的油粒能立即被烧掉，不容易产生积炭，这个温度称为火花塞的自净温度。低于自净温度时，容易使油雾聚集而产生积炭；高于自净温度，混合气与炽热的绝缘体接触时，可能在火花塞间隙跳火之前就自行着火，称为炽热点火或早燃。

因此，火花塞的热特性必须与发动机相适应，以保证火花塞在发动机内良好工作。

火花塞的热特性主要取决于绝缘体裙部的长度，绝缘体裙部长的火花塞的受热面积大，传热距离长，散热困难，裙部温度高，称为“热型”火花塞；反之，裙部短的火花塞，吸热面积小，传热距离短，散热容易，裙部温度低，称为“冷型”火花塞。热型火花塞用于低压缩比、低转速、小功率的发动机中；冷型火花塞用于高压缩比、高转速、大功率的发动机中。

(5) 火花塞的类型。

① 按热特性分：热型、普通型和冷型，如图 4.19 所示。

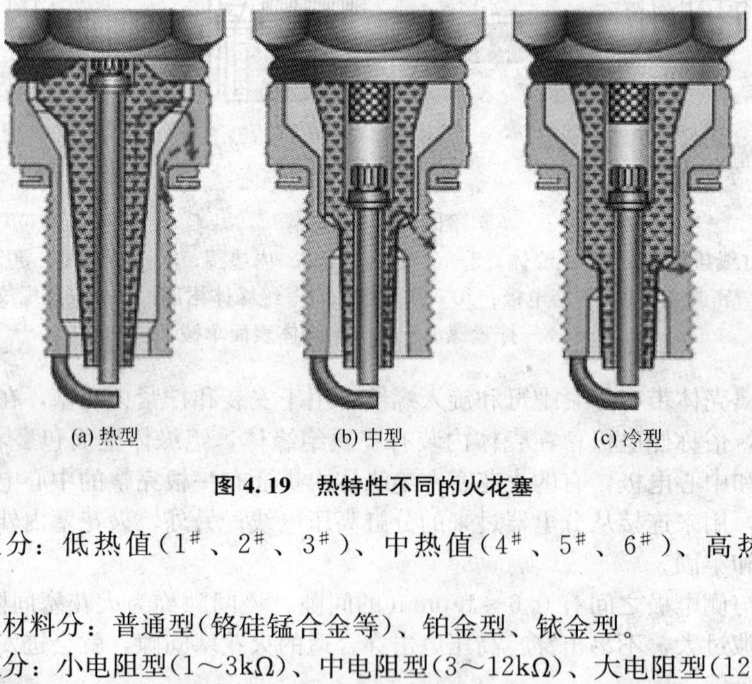

(a) 热型　　(b) 中型　　(c) 冷型

图 4.19　热特性不同的火花塞

② 按热值分：低热值(1$^{\#}$、2$^{\#}$、3$^{\#}$)、中热值(4$^{\#}$、5$^{\#}$、6$^{\#}$)、高热值(8$^{\#}$、9$^{\#}$、10$^{\#}$、11$^{\#}$)。

③ 按电极材料分：普通型(铬硅锰合金等)、铂金型、铱金型。

④ 按阻值分：小电阻型(1～3kΩ)、中电阻型(3～12kΩ)、大电阻型(12～20kΩ)。

(6) 火花塞的型号。我国新国标在火花塞型号的标注方面，借鉴国外方法(日本 NGK 特殊陶业株式会社)，其型号按照“材质”、“尺寸”、“热值”、“绝缘特性”、“电阻”、“电极形状”、“间隙”的顺序，从前向后排列，共分为三部分。

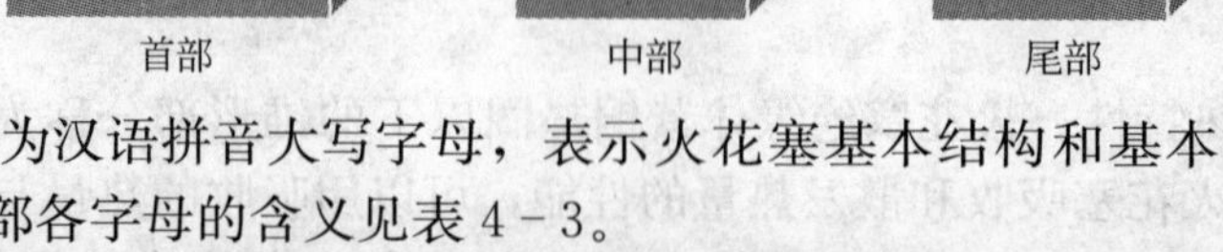

① 首部。首部为汉语拼音大写字母，表示火花塞基本结构和基本形式及尺寸。其中常用火花塞型号首部各字母的含义见表 4－3。

表 4-3 火花塞的结构类型(部分首字母)

首字母	螺纹规格	安装座型式	螺纹旋合长度/mm	壳体六角对边长度/mm
A	M10×1	平座	12.7	16
C	M12×1.25			17.5
D			19	
E	M14×1.25		12.7	20.8
F			19	
(H)			11	
J			12.7	19
K			19	16
L		矮型平座	9.5	
(M)			11	19
N			7.8	
P		锥座	11.2	16
Q			17.5	
R	M18×1.5		12	20.8
S			19	22
T			10.9	20.8

注：1. 带()的表示非标产品，不推荐使用。

2. 型号编制方法几经修改，现又有补充。

② 中部。中部为阿拉伯数字，表示火花塞热值，用 1、2、3、4、5、6、7、8、9、10、11 来表示。

③ 尾部。尾部为汉语拼音大写字母，表示派生特性、结构特征、嘴部特征、材料特性及特殊技术要求等。注意：无字母表示普通型火花塞，若需两个字母表示，则按下列顺序排列。P(屏蔽型)→R(电阻型)→B(半导体型)→T(绝缘体突出型)→Y(沿面跳火型)→J(多电极型)→H(环状电极型)→U(电极缩入型)→V(V 形电极型)→C(镍铜复合电极型)→G(贵金属型)→F(非标型)。

例如：T5TC 中第一个 T 表示：螺纹规格是 M18×1.5，锥座安装，螺纹旋入长度为 10.9mm，壳体六角对边长 20.8mm；5 表示热值为 5；后面的 T 表示绝缘体突出型火花塞；C 表示镍铜复合电极火花塞。这是应用非常广泛的一种火花塞。

4.2.4 传统点火系统的工作特性

1. 工作特性

(1) 定义。点火系统发出的最大电压随发动机转速或分电器转速的变化而变化的关系，叫做工作特性。

(2) 工作特性曲线如图 4.20 所示。

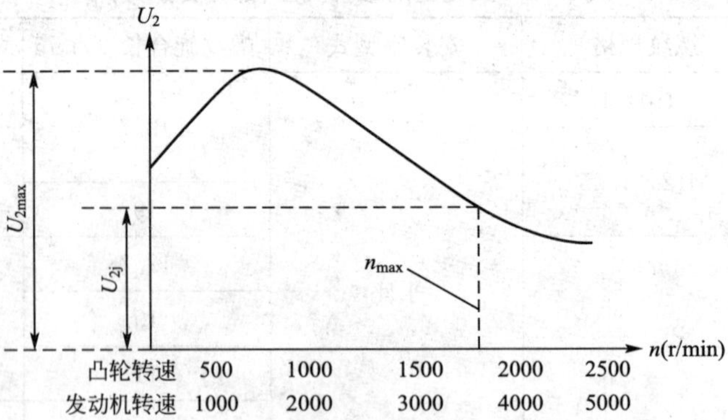

图 4.20　传统点火系统的工作特性

(3) 特性分析。图 4.20 中 U_{2j} 为击穿电压，n_{max} 为能够可靠点火的最高转速。

① 当转速很低时，断电器触点闭合时间长，初级电流可以上升到较高值，但因为触点断开缓慢，不但会形成拉弧，造成能量损失，而且电流的变化率下降，即 di/dt↓，所以次级感应电压低。

② 随着 n 的提高，触点断开干脆度增加，di/dt↑，电压逐渐升高。

③ 当 n 上升到一定值时，$U_2=U_{max}$，此后如果转速 n 继续提高，U_2 又会下降，这是因为 n↑，闭合角↓，初级线圈的电流来不及上升，di/dt↓。

④ 当 n 上升到 $U_2=U_{2j}$ 时的转速称为极限转速 n_{max}，传统机若高于 3500r/min，就不能可靠地点火，这就是为什么传统点火系统不适于现代高速发动机的主要原因之一。

2. 影响次级电压的因素

(1) 发动机的气缸数对次级电压的影响。当缸数增加时，断电器触点的闭合时间就会缩短，所以往往使得初级电流不能上升到较大值，因此次级电压最大值随气缸数量的增加而降低(图 4.21)。为了提高传统点火系统在多缸、高速发动机上工作的可靠性，可以通过增大一次断开电流、延长触点闭合时间等方法改善点火特性。

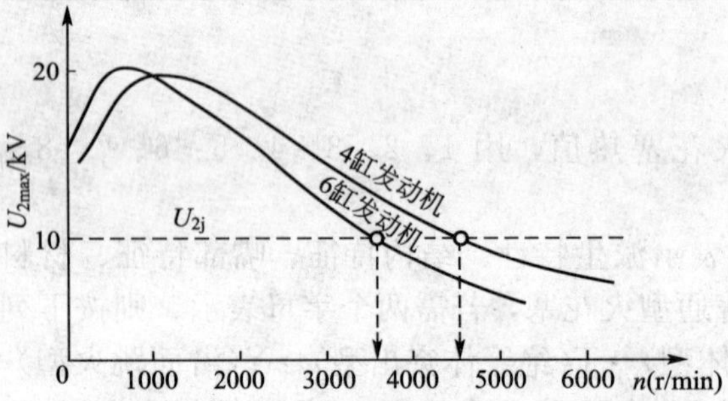

图 4.21　不同气缸数目时次级电压与转速的关系

(2) 火花塞积炭对二次电压的影响。若化油器调节不当或润滑油过多，或火花塞选型错误，都会在火花塞绝缘体上形成积炭，相当于火花塞电极之间并联了一个分路电阻，使二次电路在火花塞被击穿之前已构成闭合回路，造成漏电，从而使二次电压降低，点火性能下降，严重时，不能形成电火花，丧失点火能力。

(3) 电容对二次电压的影响。分电器电容 C_1 和火花塞电容 C_2 越小，二次电压越高。但是，实际上电容 C_1 不能过小，这是因为 C_1 为分电器电容，它可以起到储能和减小触点电弧的作用，C_1 过小时，起不到灭弧作用，触点分开时将产生较强的火花，消耗一部分初级线圈中的磁场能量，从而降低了 U_{2max}，火花严重时，i_1 下降速率减慢，U_{2max} 也要下降，二者之间的关系可由图 4.22 表明。因此，电容应与点火线圈相匹配，一般 C_1 取 0.15～0.35uF，而 C_2 一般取 40～70pF。

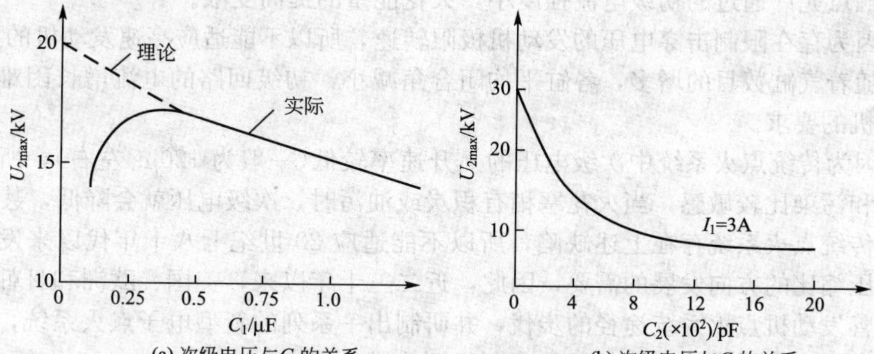

(a) 次级电压与C_1的关系　(b) 次级电压与C_2的关系

图 4.22　次级电压与电容的关系

为了减少无线电干扰，在点火装置上采取屏蔽措施时，电容 C_2 可增加到 150～200pF。

(4) 触点间隙对二次电压的影响。当触点间隙大时，触点闭合角 β 变小，如图 4.23(a)所示，使 I_p 减小，U_{2max}下降。触点间隙小时，β 角增大，如图 4.23(b)所示，I_p 增大，故 U_{2max}可以提高。但是如果间隙太小，会使触点分开时火花加强而电流下降缓慢，反而会降低次级电压。因此，触点间隙应按制造厂规定进行调整。

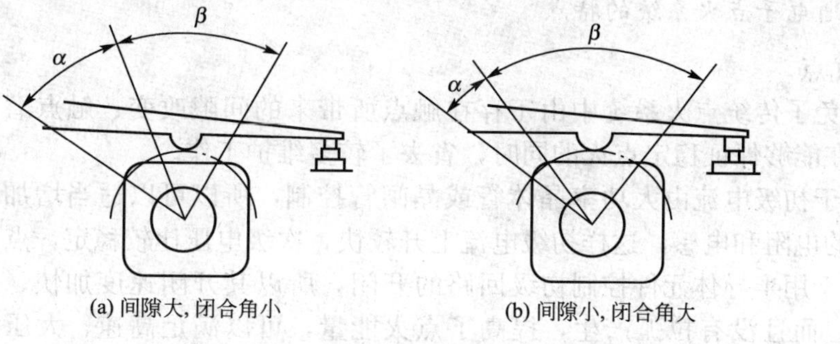

(a) 间隙大，闭合角小　(b) 间隙小，闭合角大

图 4.23　触点间隙对次级电压的影响

(5) 点火线圈温度对二次电压的影响。发动机运行过程中，当点火线圈过热时，由于初级线圈的电阻值增大(铜有正的温度系数)，初级电流减小，从而使 U_{2max}降低。点火线圈的工作温度一般不可超过 80℃。

4.3　普通电子点火系统

4.3.1　概述

1. 传统点火系的主要缺陷

(1) 由于振动、磨损等原因，容易使断电器触点间隙的大小产生变化，从而改变点火正时。

(2) 断电器的机械触点易拉弧、烧蚀，造成接触不良，影响次级电压的建立。

(3) 触点允许通过的初级电流强度小，火花能量的提高受限。

(4) 因为存在限制击穿电压的发动机极限转速，所以不能适应高速发动机的要求。

(5) 随着气缸数目的增多，各缸平均闭合角减小，初级回路的电流增长困难，故不能适应多缸机的要求。

(6) 因为传统点火系统中次级电压的上升速率较低(一般为 120μs 左右)，所以对火花塞的积炭和污染比较敏感，当火花塞稍有积炭或油污时，次级电压就会降低，甚至断火。

由于传统点火系统存在上述缺陷，所以不能适应 20 世纪七八十年代以来发动机向高转速、高压缩比的方向发展的需要，因此，近二三十年以来，美国、欧洲和日韩各国加快了探索改善发动机点火系统途径的步伐，并研制出一系列的新型电子点火系统，且随着电子技术的发展，电子点火系统的性能不断得到改进和提高。

2. 普通电子点火系统的类型

(1) 按储能方式分：电感放电点火系统(电感为储能元件，应用较广)、电容放电点火系统(电容为储能元件，应用较少)。

(2) 按有无触点分：晶体管机械触点辅助式点火系统、无触点式点火系统。

(3) 按触发信号产生的原理分：磁脉冲式(也称电磁感应式)点火系统、霍尔效应式点火系统、光电式点火系统和电磁振荡式点火系统。

3. 普通电子点火系统的特点

(1) 优点。

① 避免了传统点火系统中由于存在触点所带来的间隙改变、触点磨损、烧蚀等一系列缺陷，在能够保证稳定点火的同时，省去了较多维护工作。

② 由于初级电流由大功率晶体管或晶闸管控制，所以可以适当增加初级电流，减小初级线圈的电阻和电感，这样初级电流上升较快，次级电压比较稳定，点火可靠性提高。

③ 由于用半导体元件控制初级回路的开闭，所以其开闭速度加快、干脆度提高、适应性提高，而且没有拉弧产生，提高了点火能量，可以满足高速、大压缩比、多缸机的要求。

④ 可方便地增设辅助控制电路，比如恒流控制电路、闭合角控制电路、点火正时控制电路等，以进一步提高点火性能。

(2) 缺点。

① 电路稍复杂。

② 仍然以传统的机械离心和真空方式控制点火提前角，对点火正时的控制不精准。

③ 不能对发动机进行全方位调控。

4.3.2 有触点晶体管点火系统

1. 有触点晶体管点火系统的组成

触点辅助式半导体点火装置利用晶体管的开关作用，代替断电器的触点控制点火线圈初级电路的通断，而断电器的触点则串联在晶体管的基极电路中(图 4.24)，控制晶体管的导通与截止。因触点只控制基极电流，故通过电流非常小，可以减小触点火花，不易烧蚀，延长了触点寿命，而且可以配用高匝数比的点火线圈，还可以增大初级电流，提高次级电压，改善点火性能。

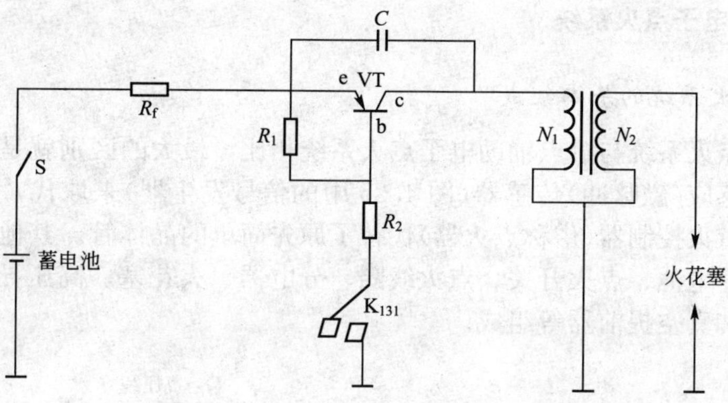

图 4.24 有触点电子点火系统的基本组成

2. 有触点晶体管点火系统的工作原理

在图 4.24 中，接通点火开关 S，当断电器触点闭合时，即接通了晶体管 VT 的基极电路，使晶体管饱和导通，并接通点火线圈的初级电路。其路径为：晶体管的基极电流从蓄电池正极→点火开关 S→点火线圈初级线圈 N_1→点火线圈的附加电阻 R_f→晶体管 VT 的发射极 e→VT 的基极 b→电阻 R_2→断电器触点 K→搭铁流回蓄电池负极。

此时，初级线圈的电流从蓄电池正极→点火开关 S→初级线圈 N_1→附加电阻 R_f→晶体管 VT 的发射极→VT 的集电极 c→搭铁流回蓄电池负极，从而使点火线圈的铁心中积蓄了磁场能。

当断电器触点断开时，晶体管的基极电路被切断，于是晶体管截止，切断初级电路，初级电流迅速下降到零，在点火线圈的次级线圈 N_2 中产生高压电，在火花塞间隙中跳火，使混合气点燃。

图 4.24 中电阻 R_1、R_2 是晶体管的偏置电阻，用来控制晶体管的基极电流。

电容器 C 的作用是使触点分开瞬间初级线圈中产生的自感电压旁路，防止晶体管在截止时被自感电压损坏。

3. 有触点晶体管点火系统的特点

(1) 优点。一是触点辅助式半导体点火装置工作时，流过触点的电流是晶体管的基极电流，它是初级电流的 1/10～1/5，可以减小触点火花，延长触点使用寿命；二是可以适当增大初级电流，从而使次级回路的电压由 18kV 提高到 30kV；三是由于点火能量大，点火可靠性及冷起动性提高，经济性、环保性和动力性均有适当提高；四是结构简单、价格低廉、改装快捷方便。

(2) 缺点。这种点火系统仍利用触点开闭的作用产生点火信号，控制点火系统的工作，因此克服不了触点式点火装置的固有缺点。例如，高速时触点臂振动，触点分开后不能及时闭合；顶推触点臂的凸轮或顶块儿磨损时，会改变点火时刻；触点污染时不能可靠地点火等。目前触点式半导体点火装置已很少使用。

针对有触点电子点火系统的缺点，各国先后开发出无触点半导体点火系统，简称无触点点火系统。有磁脉冲式、霍尔效应式、光电式、电磁振荡式等多种形式。无触点点火系统一般由传感器、点火控制器、点火线圈、配电器、火花塞等组成。

4.3.3　磁脉冲式电子点火系统

1. 磁脉冲点火系统的基本组成

无触点电子点火系统与触点辅助电子点火系统相比，最大的区别就是将原来的机械式辅助触点用电磁感应(磁脉冲)传感器(图 4.25 中的信号发生器)来取代，而且用一个性能更加完善的电子点火控制器(俗称点火器)代替了原先简单的晶体管。其他部分与传统点火系统相同，仍由蓄电池、点火开关、点火线圈、分电器、火花塞、高压导线、电容器、离心点火提前装置和真空提前器等组成。

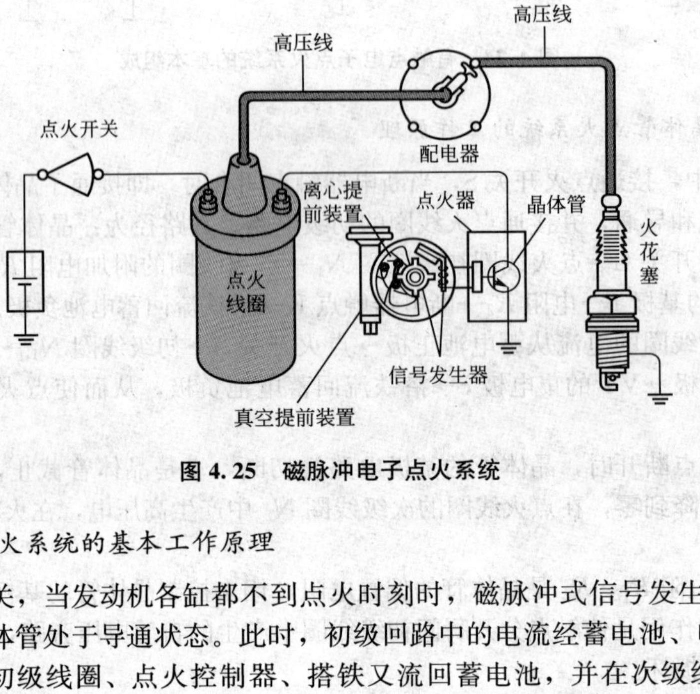

图 4.25　磁脉冲电子点火系统

2. 磁脉冲点火系统的基本工作原理

接通点火开关，当发动机各缸都不到点火时刻时，磁脉冲式信号发生器无触发信号，点火器的功率晶体管处于导通状态。此时，初级回路中的电流经蓄电池、电流表、点火开关、附加电阻、初级线圈、点火控制器、搭铁又流回蓄电池，并在次级线圈内建立了磁场能。

当某气缸需要点火时，信号发生器产生触发信号，点火器的功率晶体管截止，初级回路断开，在次级线圈中感应出高电压。此时，次级回路中的电流，经次级线圈、附加电阻、点火开关、电流表、蓄电池、搭铁、击穿火花塞间隙、分缸高压导线、分火头、中央高压线到次级线圈，从而使火花塞跳火，点燃可燃混合气。

3. 磁脉冲信号发生器

(1) 磁脉冲信号发生器的作用。利用电磁感应原理产生对应于气缸数及曲轴位置(或活塞位置)的电压信号，用以触发点火控制器并使其截止，切断点火线圈初级回路中的电流，使次级线圈产生高电压，以供火花塞跳火。

(2) 磁脉冲信号发生器的结构。它一般与分电器装在同一个壳体内，由信号转子(或称信号齿盘)、永久磁铁、传感线圈等组成。

在图 4.26 所示的磁脉冲传感器结构示意图中，1 为固定底板，2 为活动底板，信号转子 5 安装在分电器轴 6 上，并与分电器轴同步转动，永久磁铁 4 安装在分电器底板上，传感器线圈 3 绕制在磁滞损耗非常小的铁心 8 上。信号转子的外缘有凸齿 7，凸齿数与发动机气缸数目相等。

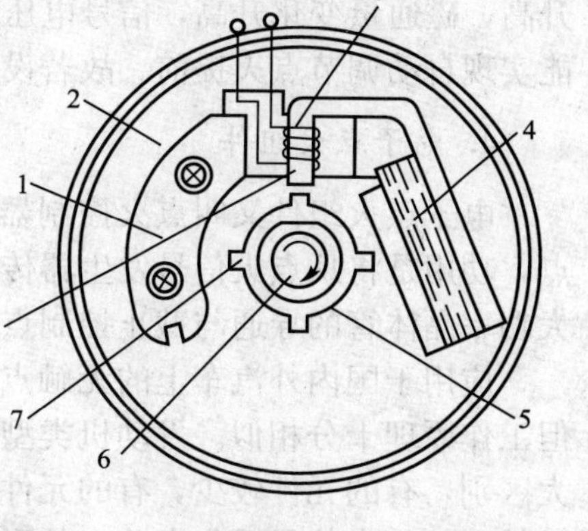

图 4.26 四缸发动机磁脉冲传感器结构示意图

1—固定底板；2—活动底板；3—传感器线圈；4—永久磁铁；5—信号转子；6—分电器轴；7—信号转子凸齿；8—铁心

(3) 磁脉冲传感器的工作原理。如图 4.27 所示，永久磁铁的磁通经转子的凸齿、传感线圈(以下简称线圈)的铁心、永久磁铁构成磁路。当信号转子随分电器轴一起转动时，其凸齿交替地从铁心旁扫过。转子凸齿与线圈铁心间的空气间隙不断变化，穿过线圈铁心的磁通量也不断变化。根据电磁感应原理，当穿过线圈铁心的磁通量发生变化时，线圈中产生感应电动势。

传感器线圈中的磁通与线圈感应电动势的变化规律如图 4.28 所示。

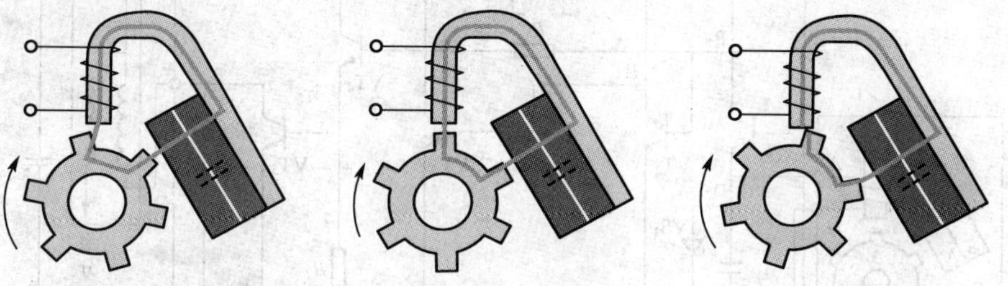

(a) 凸齿转向传感线圈　　(b) 凸齿对正传感线圈　　(c) 凸齿转离传感线圈

图 4.27 磁感应式传感器的工作原理

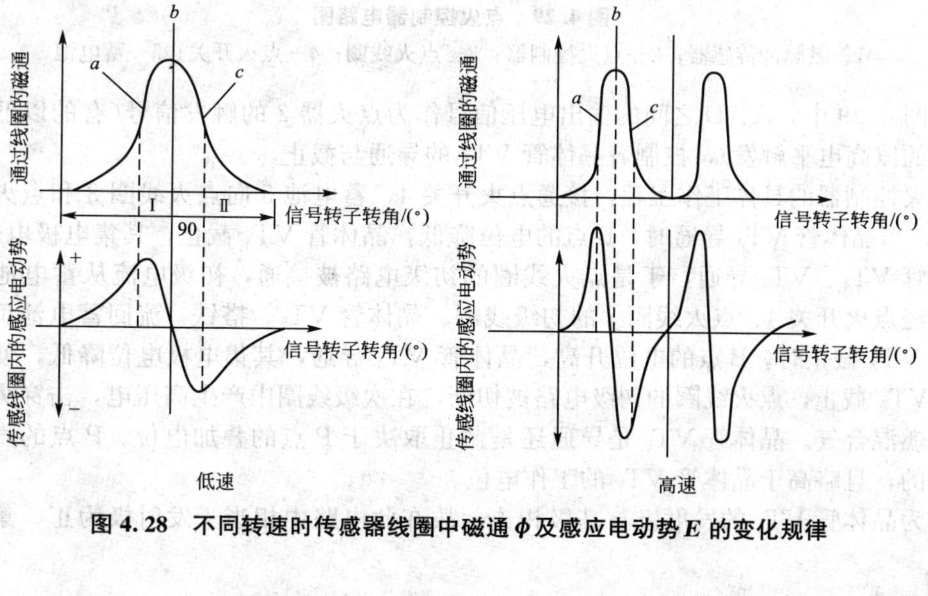

图 4.28 不同转速时传感器线圈中磁通 ϕ 及感应电动势 E 的变化规律

点火信号电压的大小会随发动机转速的变化而变化，转速升高时，磁路磁阻变化速率升高，磁通量变化升高，信号电压升高，使点火的击穿电压提前到达，点火相应提前。即能实现自动调节点火提前。故若设计合理，可省去离心点火提前调节器。

4. 电子点火组件

电子点火组件又叫点火控制器，俗称点火器，它取代了传统点火系统中断电器的触点，功用是将从点火信号发生器传来的触发信号进行采集、整形、比较和放大，通过内部大功率晶体管的导通与截止控制点火线圈初级电路的通与断。

应用于国内外汽车上的无触点电子点火装置有多种形式，其组成和结构有很大差异，但工作原理十分相似。发动机类型不同、点火系统类型不同，其点火控制器的组成也有很大区别，有的元件较少，有的元件较多，也有的和其他电子控制元件组合在一起，但点火组件一般都由信号采集电路、整形电路、开关信号放大电路、功率输出电路等组成，其基本电路如图 4.29 所示。

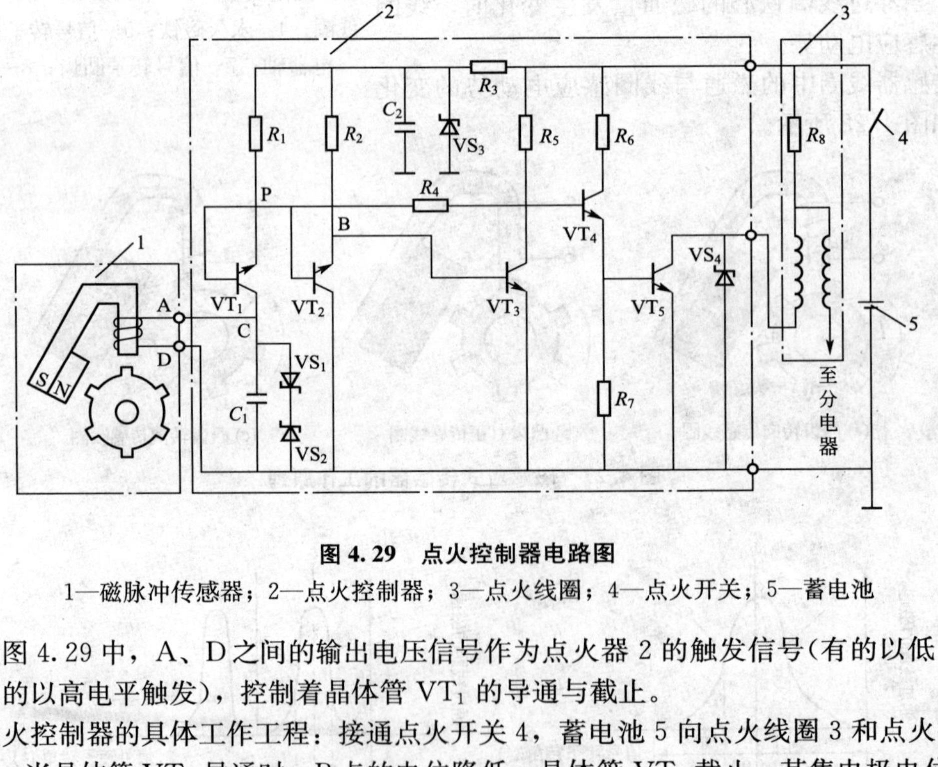

图 4.29　点火控制器电路图

1—磁脉冲传感器；2—点火控制器；3—点火线圈；4—点火开关；5—蓄电池

在图 4.29 中，A、D 之间的输出电压信号作为点火器 2 的触发信号(有的以低电平触发，有的以高电平触发)，控制着晶体管 VT_1 的导通与截止。

点火控制器的具体工作工程：接通点火开关 4，蓄电池 5 向点火线圈 3 和点火控制器 2 供电，当晶体管 VT_2 导通时，B 点的电位降低，晶体管 VT_3 截止，其集电极电位升高，使晶体管 VT_4、VT_5 导通，于是点火线圈的初级电路被接通，初级电流从蓄电池的正极出发，经点火开关 4、点火线圈 3 的初级线圈、晶体管 VT_5、搭铁，流回蓄电池负极；当晶体管 VT_2 截止时，B 点的电位升高，晶体管 VT_3 导通，其集电极电位降低，使晶体管 VT_4、VT_5 截止，点火线圈的初级电路被切断，在次级线圈中产生高压电，击穿火花塞间隙，点燃混合气。晶体管 VT_2 是导通还是截止取决于 P 点的叠加电位。P 点的直流电位是一定的，且略高于晶体管 VT_2 的工作电位。

因为晶体管 VT_1 的发射极与基极相连，故在此电路中相当于发射极为正、集电极为负的二极管，起温度补偿作用。当传感器输出的交变信号电压使C点的电位高于P点的直流电位时，晶体管 VT_1 因承受反向电压而截止。这时，P点的电位高于晶体管 VT_2 的工作电位，所以晶体管 VT_2 导通，VT_4、VT_5 也导通。当传感器输出的交变信号电压使C点的电位低于P点的电位时，晶体管 VT_1 导通，使P点的电位降低。当P点的电位低于晶体管 VT_2 的工作电位时，晶体管 VT_2 截止，从而 VT_4、VT_5 也截止，使初级电流中断，在点火线圈的次级线圈中产生高压电。可见，发动机工作期间，传感器输出的交变电压信号是点火控制信号。它利用使晶体管 VT_1 截止或导通的作用，控制晶体管 VT_5 的导通与截止，从而控制了点火线圈初级电路的通、断和点火系统的工作。

在图4.29中其他各晶体管的作用如下：

VS为晶闸管(也称晶体管整流器)，在其中起稳压作用；

稳压管 VS_1 和 VS_2 用来限制传感器输出信号电压的幅度，以保护晶体管 VT_1、VT_2；

稳压管 VS_3 和电容 C_2、电阻 R_2 组成稳压电路，用来稳定晶体管 VT_1、VT_2 的电源电压；

稳压管 VS_4 保护晶体管 VT_5 免受自感电动势的损坏。

5. 电磁感应式电子点火系统的特点

(1) 优点：

① 结构简单、适于批量生产。

② 成本低廉、应用广泛。

③ 耐高温、耐低温，性能稳定。

④ 可集成为厚膜混合电路，封闭性能好、使用寿命长。

(2) 缺点：

① 信号波形(电压幅值)受转速影响很大(现代车辆的转速可以在50～200倍之间变化，信号幅值在0.5～100V之间变化)，起动时电压低，所以起动性能差。

② 点火提前角和闭合角仍以机械方法控制，不能实现精准调控。

4.3.4 霍尔式电子点火系统

当电流通过放在磁场中的霍尔半导体元件，且电流方向与磁场方向垂直时，就会在垂直于电流和磁场的霍尔元件侧面产生一个与电流大小和磁场强度成正比的电压(图4.30)，这一现象称为霍尔效应。利用霍尔效应原理来进行点火的装置即霍尔式电子点火系统。

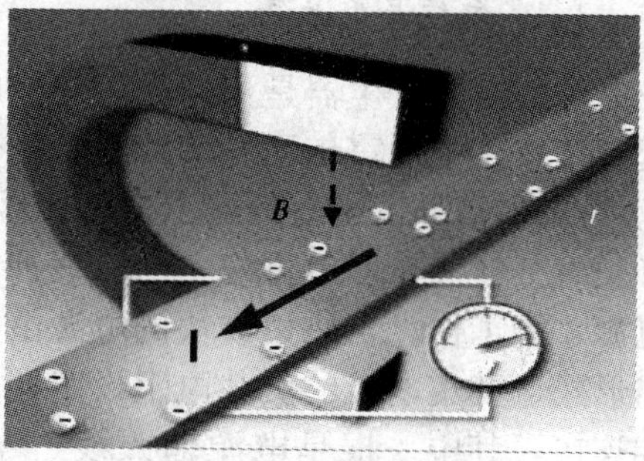

图4.30 霍尔效应示意图

霍尔电压的大小可由式(4-4)计算：

$$U_H = R_H / B / t \qquad (4-4)$$

式中：U_H——霍尔电压；

R_H——霍尔系数；

I——电流强度；

B——磁通密度；

t——霍尔元件厚度。

1. 霍尔式电子点火系统的组成

除了信号发生器为霍尔效应传感器之外，霍尔式电子点火系统与磁脉冲式电子点火系统的组成大致相同。桑塔纳某款车型用霍尔式电子点火系统如图 4.31 所示。

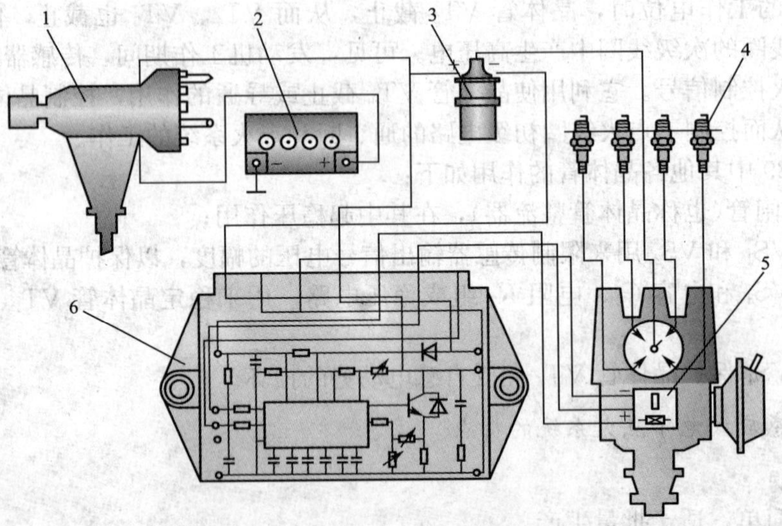

图 4.31　霍尔式电子点火系统示意图

1—点火开关；2—蓄电池；3—点火线圈；4—火花塞；
5—霍尔信号发生器(与分电器同壳)；6—点火器

2. 霍尔效应式电子点火系统的基本工作原理

如图 4.31 所示，接通点火开关 1，当霍尔信号发生器不产生触发信号时，初级电流从蓄电池 2 正极，经点火开关 1、点火线圈 3 的初级线圈、点火器 6、搭铁到蓄电池 2 的负极；当霍尔传感器产生触发信号时，点火器切断初级回路中的电流，在点火线圈的次级线圈中感应出高压电，并通过分电器传至火花塞使之跳火，点燃可燃混合气。

3. 霍尔信号发生器

霍尔信号发生器是根据霍尔效应原理制成的，它装在分电器内，运动部分与分火头一起旋转。其中，霍尔元件实际上是一个霍尔集成电路块，工作原理如图 4.32 所示。图中，U_g 为霍尔信号发生器的输出电压。因为在霍尔元件上得到的霍尔电压一般为 20mV，因此必须将其放大整形后再输出给点火控制器。霍尔信号发生器是一个有源器件，它需要提供电源才能工作。霍尔集成块的电源由点火器提供。霍尔集成电路输出级的集电极为开路输出形式，其集电极的负载电阻设置在点火器内。霍尔信号发生器有 3 根引出线且与点火器相连接，其中一根是电源输入线(一般为红黑色线)，一根是信号输出线(一般为绿白色线)，一根是接地线(一般为棕白色线)。霍尔信号发生器外壳的三线插座分别标有“+”、“0”、“—”符号。

触发叶轮转动时，每当叶片进入永久磁铁与霍尔集成块之间的空气隙时，霍尔集成块中的磁场即被触发叶轮的叶片所旁路(或称隔磁)，如图 4.33(a)所示，这时霍尔元件不产生霍尔电压，集成电路输出级的晶体管处于截止状态，信号发生器输出高电位。

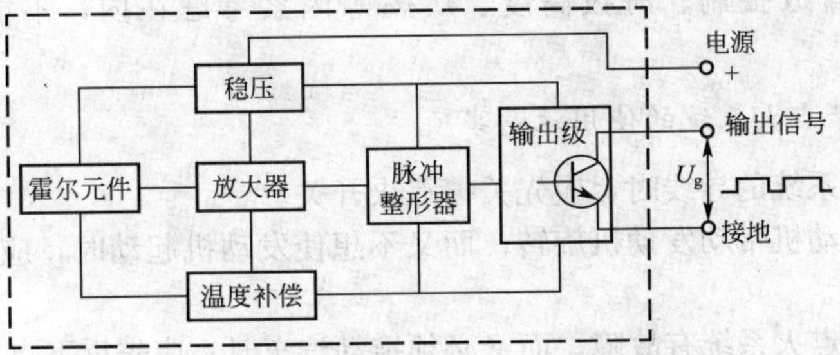

图 4.32 霍尔集成块工作原理框图

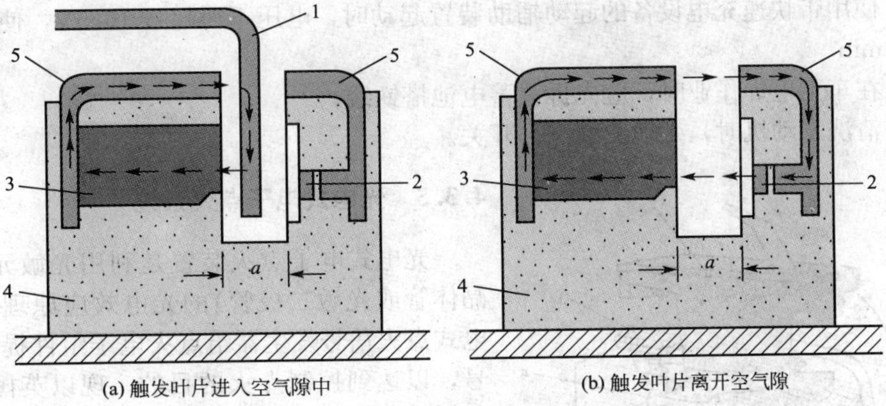

图 4.33 霍尔信号发生器的工作原理

1—触发叶轮叶片；2—霍尔集成块；3—永久磁铁；4—传感器体；

5—导磁板；a—空气隙

当触发叶轮的叶片离开空气隙时，永久磁铁的磁通便通过霍尔集成块和导板构成回路，如图 4.33(b)所示，这时霍尔元件产生霍尔电压，集成电路输出级的晶体管处于导通状态，信号发生器输出低电位。

叶片不停地转动，霍尔元件便产生一个个脉冲电压，但 U_H 较低(一般为毫伏级)，因此需要对其放大并转换成方形波，这一任务就由霍尔集成块来完成。这样，信号发生器便输出一个个矩形波信号，作为控制信号给点火器，由点火器控制初级电路的通断。

霍尔式电子点火系统的点火控制器与磁感应式大同小异。

4. 霍尔式电子点火系统的特点

(1) 优点：

① 霍尔信号发生器所输出电压波形幅值不受速度的影响，即使在低转速下，也可以输出稳定的电压，因此，发动机低速性能好，有利于发动机的起动。

② U_g 的大小与电平时间比一定，可以进行精准控制。

③ 集成密封组装，不受灰尘、油污的影响，工作可靠，寿命长。

④ 使用中不需调整，应用越来越广。

(2) 缺点：

① 普通霍尔式电子点火系统仍用离心和真空方式调整点火时间，控制精准度差。

② 仍不能将排放控制、海拔高度、爆燃等因素考虑在内，不能实现全方位科学调控。

5. 霍尔式电子点火系统的使用注意事项

(1) 拆卸点火系统的导线时，应先关掉点火开关。

(2) 当利用起动机带动发动机旋转，而又不想使发动机起动时，应拔下分电器中央高压线，并将其搭铁。

(3) 如果怀疑点火系统有故障，而又必须拖动汽车时，应先拆下点火器插接件。

(4) 为防止无线电干扰，应使用 1kΩ 电阻的高压导线、1～5kΩ 电阻的火花塞插头和 1kΩ 电阻的分火头。

(5) 使用带快速充电设备的起动辅助装置起动时，电压不得超过 16.5V，使用时间不得超过 1min。

(6) 在车上电焊作业时，应先拆去蓄电池搭铁线。

(7) 清洗发动机时，必须关断点火开关。

4.3.5 光电式电子点火系统

光电式电子点火装置是利用光敏元件(光敏晶体管或光敏二极管)的光电效应原理，制成光电式点火信号发生器给点火电子组件提供点火信号，以达到控制点火的目的。现以英国 Lumention 公司设计生产的光电式电子点火装置为例说明其结构与工作原理，该光电式电子点火装置结构如图 4.34 所示。

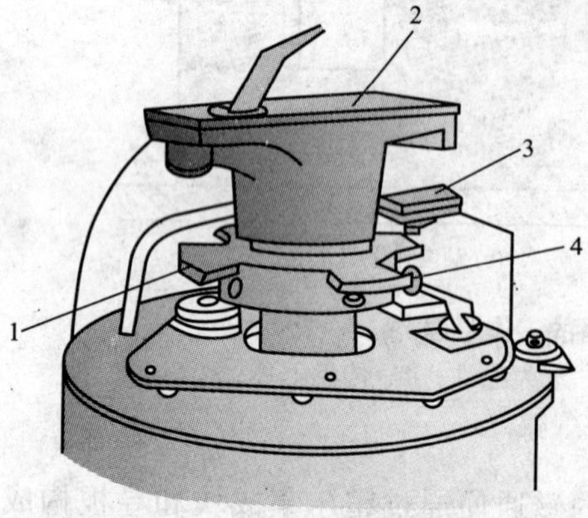

图 4.34 光电式点火信号发生器的结构

1—遮光盘；2—分火头；3—光源；4—光接收器

1. 光电式点火信号发生器

光电式点火信号发生器通常安装在分电器内(有的车型也可安装在分电器凸轮轴的前端)。通常都由光源、光接收器和遮光盘 3 部分组成，如图 4.34 所示。

光接收器是一只硅光敏晶体管，它与光源相对，并相距一定距离，以使红外线光束聚焦后照射到光敏晶体管上。光敏晶体管与普通晶体管的不同之处是它的基极电流由光产生，因此不必在基极上输入电信号，也无需基极引线。

遮光盘用金属或塑料制成，装在分电器轴上，位于分火头下面、盘的外缘伸入光源与光接收器之间，盘的外缘上开有缺口，缺口数与气缸数相等。缺口处允许红外线光束通过，其余实体部分则能挡住光束。当遮光盘随分电器轴转动时，即按一定位置产生光电点火信号。

光源是一只砷化镓发光二极管，它发出红外线光束，并用一只近似半球形的透镜聚焦。该发光二极管比白炽灯泡耐振，并能耐较高的温度，在 150℃的环境温度下能连续工作，工作寿命很长。

如图 4.35 所示，遮光盘位于发光二极管和光敏二极管之间。当遮光盘转动且其实体部分挡住发光二极管的光线时，光敏二极管截止，控制电路输出低电平；当遮光盘的缺口

(或缝隙)对准发光二极管和光敏二极管时，光线照到光敏二极管上，控制电路输出高电平。

发光二极管持续发光，光接收器间隔受光，则会在信号发生器输出端产生一系列的电脉冲信号。

若遮光盘只有一种透光孔，且透光孔的数量等于发动机的气缸数，则该孔用于检测发动机的曲轴位置；若遮光盘有两种透光孔，其中一种孔的数目与缸数相同，另一种孔只有一个，则后者用于检测发动机转速。

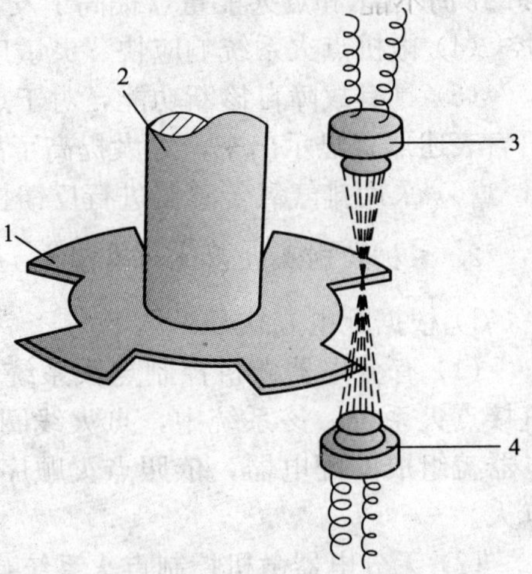

图4.35 光电信号发生器工作原理

1—遮光盘；2—分电器轴；3—光源；4—光接收器

2. 光电式电子点火系统的特点

(1) 优点：触发器的触发信号完全由遮光盘的位置(也即曲轴的位置)所决定而与转速无关，故在分电器转速很低时仍能正常发出触发信号；在分电器内积水冰冻时仍能正常工作；结构简单，对制造精度要求不高且成本低；比较容易实现微机控制。

(2) 缺点：对表面污染比较敏感，弄脏后光发射和光接收灵敏度将会降低。

4.4 微机控制点火系统

所谓微机控制点火系统，是指随着计算机技术的飞速发展和发达国家对汽车排放限制及对发动机其他性能要求的提高，而形成的一种以各类传感器为信息来源，全方位考虑发动机工作性能并以微机为命令中枢来控制点火正时的点火系统。微机控制点火系统是继无触点的普通电子点火系统之后，点火系统发展史上的又一次大的飞跃。

4.4.1 概述

由于普通电子点火系统仍沿用传统的离心式和真空式装置对点火提前角进行粗略的自我修正，调节反应的灵敏度差，调控精准性低；普通电子点火系统不能全方位考虑各种因素(比如排放、空燃比、爆燃、压缩比、工作温度、大气压力等)对点火提前角的影响，从而不能使发动机在各种工况和使用条件下的点火提前角都与相应的理论最佳点火提前角更加接近。

1. 微机控制点火系统的特点

(1) 用微机控制取代了普通电子点火装置中离心式、真空式等机械式点火提前角调节装置，使控制精度大为提高。

(2) 采用爆燃传感器进行反馈控制，总可以把发动机的工作状况控制在爆燃的边沿而又不发生爆燃，提高了发动机的热效率、经济性和动力性。

(3) 可采用无分电器点火方式，减少了点火能量损失，保证了发动机在高速时仍有足够的次级电压和点火能量，提高了发动机的起动性和高速适应性。

(4) 微机点火系统响应快、灵敏度高，适应高速多缸发动机的要求。

(5) 具有故障自诊断功能，对于点火系统的一般故障，可以以故障码的形式，甚至是语言表述形式显示出来，大大提高了故障诊断的效率。

(6) 采用排气氧传感器进行反馈控制，减轻了排放污染。

2. 微机控制点火系统的类型

1) 根据配电方式分

(1) 有分电器微机控制点火系统：此类系统仍保留传统意义上的分电器，也叫做非直接点火系统。该系统中，点火线圈的高压电是经配电器进行分配的，即由分火头和分电器盖组成的配电器，依照点火顺序适时地将高压电分配至各气缸，使各缸火花塞依次点火。

(2) 无分电器微机控制点火系统：也称直接点火系统，该系统中点火线圈上的高压线直接与火花塞相连，工作时，点火线圈产生的高压电直接送到各火花塞，并由微机根据各传感器输入的信息，依照发动机的点火顺序，适时地控制各缸火花塞点火。

无分电器微机控制点火系统又可分为各缸单独点火和双缸同时点火两种形式。

2) 按触发信号的产生方式分

(1) 磁脉冲式微机控制点火系统。

(2) 霍尔式微机控制点火系统。

(3) 光电式微机控制点火系统。

3. 组成和工作原理

目前，微机控制点火系统在设计和结构上，随着汽车生产厂家、生产年代及 ECU 版本的不同都有所不同，但基本结构大同小异，主要由传感器、电子控制器、点火器、点火线圈等组成，如图 4.36 所示。

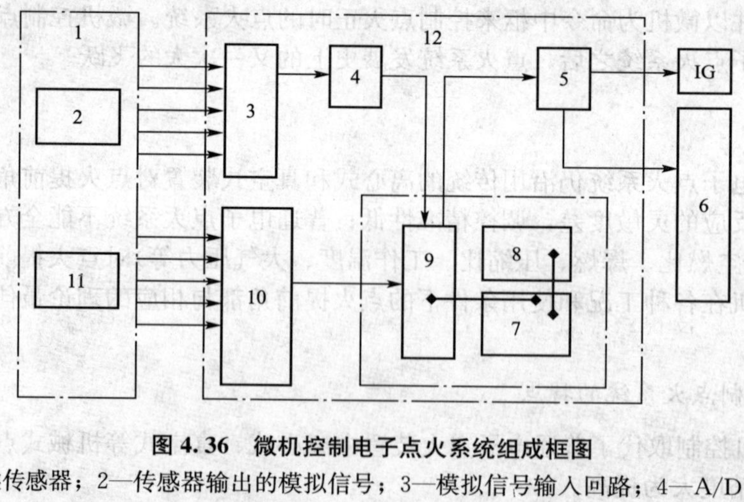

图 4.36 微机控制电子点火系统组成框图

1—各类传感器；2—传感器输出的模拟信号；3—模拟信号输入回路；4—A/D 转换器；5—输出回路；6—其他执行元器件；7—CPU；8—存储器；9—I/O 接口；10—数字信号输入回路；11—传感器输出的数字信号；12—ECU；IG—点火控制器

微机控制点火系统基本工作原理：发动机运行时，各种传感器不断地检测发动机的转速、负荷、冷却液的温度、进气温度等信号，发动机控制电脑或称电子控制单元(ECU)不断地采集这些信息，并根据存储器中存储的有关程序和数据，确定出该工况下的最佳点火提前角和初级电路的最佳导通角，并以此向点火控制模块(即执行器)发出指令，控制点火线圈初级回路的导通和截止；当电路导通时，有电流从点火线圈中的初级线圈通过，此时点火线圈将点火能量以磁场的形式储存起来；当初级线圈中的电流被切断时，在次级线圈中将产生很高的感应电动势，经分电器送至工作气缸的火花塞，点火能量被瞬间释放，点燃气缸内的混合气，发动机完成做功过程。

在无分电器的点火系统中，ECU直接控制每个气缸(或两缸共用一个点火线圈)点火线圈的初级回路的通与断。

此外，在带有爆燃传感器的点火提前角闭环控制系统中，ECU还可根据爆燃传感器的输入信号来判断发动机的爆燃程度，并将点火提前角控制在轻微爆燃的范围内，使发动机能获得较高的燃烧效率。

4.4.2 微机控制点火系统各部分的构成

1. 传感器

传感器用来不间断地检测发动机各种工况下的各类信息，并通过转换器将这些检测结果传给ECU，待ECU对这些信号进行分析和对比后，再给相应的工作部件发出指令。

各车型使用的传感器类型、数量、结构及安装位置都有所不同，但其作用大同小异。微机控制的电子点火系统中所用的传感器一般和发动机集中控制的其他部分所共有，主要有以下几种。

1）曲轴位置传感器

曲轴位置传感器(又称点火信号发生器)是发动机集中控制系统中最主要的传感器，它负责采集曲轴转动角度信号，用于点火(喷油)正时控制，也就是控制点火(喷油)时刻，确定点火(喷油)提前角。另外，它还是检测发动机转速的信号源。

常用的类型有磁脉冲式曲轴位置传感器、霍尔式曲轴位置传感器、光电式曲轴位置传感器和电磁振荡式曲轴位置传感器等。这类传感器的基本结构和工作原理已在普通电子点火系统中介绍过，但需要指出的是，在有分电器点火系统中，传感器安装在分电器壳内，在无分电器点火系统中，传感器安装在配气凸轮轴端部或曲轴飞轮一端的端部。

因为大多数汽车将曲轴与凸轮轴两种位置传感器制作成一体，且相同类型传感器的工作原理完全相同，所以，这里只以磁脉冲式曲轴位置传感器为例进行介绍。

图4.37所示为捷达AT和GTX、桑塔纳2000GSi型轿车采用的磁感应式曲轴位置传感器示意图。它安装在曲轴箱内靠近离合器一侧的缸体上，主要由信号发生器和信号转子组成。

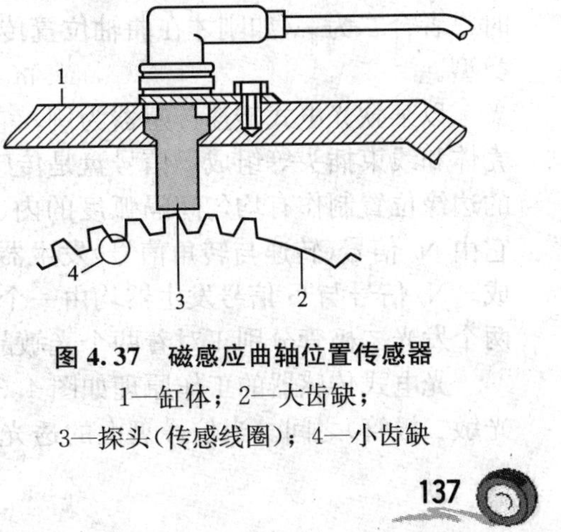

图4.37 磁感应曲轴位置传感器

1—缸体；2—大齿缺；
3—探头(传感线圈)；4—小齿缺

信号发生器用螺钉固定在发动机缸体上，由永久磁铁、传感线圈和线束插头组成。传感线圈又称为信号线圈，永久磁铁上带有一个磁头，磁头正对安装在曲轴上的齿盘式信号转子，磁头与磁轭(导磁板)连接而构成导磁回路。

信号转子为齿盘式，在其圆周上均匀间隔地制作有58个凸齿、57个小齿缺和1个大齿缺。大齿缺输出基准信号，对应发动机第一缸或第四缸压缩上止点前一定角度。大齿缺所占的弧度相当于两个凸齿和3个小齿缺所占的弧度。因为信号转子随曲轴一同旋转，曲轴旋转一圈(360°)，信号转子也旋转一圈(360°)，所以信号转子圆周上的凸齿和齿缺所占的曲轴转角为360°，每个凸齿和小齿缺所占的曲轴转角均为3°(58×3°+57×3°=345°)，大齿缺所占的曲轴转角为15°(2×3°+3×3°=15°)。

当曲轴位置传感器随曲轴旋转时，由磁感应式传感器工作原理可知，信号转子每转过一个凸齿，传感线圈中就会产生一个周期性交变电动势(即电动势出现一次最大值和一次最小值)，线圈相应地输出一个交变电压信号。因为信号转子上设有一个产生基准信号的大齿缺，所以当大齿缺转过磁头时，信号电压所占的时间较长，即输出信号为一宽脉冲信号，该信号对应于第一缸或第四缸压缩上止点前一定角度。ECU接收到宽脉冲信号时，便可知道第一缸或第四缸上止点位置即将到来，至于即将到来的是第一缸还是第四缸，则需根据凸轮轴位置传感器输入的信号来确定。由于信号转子上有58个凸齿，因此信号转子每转一圈(发动机曲轴转一圈)，传感线圈就会产生58个交变电压信号，并输入给电子控制单元。

每当信号转子随发动机曲轴转动一圈，传感线圈就会向ECU输入58个脉冲信号。因此，ECU每接收到58个曲轴位置传感器信号，就可知道发动机曲轴旋转了一圈。如果在1min内ECU接收到116000个曲轴位置传感器信号，ECU便可计算出曲轴转速n为2000r/min(n=116000/58=2000)；如果ECU每分钟接收到290000个曲轴位置传感器信号，ECU便可计算出曲轴转速为5000r/min(n=290000/58=5000)。依此类推，ECU根据每分钟接收的曲轴位置传感器脉冲信号的数量，便能计算出发动机曲轴旋转的转速。发动机转速信号和负荷信号是电子控制系统最重要、最基本的控制信号，ECU根据这两个信号就能计算出基本喷油提前角(时间)、基本点火提前角(时间)和点火导通角(点火线圈一次电流接通时间)3个基本控制参数。

2）发动机转速传感器

发动机转速传感器用来检测每一时刻发动机的转速，以便根据转速情况对点火提前角进行校正，即转速高时加大点火提前角，转速低时减小点火提前角。

转速传感器的结构形式和工作原理类似于曲轴位置传感器(或凸轮轴位置传感器)，有时二者合二为一(如刚才在曲轴位置传感器中所述)，也有感应式、霍尔式和光电式等几种类型。

以某款光电式转速传感器为例，它主要由信号盘(即信号转子)、信号发生器、传感器壳体和线束插头等组成。信号盘是传感器的信号转子，压装在分电器轴上，在靠近信号盘的边缘位置制作有均匀间隔弧度的内、外两圈透光孔。信号发生器固定在传感器壳体上，它由N_e信号(转速与转角信号)发生器、G信号(上止点信号)发生器及信号处理电路所组成。N_e信号与G信号发生器均由一个发光二极管和一个光敏晶体管(或光敏二极管)组成，两个发光二极管分别正对着两个光敏晶体管(或光敏二极管)。

光电式传感器的工作原理如图4.38所示。信号盘安装在发光二极管与光敏晶体管(或光敏二极管)之间。当信号盘上的透光孔旋转到发光二极管与光敏晶体管之间时，发光二

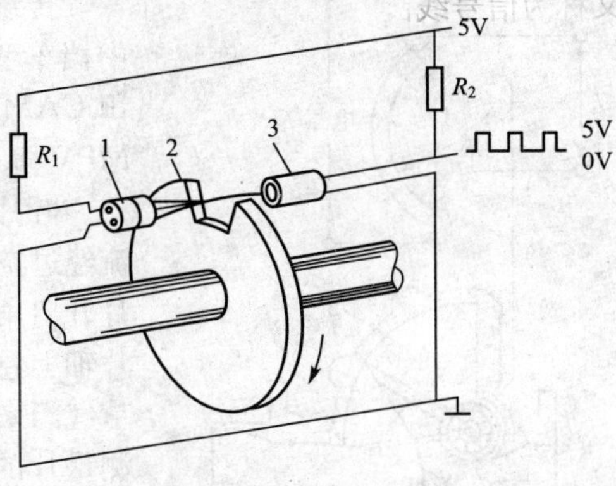

图 4.38 光电转速传感器工作原理

1—发光二极管；2—信号转子；3—光敏晶体管

极管发出的光线就会照射到光敏晶体管上，此时光敏晶体管导通，其集电极输出低电平(0.1～0.3V)；当信号盘上的遮光部分旋转到发光二极管与光敏晶体管之间时，发光二极管发出的光线就不能照射到光敏晶体管上，此时光敏晶体管截止，其集电极输出高电平(4.8～5.2V)。

如果信号盘连续旋转，透光孔和遮光部分就会交替地转过发光二极管而透光或遮光，光敏晶体管集电极就会交替地输出高电平和低电平。当传感器轴随曲轴和配气凸轮轴转动时，信号盘上的透光孔和遮光部分便从发光二极管与光敏晶体管之间转过，发光二极管发出的光线受信号盘透光和遮光作用就会交替照射到信号发生器的光敏晶体管上，信号传感器中就会产生与曲轴位置和凸轮轴位置对应的脉冲信号。

由于曲轴旋转两圈，传感器轴带动信号盘旋转一圈，因此，G信号传感器将产生6个脉冲信号。N_e信号传感器将产生360个脉冲信号。因为G信号透光孔间隔弧度为60°，曲轴每旋转120°就产生一个脉冲信号，所以通常G信号称为120°信号。设计安装保证120°信号在上止点前70°(BTDC70°)时产生，且长方形宽边稍长的透光孔产生的信号对应于发动机第一缸上止点前70°，以便ECU控制喷油提前角与点火提前角。因为N_e信号透光孔间隔弧度为1°，所以在每一个脉冲周期中，高、低电平各占1°曲轴转角，360个信号表示曲轴旋转720°，曲轴每旋转120°，G信号传感器产生一个信号，N_e信号传感器产生60个信号。发动机ECU会根据每一时间段内的脉冲数量，自动计算出发动机转速。

3) 空气流量传感器

空气流量传感器，安装在空气滤清器和节气门之间的进气管上，是测定吸入发动机的空气流量的传感器。电子控制汽油喷射发动机为了在各种运转工况下都能获得最佳浓度的混合气，必须正确地测定每一瞬间吸入发动机的空气量，以此作为ECU计算(控制)喷油量的主要依据。此外，空气流量可以反映出发动机负荷的大小，点火系统可以以此为参变量对点火正时进行修正。

空气流量传感器有旋转翼片式(叶片式)、卡门涡旋式、热线式、热膜式4种类型。旋转翼片式(叶片式)空气流量计结构简单，测量精度较低，测得的空气流量需要进行温度补偿；卡门涡旋式空气流量计无可动部件，反应灵敏，精度较高，也需要进行温度补偿；热线式空气流量计测量精度高，无需温度补偿，但易受气体脉动的影响，易断丝；热膜式空气流量计和热线式空气流量计测量原理一样，但体积小，成本低，适合大批量生产。

叶片式空气流量计也叫叶板式或旋转阀片式空气流量计。它安装在进气系统的前端，其叶板由通过流量计的气体推动，可随着带有回位弹簧的转轴转动。

叶片式空气流量计由测量板、补偿板、回位弹簧、电位计、旁通道、怠速调整螺钉和接线插头等组成，其结构如图4.39所示。

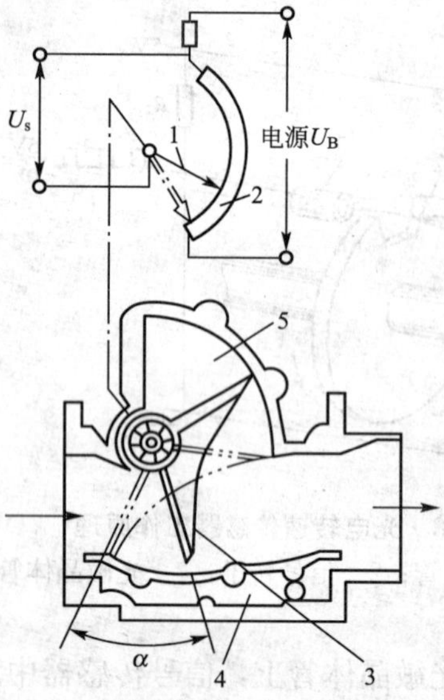

图 4.39　叶片式空气流量计

1—可变电阻滑动触头；2—电位计可变电阻；3—叶片；4—旁通道；5—阻尼室

传统的(早期的)BOSCH－L 型汽油喷射系统及一些中档车型采用这种叶片式空气流量传感器，如老式的丰田 CAMRY 小轿车、丰田 PREVIA 小客车、马自达 MPV 多用途汽车等。

叶片式空气流量计工作原理：发动机工作时，进气气流经过空气流量计时，推动测量片偏转，使其开启，测量片开启角度的大小取决于进气气流对测量片的推力与测量片轴上卷簧弹力的平衡状况；进气量的大小由驾驶人操纵节气门来改变，进气量越大，气流对测量片的推力越大，测量片的开启角度也就越大。在测量片轴上连着一个电位计，电位计的滑动臂与测量片同轴同步转动，把测量片开启角度的变化(即进气量的变化)转换为电阻值的变化；电位计通过导线、插接器与 ECU 连接。ECU 根据电位计电阻的变化量或作用在其上的电压的变化量，按拟定对应的比例进行转换，以测得发动机的进气量。

注意，该流量计上的怠速调整螺钉用来调整可燃混合气的浓度，而汽油泵开关则用来控制油泵继电器，使汽油泵在发动机工作时通电，发动机不工作时断电。

此类流量计的特点是结构简单、可靠性较好、测量精度不受电源电压的影响，但进气阻力大、急加速响应慢、外形尺寸大，安装布置不是十分方便，此外，它属于体积型空气流量计，还需对空气的压力和温度进行补偿修正。

热线式空气流量计能直接测量进气的质量流量。其测量原理是：经过热线表面的每一个空气分子都会带走一定的热量，带走热量总值与流过空气的分子数量有关，即和空气质量流量有关。

当设计要求热线表面温度与周围环境温度间保持一个固定的温差时(例如 100℃等)，被空气带走而损失的热量就要由电路加热来补偿。当热线设计成一个恒定电阻时，通过该电阻的电流值就决定了加热量，而通过该电阻的电流可以通过施加在该电阻两端的电压来调整，这就是说，只要测出能够使热线与周围环境的温差保持为定值的电压值，即可获得对应的流经热线的空气质量流量。

该类传感器有主流测量和旁路测量两大类。图 4.40 所示为主流测量方式的热线式空气流量传感器的结构。它两端有金属防护网，取样管置于主空气通道中央。取样管由两个塑料护套和一个热线支承环构成。

热线式空气流量传感器由热线电阻、温度补偿电阻、电桥电阻、精密电阻及集成电路控制器等元件构成，工作原理如图 4.41 所示。热线电阻 R_H 是线径为 70μm 的铂金丝，布置在支承环内，其阻值随温度的变化而变化，是惠斯顿电桥电路的一个臂，热线支承环前端的塑料护套内安装有一个铂金薄膜电阻器 R_C，其阻值随进气温度变化，称为温度补偿电阻，是惠斯顿电桥电路的另一个臂。热线支承环后端的塑料护套上粘结着一只精密电阻 R_A，此电阻能用激光修整，也是惠斯顿电桥的一个臂，该电阻上的电压降即为热线式空气流量传感器的输出信号电压。惠斯顿电桥还有一个臂的电阻 R_B 安装在控制电路板上，称为电桥电阻。

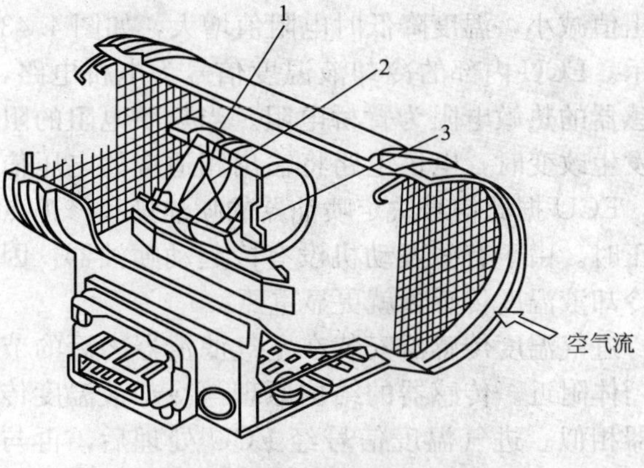

图 4.40　热线式质量空气流量计

1—取样管；2—热线传感器；3—温度传感器

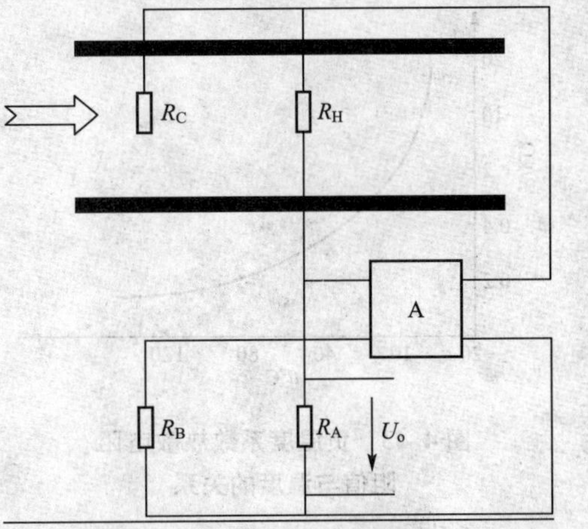

图 4.41　热线式空气流量传感器的工作原理

A—混合集成电路；R_C—冷线温度补偿电阻；R_H—铂金热线电阻；R_B—电桥电阻；R_A—精密电阻；U_0—信号电压

热线式空气流量传感器的工作原理：空气流量增加，铂金热线上被带走的热量就会增加，热线电阻的阻值就会下降，惠斯顿电桥失去平衡，控制电路根据保温需要，就会增加热线电阻的电流，使热线恢复原设定的温度和电阻，使电桥恢复平衡；电子控制回路所增加的电流大小取决于热线被冷却的程度，即空气质量流量，增加的电流通过电桥中的 R_A 转换成电压而输出；ECU 则可根据该电压信号成比例地测定出空气的质量流量。

热线式空气流量传感器的特点是可以准确测量空气量，响应速度较快，无需进行进气温度和大气压力修正，无机械工作部位，进气阻力小；但在空气流速分布不均匀时，测量误差较大，而且热线电阻容易受到污染，使其灵敏度下降。

4）冷却液温度传感器和进气温度传感器

冷却液温度传感器和进气温度传感器用来检测冷却液和进气歧管的进气温度，并将温度信号传给 ECU，从而对喷油量、喷油时刻和点火时间进行修正。

冷却液温度传感器和进气温度传感器有绕线电阻式、热敏电阻式、扩散电阻式、半导体晶体管式、金属芯式、热电偶式等多种形式，应用较多的是热敏电阻式。

冷却液温度传感器和进气温度传感器构造如图 4.42 所示。冷却液温度传感器装于缸体、缸盖的水套或节温器，进气温度传感器装于滤清器后进气软管上。也有些车辆把进气温度传感器与进气流量传感器、进气压力传感器组成一体。

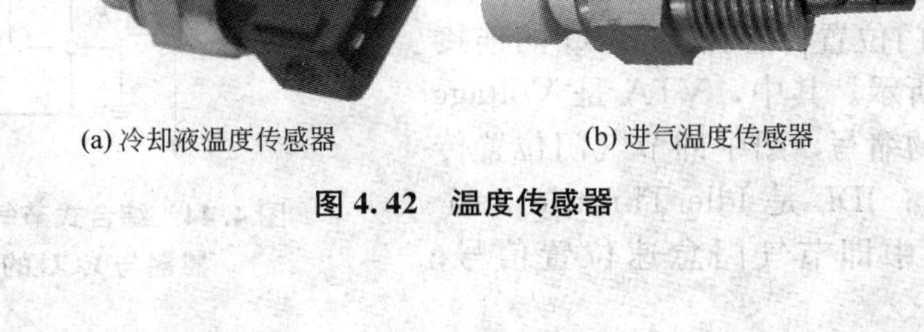

(a) 冷却液温度传感器　　(b) 进气温度传感器

图 4.42　温度传感器

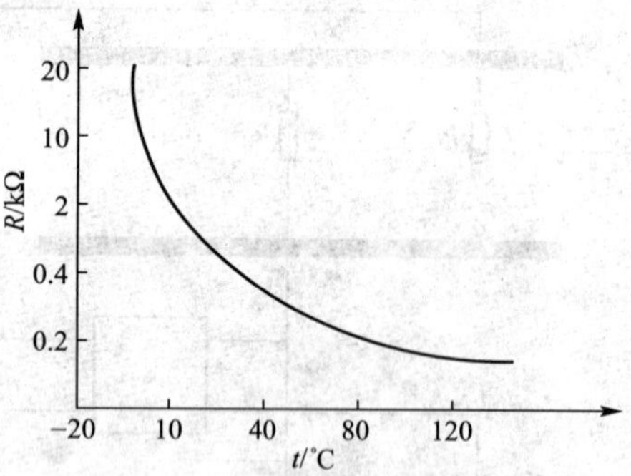

图 4.43　负温度系数热敏电阻阻值与温度的关系

冷却液温度传感器的感温元件为热敏电阻，它是具有负温度系数的一只电阻：当温度升高时电阻值减小，温度降低时电阻值增大，如图 4.43 所示。ECU 内部的冷却液温度信号为电桥电路，传感器的热敏电阻为臂桥电阻。当热敏电阻的阻值发生改变时，电桥电路将输出相适应的电压信号，ECU 据此信号决定喷油器的喷油量和修正点火正时。由于有些发动机没有冷起动喷油器，因而冷却液温度传感器就更显重要。

进气温度传感器安装在空气滤清器之后的节气门体附近。传感器的结构原理与冷却液温度传感器相似。进气温度信号经 ECU 处理后，再与 20℃的基本温度信号相比较，然后向喷油器和点火器发出喷油量和点火时刻的修正信号。

对于该传感器的检测，首先是电阻检测，就车检查时，点火开关置于“OFF”位置，拆卸冷却液温度传感器导线插接器，用数字式高阻抗万用表测试传感器两端子间的电阻值。其电阻值与温度的高低成反比，注意不同车系、车型，其热敏电阻与温度之间的关系不尽相同，但一般情况是在 80℃时应小于 0.5kΩ，0℃时应在 4～7kΩ 范围内，20℃时应在 2～3kΩ 范围内；单件检查时，拧下冷却液温度传感器，用万用表电阻挡测量在不同冷却液温度条件下冷却液温度传感器两接线端子间的电阻值，并将测得的阻值与标准阻值相比较，如果不符合标准，则应更换冷却液温度传感器。其次是冷却液温度传感器输出信号电压的检测：装好冷却液温度传感器，将此传感器的导线插接器插好，当点火开关置于“ON”位置时，从冷却液温度传感器导线插接器端子间测试传感器输出电压信号，电压值应与不同温度下的规定值相一致。

5）节气门位置传感器

节气门位置传感器又称为节气门开度传感器或节气门开关。其主要功用是检测发动机是处于怠速工况还是负荷工况、加速工况或减速工况。

汽车发动机节气门由驾驶人通过加速踏板来操纵，以改变发动机的进气量，从而控制发动机的运转。不同的节气门开度标志着发动机在不同的负荷工况下运转。为了使喷油量和点火时间满足不同工况的要求，微机控制点火系统通常在节气门体上装有节气门位置传感器，它可以将节气门的开度转换成电信号输送给 ECU，作为 ECU 判定发动机运转工况的依据。

节气门位置传感器有开关量输出型和线性可变电阻输出型及综合式 3 种类型。这里仅以综合式节气门位置传感器为例进行介绍。

综合式节气门位置传感器与 ECU 的连接方法如图 4.44 所示。其中，VTA 是 Voltage Throttle Angle 的缩写，图中即节气门位置传感器的电压信号；IDL 是 Idle Throttle Position 的缩写，图中即节气门怠速位置信号；

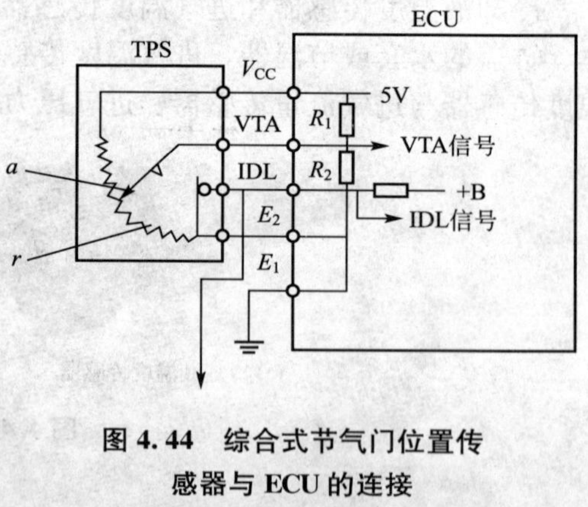

图 4.44　综合式节气门位置传感器与 ECU 的连接

TPS 则是 Throttle Position Sensor 的缩写，即节气门位置传感器；图中的 E_1、E_2 分别代表接地端子 1 和 2。

传感器内电阻 r 的两端一直加有 ECU 输送来的 5V 电压，动触点 a 根据节气门开度的状况在电阻 r 上滑移，由此改变 ECU 的 VTA 端子的电压。这一电压信号经 A/D 转换器变成数字信号，再输入到计算机中去。从图 4.44 中可以看出，传感器经 VTA 电阻→R_2 端子→E_2 端子，但是因为 R_1、R_2 都大于 r，所以电流的流经途径是 VCC 端子→电阻 r→E_2 端子，VTA 端的电位并不受电阻 R_1、R_2 的影响。

当节气门全闭时，触点闭合，IDL 端的电位为 0，这样就把节气门全闭的这一情况通知了计算机。收到 VTA 端子、IDL 端子传来的信号之后，计算机根据这些信号判断出车辆的行驶状态，再决定进行过渡时期空燃比修正和点火时间修正，或是输出增量修正，或是切断油路，或是进行怠速稳定修正。

6）氧传感器

氧传感器检测发动机所排废气中的含氧量，在保证完成三元催化的基础上，把空燃比控制在 14.77 左右，同时，给点火提前角的控制提供一个参考信号。

目前汽车上使用的主要有氧化锆式氧传感器和氧化钛式氧传感器两种类型。

氧化锆式氧传感器实物及结构，如图 4.45 所示。

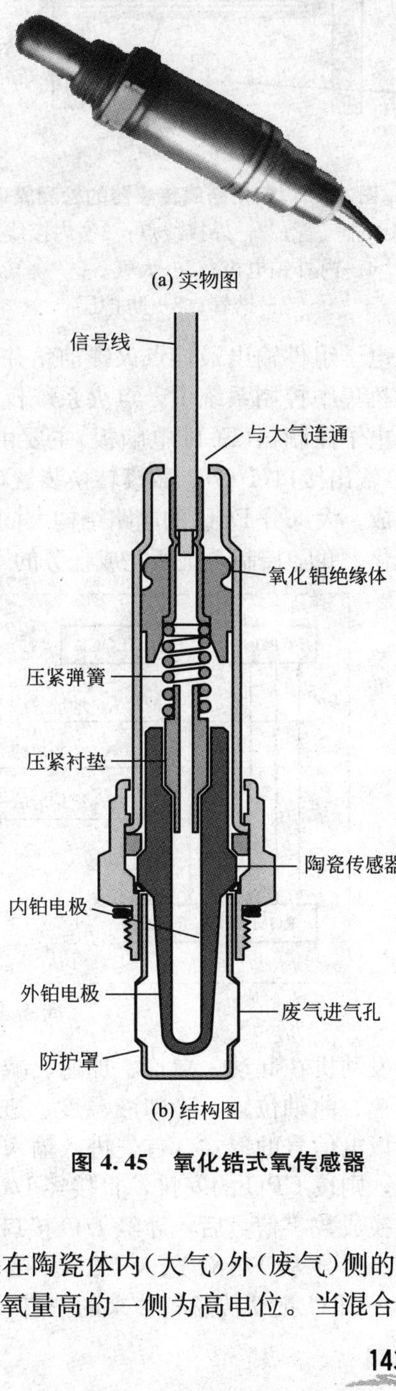

图 4.45　氧化锆式氧传感器

氧化锆式氧传感器的其基本元件是专用陶瓷体(俗称锆管)，即氧化锆(ZrO_2)固体电解质(ZrO_2 是典型的离子晶体，在 ZrO_2 中添加二价或三价立方对称氧化物时，如添加 CaO、MgO、Y_2O_3 和其他三价稀土氧化物时，在适当的加热和冷却条件下可以使 ZrO_2 在 600℃以上时成为氧的快离子导体，所以人们称它为固体电解质，这种陶瓷材料对氧具有高度的敏感性，选择性也十分好，用它做成的氧传感器，广泛应用于汽车监测中)，锆管固定在带有安装螺纹的固定套中。锆管表面装有透气铂电极，配有护管及电插头，其内表面与大气相通，外表面与废气相通，外表面还加装了一个防护套管，套管上开有通气槽。锆管的陶瓷体是多孔的，但不允许气体分子穿过，只允许离子渗透。其检测原理如图 4.46 所示。

温度较高时(高于 300℃)，氧气发生电离，如果在陶瓷体内(大气)外(废气)侧的氧离子浓度不同，就会在两个铂电极表面产生电压降，含氧量高的一侧为高电位。当混合气稀

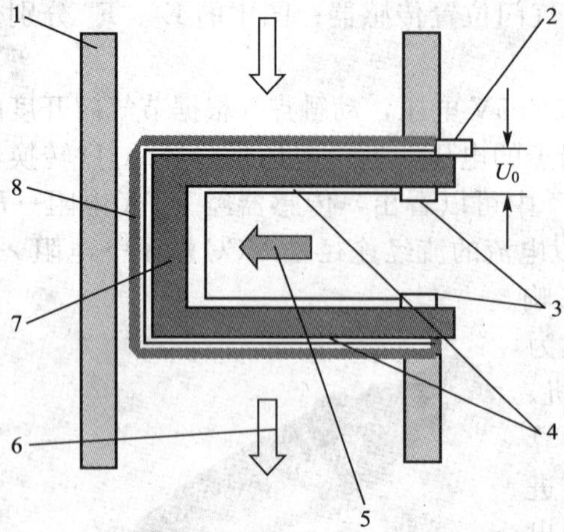

图 4.46 氧化锆氧传感器的检测原理

1—排气管；2—外接线点；3—内接线点；4—内外铂电极；5—大气；6—废气；7—锆管；8—防护层

时，排气中含氧多，两侧浓度差小，只产生小的电压；反之，混合气浓时，产生高电压。根据所测电压值就可测量氧传感器外侧气体（废气）中的氧气含量，而发动机废气排放中的氧含量主要取决于混合气的空燃比。因此，ECU根据氧传感器输入的电信号分析汽油的燃烧状况，以便及时修正喷油量，使空燃比处于理想状况，即$\lambda=1$，所以这种传感器又称为λ传感器。而空燃比又在某种程度上影响着点火正时，所以氧传感器的输出信号也是ECU控制点火提前角的依据之一。

2. 电子控制装置(ECU)

ECU是点火控制系统和喷油控制系统的神经中枢，其作用是接收上述各有关传感器信号，并按照特定的程序进行判断、运算后，向点火电子组件输出最佳点火提前角并对初级电路的导通与关断发出控制指令信号。在现代发动机集中控制系统中，点火系统仅是电子控制单元的一个子系统。

电子控制器(ECU电脑板)主要由中央处理器(CPU)、存储器(PADM：RAM、ROM)、输入/输出接口(I/O)、数模转换装置(A/D、D/A)、总线(BUS)及电源供给电路(BSC)等部分组成。大部分ECU的电路结构大同小异，控制功能的变化则依赖于软件及输入输出模块的变化，并随控制系统所完成任务的不同而不同。ECU的基本组成如图4.47所示。

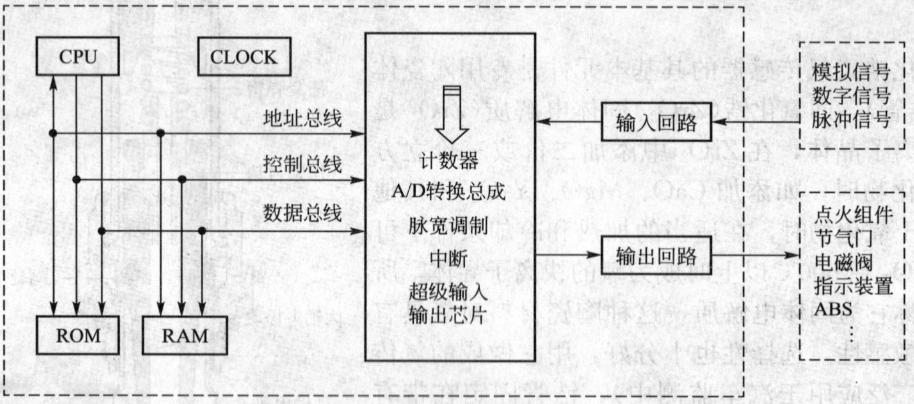

图 4.47 汽车ECU的基本组成

发动机在起动、怠速、加速、减速等各种工况下，各传感器不断地采集各种信息(曲轴转速、曲轴位置、冷却液温度、进气温度、节气门位置、排气含氧量、爆燃等)，这些信息以电信号的形式，首先进入输入回路，对其进行去杂、滤波和整形处理，如果是数字信号，则按CPU的安排，直接经I/O接口输入电脑；如果是模拟信号，则需经A/D转换器转换成数字信号后，才经I/O接口输入电脑。这些信息大多数暂时存储在RAM中，得到指令后才从RAM送入CPU。接着，把存储在ROM(或PROM)中的设定数据引入CPU，CPU把从传感器传来的信息与存储数据进行比较，并经运算后做出决定而向各执行器发出指令信号。指令信号经I/O接口和输出回路，控制执行器动作，其中包括点火正时的自动调整及点火线圈初级回路闭合角的控制等。

3. 电子点火控制器(点火器)

点火器是发动机综合控制的执行器之一，点火器的作用是根据ECU的指令，通过内部的大功率晶体管的导通和截止，控制初级电流的通断，完成正时点火工作。

各种发动机的点火器结构各不相同，有的点火器除接通、切断初级电路的功能外，还有恒流控制、闭合角控制、气缸判别、点火监视等功能。也有的发动机不设点火器，而是将控制初级电路的大功率晶体管设在ECU内部。

4.4.3 微机控制无分电器点火系统

微机控制点火系统按照是否保留传统的分电器(实质上指配电器)，可分为两大类：一是有分电器点火系统，二是无分电器点火系统。后者又可分为双缸同时点火式和各缸单独点火式两种形式。

有分电器点火系统(非直接点火系统)点火线圈的高压电是经配电器进行分配的，即由分火头和分电器盖组成的分电器，依照点火顺序适时地将高压电分配至各气缸，使各缸火花塞依次点火。它存在如下弊端：

(1) 点火能量损失大：高压电通过分火头与侧电极之间的间隙、中央高压导线、分缸高压导线，再到火花塞，传递路线长，传递电阻大，有较大的电压降，造成一定的点火能量损失。

(2) 高速、多缸时不能保证点火能量：因为若干气缸共用一个点火线圈，其初级线圈的通电时间受制于发动机转速和分电器的闭合角，而闭合角又取决于分火头的分火角，最大闭合角必小于分火角，因此，通过最大化闭合角的方法以提高初级回路电流的措施受到限制，转速超过一定值以后，初级电流仍会下降。

(3) 点火提前角的调节范围受分电器几何学上的限制：当提前角过大或过小时，分火头会对应到另外一个侧电极或对空，造成点火正时的机械误差，甚至使点火失效。

(4) 存在无线电干扰：分火头与旁电极之间的间隙在分火时产生火花，既有能量损失，也会因为分电器盖屏蔽不严而造成无线电干扰。

(5) 容易导致绝缘击穿：当各部分的绝缘效果下降时，易造成漏电，严重时还可以造成局部击穿，而形成非需跳火(断火、乱跳)及局部烧蚀现象。

无分电器微机控制点火系统中点火线圈上的高压线直接与火花塞相连(或称为与点火线圈一体式火花塞，如图4.48所示)，工作时，由微机根据各传感器输入的信息，依照发动机的点火顺序，适时地控制各个点火线圈，需要时产生高压电，而点火线圈产生的高压电则直接送到火花塞，使之跳火，点燃混合气。

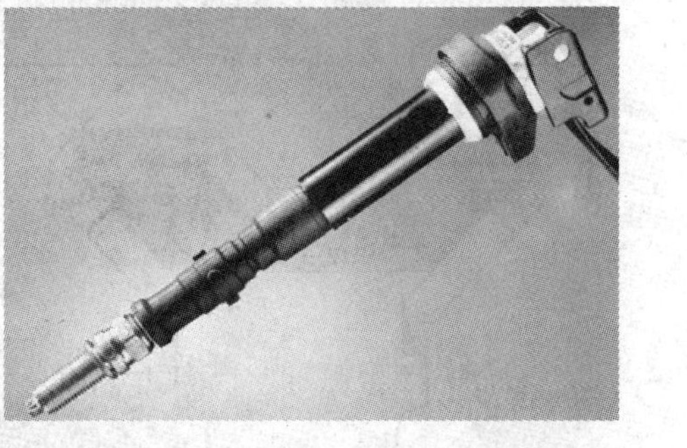

图4.48 组合式点火线圈与火花塞

1) 单独点火(Single Spark)

每缸一个点火线圈，即点火线圈的数量与气缸数相等(图4.49)。由于每缸都有点火线圈，即使发动机转速很高，点火线圈也有较长的通电时间，故可提供足够高的点火能量。

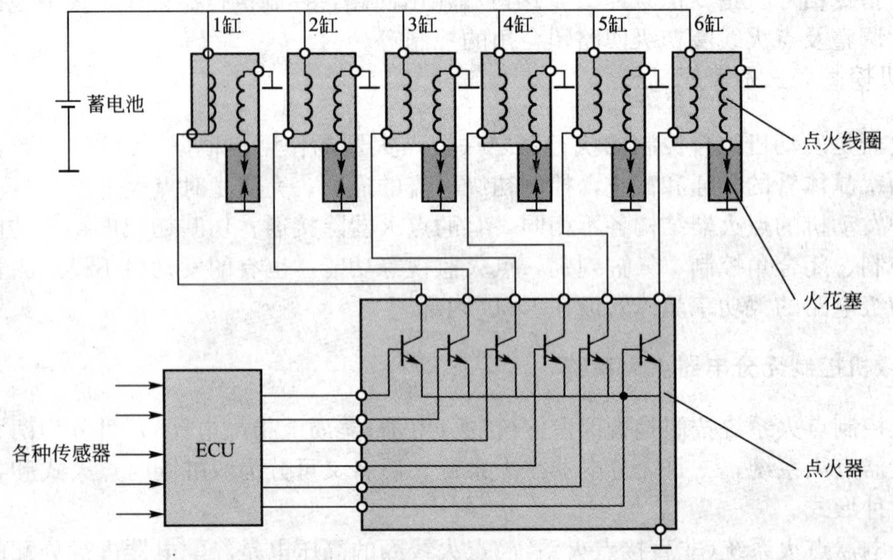

图 4.49　单独点火式微机控制点火系统

这种点火方式特别适合在四气门发动机上使用，火花塞可安装在双凸轮轴中间，在每一缸火花塞上直接压装一个点火线圈，充分利用安装空间，这对V型多缸发动机舱的合理紧凑布置具有重要的实用意义。

2）双缸同时点火式(Double Spark)

此类点火系统中，点火线圈的个数等于气缸数的一半。当两同步缸同时到达上止点时，火花塞跳火，其中一缸接近压缩行程上止点，为有效点火(Event Spark)；另一缸接近排气行程上止点，为无效点火(Waste Spark)，如图4.50所示。

3）二极管配电点火

二极管配电式点火是利用二极管的单向导通特性，对点火线圈产生的高压电进行分配的同时点火方式。二极管配电方式的主要特点是一个点火线圈组件为4个火花塞提供高压电，因此特别适宜于四缸或八缸发动机，如图4.51所示。

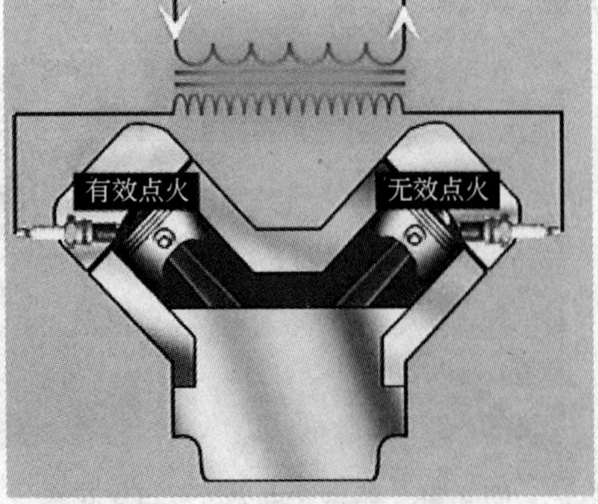

图 4.50　双缸同时点火

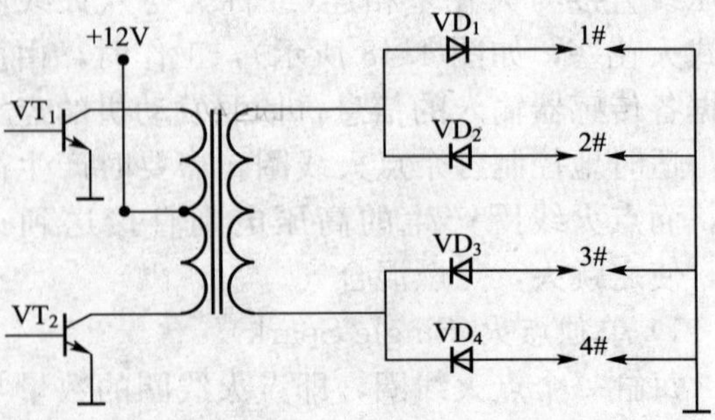

图 4.51　二极管配电点火

4.4.4 微机控制点火系统控制内容及方法

微机控制点火系统控制内容包括最佳点火提前角及闭合角的控制。

1. 最佳点火提前角的控制

在最大爆发压力出现在压缩上止点后12°左右的基础上，全面考虑到诸如速度、负荷、温度、爆燃等几乎所有影响发动机经济性、动力性、环保性等的因素的点火提前角，称为最佳点火提前角。在微机控制的发动机点火系统中，最佳点火提前角有3部分组成，即初始点火提前角+基本点火提前角+校正点火提前角。也就是：

$$\theta_{igo}=\theta_{igi}+\theta_{igb}+\theta_{igc} \tag{4-5}$$

1）初始点火提前角 θ_{igi}

发动机起动状态下的点火提前角，通常是ECU根据点火开关信号、曲轴位置信号和转速信号来确定点火正时，一般为一固定值，称为初始点火提前角。

通常ECU在以下几种工况下执行初始点火提前角：一是起动瞬间，二是转速低于设定值(一般为400r/min)，三是怠速触点闭合而车速低于设定值(例如2km/h)，四是出现故障后ECU执行后备功能时。

也有个别的发动机不采用初始提前角控制，而是根据发动机起动瞬间的温度和起动转速来进行更加精准的控制。

2）基本点火提前角 θ_{igb}

在最佳点火提前角脉谱图中存储的、与发动机各工况相对应的基础点火提前角，称为基本点火提前角。通过大量的动力性、经济性、排放性等方面的实验，并对油耗、转矩等进行优化处理而得到一系列的最佳基础点火提前角 θ_{igb}，并把它描述成n、l的函数，这些函数所形成的三维脉谱图储存到ROM中，以便发动机在不同工况下对照选取。

3）修正点火提前角 θ_{igc}

ECU根据爆燃、温度、排放等各种修正依据信号和开关信号，为达到进一步优化的目的而进行的修正角度值。

(1) 发动机暖机工况下点火提前角的修正。在发动机起动后的暖机状态下，ECU根据节气门位置信号、发动机转速信号、空调开关信号进行点火提前角的基本控制，然后根据温度的变化、曲轴转速波动及氧传感器信号对点火提前角进行修正。

发动机在暖机修正中，在冷却液温度较低时，应适当增大点火提前角，之后再随温度的升高而逐渐相应地减小点火提前角。因为发动机冷机起动后的暖机过程中，随冷却液温度的提高，混合气的燃烧速度加快，燃烧过程所占的曲轴转角减小，点火提前角也应适当减小，图4.52为某款发动机暖机修正特性，纵坐标为点火提前角修正值，横坐标为冷却液温度。

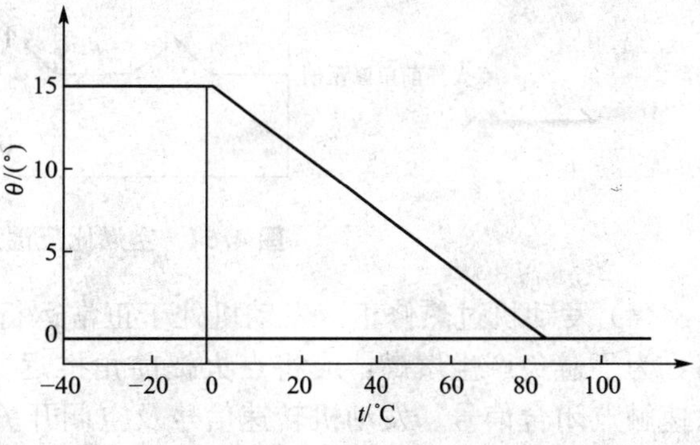

图4.52 暖机修正特性

(2) 发动机怠速工况下点火提前角

的修正。发动机在怠速工况运行时，由于负荷的变化会使发动机转速发生变化，故ECU要调整点火提前角，使发动机在规定的怠速转速下稳定运转。发动机处于怠速工况时，ECU不断计算发动机的平均转速，当发动机的转速低于规定的怠速转速时，ECU则根据实际转速与目标转速差值的大小相应增大点火提前角；当发动机转速高于目标转速时，则减小点火提前角。

在图4.53中，接通空调相当于增加负载，所以修正值减小，即点火错后；关闭空调，相当于减小负载，所以修正值增加，即点火提前。Δn为发动机实际转速与目标转速的差值。

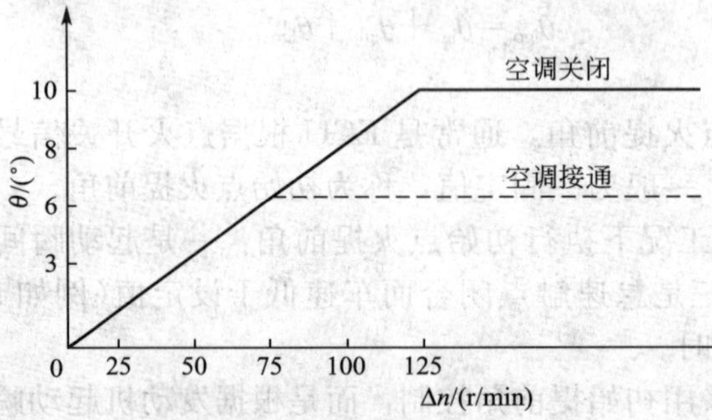

图4.53　怠速稳定点火提前角修正特性

(3) 空燃比反馈修正。由于空燃比反馈控制系统是根据氧传感器的反馈信号调整喷油量的多少来进行最佳空燃比控制的，所以这种喷油量的变化必然带来发动机转速的变化。为了稳定发动机转速，点火提前角需要根据喷油量的变化进行修正。

随着修正喷油量的增加或减少，发动机转速在一定范围内波动。为了提高转速的稳定性，在反馈修正喷油量减少时，点火提前角应相应增加；当反馈修正喷油量增加时，点火提前角应相应减小。其变化规律如图4.54所示。

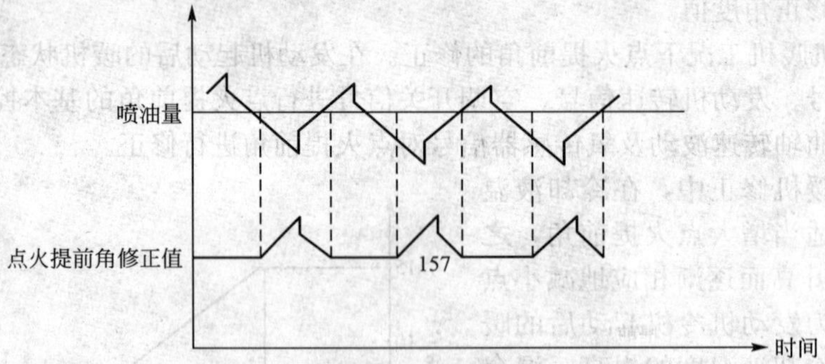

图4.54　空燃比反馈点火提前角修正

(4) 发动机过热修正。发动机处于正常运行工况(怠速触点断开)时，若冷却液温度过高，为了避免产生爆燃，应将点火提前角推迟(图4.55)。怠速工况下，ECU根据节气门怠速触点闭合信号、发动机转速信号及空调开关信号等来确定点火提前角，发动机处于怠速工况(怠速触点闭合)时，若冷却液温度过高，为避免发动机长时间过热，应将点火提前角适当增大。

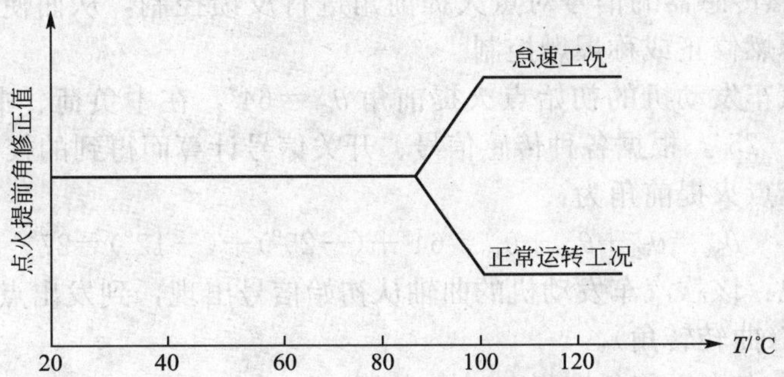

图 4.55　发动机过热点火提前角修正

注意： 第一，发动机过热修正在正常工作温度范围内不起作用，超过 105℃时才对点火提前角起校正作用；第二，怠速时(怠速触点闭合)过热使点火提前，正常工况(怠速触点断开)过热使点火错后；第三，对由于点火过晚引起的发动机过热进行提前校正，对由于超负荷引起的发动机过热进行滞后校正。

(5) 爆燃修正。爆燃和点火时刻有密切关系，一般而言，点火提前角越大，越易产生爆燃，推迟点火时间对消除爆燃有明显的作用。ECU 对爆燃进行反馈控制时，首先把来自爆燃传感器的输入信号进行滤波处理，滤波电路只允许特定范围频率的爆燃信号通过，由此达到将爆燃信号与其他振动信号分离的作用。然后，ECU 将此信号的最大值与爆燃强度基准值进行比较，对是否发生爆燃及爆燃的强弱程度作出判断，如果信号最大值大于基准值，则表示发生了爆燃，ECU 就会推迟点火时间。当发动机的负荷低于一定值时，一般不会发生爆燃，此时 ECU 对点火提前角实施开环控制。在这种情况下，电控单元对爆燃传感器的输入信号不再进行判别和分析，只按预置数据及相关传感器的输入信号控制点火提前角的大小。ECU 通过对反映发动机负荷状况的传感器输入信号的分析，确定采用开环控制还是闭环控制。ECU 对点火提前角进行闭环控制时，若发动机产生爆燃，ECU 则根据爆燃信号的强弱控制推迟角度的大小，爆燃强，推迟的角度大；爆燃弱，推迟的角度小。每次反馈控制调整都以一固定的角度递减，直到爆燃消失为止。爆燃消失后，ECU 又以一固定的提前角度逐渐增大点火提前角，当再次出现爆燃时，ECU 又再次逐渐减小点火提前角。爆燃修正反馈控制原理如图 4.56 所示。在需要对点火提前角进行闭环控制的工况下，这种反馈控制调整过程是反复进行的。

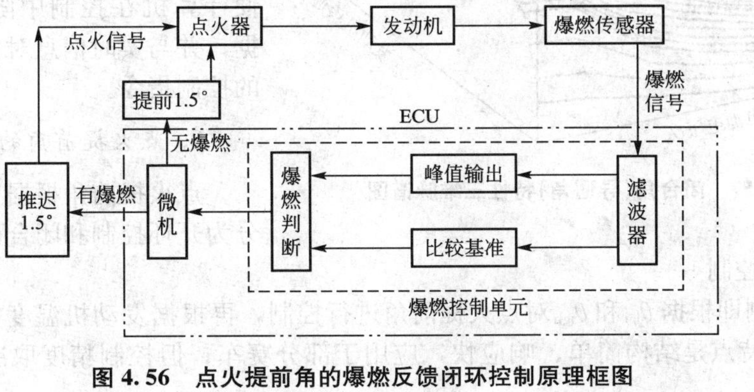

图 4.56　点火提前角的爆燃反馈闭环控制原理框图

ECU 通过爆燃传感器的信号对点火提前角进行反馈控制，从而使实际点火提前角保持最佳，这就叫爆燃修正或称爆燃控制。

例如，某款汽车发动机的初始点火提前角 $\theta_{igi}=64°$，在中负荷、中速的某一工况下，微机读取的 $\theta_{igb}=-25°$，根据各种传感信号、开关信号计算而得到的校正值为 $\theta_{igc}=-12°$，所以，此刻的最佳点火提前角为：

$$\theta_{igo}=\theta_{igi}+\theta_{igb}+\theta_{igc}=64°+(-25°)+(-12°)=27°$$

也可以这样说：该款汽车发动机的曲轴从初始信号出现，到发出点火校正信号，需要转过 64°－27°＝37(曲转转角)。

4）最大、最小点火提前角控制

当 ECU 确定的点火提前角超过允许的最大提前角或小于允许的最小提前角时，发动机就不能正常运转，此时，ECU 将以最大或最小点火提前角允许值进行控制。

一般情况下，发动机的最大点火提前角为 35°～45°；最小点火提前角为－10°～0°。

2. 闭合角控制

这里所说的闭合角也是沿用了传统点火系统的概念，在传统点火系统中它是指断电器触点闭合时间内断电器凸轮所转过的角度。而在微机控制的点火系统中则是指初级电路接通的时间。点火线圈的次级电压和初级电路断开时的初级电流成正比，如果通电时间短，初级电流小，则会使感应出的次级电压偏低，容易造成失火；初级电流大，虽然对点火有利，但通电时间过长，会使点火线圈发热，甚至烧坏，还会使能耗增大。因此要把初级回路的通电时间控制在一个最佳状态。

有些点火装置中，为了提高点火能量，采用了初级线圈电阻很小的高能点火线圈，其饱和电流可达 30A 以上。但在发动机低速工作时，则会由于闭合时间过长而使点火线圈的电流过大，从而会使点火线圈和点火电子组件过热而损坏，因此在点火控制电路中增加了恒流控制电路。

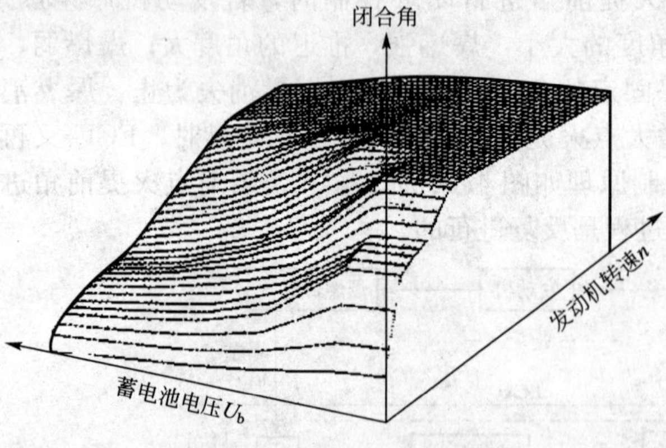

图 4.57 闭合角(导通角)特性三维脉谱图

影响闭合角的因素主要有蓄电池电压和发动机转速。在微机控制的点火系统中，把闭合角随发动机转速与蓄电池电压的变化而变化的关系绘制成三维脉谱图(图 4.57)，并以数据的形式储存到 ECU 的 ROM 中，以便计算机在控制中随时调用这些数据，并与实时信息对比后发出闭合角的控制指令。

3. 点火提前角的控制方法

点火提前角根据有无反馈信号可分为开环控制和闭合控制两种。

1）开环控制

开环控制即根据 θ_{igi} 和 θ_{igb} 对点火提前角进行控制，再根据发动机温度实施修正，如图 4.58 所示。特点是结构简单、响应快，应用于部分赛车；但控制精度取决于传感器的精度，且不考虑结果(排放、爆燃、怠速波动、机械部件磨损等)对提前角的影响，所以控制精度较低。

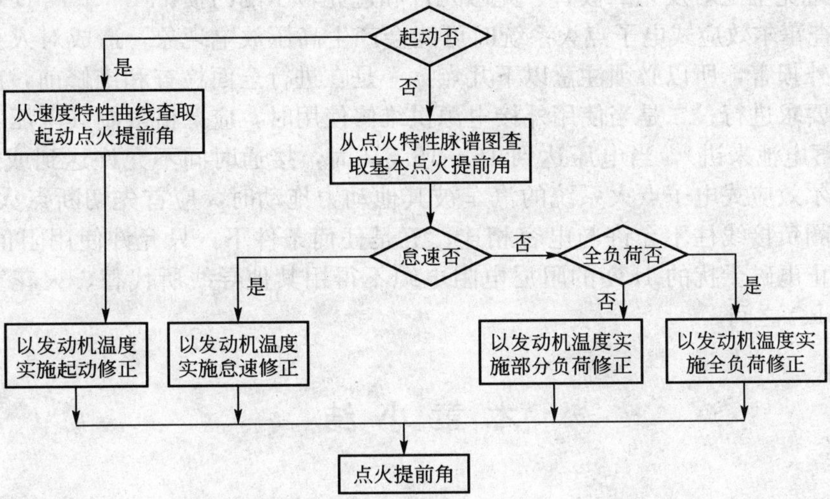

图 4.58 点火提前角的开环控制程序框图

2) 闭环控制

闭环控制既根据初始和基本状况进行控制，又根据反馈信息进行校正的控制方式。特点是控制精度提高，可以做到全方位考虑；但结构复杂、响应速度较慢。

4.4.5 微机控制点火系统的使用与检测

1. 防止电击

在发动机起动和工作时，不要用手触摸点火线圈高压线和分电器等部件，以免受电击。进行高压试火时，最好用绝缘的橡胶夹子夹住高压线来进行试验，直接用手接触高压线容易造成电击。也可以将高压导线插到一只备用的火花塞上，然后将火花塞外壳搭铁，再从火花塞的电极间隙处观察是否跳火。

2. 用正确方法检测

在检查微机控制点火系统电路故障时，不要用划火的方式来检查电路的通断，这种做法容易损坏电子元器件，电路通断与否应该用万用表电阻挡来进行检查判断。

3. 禁止带电操作

在点火开关接通的情况下，不要做连接或切断线路的操作，以免烧坏控制器中的电子器件。在拆卸蓄电池时，必须确认点火开关和其他所有的用电设备及其开关都已关闭后，才能进行拆卸；安装蓄电池时，一定要辨清正负极，并搞清搭铁极性(一般为负极搭铁)，千万不能接错，蓄电池极柱与线卡的连接一定要牢固，否则容易损坏电子设备。

4. 检查点火信号发生器及曲轴位置传感器时的注意事项

(1) 检查磁感应式曲轴位置传感器时应注意：在打开分电器盖时注意不要让垫圈、螺钉之类的金属物掉入其内；在检查导磁转子与定子之间的间隙时，要使用无磁性塞尺，并注意不要硬塞强拉。

(2) 检查光电式曲轴位置传感器应注意：不要轻易打开分电器盖，若确实需打开检查时，要注意避免尘土对发光二极管、光敏元件和遮光转子的污损。

(3) 检查霍尔效应式电子点火系统时可能会产生高压放电现象，造成对人身和点火系统本身的意外损害，所以必须注意以下几点：一是在进行全面检查和维修前，应先切断电源，然后按要求进行；二是当使用外接电源供维修使用时，应严格限制其电压不大于16V(对于12V蓄电池来讲)，当电压达到16～16.5V时，接通时间不允许达到或超过1min；三是采用霍尔效应式电子点火系统的汽车被其他动力拖动时，应首先切断点火系统电源；四是点火线圈负接线柱不允许与电容相连；五是任何条件下，只允许使用阻值为1kΩ的分火头，防止电磁干扰的1kΩ的阻尼电阻电缆不得用其他导线所代替，火花塞插头电阻值应在1～5kΩ之间。

本章小结

本章首先介绍了汽车点火系统的作用及汽车对点火系统的要求，并以传统点火系统的结构组成及工作原理为基础，进一步介绍了普通电子点火系统的点火原理、所用点火信号发生器及点火控制器的结构及工作原理，微机控制点火系统的类型、控制原理，控制所需的各种传感器和信号开关结构及原理等内容。

复习思考题

一、填空题

1. 点火提前角是指从火花塞电极间跳火开始到活塞行至上止点为止这一段时间内曲轴转过的角度。理论上把发动机(转速和节气门开度一定时)发出最大功率和油耗最低时的点火提前角称为________。

2. 汽油机对点火系统有4项基本要求，即________，________，________，________。

3. 影响最佳点火提前角的因素很多，但主要应随转速升高而________，随负荷增大而________。

4. 传统的点火系统由电源、________、________、________、点火开关及附加电阻等部分组成。

5. 传统点火系统中影响次级电压的因素包括：________、________、电容值、________和点火线圈温度。

二、选择题

1. 火花塞裙部的自净温度为(　　)。

A. 500～700℃　　B. 750～850℃　　C. 100～200℃

2. 发动机起动时反转和加速时爆燃的原因是(　　)。

A. 点火过早　　B. 点火过迟　　C. 没有点火　　D. 不一定

3. 点火闭合角主要是通过(　　)加以控制的。

A. 通电电流　　B. 通电时间

C. 通电电压　　D. 通电速度

4. 传统点火系统与电子点火系统最大的区别是(　　)。

A. 点火能量的提高　　B. 断电器触点被点火控制器取代

C. 曲轴位置传感器的应用　　D. 点火线圈的改进

5. 闭磁路点火线圈和开磁路点火线圈相比，其铁心不是条形而是(　　)字形。

A. “日”　　B. “田”　　C. “Y”　　D. “F”

6. 当发动机功率较大、转速较高、压缩比较大时，应选用(　　)火花塞。

A. 热型　　B. 中型　　C. 冷型　　D. 都可以

7. 电子控制点火系统由(　　)直接驱动点火线圈进行点火。

A. ECU　　B. 点火控制器

C. 分电器　　D. 转速信号

8. ECU 根据(　　)信号对点火提前角实行反馈控制。

A. 冷却液温度传感器　　B. 曲轴位置传感器

C. 爆燃传感器　　D. 车速传感器

9. 点火线圈初级电路的接通时间取决于(　　)。

A. 断电器触点的闭合角　　B. 发动机转速

C. A、B 都正确　　D. A、B 都不正确

10. 采用电控点火系统时，发动机实际点火提前角与理想点火提前角的关系为(　　)

A. 大于　　B. 等于　　C. 小于　　D. 接近于

三、判断题

1. 点火提前角过大，会造成发动机温度升高。(　　)
2. 发动机起动时，按 ECU 内存储的初始点火提前角对点火提前角进行控制。(　　)
3. 蓄电池的电压变化不会影响到初级电流。(　　)
4. 轻微的爆燃可使发动机功率上升，油耗下降。(　　)
5. 发动机工作时，随冷却液温度的提高，爆燃倾向逐渐增大。(　　)
6. 霍尔式点火发生器触发叶轮叶片与气缸数相等。(　　)
7. 点火提前角对发动机性能的影响非常大。(　　)
8. 起动时点火提前角是固定的。(　　)
9. ECU 根据凸轮轴位置传感器的信号来确定发动机转速。(　　)
10. 在将传统点火系统改换成电子点火系统后，应将火花塞的间隙适当调小。(　　)

四、问答题

1. 汽油机对点火系统有哪些要求？
2. 点火提前角与哪些因素有关？点火过早或过迟对发动机的工作有何影响？
3. 试说明传统点火系统的组成及工作原理。
4. 火花塞高压火花产生的瞬间，次级回路是正极搭铁还是负极搭铁？为什么？
5. 传统点火系统是怎样自动调整点火提前角的？

6. 与传统点火系统比较，普通电子点火系统有哪些优点？
7. 普通电子点火系统还存在哪些缺陷？如何改进？
8. 微机控制点火系统与普通电子点火系统相比，最大的优点是什么？
9. 热线式空气流量计有何优点？原理怎样？
10. 无分电器点火系统有哪些优点？试用实例说明其点火原理。

第5章 汽车灯光系统

学习目标

了解汽车灯光系统的组成及作用；
掌握前照灯的结构组成及防眩目措施；
掌握汽车转向闪光器的工作原理；
了解汽车新型照明系统。

教学要点

知识要点	能力要求	相关知识
汽车前照灯	知道什么是灯系，汽车灯光系统必须满足的要求；掌握前照灯的结构组成及防眩目措施；熟悉前照灯控制电路	照明装置，卤钨再生循环反应，封闭式前照灯，防眩目措施
汽车转向灯	熟悉转向闪光器的类型； 掌握转向闪光灯的工作原理	电子式闪光器
其他灯光系统	了解汽车上用的其他灯光系统	雾灯、LED灯、氙气灯
灯光系统故障及检测	了解汽车灯光常见的故障，熟悉其诊断及检修方法	灯系故障及检修

导入案例

随着人们生活水平的不断提高，汽车已经从奢侈品转变为生活必需品，并已逐渐走入千家万户。汽车是用来给我们提供方便的，让我们的出行更安全、更便捷，所以汽车本身的安全系数也是我们大家所关注的问题。汽车的智能化也是发展的必然趋势，汽车灯光系统的智能化，您注意到了吗?

以前开车一般要等天很暗了才会开灯，开早了人家还会笑话说：这车电量足，油够多。而随着人们安全意识的不断提高和某些高端车智能化的引导，加上身边发生的某些交通事故都警示我们，应该良好地运用我们的汽车前照灯。

在昏暗的天气里，夜幕即将到来的时候，也许有些人认为还能清楚地看到前面的视线，前 50m 能看到，但前 100m 能看清吗? 如果您所驾驶的是灰色的车，能保证对方清楚看到吗? 所以及时开灯是有必要的，也许您会忘记，但是智能化的光控系统不会忘记，它会保障您的行车安全。

开车进入隧道或地下车库时，光线瞬间由亮到暗，人的眼睛会出现短暂的“黑视”现象，影响行车安全。而光控系统会立即开启前照灯，实现光照补偿，完全消除眼睛“黑视”，提高驾驶的安全性；开车出隧道或车库时前照灯又自动关闭，所以您再也不会担心忘记关车灯了。

夜间行车时，有没有感觉特别累，要看清前方视线，还要操作灯光系统，甚至有时候懒了一直开远光行驶，或者非到的确看不清前方路况时才变远光? 这两种极端都是相当危险的。远光行驶让对方车辆无法看清前方路况，这样对我们不一定是安全的，这是害人害己。夜晚的交通事故大多是由于操作灯光不当造成的。交通部门也一再强调，夜间会车需在 150m 外变近光行驶。夜间开车频繁操作灯光的确麻烦，那我们怎样能既文明又安全地操作呢? 可以利用智能光控系统，会车时它能自动变近光，会车完毕又自动换远光，省去夜间开车的烦恼，利人利己。

夜间起动汽车发动机，自动前照灯的感应系统可以同步开启车灯；停车熄火时，自动前照灯随之熄灭，因此不必担心忘记关车灯，使用非常方便。

5.1 概　　述

为了保证汽车行车安全，提高车辆行驶速度，现代汽车上都装有多种照明设备和灯光信号装置，俗称“灯系”。

汽车灯系的组成结构与安装位置一般因车而异，不同厂家和不同型号的汽车有不同的结构。汽车灯系主要起照明、报警和状态标识作用。汽车灯系中的车灯均由多路集成控制器(MICU)、车灯组合开关和专用开关控制，当汽车在各种不同的状态时，车灯分别发挥各自不同的作用。汽车灯具按其作用和安装位置的不同可分为外部照明装置、内部照明装置和灯光信号装置 3 类。

1. 外部照明装置

汽车外部照明装置由前照灯、雾灯及牌照灯等组成。

外部灯具光色一般采用白色、橙黄色和红色；执行特殊任务的车辆，如消防车、警车、救护车、抢修车，则采用具有优先通过权的红色、黄色或蓝色闪光警示灯。机动车应按时参加安全检测和综合检测，确保外部灯具齐全有效。

2. 内部照明装置

常见内部灯具由顶灯、门灯、踏步灯、仪表照明灯、工作灯等组成，主要为驾驶人或者乘客提供方便。灯光光色为白色，灯泡功率为2～20W。

3. 灯光信号装置

灯光信号装置由转向信号灯(前、中、后)、危险警告信号灯、示宽灯、尾灯(后灯)、制动灯等组成。

5.2 汽车前照灯

汽车前照灯，俗称“大灯”，装在汽车头部两侧，用来照明车前道路，有两灯制、四灯制之分。四灯制前照灯并排安装时，装于外侧的一对应为近、远光双光束灯；装于内侧的一对应为远光单光束灯。远光灯一般为40～60W，近光灯一般为35～55 W。前照灯应保证驾驶人能辨明车前150m(或更远)内道路上的任何障碍物，并保证车前明亮均匀的照明。随着车辆行驶速度的提高，现代高速汽车的照明距离应在200～250m以上，有的甚至可达400m。为避免夜间两车迎面相遇时因驾驶人眩目而发生事故，前照灯均应具有防眩目装置。

5.2.1 前照灯的结构

前照灯由光源(灯泡)、反射镜、配光镜和灯壳4部分组成。

1. 灯泡

前照灯用的灯泡有单灯丝和双灯丝两种。为了拆装方便及保证灯丝在反射镜中的正确位置，灯泡的插头通常制成插片式，如图5.1所示。安装时，3个插片插入灯座上距离不等的3个插孔中。

前照灯的灯泡为充气灯泡，灯丝用钨丝制成。在制造时先将玻璃泡内的空气抽出，然后充以约96%的氩气和约4%的氮气的混合惰性气体。充入灯泡的惰性气体在灯丝受热时膨胀，使压力增大，从而可减少灯丝钨的蒸发，提高灯丝的温度和发光效率，节省电能，延长灯泡的使用寿命。

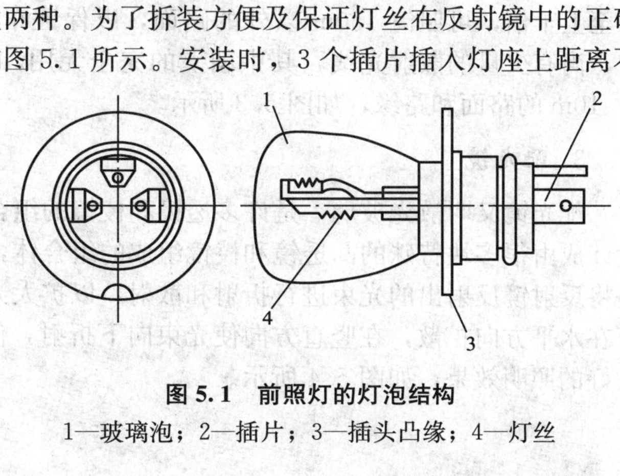

图5.1 前照灯的灯泡结构

1—玻璃泡；2—插片；3—插头凸缘；4—灯丝

虽然灯泡内已被抽成真空并充满惰性气体，但灯丝的钨仍然会蒸发并沉积在灯泡上，使灯泡发黑。近年来，国内外使用了一种新型的卤钨灯泡，以减少钨的挥发，其结构如图 5.2 所示。

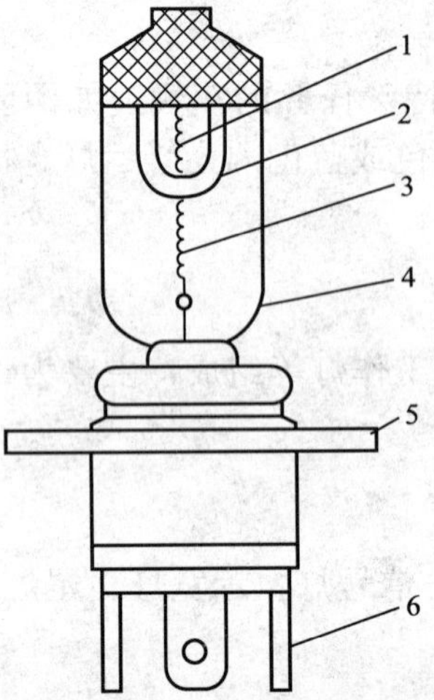

图 5.2　前照灯的卤钨灯泡

1—近光灯丝；2—配光屏；3—远光灯丝；4—泡壳；5—凸缘；6—插片

卤钨灯泡是在灯泡内所充的惰性气体中掺入某种卤族元素(碘、溴、氯、氟等)，目前灯泡使用的卤族元素一般为碘或溴，使用这两种元素的灯泡分别称为碘钨灯泡和溴钨灯泡。我国目前生产的是溴钨灯泡。

卤钨灯泡是利用卤钨再生循环反应的原理制成的。再生过程是：从灯丝上蒸发出来的气态钨与卤族元素反应生成一种挥发性的卤化钨；卤化钨扩散到灯丝附近的高温区又受热分解，使钨重新回到灯丝上，被释放出来的卤族元素继续扩散参与下一次循环反应，如此周而复始地循环下去，从而防止了钨的蒸发和灯泡的发黑。

卤钨灯泡的尺寸较小，玻璃泡用耐高温、机械强度很高的石英玻璃或硬玻璃制成，因此可提高充入惰性气体的压力。这种灯泡的工作温度高，灯泡内的工作气压比其他灯泡高得多，从而使钨的蒸发受到更大的抑制。

普通灯泡和卤钨灯泡的灯丝均采用熔点高、发光强的钨制成。

前照灯内有远光和近光两根灯丝，以满足防眩目要求，有的还在灯丝下端设置配光屏或者采用非对称形配光防眩目。

2. 反射镜

反射镜又称反光镜或反光罩，它是前照灯的主要光学器件，通常由冷轧钢板冲压而成，其形状为旋转抛物面，内表面镀银、镀铝或者镀铬，经抛光加工而成，反射系数能达94%以上。反光镜可使灯泡的光线聚合并导向前方。有反射镜的灯泡，其光度增强几百倍甚至上千倍，可照清 150m 以外的路面，以保证车辆前方有足够的照明。经反射镜反射后，尚有少量的散射光线，其中朝上的完全无用，散射向侧方和下方的光线有助于照明 5～10m 的路面和路缘，如图 5.3 所示。

3. 配光镜

配光镜又叫散光玻璃，是许多透镜和棱镜的组合体。配光镜的外表面平滑，内侧精心设计成由很多块特殊的凸透镜和棱镜组成的组合体，其几何形状非常复杂。配光镜的作用是将反射镜反射出的光束进行折射和散射，以扩大光线照射的范围，并把反射镜聚集的光束在水平方向扩散，在竖直方向使光束向下折射，使前照灯在 100m 内的路面和路缘均有较好的照明效果，如图 5.4 所示。

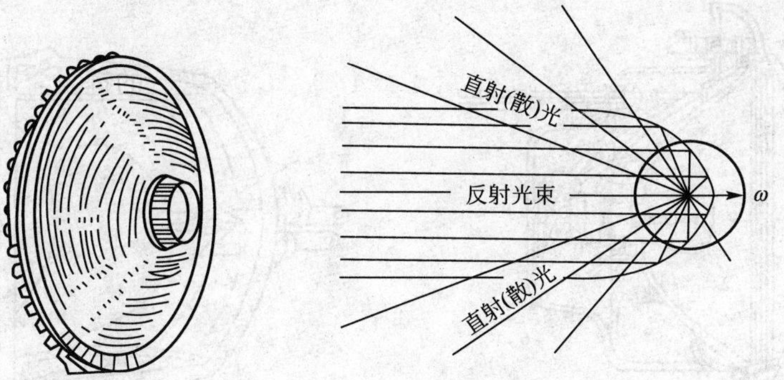

(a) 反光镜　　(b) 反光镜的反射作用

图 5.3　反射镜的结构与作用

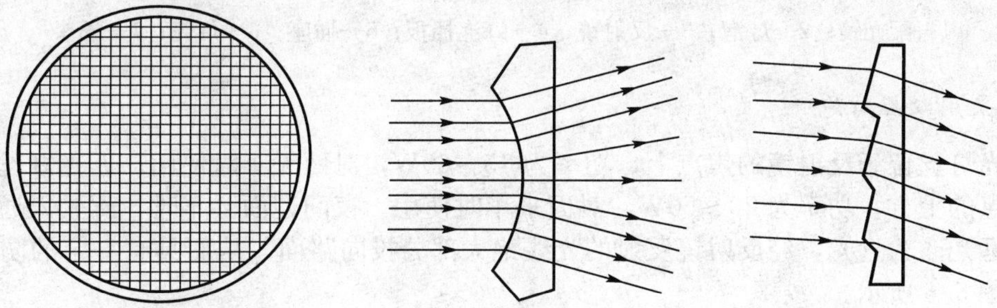

(a) 配光镜的结构　　(b) 配光镜的散射　　(c) 配光镜的折射

图 5.4　配光镜的结构和作用

5.2.2　前照灯的类型

前照灯按结构不同可分为可拆式、半封闭式和封闭式 3 种。

可拆式前照灯因气密性不好，反射镜易受潮气和尘埃污染而降低反射能力，故目前已不应用。

半封闭式前照灯结构如图 5.5(a)所示。配光镜靠卷曲反射镜边缘上的边齿而紧固在反射镜上，二者之间垫有橡胶密封圈，灯泡只能从反射镜后端装入。

封闭式前照灯又称真空灯，其结构如图 5.5(b)所示，其反射镜和配光镜用玻璃制成一体，形成灯泡，里面充有惰性气体，灯丝焊在反射镜底座上，反射镜的反射面经真空镀铝。这种结构的优点是可以完全避免被污染及遭受大气的影响，因此，反射效率高，照明效果好，使用寿命长；缺点是该灯灯丝烧坏时，需要更换整个总成。

5.2.3　前照灯防眩目措施

眩目是指人的眼睛突然受到强光照射时，由于视觉神经受刺激而失去对眼睛的控制，本能地闭上眼睛或看不清暗处物体的生理现象。如果夜间两车迎面相会，对方驾驶人因前照灯的光束而产生眩目，那将影响正常的驾驶操作，从而造成交通事故。因此，前照灯必须采取有效的防眩目措施。常见的防眩目措施有如下几种。

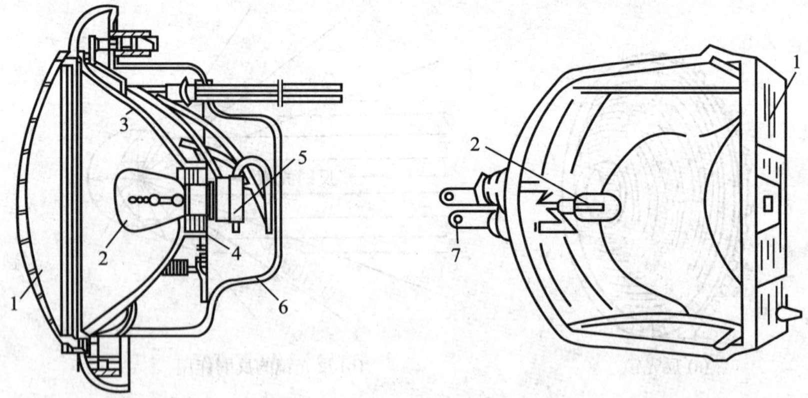

(a) 半封闭式　　(b) 封闭式

图 5.5　前照灯

1—配光镜；2—灯泡；3—反射镜；4—灯泡挡板；5—插座；6—灯壳；7—插头

1. 采用双丝灯泡

远光灯丝位于反射镜的焦点上，功率为 45～60W，对面无车时使用；近光灯丝位于反射镜焦点的上方，功率为 20～50W，对面来车时使用。夜间迎面会车时，驾驶人通过变光开关将远光改为近光，经反射镜反射的光线绝大部分投向路面，从而具有一定的防眩目作用，如图 5.6 所示。

2. 设置配光屏

在近光灯丝的下方装有配光屏，当使用近光灯时，配光屏能将近光灯丝射向反射镜下部的光线遮挡住，从而消除了近光灯光束斜上方照射的部分，提高防眩目效果。目前广泛使用，如图 5.7 所示。

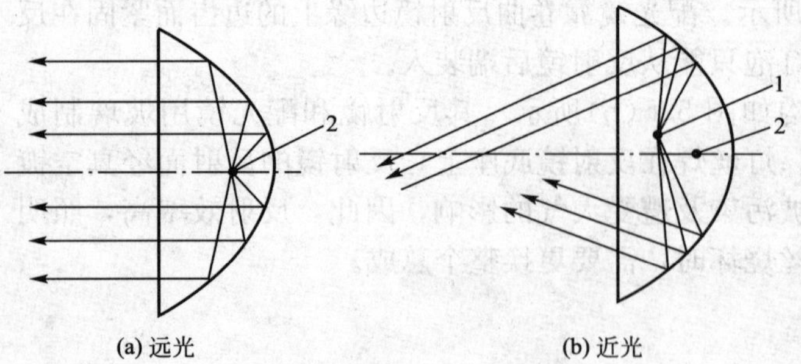

(a) 远光　　(b) 近光

图 5.6　双丝灯泡的远、近光束

1—近光灯丝；2—远光灯丝

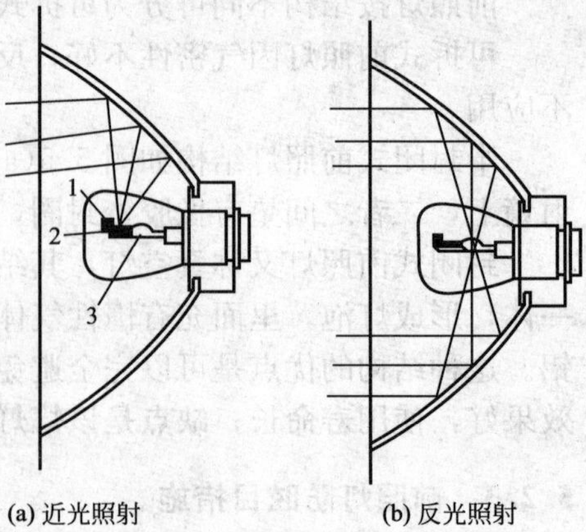

(a) 近光照射　　(b) 反光照射

图 5.7　带配光屏的双丝灯泡照射情况

1—近光灯丝；2—配光屏；3—远光灯丝

3. 采用非对称近光光形

采用非对称近光光形前照灯是一种新型的防眩目前照灯，安装时将遮光罩偏转一定的角度，使其近光的光形分布不对称，将近光灯右侧光线倾斜升高 15°，如图 5.8 所示，明暗截止线有呈 Z 型和 E 型的两种。使用该方法，不仅可以避免迎面来车的驾驶人眩目，还可以防止迎面而来的行人和非机动车使用者眩目，更加保证了汽车夜间行驶的安全。

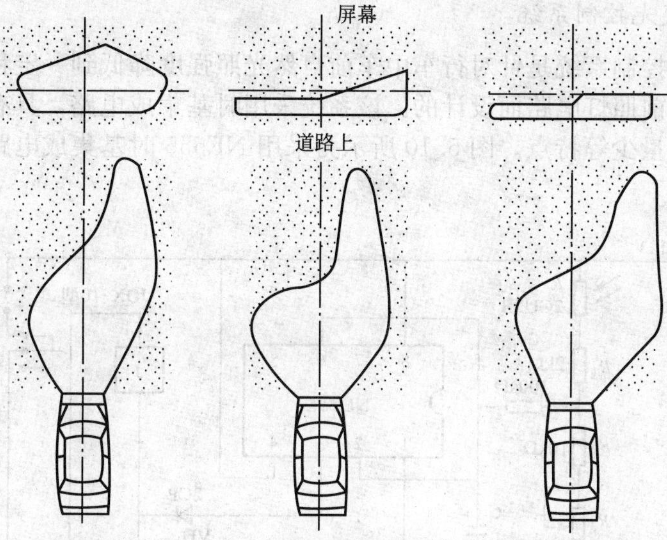

图 5.8 非对称光形照射情况

5.2.4 前照灯的自动控制

为确保夜间行车安全，提高行车速度，目前很多汽车装有前照灯自动控制系统。该系统通常由前照灯状态自动调整系统、昏暗自动发光控制系统、前照灯自动变光控制系统和前照灯自动延时关闭控制系统组合而成。

1. 前照灯状态自动调整系统

汽车前照灯的照明范围随载质量的不同而变化，直接影响驾驶人的视野。前照灯状态自动调整系统能根据汽车载质量的变化自动调整前照灯的前倾角度，使其照明范围保持不变。图 5.9 所示为德国博世公司设计的前照灯状态自动调整系统原理图。

该系统由位移检测电路和信号比较、放大电路及机械调节机构 3 部分组成。

前照灯与路面的间距决定了前照灯的照明范围。行车中，位移传感器 1 检测汽车前、后轴与车身的相对位移，将其转换为表征车身实际高度的电信号，输送至信号合成

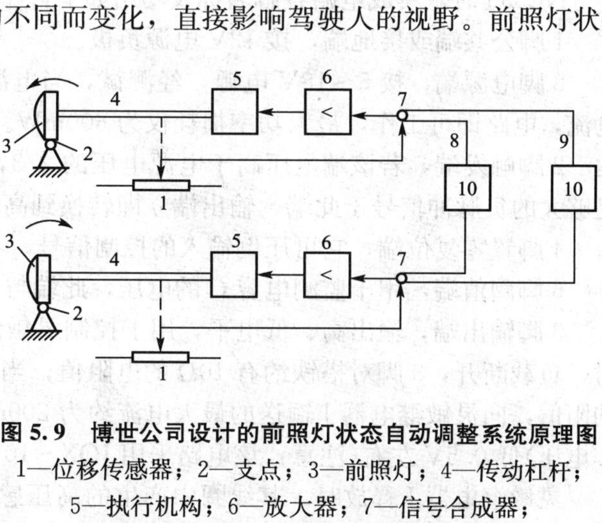

图 5.9 博世公司设计的前照灯状态自动调整系统原理图

1—位移传感器；2—支点；3—前照灯；4—传动杠杆；5—执行机构；6—放大器；7—信号合成器；8—前轴；9—后轴；10—标准信号发生器

器 7，并与标准信号发生器 10 产生的标准信号相比较，其差值信号由功率放大器 6 进行电功率放大，然后输给由步进电动机组成的执行机构 5，带动传动杠杆 4，使前照灯绕支点转动一定角度，从而保持前照灯照明范围不变。

2. 昏暗自动发光控制系统

昏暗自动发光控制系统是针对行车中车前自然光照强度降低到一定程度时，为保证行车安全，自动接通前照灯电路而设计的。该系统采用时基集成电路，具有抗振、抗干扰能力强及外围元件用量少等特点。图 5.10 所示为采用 NE555 时基集成电路的昏暗自动发光控制系统电路图。

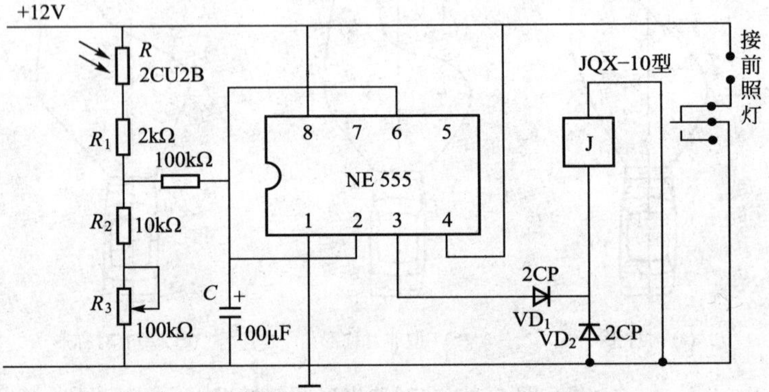

图 5.10　昏暗自动发光控制系统电路图

图中 R 是 2CU2B 型光敏电阻。当 R 受光照射时，其电阻值变小，NE555 时基集成电路的 2 脚、6 脚电位较高，3 脚输出低电平，灵敏继电器 J 释放，前照灯电源被切断；当 R 不受光照射，或照射光微弱时，其电阻值增大，NE555 时基集成电路的 2 脚、6 脚电位较低，3 脚输出高电平，灵敏继电器 J 吸合，接通前照灯电路，前照灯点亮。驾驶人可根据需要通过调节 R_3 使电路在适合的触发电平下工作。

NE555 时基集成电路各脚名称及功用如下：

1 脚公共端或接地端，接 12V 电源负极。

8 脚电源端，接 5～18V 电源，经测试，当电源电压为 12V 时，电源只需提供 10mA 电流，电路即可工作，最大功率损耗仅为 600mW。

2 脚触发端，若该端电压高于电源电压的 2/3，输出端将保持在低电平状态，加一个足够大的负脉冲信号于此端，输出端立即转换到高电平状态。

4 脚置零复位端，它可压倒输入的控制信号，不用此功能时应与 8 脚短接。

6 脚阈值端，用于监测电容 C 的电压，此端与 2 脚相接。

3 脚输出端，输出高、低电平，用于控制灵敏继电器 J 的通、断状态。当输出低电平时，负载断开，3 脚对搭铁约有 10Ω 的电阻值；当输出高电平时，3 脚对电源呈现约 10Ω 的阻值，向灵敏继电器 J 输送的最大电流约为 200mA(实测值)。输出电压比电源电压(工作电压)低 0.5V 左右(注意：该电路采用 JQX - 10 型灵敏继电器)。

灵敏继电器 J 释放时，其线圈中产生的高压感应电动势极易损坏集成电路内部线路，故在电路中设置两只二极管 VD_1、VD_2(均为 2CP 型)，作为泄放通道。

3. 前照灯自动变光控制系统

前照灯自动变光控制系统可依据对面来车灯光的亮度自动变换前照灯的远、近光，以免造成驾驶人眩目。光敏电阻式前照灯自动变光控制系统电路如图 5.11 所示。

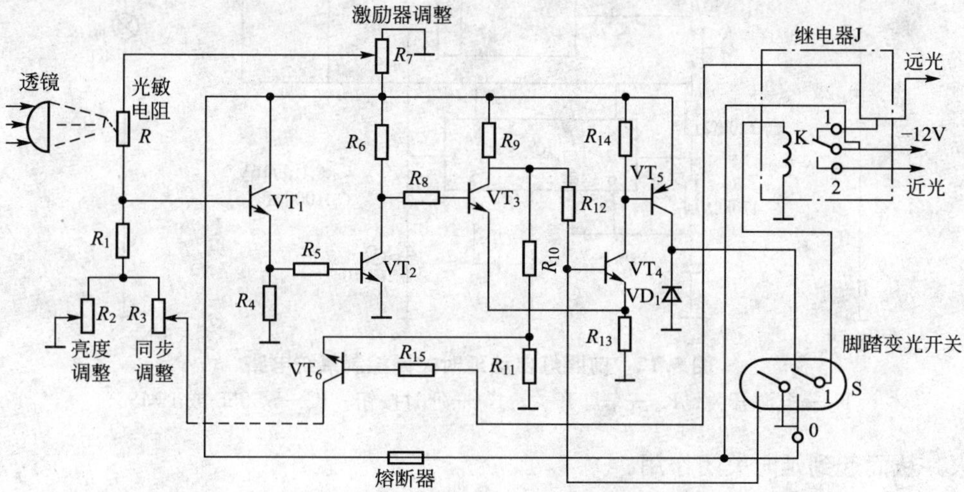

图 5.11　光敏电阻式前照灯自动变光控制系统电路

该系统主要由光敏电阻式传感器、电子控制电路和继电器等组成。该电路工作过程如下：当对面无车辆驶来，无较强的光照射光敏电阻 R 时，电路不工作，继电器 J 不吸合，触点 K 与远光灯接线柱 1 接触，远光灯点亮。若对面有车辆驶来且相距 150～200m，光敏电阻 R 受灯光照射，其电阻值减小，晶体管 VT_1 受较大正向偏压而导通，VT_2 也导通，VT_3 截止，VT_4 导通，VT_5 导通，于是继电器 J 吸合，触点 K 与近光灯接线柱 2 接通，前照灯由远光变为近光。会车后，强光消失，光敏电阻 R 的电阻值增大，VT_1 因正向偏压降低而截止，VT_2 也截止，VT_3 导通，VT_4 因基极电流被短路而截止，随之 VT_5 截止，于是继电器 J 释放，前照灯由近光变为远光。

前照灯处于近光状态时，晶体管 VT_6 截止，图 5.11 中串联电阻 R_3 被断路，使支路电阻增大，电路的灵敏度降低，并出现电路状态转换滞后现象。因此，可有效地防止杂散光的干扰。

另外，为了防止自动变光控制系统出现故障影响车辆正常行驶，该系统仍保留脚踏变光开关 S。

4. 前照灯自动延时关闭控制系统

驾驶人夜间停车离开停车场时，前照灯自动延时关闭控制系统可以提供约为 50s 的照明时间，避免因无照明造成事故。图 5.12 所示是由集成电路和继电器组成的前照灯自动延时关闭控制系统电路，其工作原理如下。

使用前首先按下延时按钮 K_3，电源经 K_1、K_3、R_1、R_2 向电容器 C_2 充电，经约 10s 后释放 K_3，充电结束。然后切断 K_2，C_2 便处于放电状态，集成块(IC)2 脚为高电平，输出端 3 脚也为高电平，于是继电器吸合，电源经 K_1、VD_1 向前照灯供电，使前照灯继续点亮。C_2 放电完毕，集成块 3 脚输出低电平，随后继电器释放，前照灯供电电路被切断，

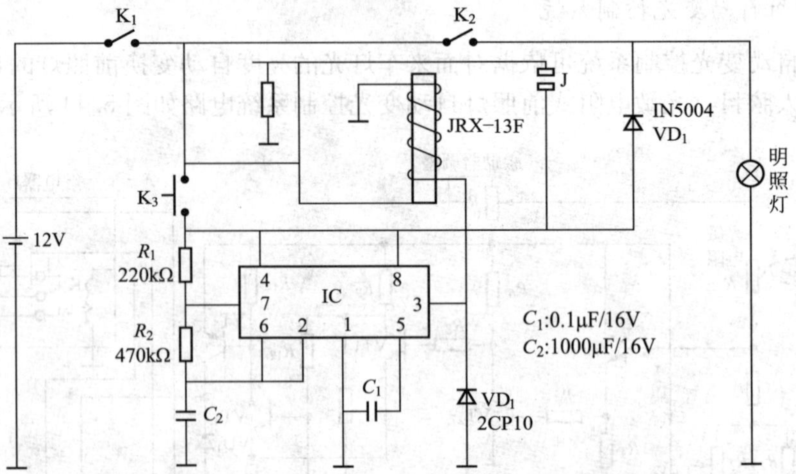

图 5.12　前照灯自动延时关闭控制系统电路

K_1—电源开关；K_2—车灯开关；K_3—延时按钮；IC—SG555 或 LM555

灯熄灭，从而起到延时关闭作用。

5. 前照灯光束照明范围控制装置

为了解决在弯路上对路面的照明问题，现代汽车的前照灯都装有适用于照明范围的光束水平控制装置。

前照灯光束水平调节控制装置包括适用于照明范围的调节执行器(伺服电动机)和控制开关(在车上的位置如图 5.13 所示)。图 5.14 与图 5.15 分别为广汽本田雅阁和奥迪 A6 汽车的前照灯光束水平调节控制电路。奥迪 A6 上装有主动适应式前照灯，可以提高在车辆转弯时的能见度。两台控制电动机依据行车方向，调整前照灯左右旋转 15°。一套角速度传感器和转向盘会在转弯时将角度、车速及偏航等信息传给车载 ECU，ECU 根据转向的角速度、车辆的倾斜度及车速的计算结果控制两只可以旋转的双氙气前照灯，以调整照明的范围、方向及距离，扩大照明的范围，消除了驾驶“黑洞”，使驾驶人夜间驾驶更加安全。

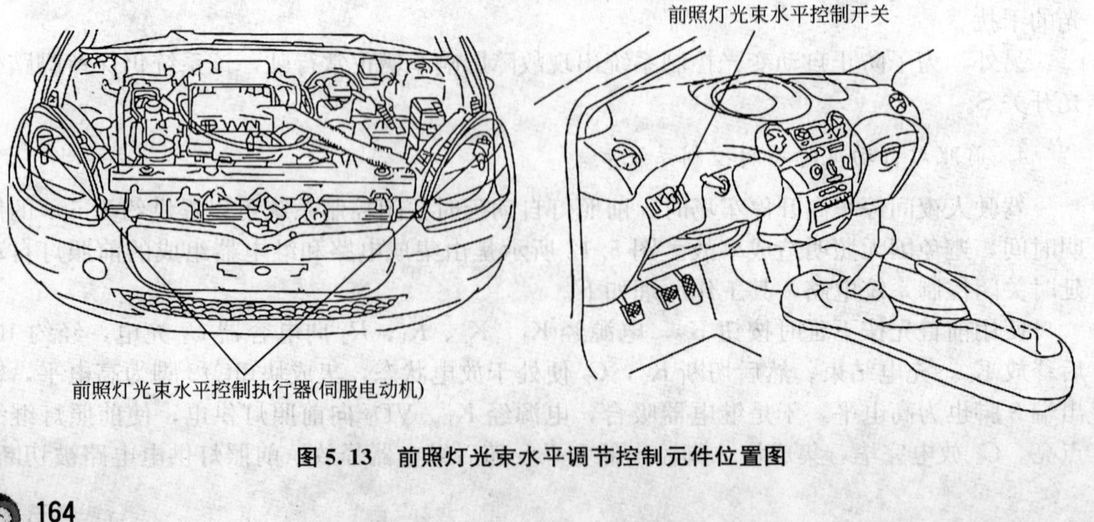

图 5.13　前照灯光束水平调节控制元件位置图

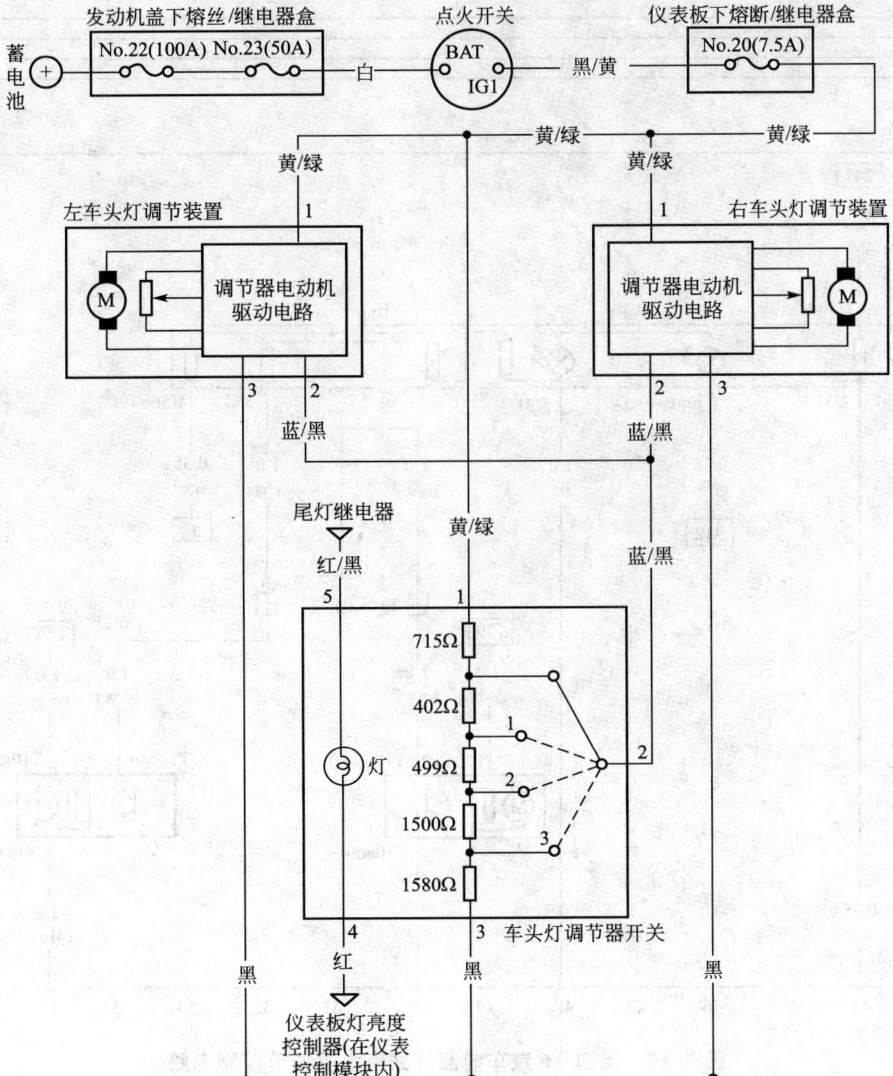

图 5.14　广汽本田雅阁汽车前照灯光束水平调节控制电路

5.2.5　前照灯的安装、检验与调整

1. 前照灯的安装

前照灯的调整是为了使前照灯在规定的距离内将道路照得明亮、均匀，且不使迎面来车的驾驶人眩目，以保证行车安全。

安装前照灯时，应根据标志操作，不得倾斜放置，灯的接线应良好。前透镜应清洁，若有灰尘应用压缩空气吹净。换灯时应注意搭铁极性，通过灯罩可以看到，两根灯丝共同连接的一极为搭铁极，粗灯丝为远光，细灯丝为近光，如果装错，灯将不能正常发光。充气灯泡和卤钨灯泡不能互换使用。调换灯泡前应先将该灯的线路切断，安装灯泡时应带上

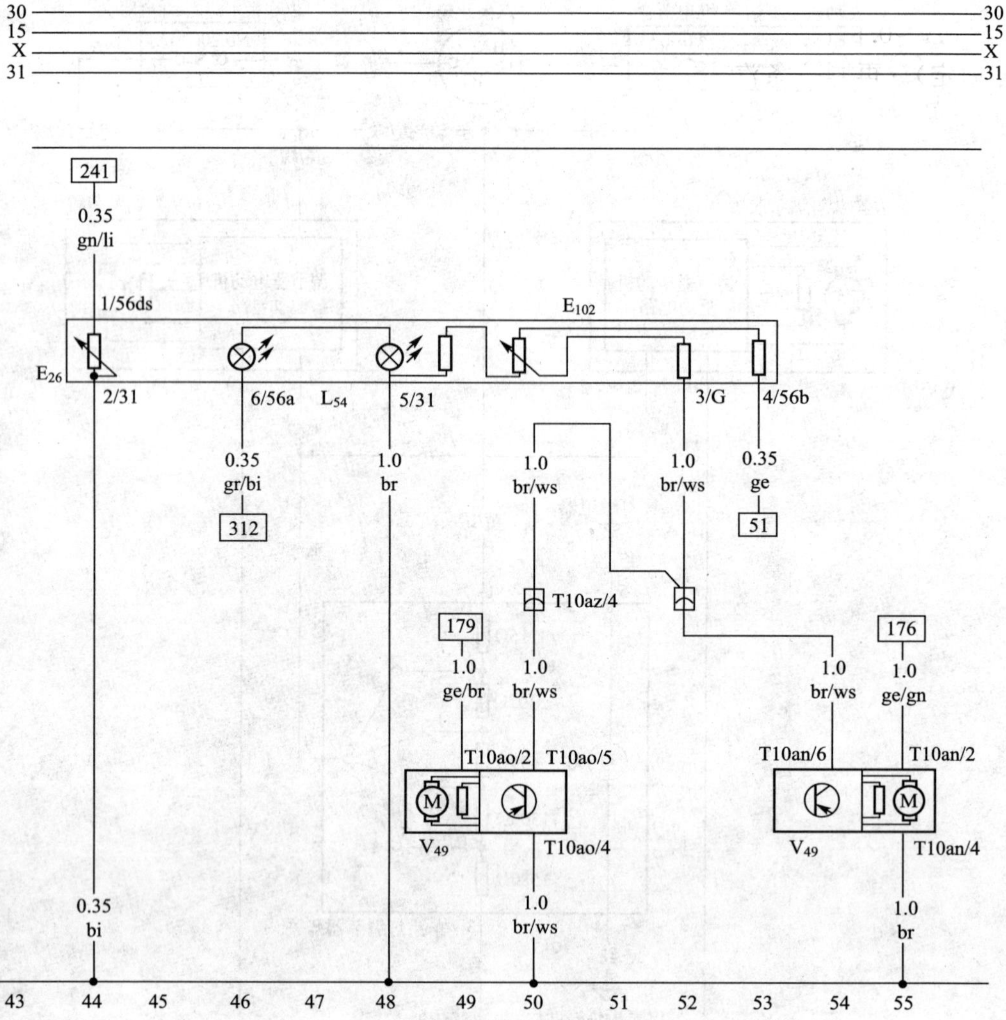

图 5.15　奥迪 A6 汽车前照灯光束水平调节控制电路

干净的手套，不可用手直接安装灯泡。卤钨灯泡内有密封的气体，需要小心操作，如刮伤或掉下时可能爆裂，拆卸灯泡时，要用手拿灯泡的塑料部分或金属部分，而不能触摸玻璃部分。

2. 前照灯的检验与调整

前照灯光束调整不当或失调将严重影响行车安全、运输效率及驾驶人的疲劳程度，因此，国内外对前照灯的检测与调整均十分重视。前照灯的检测是对前照灯光束的照射方向和照射距离(发光强度)进行检验。目前的检验方法有两种，即仪器检验法和屏幕检验法。仪器检验法就是用前照灯检验仪进行检验，对光束的照射方向或位置及发光强度都进行检验。目前前照灯检验仪种类较多，结构和原理有较大区别，具体的使用操作方法参见产品说明书。屏幕检验法只能检验光束的照射方向或位置，其方法如下。

将汽车停在平坦路面上，按规定充足轮胎气压，并擦净前透镜。在离前照灯 10m 处挂一屏幕(或利用白墙壁)，在屏幕上画出两条水平线，一条离地 $0.85H\sim0.9H$，另一条离地$0.6H\sim0.8H$(具体数值依据具体车型而定)。再画一条汽车的垂直中心线，在它两侧距中心线 $A/2$ 处再画两条垂直线，与上面一条线的交点定位 a 和 b，与下面的一条线的交点定位 c 和 d，如图 5.16 所示，其中 A 为两灯中心距，H 为前照灯离地的距离。接通前照灯进行调整，远光光束应分别对准交点 a 和 b，近光明暗截止线的转折点应分别对准 c 和 d，不合要求时，可松开前照灯的紧固螺母，扳动前照灯进行调整，或通过前照灯的上下、左右调整螺钉进行调整。装用远、近光双丝灯泡的前照灯应以近光为主进行调整。

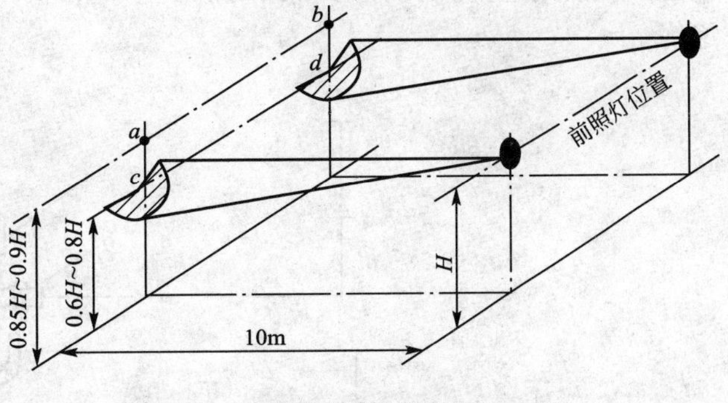

图 5.16　屏幕式调整前照灯的方法

5.3 转　向　灯

转向灯是表示汽车动态信息的最主要装置，安装在车身前后。有些车身较长的车，在左右侧也安装转向灯。在汽车转弯时，左侧或右侧的转向灯会发出明暗交替的闪光信号，以示汽车转向。汽车的转向灯大都采用橙色(或琥珀色)，在等轴线右偏 5°的视角范围内，无论白天黑夜，要求其能见度不小于 35m；而在左偏或右偏 30°视角范围内，要求能见距离不小于 10m。转向灯的闪光频率应控制在 50～110 次/min，一般为 60～95 次/min。主转向灯泡功率一般为 20～25W。

5.3.1　转向灯类型

转向灯按安装位置不同可分为前转向灯、后转向灯和侧转向灯。

(1) 前转向灯，安装在汽车前照灯旁边，用于在转弯时警示前方车辆。

(2) 后转向灯，安装在汽车尾部，用于在转弯时警示后方车辆。

(3) 侧转向灯，安装在第 1 驾驶室的车门旁或安装在后视镜上，用于在转弯时警示旁边车辆。

5.3.2　转向灯构成及工作原理

转向灯一般由 4 个转向信号灯、两个转向指示灯、转向开关、闪光器等组成。当汽车转向时，通过闪光器使左边或右边的前、后转向信号灯闪烁发光。

闪光器主要有电热式、电容式和电子式 3 种类型。前期广泛使用的是电热式闪光器，它结构简单，制造成本低，但闪光频率不够稳定，使用寿命短，今后将趋于淘汰。而电容式闪光器闪光频率稳定，电子式闪光器具有性能稳定、可靠等优点，故已广泛应用。

1. 电热式闪光器

常用的电热式闪光器电路如图 5.17 所示，在胶木底板上固定着工字型的铁心 1，上面绕着线圈 2，线圈 2 的一端与固定触点 3 相连，另一端固定在开关接线柱 10 上。附加电阻 8 由镍铬丝绕制而成，又和镍铬丝 5 串联。镍铬丝 5 与调节片 6 之间用玻璃球 7 绝缘。

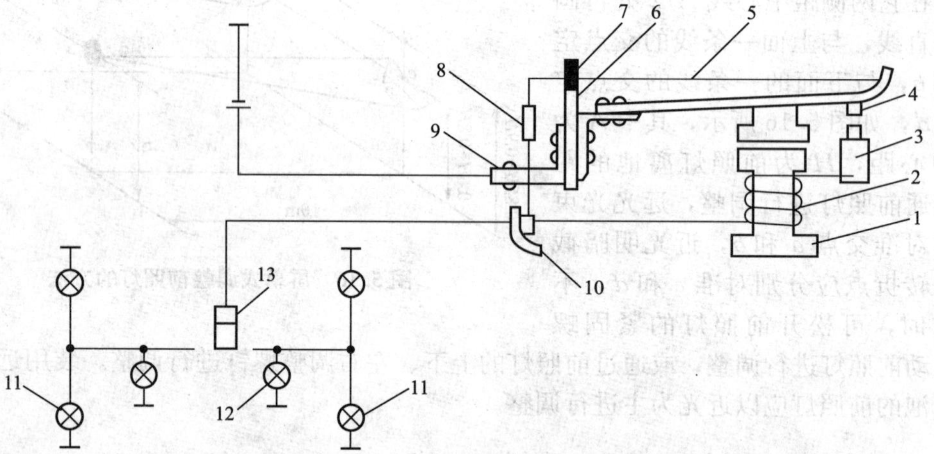

图 5.17　电热式闪光器电路

1—铁心；2—线圈；3—固定触点；4—动触点；5—镍铬丝；6—调节片；
7—玻璃球；8—附加电阻；9—电池接线柱；10—开关接线柱；
11—转向信号灯及指示灯；12—指示灯；13—转向开关

闪光器不工作时，动触点 4 在镍铬丝 5 的拉力下与固定触点 3 分开。当车辆转弯时，假设右转弯，则将转向开关 13 扳向右侧，接通右转向电路，电流从蓄电池正极→电池接线柱 9→活动触点臂→镍铬丝 5→附加电阻 8→开关接线柱 10→转向开关 13→右转向信号灯及指示灯 11→搭铁→蓄电池负极，构成闭合回路。由于附加电阻接入转向信号灯电路，故电流小，灯光暗。通电一定时间后，镍铬丝受热膨胀而伸长，使触点 3 和触点 4 闭合。触点闭合后，电流从蓄电池正极→电池接线柱 9→活动触点臂及动触点 4→固定触点 3→线圈 2→开关接线柱 10→转向开关 13→右转向信号灯及指示灯 11→搭铁→蓄电池负极，构成闭合回路。此时附加电阻及镍铬丝 5 被短接，线路中电阻小，电流大，灯光较亮。由于线圈 2 中有电流通过，产生电磁力，从而使触点闭合得更牢靠。又经一段时间后，镍铬丝 5 冷却复原，使触点重新打开，电流又流经附加电阻，灯光变暗。如此循环，触点反复开闭，附加电阻不断被接入和短路，使通过转向信号灯的电流忽大忽小，转向信号灯和指示灯就发出一明一暗的闪烁光。

2. 电容式闪光器

电容式闪光器电路如图 5.18 所示。当汽车向左转弯接通转向灯开关 11 时，电流从蓄电池正极→电源开关 8→接线柱 B→线圈 3→弹簧片触点臂 1→常闭触点 2→接线柱 L→转向灯开关 11→左转向信号灯和指示灯 10→搭铁→蓄电池负极，构成回路。此时线圈 4、电容器 6 及灭弧电阻 7 被触点 2 短路，而电流通过线圈 3 产生的电磁吸力大于弹簧片的作用力，故触点 2 迅速被打开，转向灯处于暗的状态(转向灯尚未来得及亮)。触点 2 打开后，蓄电池向电容器 6 充电，其充电电流由蓄电池正极→电源开关 8→接线柱 B→线圈 3→线圈

4→电容器6→接线柱L→转向灯开关11→左转向信号灯和指示灯10→搭铁→蓄电池负极，构成回路。由于线圈4电阻较大，充电电流很小，不足以使转向信号灯亮，故转向灯仍处于暗的状态。同时充电电流通过线圈3、4产生的电磁吸力方向相同，使触点继续打开，随着电容器两端电压的逐渐升高，其充电电流逐渐减小，线圈3、4的电磁吸力减小，当吸力小于弹簧片的作用力时，触点2重新闭合。

触点2闭合后，电流由蓄电池正极→开关8→接线柱B→线圈3→触点2→接线柱L→转向灯开关11→左转向信号灯和指示灯10→搭铁→蓄电池负极，构成回路，转向灯处于亮的状态。与此同时，电容器6通过线圈4和触点2放电，放电电流通过线圈4产生的磁场方向与线圈3的相反，电磁吸力减小，故触点仍保持闭合，转向灯继续发亮。随着电容器的放电，电容器两端电压逐渐下降，放电电流减小，则线圈3的电磁吸力增强，触点2又重新打开，灯变暗。如此反复，触点不断开闭，使转向灯发出闪光。灭弧电阻7与触点2并联，用来减小触点火花。

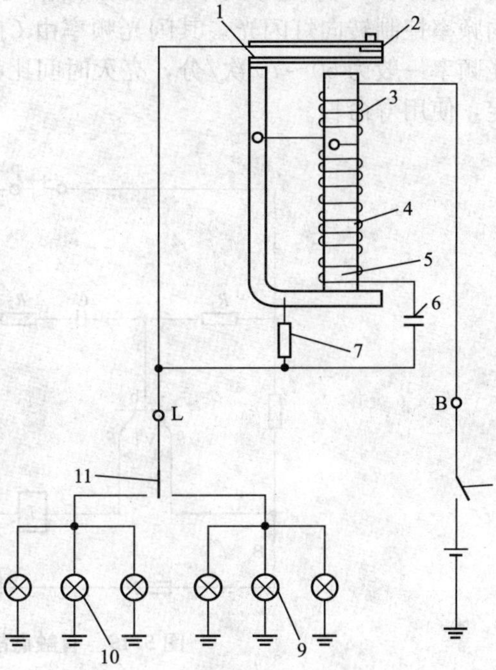

图5.18 电容式闪光器电路

1—弹簧片触点臂；2—触点；3、4—线圈；5—电磁铁；6—电容器；7—灭弧电阻；8—电源开关；9—右转向灯；10—左转向灯；11—转向灯开关；B、L—接线柱

3. 电子式闪光器

电子式闪光器按其电子元件的类型可分为晶体管式、集成电路式和晶闸管式；按有无触点来分，又分为有触点(带继电器)式和无触点(全电子)式闪光器。图5.19所示为有触点晶体管式闪光器电路。当汽车向左转弯时，转向开关S接通左转向灯，电流便从蓄电池正极→熔丝→电阻R_0→触点P→转向开关S→左转向灯→搭铁→蓄电池负极，构成回路，左转向信号灯和指示灯点亮。同时，R_0上的电压降使晶体管VT导通产生集电极电流。集电极电流经继电器J搭铁，继电器J的线圈产生电磁吸力使触点P打开。于是蓄电池向电容器C充电，使左转向灯的灯光变暗。随着充电时间的延长，充电电流减小，晶体管VT的基极电位提高，偏流减小。当基极电位接近发射极电位时，晶体管VT截止，集电极电流消失，触点P又闭合，转向灯又被点亮，同时，电容C经R_2、触点P、R_1放电。

电容器C放完电后，晶体管VT基极上又恢复低电位，晶体管VT重新导通，集电极电流又流经继电器J的线圈，于是线圈产生电磁吸力使触点P打开，重复上述过程，使转向灯闪烁。其闪光频率由电容器C的充放电时间常数决定。

无触点式晶体管闪光器，是以晶体管为主体组成的无稳态多谐振荡器，电路如图5.20所示。由晶体管VT_1、VT_2，电阻R_1、R_2、R_3、R_4，电容C_1、C_2组成晶体无稳态多谐振荡器，晶体管 VT_3 起开关作用。当汽车转弯时，只要接通转向灯开关 S，闪光器就会以一定的频率控制转向灯闪光。其闪光频率由 C_1、R_2、C_2、R_3 决定，通常 $C_1=C_2$、$R_2=R_3$，闪光频率一般为 60～70 次/分，亮灭时间比为 1∶1。这种闪光器体积小，容易集成，工作稳定，使用寿命长。

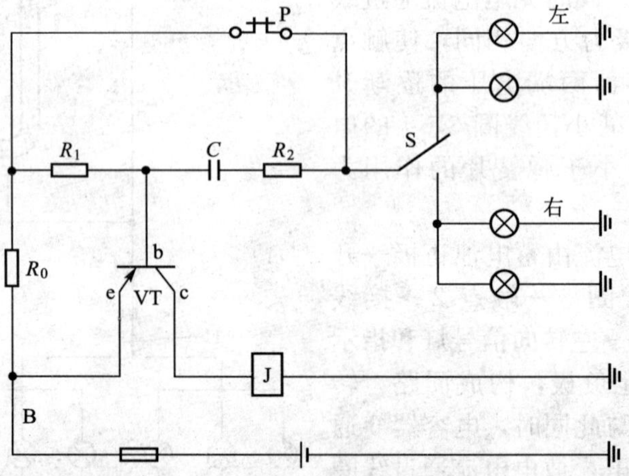

图 5.19　有触点晶体管式闪光器电路

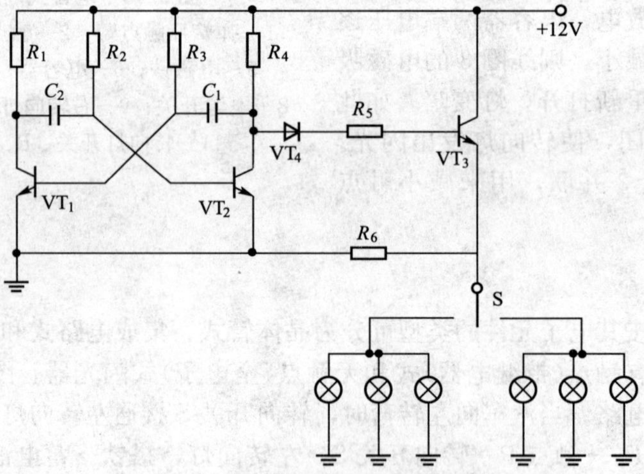

图 5.20　无触点晶体管式闪光器电路

5.4　其他灯光

5.4.1　倒车灯

倒车灯装于汽车尾部，是车辆倒车时为观察后方障碍物和显示倒车信号而设计的灯具，一般倒车灯开关置于变速器上。当变速器置于倒挡时，此开关接通。功率一般为 20～

25W，光色为白色，照射光线的主轴应向下，以照清车后 15m 以内的道路。电路如图5.21所示。为了提醒后面车辆及行人注意，有些车上安装倒车蜂鸣器。

图 5.21 倒车灯电路示意图

5.4.2 制动灯

制动灯安装在汽车尾部，一般在汽车尾部的保险杠上方，是车辆重要的外在安全标识，其光色应为红色。正常情况下踩制动踏板时，制动灯亮，且能使车后相距 100m 处的其他车辆看清楚，以告诉、警示后车减速或停车。

由于道路交通条件的发展及汽车自身性能的提高，高速公路上车辆行驶中的“追尾”事故及大型车辆在近距离时驾驶人因难以观察到设置较低的小车常规制动灯而造成的相撞事故日渐增多，为确保行车安全，必须使驾驶人对前面车辆的制动及减速能够更快地做出反应，这对汽车本身的要求就是使汽车的制动信号更加醒目。于是，有些国家先后要求汽车必须安装高位制动灯。高位制动灯的作用是对常规制动灯信号进行加强，使后面汽车的驾驶人能够更清楚地看到前面汽车的制动信号。

高位制动灯一般安装在汽车上部或下部的中央，或在行李舱顶部的中央，所以又称中央高位制动灯，也有人把它称为第三制动灯。高位制动灯的光源一般为白炽灯、发光二极管和霓虹灯。

在雾、雨、雪的天气里，要注意制动灯的运用。驾驶人在注意前方车辆灯光的同时，可以靠后视镜留意后车的位置，若发现后车离自己的车位太近，可轻踩制动踏板，使制动灯亮，以提醒后车适当拉开车距，防止因紧急制动时后车措手不及而发生追尾事故。

5.4.3 雾灯

雾灯在大雾的天气能有效照亮汽车前方的道路，其外形和结构与单丝的前照灯相似。现代汽车一般采用黄色配光或黄色灯泡。因为黄色波较长，有较好的透雾性能，在雾天能照亮较远的距离。通常在雨、雪天使用、灰尘过大时也使用，其射出的光线倾斜度大，可照亮前 30m 内的道路。

5.4.4 示廓灯和尾灯

为了表示夜间或视线不良时停止或行驶的汽车轮廓，一般在汽车前后各装两只示廓灯，前示廓灯的光色为白色或橙色，后示廓灯则为红色。示廓灯的灯光在夜间距离 100m 以外应能看清。尾灯的光色为红色，其亮度标准为在夜间距车 300m 以外应能看清。

夜间行车中和发动机熄火后，不论前照灯点亮或熄灭，尾灯与示廓灯都应同时点亮，以警示其他车辆。使用时应注意：在夜间或阴暗、大风、雨雪、雾天行车时，须开启示廓灯和尾灯，这样有利于后方车辆识别车辆宽度，防止超车和会车时因轮廓不清而发生事故；当车辆夜间发生故障或事故，不能离开行车道或在路肩上停车时，驾驶人应立即开启示廓灯和尾灯以显示车辆的存在。

5.4.5 阅读灯和门控灯

阅读灯为车内乘客提供照明，该照明功能通过人工按钮进行控制。

门控灯的开关由车门控制，当开启车门时，门控开关闭合，门控灯自动点亮。有些车上，门控灯和阅读灯共用一个灯泡。

另外，汽车上还有一些灯光，如专用车、特种车的标志灯及一些临时灯光，如装载超过宽度的拖挂车辆夜间须悬挂红灯信号、夜间拖故障车时应在前车尾部安装后照灯。特种车标志灯是指经批准的特种车辆可装置的相应标志灯具，执行任务时用以警告行人和其他车辆避让，如救护车标志灯具为蓝色回转式，消防车、警备车、交通事故勘察车标志灯具为红色回转式，工程救险车灯具为黄色回转式，专用车标志灯如出租车在车身顶部必须安装有"出租"字样的标志灯具。

5.4.6 氙气灯

氙气灯(High Intensity Discharge Lamp，HID)，一种含有氙气的新型前照灯，又称高强度放电灯或气体放电灯，由小型石英灯泡、变压器和电子单元组成。氙灯灯泡的玻璃用坚硬的耐温耐压石英玻璃(二氧化硅)做成，灯内充入高压氙气以缩短灯被点亮的时间，灯光的发光颜色则由充入灯泡内的氙气、水银蒸气和少量金属卤化物所决定。

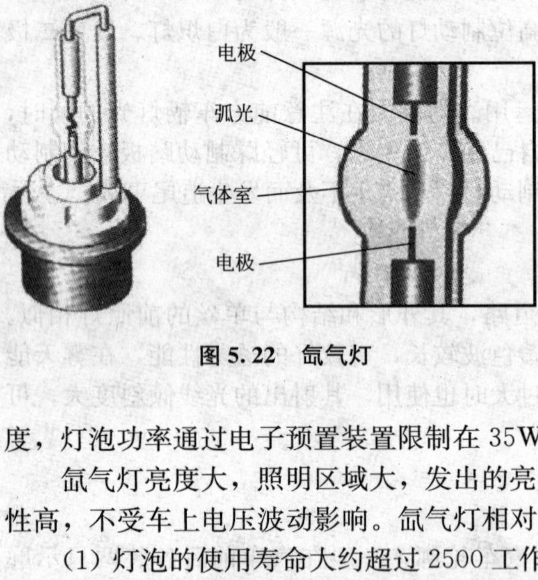

图 5.22 氙气灯

在氙气灯中，光线是通过两电极在一个豌豆大小的充气壳之间产生弧光，如图5.22所示，气体全部充在灯泡壳里，光线以高亮度的绿和蓝发出。灯泡的燃烧室小于1cm，带有氙气并混合充入金属卤化物。在一个高压脉冲下使两电极之间点燃一光弧。充气灯需要一个超过千伏的高压脉冲来点燃光弧，电压在预制装置中产生。在点火时3s内充气灯以高电流工作，同时灯泡以最小的延迟0.3s达到最大的亮度。在很短的过电流阶段，光弧稳定并且灯泡达到其应有的亮度，灯泡功率通过电子预置装置限制在35W内。

氙气灯亮度大，照明区域大，发出的亮光色调与太阳光比较接近，消耗功率低，可靠性高，不受车上电压波动影响。氙气灯相对于传统的灯光技术有非常大的优点：

(1) 灯泡的使用寿命大约超过2500工作小时。

(2) 一个35W充气灯的发光效率是一个55W的卤素灯的两倍。

(3) 较高的清晰度和射程。

(4) 在近程内有较宽的散射区。

(5) 可以不需要雾灯。

因此，安装氙气灯不仅可以减少电能消耗，还可以相应提高车辆的性能，这对于轿车而言具有很重要的意义。目前除奔驰E级车、宝马7系列、丰田雷克萨斯、本田阿库拉等高档车使用了这种新型前照灯外，许多普通轿车也装有此类灯具。

5.4.7 LED灯和氖灯

发光二极管(LED)灯具有节能、电路简洁、亮度高、反应时间短、寿命长等优点，在车上安装时安装深度比普通车灯少5～7cm，如果在车尾安装则不需要冲压，能节约车尾行李舱空间并节约成本，故LED灯一般被用作停车、转弯的信号尾灯，以代替白炽灯，其发光颜色有白色、红色和琥珀色3种。若采用高亮度的LED灯作前照灯的光源，则没有氙气灯的眩目，还能使车辆拥有全方位的照明。为了提供一致的颜色，当前的LED前照灯设计需要一系列复杂的计算。

氖灯和LED灯一样，安装在宝马Z8上的氖灯技术也是一个被看好的后信号灯技术，同时它也被应用于汽车前照灯。氖灯的发光原理与氙气灯相似，没有灯丝，不受温度、摇晃、振动的影响。氖灯在管道中输送，管路设计布局允许弯曲，因而其系统的设计更具弹性。另外，与传统白炽灯相比，其响应速度要快200ms。目前，氖灯的成本问题还没有解决，大规模使用还不能被接受。

阅读材料5-1

汽车照明系统的新发展

目前，汽车照明系统正在经历着重要变革，不仅氙气灯和LED光源得到了广泛的应用，而且汽车照明系统也日益智能化，并且其智能化的范围不断延伸。另外，汽车内部的照明系统对汽车内环境也有着重要的影响，设计工程师们也正努力地使这一系统与内环境更加融合。

1. 主动式旋转头灯

主动式旋转头灯能实现角灯照明系统和转向锁与速度输入的响应、前照灯自动旋转、前照灯光束形状随周围环境的变化而变化等功能，从而提高了汽车的行驶安全性。

主动式旋转头灯技术最基本的照明系统(角灯照明系统)已经成功应用在奥达A8豪华汽车和其他的一些汽车上，它们甚至在汽车开始拐弯以前就已经可以照到周围的拐角了。奥迪公司已经推出了转弯照明技术，并且准备推出更先进的主动移动式前照灯照明技术。戴姆勒公司声称，当汽车在直径为190米处拐弯时，传统的近光灯可以提供的照明范围仅有30m，而主动式旋转头灯照明系统可以达到55m。

在奥迪汽车照明系统中，侧面照明主要取决于转向角，也与汽车的行驶速度有关。当汽车行驶在高速公路上或在市区行驶时，相应的速度信号输入到该系统，前照灯会自动改变光束宽度、照射角度和范围。

载姆勒公司采用氙气灯照明技术的主动照明系统已经广泛地用于奔驰汽车上。独立的微控制器，通过处理来自转向角和速度的传感器的即时信息，控制电动机旋转对应的前照灯。另外，传统的主动前照灯用来减少对驾驶人眩目的机会。

美国汽车零配件生产商Valeo也正在致力于类似于戴姆勒公司照明系统的研究，并称之为“Bending Light”，它采用了机械化的前照灯，旋转的角度由转向角、轮速传感器和GPS系统的输入信号确定，该系统将会在驾驶人转弯和在曲线路段行驶时起到重要的作用。

2. 宝马pixel light照明系统

宝马像素照明系统(pixel light system)是德国汽车制造商研究的技术，采用480000

个独立控制的显微镜片取代传统的反射镜，光束的形状完全可以通过编程来实现。这种方法形成的前照灯光柱形状完全符合驾驶人的驾驶条件，不会产生耀眼的远光照明，并且在拐弯、城市、高速公路和恶劣天气时具有独特的照明效果，除此之外，它的附属光还可以照亮道路标志，可以给驾驶人提供特别的提示、警告信息，例如左转时光束会显示出相应的左转箭头指示信息。

对于这些前照灯技术上的创新，在很多国家的现实中是非法的，不允许使用的，要想能适用，必须突破立法的障碍。

3. Hella公司智能化前照灯系统

Hella公司采用的高压气体放电集成远光的双氙气前照灯技术已经成熟。在此基础上，该公司将新开发出动态转弯灯。动态转弯灯是智能化前照灯系统的一个重要组成部分，能极大地提高驾车的安全性和舒适性。

动态转弯灯的特点是在不同的转弯半径下，前照灯能够在水平±150之内摆动，这使近光灯转弯时照亮区域几乎扩大1倍，以帮助驾车人更好更快地适应弯道路况。

4. 尾灯

虽然没有像前照灯的发展那样引人关注，但尾灯系统同样发生了巨大的变化。其中的一个方面是智能化，就是使汽车尾灯自动地执行工作，改善与其他道路使用者之间的交流功能。例如，如果频繁地忘记关闭或者误用雾灯就会自动由尾灯取代，不过这还要取决于具体天气条件。

用于照明系统中的传感器会探测透镜周围的环境状况、污染物，甚至速度和交通信息。当有汽车尾随时，输入信息经分析后，尾灯的工作方式自动改为“有雾”状态，从而降低尾灯的亮度，避免车祸的发生。通过采用脉冲宽度调整LED，尾灯的亮度和形状可以很容易地以低成本的方式实现在很大的范围内的改变。

另外一种智能技术是紧急制动后，自动紧急后灯就会亮起(这种技术在一些汽车中已经实现，不过是在安全气囊打开后)。制动灯的照量范围也可以由汽车行驶速度的快慢来决定。宝马概念车X-Coupe已经采用了该技术，在开始制动时，制动灯只有外围亮，随着踏板压力的不断增加，照明的范围逐渐向内延伸，制动踏板踩到底时，整个区域都被照亮。

5. 内部照明

现在，汽车内部的照明系统仍保留在比较初始的阶段，照明的方式和控制通常用手动实现。由于这方面没有立法限制，其改进将会很快。

随着消费者对汽车舒适性要求的提高，汽车制造商不断开发新技术以缓解汽车行驶中驾驶人和乘客的心理压力，内部照明技术也随之更加先进。奥迪A8在门套、把手(内、外)、门饰及驾驶人搁脚空间等地方都安装了相应的照明灯。照亮汽车驾驶人和乘客搁脚空间，从而产生一种广阔空间的舒适感觉；点亮车门把手凹陷处的夜间照明灯，有助于黑暗中乘客的开门；汽车后视镜中央安装有综合照明灯，可以发出温和的光。为了确保良好的状态，SL系列的汽车上装有一个特别的传感器来探测周围光的亮度，将测定的信息传送到控制模块，最终决定内部的光亮强度。

奔驰和沃尔沃汽车已经安装了车门外部照明，当遥控车门时即可以打开相应的照明系统。另外，光纤导光管也开始在汽车内部照明系统中使用。

综上所述，将来的汽车照明系统的前景是令人兴奋的。先进的前照灯、可变亮度的尾灯和更人性化的内部照明系统，在不久的将来我们就会看到它们的应用。

5.5 常见故障及检修

1. 灯组合开关故障

1）故障现象

灯总开关损坏或工作不正常。

2）故障分析及诊断

(1) 水进入灯总开关内部，导致触点臂腐蚀，弹力减小，造成接触不良。

(2) 铜环被润滑脂沾污，造成触点与铜环接触不良。

3）故障维修

首先检查灯总开关的电源接线柱是否有电。若无电，属电源线路故障；若有电，再将灯总开关旋钮转到所需挡位，检查它应当接通的接线柱是否有电。若无电，则证实为灯总开关内部故障，应更换灯总开关。

2. 闪光器不工作

1）故障现象

接通闪光器的电源线路，扳动转向开关，听不到闪光器触点开闭的声音。

2）故障分析及诊断

(1) 线路故障。

(2) 晶体管闪光器电路故障。

(3) 闪光器内部线圈断路或短路。

(4) 闪光器搭铁线安装不牢。

(5) 熔丝烧断。

3）故障维修

针对相应的故障进行维修。

3. 全部转向信号灯不工作

1）故障现象

向一侧扳动转向开关后，可以听见闪光器触点的开闭声，而转向指示灯和转向信号灯不闪烁。

2）故障分析

闪光器触点烧蚀。

3）故障维修

打磨或更换触点。

4. 个别转向信号灯不工作或同侧的3只转向信号灯总功率不足

1）故障现象

扳动转向开关后，转向指示灯开始只闪烁一下，以后就不亮了。

2）故障原因及分析

个别转向信号灯烧损、搭铁不良或线路断路，也可能是更换后的转向信号灯功率过小。转向信号灯工作电流通过闪光器线圈控制转向指示灯电路，使转向指示灯与转向信号灯一同工作。当个别转向信号灯不工作，或同侧的3只转向信号灯总功率过小时，通过线圈的电流减小，其磁力不足以使闪光器触点闭合，转向指示灯因其电路不通而不发亮。

若转向指示灯开始时就不闪烁，则为转向指示灯烧损或其线路断路。

3）故障维修

结合相应故障进行维修。

应用案例1

帕萨特B4轿车灯光系统故障

现象：一辆帕萨特B4轿车，装备了4缸AEP发动机，该车使用过程中出现了这样的症状：当打开小灯开关时，小灯没有亮，而前照灯远光却被点亮了，且此时仪表板的远光指示灯常亮，但仪表灯却不亮，再仔细观察时，发现发电机充电指示灯在接通点火开关时，也不能正常点亮。

诊断：打开点火开关，使发电机上的磁场线搭铁，但仪表板上的充电指示灯仍然不亮；经查阅维修资料，用万用表测量发电机的磁场线至仪表插座13号插脚之间线路的阻值在1Ω以下；由于该车的发电机工作正常，初步判定仪表板线路存在问题。继续检查灯光系统，当打开前照灯开关至小灯位置时，仪表板上的远光指示灯点亮。对于此项故障，首先检查前照灯开关，前照灯开关各插脚的标注为：

58 58R Xz Xr 56D 56 58b

TFL 58L NL NSL 30 SRA 31 空

对应线束的插座56D、TFL及SRA分别为空位。单独检查前照灯开关时，检查结果如下：开关关闭时，TFL－Xz－56D相通；打开小灯时，Xz－56D、30－58L－58－58R相通；打开前照灯时，Xz－56、SRA－30－58L－58－58R相通。

故障排除：上述情况符合正常工作条件要求，证明前照灯开关没问题；接下来检查前照灯开关线束与前照灯开关插脚的连接情况，并检查30号插脚到仪表板线束12号插脚的连接线路且均正常。由此，问题又到了仪表板线束，只能将仪表板解体，仔细观察仪表板的线路焊接情况，发现在线束插座的28个插脚中，9个插脚的焊接处已经开焊，这些开焊的焊点中包括充电指示灯及小灯的插脚，将这些开焊的焊点重新焊实后，该车灯光系统恢复正常。

应用案例2

现代雅尊轿车转向信号灯不工作，前照灯近光灯常亮

问题：韩国现代雅尊轿车，配置3.3L发动机，行驶里程2000km，客户反映该车转向信号灯不工作，前照灯近光灯常亮。

诊断：根据客户的报修项目，首先对故障现象进行了确认，正如客户描述的那样，该车的左右转向灯不工作，但是当按下危险警告灯开关时(双闪开关)，左右两侧的转向灯可以同时正常闪烁，前照灯的近光灯常亮，且近光和远光都已经不受灯光开关的控制；经过测试还发现，该车的刮水器也不受开关的控制，没有间歇挡和高速挡，只有低速挡。根据上述故障现象，可以初步判定故障点可能来自于前照灯开关、转向灯开关和刮水器开关的公共部分，而这些开关又是集成在转向盘下方的组合开关模块上。

现代雅尊轿车是韩国现代汽车公司开发的中高级轿车，该车的车身电气部分相对于之前的现代汽车增加了更多的功能，电路也更为复杂，而且在模块之间的通信方面使用了CAN通信和LIN通信总线两种通信方式，如图5.23所示。其中，CAN通信用于车身控制模块(BCM)和车门控制模块(DDM、ADM)及舒适系统(IMS)之间的数据传递。而LIN通信则主要用于组合开关模块和车身控制模块之间的通信。组合开关模块集成了前照灯开关、转向灯开关和刮水器开关。各开关的信号通过LIN通信线传递给车身控制模块，然后车身控制模块再控制前照灯、转向灯和刮水器的开启或关闭。如果在使用过程中组合开关模块出现故障或是LIN通信线断路，车身控制模块就会进入一个失效保护的模式，控制前照灯近光灯常亮，刮水器也只有在低速挡才可以工作。

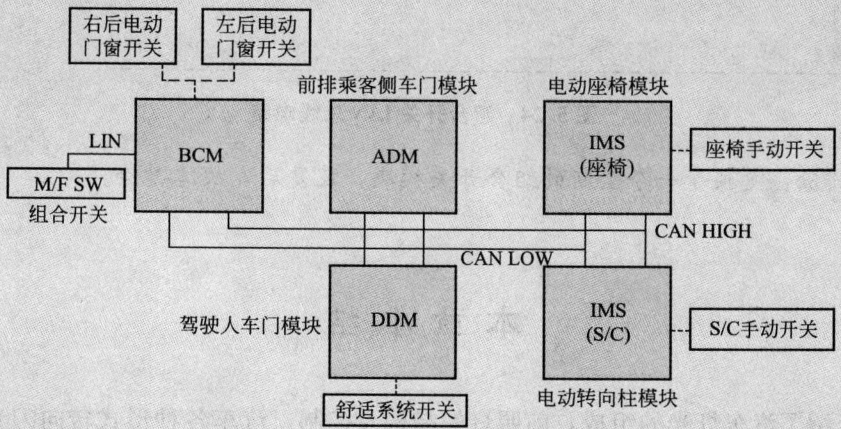

图5.23 现代雅尊车身网络系统

根据该车的故障现象并结合相关的控制原理，维修人员初步判定该车的故障是由于组合开关模块或LIN通信线断路引起的。用诊断仪进入到车身控制模块的执行器驱动项目，利用诊断仪直接驱动前照灯、转向信号灯和刮水器工作，被驱动的电器元件都可以正常工作。这一测试说明车身控制模块的工作是正常的，被测的电器元件及相关的线路也是正常的。然后又测试了组合开关模块到车身控制模块之间的LIN通信线，即组合开关的M12的7脚到车身控制模块的M28-C的1脚之间的通路情况，经检查该线也没有问题，如图5.24所示。经上述测试后完全可以确认故障是由于组合开关模块的故障引起的。

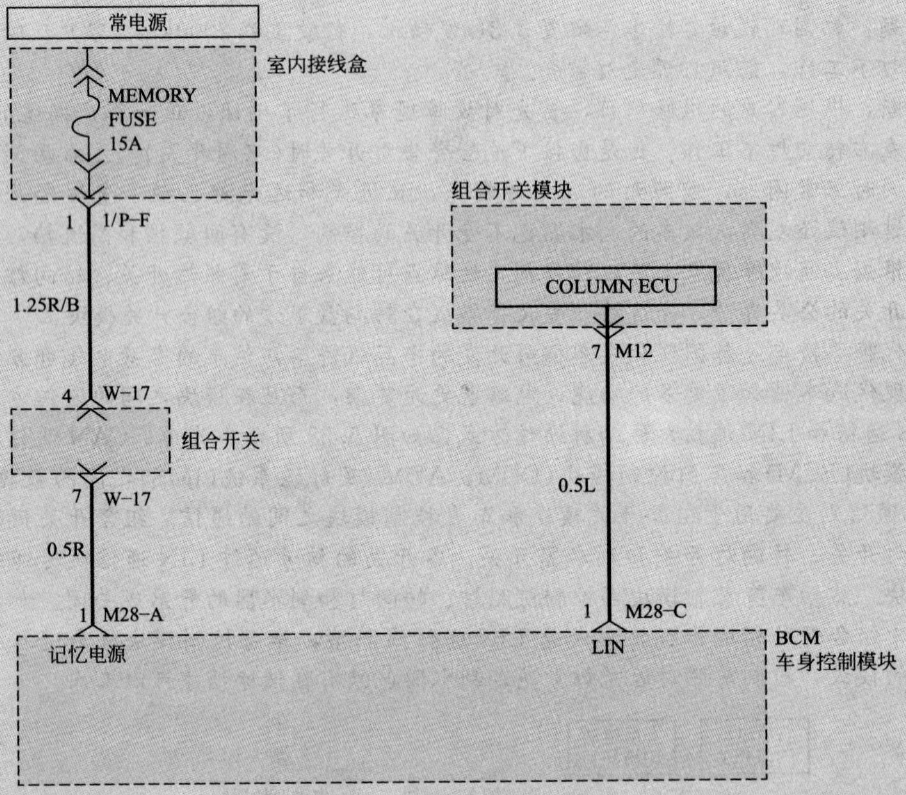

图5.24 组合开关LIN总线电路

故障排除：更换了一个全新的组合开关模块，装复后，故障排除。

本章小结

本章介绍了汽车灯光的组成，前照灯的结构及控制，汽车各种形式转向闪光器的工作原理，并简单介绍了汽车灯光系统的发展趋势。

复习思考题

一、选择题

1. 前照灯的光学组件不包括(　　)。

A. 反射镜　B. 配光镜　C. 灯泡　D. 折射镜

2. 下列哪个不是转向信号灯的闪光器的类型？(　　)

A. 电阻式　　B. 电热式　　C. 电容式　　D. 晶体管式

3. 对汽车前照灯照明的基本要求有(　　)。

A. 照明距离　　B. 防眩目　　C. 散射宽度　　D. 光照颜色

4. 下列哪个灯不是信号灯？(　　)

A. 转向灯　　B. 尾灯　　C. 制动灯　　D. 牌照灯

5. 制动灯灯光的颜色应为(　　)。

A. 红色　　B. 黄色　　C. 白色　　D. 橙色

6. 能将反射光束扩展分配，使光形分布更适宜汽车照明的器件是(　　)。

A. 反射镜　　B. 配光镜　　C. 配光屏　　D. 溴钨灯

二、判断题

1. 汽车前照灯的配光屏在接通远光灯丝时，仍然起作用。(　　)

2. 新型卤钨灯泡是在惰性气体中掺入卤族元素，使其发光效率更高。(　　)

3. 雾灯的光色规定为黄色和红色。(　　)

4. 小灯装于汽车前后两侧边缘，用于标示汽车夜间行驶或停车时的宽度轮廓。(　　)

5. 电容式闪光器是利用电容器充、放电延时特性形成转向信号灯闪烁信号的。(　　)

三、问答题

1. 什么是灯系？外部照明装置和内部照明装置各有哪些？

2. 汽车前照灯有哪几个主要组成部分？对前照灯的基本要求是什么？

3. 前照灯防眩目的措施有哪些？

4. 前照灯状态自动调整电路起什么作用？

5. 简述电子闪光器的工作原理。

6. LED灯具有什么优点？

7. 汽车灯光系统常见的故障有哪些？

第6章 车辆信息显示系统

学习目标

了解汽车声像系统的类型、组成；
掌握车用收音机的工作原理；
了解汽车音响的解码方法；
了解汽车传统仪表系统的工作原理；
熟悉电子显示器件的类型及在汽车上的应用；
掌握汽车常用报警指示装置的工作原理。

教学要点

知识要点	掌握程度	相关知识
声像系统	了解汽车声像系统的类型、组成，掌握车用收音机的工作原理	功率放大器、车用收音机、汽车音响检修
仪表系统	了解汽车传统仪表系统的工作原理，熟悉电子显示器件的类型及在汽车上的应用	电流表、冷却液温度表、电源稳压器、燃油表、电磁式、动磁式、电子显示器、显示方法
报警指示装置	掌握汽车常用报警指示装置的工作原理	燃油不足警告指示灯、机油压力警告指示灯、声报警指示装置

导入案例

车辆信息显示系统是人和车辆的交互界面，为驾驶人提供所需的车辆运行参数、工作状态及故障等信息，主要包括声像系统、仪表系统、信号及报警系统和其他信息(指南针、车身姿态、海拔高度、时钟等)显示装置，是车辆必不可少的部件。车辆信息显示的准确性与可靠性直接关系到车辆行驶的安全，而直观与美观使得驾驶不但是代步之必需，也成为舒适生活的一部分。

目前，以液晶屏(LCD)作为显示终端，所需的大量、复杂的信息能够以图形方式，灵活、准确地显示在LCD屏幕上的车载信息平台是车辆信息显示系统的一大发展趋势。LCD的横截面很像是很多层三明治叠在一起。最外一层是透明的玻璃基体，玻璃基体中间就是薄膜电晶体。颜色过滤器和液晶层可以显示出红、蓝和绿3种最基本的颜色。通常，在LCD后面有照明灯以显示画面。

与CRT显示器相比，LCD的优势在于消耗电能较少，不会产生CRT那样的电磁辐射及闪烁现象，尺寸非常小、质量较轻、可视面积大。这些特点使得LCD特别适合用在车载信息平台上。

车载信息平台往往所需要显示的信息量极大，但LCD显示尺寸及车内安装空间有限，所以往往采用一屏多显或多屏显示技术将汽车仪表信息、车身状况信息、导航信息、多媒体信息、倒车后视等信息显示在LCD液晶屏上。图6.1所示为一个多屏显示技术的实例。

抬头数字显示仪(Heads Up Display，HUD)又叫平视显示系统，是一种由电子组件、显示组件、控制器、高压电源等组成的综合电子显示设备。它可以把重要的信息，通过光学部件投射到转向盘正前方风窗玻璃上的光/电显示装置上，使驾驶人不必低头，就能看清重要的信息。这种显示系统的作用是提高汽车的安全性。如今HUD系统快速发展，已经应用在高端轿车上，如图6.2所示，即BMW X5系、X6系车型上所安装的HUD系统。

图6.1 多屏显示技术实例

图6.2 BMW X5系、X6系车型的HUD系统

6.1 声像系统

人们乘车长途旅行途中非常希望能够在车上看电视、录像，收听音乐、广播，甚至进行卡拉OK演唱，汽车声像系统就是为了满足人们这方面日益增长的文化娱乐的需要而产生的。汽车声像系统主要包括汽车音响系统、多功能影视系统及汽车多媒体等。

在汽车上，最早使用的声像系统是汽车调幅(AM)收音机，后来是调幅/调频(AM/FM)收音机、磁带放音机，发展到CD放音机，兼容DCC、DAT数码音响，VCD及DVD等。随着人们享受的要求越来越高，汽车制造商也日益重视起汽车的声像设备，并把它作为评价汽车舒适性程度的依据之一。现在的汽车声像系统，无论是在音色、操作还是在防振性能等方面均达到了较高的标准，能够应付汽车在崎岖道路上的颠簸，保证性能的稳定和音质的完美。

6.1.1 汽车声像系统的类型

汽车声像系统的类型主要有收音机、碟片机等。

汽车收音机是车内信息和娱乐的传统来源之一。自从问世至今，已经经历了深刻的变革。然而许多年来，车载收音机的中央控制板却一直扮演着车辆与车外世界沟通和联系的中心。收音机所接收到的广播内容十分丰富，除家用收音机能收到的内容外，还可通过调谐旋钮接收道路管理部门专门提供给驾驶人关于道路气象等方面的情报。交通情报每天定时播放，广播多次，对驾驶人来说十分重要。另外，作为高速公路交通管理的一环，汽车收音机也是车上不可或缺的重要部件，经常在高速公路上驾驶的驾驶人，特别关心高速公路干道上的事故、阻塞、绕行、停止通行等情报内容。这些情报内容均是通过无线电广播传递的。当汽车行驶在高速公路上时，驾驶人应打开收音机，以便及时地收听高速公路管理机构发出的情报，避免交通事故的发生。

碟片机使用的音源有CD、MD、MP3、VCD、DVD等，使用的是数字技术。CD唱机是基础产品，较高档的汽车CD唱机可以兼容MD和MP3。VCD是CD和DVD之间的一个过渡产品，一般来说VCD的音质不如CD，而整体又和DVD相差太大，品牌机中VCD产品不多。然而VCD和CD比，它可以播放图像，又比DVD价格低(目前品牌机中DVD要万元以上)。因此，在改装汽车音响时常要做的一项工作就是将CD改为VCD。DVD属于汽车音响中的高端产品，它由一系列设备和系统组成，主要有控制主机及显示器、多碟背包(换片器)、音视频信号处理系统及电视机接收系统等，有些DVD还有电子地图、可视倒车雷达系统。

6.1.2 汽车声像系统的组成

汽车声像系统组成如图6.3所示，主要部件的位置如图6.4所示。

1. 主机(信号源)

主机(信号源)是汽车视听系统的节目源，它包括汽车收音机(调谐器)、磁带放音机、CD唱机、车用VCD影碟机或DVD影碟机等。目前，普通中低档车用视听系统的信号源主要是车用收放音机、VCD影碟机，高档汽车视听系统的信号源主要是收音机、车用DVD影碟机，还可以选择MP3和MD。由于VCD和DVD兼容CD功能，所以有VCD或DVD的系统就取消了CD唱机。

2. 功率放大器

功率放大器简称功放，它为各信号源所共用，主要作用是将来自音源的节目信号或前

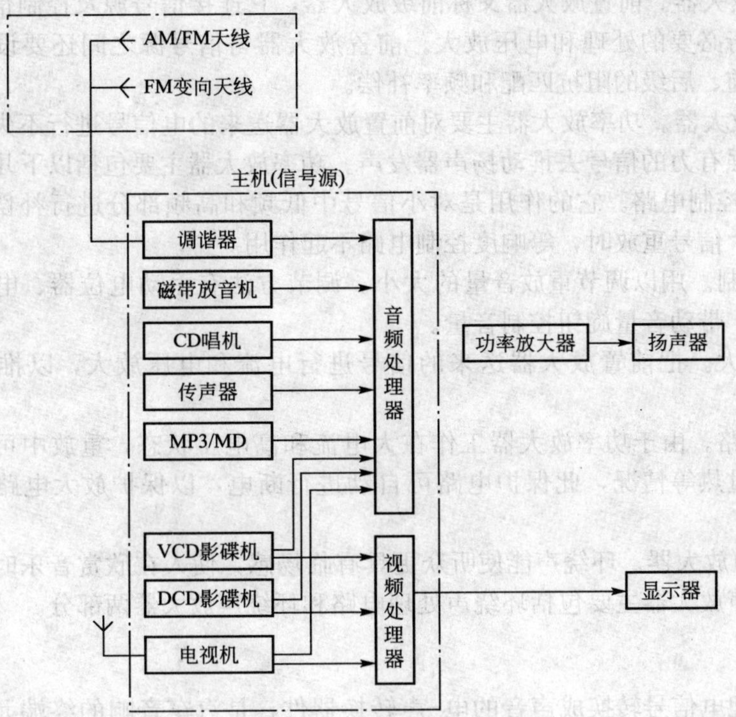

图 6.3　汽车音响的基本组成

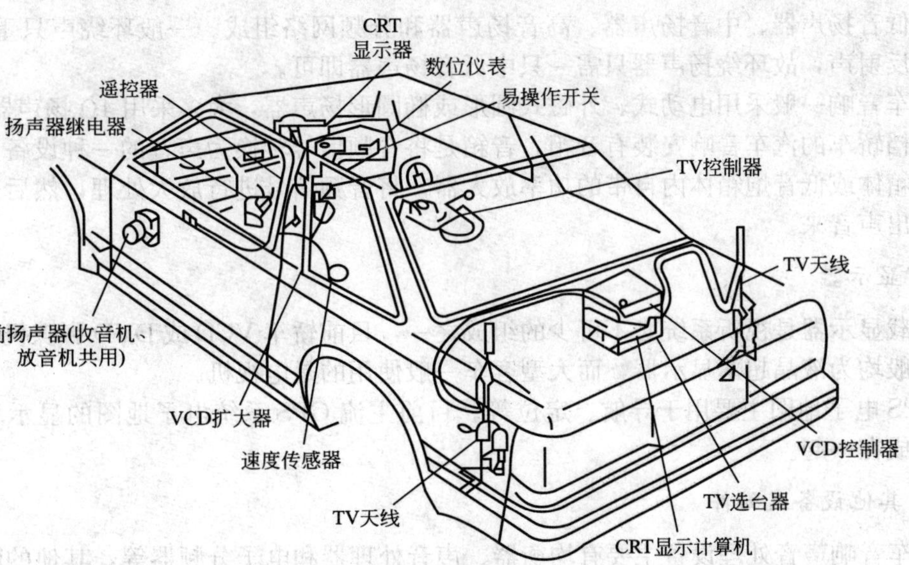

图 6.4　汽车音响主要部件的位置图

级弱信号进行电压放大和功率放大，然后推动扬声器还原出声音。

按功能不同，功放可包括前置放大器、功率放大器和环绕声放大器 3 部分。

按使用元器件的不同，可分为“胆机”（电子管功率放大器）、“石机”（晶体管功率放大器）和“IC 功放”（集成电路功率放大器）3 种类型。

(1) 前置放大器。前置放大器又称前级放大器，它连接信号源及控制信号的开关，并对各种节目进行必要的处理和电压放大。前置放大器与信号源之间还要设置各种均衡电路，用于实现前、后级的阻抗匹配和频率补偿。

(2) 功率放大器。功率放大器主要对前置放大器送来的电信号进行不失真的电流和电压放大，形成强有力的信号去推动扬声器发声。功率放大器主要包括以下几部分。

① 等响度控制电路。它的作用是对小信号中低频和高频部分进行补偿，以弥补人耳的不足；而在大信号重放时，等响度控制电路不起作用。

② 音量控制。用以调节重放音量的大小。调节方法有手动电位器、电子音量控制和伺服电动机等，带动音量旋钮控制音量。

③ 功率放大。把前置放大器送来的信号进行电流和电压放大，以推动扬声器发出声音。

④ 保护电路。由于功率放大器工作在大电流和高电压状态，重放中可能会出现过电流、过电压和过热等情况，此保护电路可自动进行断电，以保护放大电路和扬声器不受损坏。

(3) 环绕声放大器。环绕声能使听众更具有临场感，使人在欣赏音乐时有被声音围绕的感觉。环绕声放大器主要包括环绕声处理电路和环绕声放大器两部分。

3. 扬声器

扬声器是把电信号转换成声音的电-声转换器件，是汽车音响的终端元件，汽车上一般有2～6个，通常布置在仪表台内的左前、右前和两前门护板内的左中、右中以及后行李舱内的左后、右后位置。一般所说的扬声器主要指主扬声器、环绕扬声器等，主扬声器通常由低音扬声器、中音扬声器、高音扬声器和分频网络组成。一般环绕声只重放7kHz以下的反射声，故环绕扬声器只需一只中低音扬声器即可。

汽车音响一般采用电动式、外磁式圆形或椭圆形扬声器，大多采用4Ω扬声器。

高档轿车的汽车音响安装有音箱，音箱是将音频信号转换为声音的一种设备。通过音箱主机箱体或低音炮箱体内自带的功率放大器，将音频信号进行放大处理，然后由音箱本身还原出声音来。

4. 显示器

车载显示器是视听系统必不可少的组成之一，目前轿车VCD或DVD影碟机使用的显示器一般均为液晶超薄显示器，而大型客车一般使用的是电视机。

GPS电子地图主要用于导航、定位等。目前主流GPS系统电子地图的显示均与视频系统集成在一起。

5. 其他设备及附件

汽车音响声音处理设备主要有均衡器、声音处理器和电子分频器等，其他的附件有电源分配器、熔断器、线材和插接器等。

6.1.3 汽车声像系统的工作原理

1. 车用收音机

汽车收音机的原理是通过频道选择和调谐器来捕捉广播电台发射的无线电信号(已调

制为可高频传送状态的含有影像及声音的信号)，然后经过高频放大与混频电路对天线收到的弱电波进行处理，予以放大。与此同时，去除干扰波。混频电路与本机振荡频率混合，以形成中频，频率为 10.7MHz、调幅为 465kHz，再经过中频放大电路将频率为 10.7MHz、调幅为 465kHz 的信号进行放大至检波、鉴频所需的电平，中频放大后的信号经过解调，即在检波、鉴频电路中去除载波，以解析出立体声导向信号(19kHz)和立体声左、右声道信号(L、R)的合成信号(L－R、L＋R)。没有立体声的情况下，从检波电路送出单通道信号，再经过功率放大，最后通过扬声器发声。

原来的模拟系统需要支持美国、欧洲及亚洲等各地区不同频率传输方式的调谐器。现有的一些品牌系列调谐器可通过软件对不同的频率进行信号处理，将不同的频率转换成固定的中频。

目前，数字信号处理器(DSP)变得愈发流行。产品通过对模拟信号进行数字转换、解调和过滤，消除电噪声，提高声音质量。

车载收音机的一个新动向就是数字无线信号传送，这是一项革命性技术，它将具有 CD 质量的声音传送给收音装置。随着时间的推移和技术的发展，传统的 AM/FM 车用收音机将逐渐为市场所淘汰，而新型的可以与互联网相连接的车载收音机将崭露头角，成为车主的新宠。

2. 汽车用 CD 唱机

CD 唱机(激光唱机)由光学系统、机械系统和电信号处理系统 3 大部分组成。光学系统用来拾取 CD 唱片上的各种信号，机械系统用来完成 CD 唱片的运转及激光拾音器的循迹运动，电信号处理系统用来处理各种电信号。CD 唱机的结构框图如图 6.5 所示。

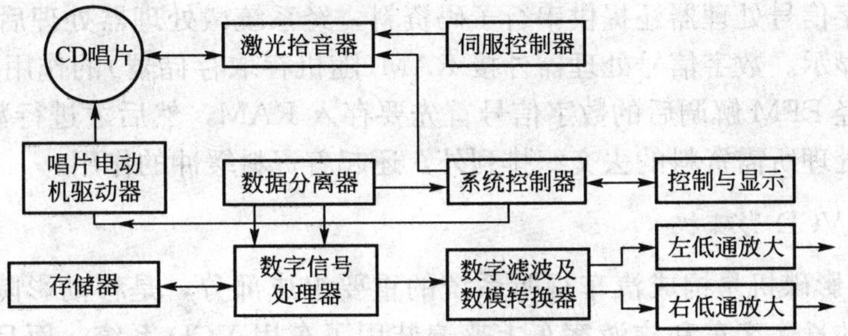

图 6.5　CD 唱机结构框图

车用 CD 唱机由激光拾音器拾取 CD 唱片上的数字信号，送入信号处理系统进行解调和纠错，经数模变换器变换为模拟音频信号输出。为了使拾取信号更精确，还要配置精密机械结构和伺服系统。这一切都在唱机所带的微处理器的控制下进行，可以实现放音、暂停、快进、快退、编程放音、自动选曲、一曲或多曲重放等多种功能，操作方便，使用灵活。

CD 唱机的数字信号是以凹坑或镜面的形式记录在 CD 唱片上的。重放时，激光拾音器从唱片上拾取信号：首先拾音器向唱片发射激光束，激光束穿过透明的片基后聚焦到信息面上，原来直径为 1.0mm 的激光束经片基折射(折射率为 1.5)后到达信息面时就变成直径为 1.0μm 的光点，如图 6.6 所示；然后由唱片反射层反射回来，通过检测反射光的强弱，就可知道光点处是凹坑还是镜面，从而读取唱片上记录的数字信号。例如：当激光束照射到凹坑时，由于反射光的衍射(图 6.7)，造成反射光量少，此时光电二极管输出为低电平；当激光束照射到镜面时，反射光量较多，光电二极管输出为高电平。

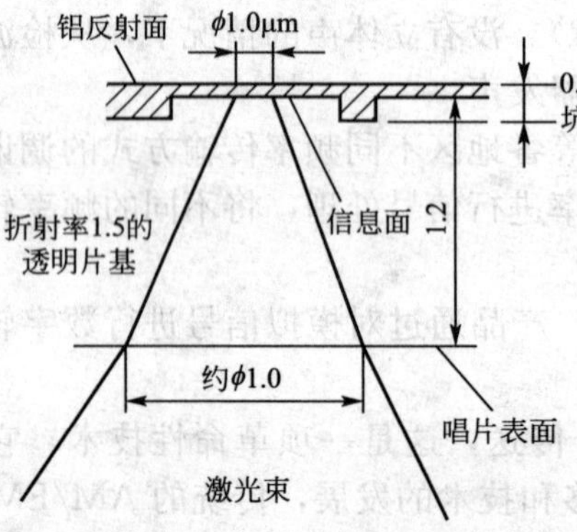

图 6.6　汽车用 CD 唱机的激光拾音器从唱片上拾取信号

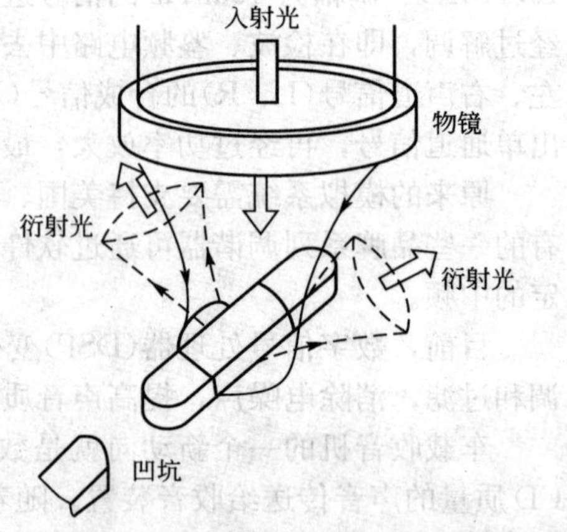

图 6.7　反射光的衍射示意图

因此，激光拾音器发出的激光束通过扫描唱片上的凹坑或镜面，便可获得强弱不同的反射光束，此光束照射到拾音器的光检测器上，再通过光检测器，把反射光束的强弱变化转换成高频电信号。高频电信号送到射频放大器进行整形、放大，然后输出 EFM 信号到数字信号处理器进行 EFM 译码、CIRC 插补等处理，还原出 16 位数字音频信号，经 D/A 转换器及低通滤波器后，便可获得模拟的音频信号。

另外，数字信号处理器还提供串行子码资料，经系统微处理器处理后，对 CD 唱机进行相应控制和显示。数字信号处理器外接 RAM(随机存取存储器)的作用是对资料排序及去抖晃处理。经 EFM 解调后的数字信号首先要存入 RAM，然后才进行数据处理。RAM 除了进行纠错处理所需资料的去交织排列外，还起着资料缓冲的作用。

3. 汽车用 VCD 影碟机

车用 VCD 影碟机是构成汽车视听系统的重要组成部分，是移动影院的视频信号源。目前中、大型的长途客车和旅游客车上普遍装用了车用 VCD 系统，而且为了使用方便，一般都还配有多片式自动换片机。

车用 VCD、DVD 等激光影音装置与普通 VCD、DVD 结构基本一致，主要区别是机芯集成度更高，结构更紧凑，且具有防振功能。VCD 影碟机主要由 CD 机芯、伺服电路、系统控制电路、MPEG－1 视音频解码电路、PAUNTSC 编码器、音频电路和 RF 变换器等构成，如图 6.8 所示。

1) CD 机芯

这部分与 CD 唱机相同，主要由电路部分和机械部分组成。电路部分主要包括光电转换电路、前置放大电路和驱动电路等。机械部分主要由光盘加载机构、激光拾音器进给机构和碟片旋转机构组成。

2) 伺服电路

伺服电路用于保证激光拾音器从光盘上准确地拾取信息。它包括聚焦伺服电路、循迹

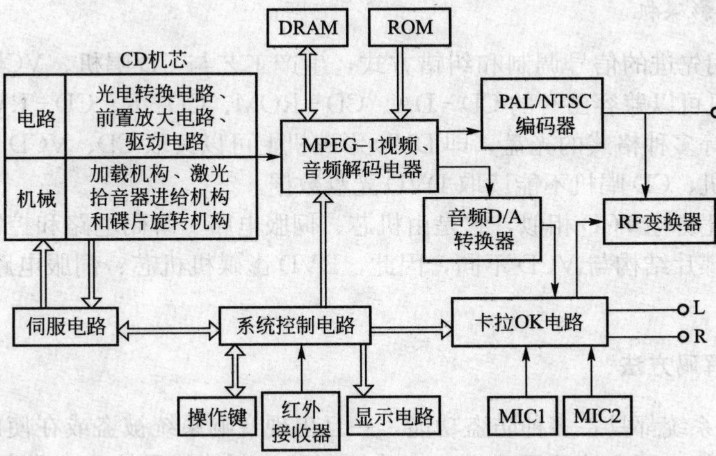

图 6.8　汽车 VCD 影碟机的基本结构图

伺服电路和进给伺服电路。

(1) 聚焦伺服电路。通过聚焦线圈控制激光拾音器的上下移动，以保证激光聚焦在光盘的信息轨迹面上。

(2) 循迹伺服电路。通过循迹线圈控制激光拾音器的水平微动，以保证激光焦点沿着光盘上的信息轨迹移动。

(3) 进给伺服电路。通过进给电动机驱动，以便带动激光拾音器沿着光盘上的信息轨迹从最内圈移动到最外圈，或使激光拾音器进行跳跃移动。

3) 系统控制电路

系统控制电路用于控制 VCD 影碟机按用户的要求进入各种工作方式，操作电路设置于操作板上，操作板上还有外接收器和显示器，以接收遥控操作指令，显示 VCD 的工作方式、播放节目和时间。

4) MPEG－1 视、音频解码电路

MPEG－1 视、音频解码电路是 VCD 影碟机的核心部分，主要用于将压缩的视频和音频信号还原成未经压缩的视频和音频信号。

5) PAL/NTSC 编码器

通过用户对系统控制电路的操作，按用户的要求，把 MPEG－1 解码出的视频信号编排成 PAL 或 NTSC 的电视制式信号，与彩色电视机工作原理一样。

6) 音频电路

音频 D/A 转换器是将 MPEG－1 解码电路输出的数字音频信号还原成模拟音频信号。

7) RF 变换器

RF 变换器主要用于把视频信号和音频信号变换成电视广播的频道信号。车用 VCD 影碟机的工作过程如图 6.9 所示。它的工作是在系统的微机指令控制下进行的。

图 6.9　车用 VCD 影碟机的工作过程

4. 汽车用DVD影碟机

DVD影碟机采用先进的信号调制和纠错方式，生产工艺与CD唱机、VCD影碟机有所不同。DVD影碟机可以兼容已有的CD-DA、CD-ROM、CD-R、CD-RW、CD-1、Photo-CD及VCD等多种格式的光盘，即DVD影碟机上可以读取CD、VCD等光盘数据信息，但VCD影碟机、CD唱机不能读取DVD光盘数据。

DVD影碟机的组成与VCD相似，它是由机芯、伺服电路、解码电路和控制电路组成的。但由于DVD的碟片结构与VCD不同，因此，DVD影碟机机芯、伺服电路也与VCD不同。

6.1.4 汽车音响的解码方法

汽车中高档音响系统都具备多种防盗功能，一旦出现音响系统被盗或在使用和维修过程中拆下蓄电池电源线、蓄电池严重亏电、音响熔断器烧断等使系统非正常断电的现象，音响系统就会锁死，必须按照正确步骤输入正确密码后，系统才能正常工作。如果多次输入错误密码，将会导致音响被永久锁死。所以一旦音响系统被锁，首先要找到音响密码，然后按照正确步骤输入密码。

1. 汽车音响防盗功能的运用

1）音响防盗功能的判断

(1) 音响防盗功能的判断。如果是在音响面板上或后车门三角窗等处发现ANTI-THEFT、CODE、SECURITY标志，则说明该车音响具有防盗功能。

(2) 音响锁住时的显示。汽车多媒体主机被锁时，多媒体主机不能工作，并在显示屏上会有所反映，不同的汽车多媒体主机，其显示内容不同。常见显示内容如下：SE、HELP、SAFE、CODE、COD、LOCK、INOP、Err1、红色防盗灯连续闪烁等。若音响面板上的液晶显示屏上显示“CODE”或“……”等符号，则表示音响已被锁住，需要解码，即需要输入正确的密码进行解码后，才能恢复正常的使用。

2）避免无意中锁住音响

(1) 在进行维修时，若不知道音响密码，千万不要断开蓄电池的电源线。

(2) 在更换蓄电池时，必须先并接一新的蓄电池后再拆下旧蓄电池；拆下电动机或变速器时，也必须采取一定的措施保证维修中途音响不会断电。

(3) 不要误拔音响熔断器，本田轿车的音响和发动机控制器清除故障码共用一个熔断器，故须特别注意，不要随意断开该熔断器。

(4) 锁车时应断开所有的用电器，以防止蓄电池因完全放电而导致音响被锁死(即自动锁死)。一般音响断电后，由于其内有一只容量较大的存储保持电容的存在，故也需要一定的时间使这只大容量电容放完电后，才会使音响自动锁死。

3）音响自动锁死

轿车在使用和维修过程中，如果发生以下情况，具有防盗功能的汽车音响防盗系统就会工作，自动锁死音响。

(1) 更换蓄电池或拆下蓄电池的电源线后，主机断电后未能及时提供存储保持电源。

(2) 蓄电池严重亏电，不能维持汽车音响的存储保持电压。

(3) 音响的电源熔断器因故熔断或拔下了音响熔断器。

(4) 音响电源电路有断线处，使音响无存储保持电压。

(5) 拔下音响电源插接器，音响电源断开等。

(6) 音响被盗。

4) 音响防盗密码的形式

音响防盗密码主要有固定密码和可变密码两种形式，都是通过防盗电脑中的音响防盗集成块(EEPROM)进行控制的，有的防盗系统集成于音响 CPU 中。音响防盗集成块(EEPROM)具有读、写、字擦除、片擦除及数字时钟功能，它与主机共同控制音响防盗系统。采用固定密码的车有欧宝、奔驰、宝马等；采用可变密码的有雷克萨斯 LS400、丰田大霸王等车型。

2. 汽车音响解码方法

1) 汽车音响密码的获取方法

汽车音响密码的获取方法较多，主要有在原车上查找和用读码器读取两种方法。

(1) 在原车上查找。在购买新车时，要注意夹在音响使用手册中的密码卡。有些车型的密码还可以在以下几个地方找到：

① 音响机壳上面的某一部位。

② 点烟器盒背面的某一地方。

③ 工具箱内或其背面的某一位置上。

④ 驾驶人侧的车门上的某一部位。

⑤ 行李舱 CD 唱机的机壳上的某一位置。

⑥ 发动机电喷控制系统(控制器)的背面某一部位。

(2) 用读码器读取。现代汽车音响防盗密码存储集成电路一般采用 EEPROM，并以串行形式连接在电路中。其中以 24C 系列和 93C 系列存储集成电路在汽车音响上应用较多。如果不小心丢失了密码，就必须使用数据编程器来读出音响里面 EEPROM 原来的密码数据，加以换算，得到正确的密码。

2) 汽车音响防盗系统的解码方法

音响防盗系统解码方法主要有硬解码法、软解码法、断电法、综合法 4 种。

(1) 硬解码法。即更换某些音响防盗集成块(EEPROM)，重新设定新的防盗密码。此方法适合于固定密码解码。

(2) 软解码法。即输入通用码来解码。当音响系统电源接通后，输入车型音响系统的通用防盗密码。例如雷克萨斯 LS400 的通用密码有 180－824、241－239、279－239 及 283－689 等十几组可供选用。此方法不需要更改电路，主要适合可变密码解码。目前已有很多这些密码的相关资料。

(3) 断电法。即对于某些机型，只需切断音响防盗集成块的电源便可解码。

(4) 综合法。即同时使用硬解码法和软解码法。

(5) 在硬件上取消防盗功能。即消除音响系统防盗功能。采取使防盗系统集成块失效的方法消除防盗功能，此方法可能会造成系统损坏。

能采用该方法的系统，其控制模块一般用一条引线的高电平或低电平信号来控制音响工作模块的工作。当断开该线，并输入永久有效的电平时，防盗功能便解除。有效电平的提供有时需加额外的电路来实现。这种方法适用于某些老款车型。其缺点是可能使系统永远失去防盗能力。

(6) 更换存储密码芯片。防盗系统一般是通过对照存储模块中预定的密码与控制模块内置寄存器中的标志信息的异同来触发防盗保护的。而解码时也是将输入的代码与控制模块中的代码进行比较，如果一致，则解码成功。因此，如果系统中采用独立的 EEPROM 作为存储模块，则可以将同一车型的已知密码的存储器拆下，用仪器读出保存在 EEPROM 中的数据，再将该数据用仪器写入同型号的 EEPROM 芯片中。用该芯片替换原锁死系统的芯片，原密码因为芯片更换而失效，现密码与被复制汽车的密码相同。

音响防盗系统解码的具体操作方法如下。

(1) 已知音响密码的解码方法。在已知音响密码的情况下，输入正确的密码，即可解码。输入方式有两种：顺序输入和逐位输入。

① 顺序输入。该方法适用于宝马、奥迪 A6、本田等系列车型的音响。如密码为 1、4、5、6，则按音响面板上的 1、4、5、6(通常按选台预置键)键就完成了。

② 逐位输入。这种方法适用于沃尔沃、绅宝、道奇子弹头等系列车型音响。如密码为 1、4、5、6，则按音响面板上的选台预置键：1 键 1 次、2 键 4 次、3 键 5 次、4 键 6 次就完成了。

如果输入的密码不是正确的密码，音响将再现蜂鸣声，或液晶显示屏上出现“SAFE”字样。这时，需耐心等待 1h 后方可重新输入密码。如果多次输入了错误的密码，则需要等待更长时间方可重新输入密码，甚至有可能将音响永久锁住。

(2) 用通用码解码方法。在不知道本机密码的情况下，可以输入该系列音响的通用密码进行解码。

① 宝马系列车型的阿尔派音响的通用密码为：62463 或 22222。

② 起亚系列车型音响的通用密码为：1245 或 6263。

③ 沃尔沃系列车型音响的通用密码为：3111 或 3113。

④ 本田系列车型音响的通用密码为：3443。

必须注意的是，采用通用码解码的方法只能运用一次，如以前已经使用过一次，则不能再使用。

(3) 无密码解码方法。如不知本机的密码，通用码也无法解码时，就需要用逻辑学分析仪或者专用音响解码器进行解码。其步骤与方法如下。

① 从中央仪表台上拆出音响机身，拔下连线线。

② 打开音响机身上盖，拆下磁带舱，露出底层的主电路板。

③ 仔细检查主电路板，必要时打开机身下盖，寻找如下几种型号的集成电路：93C46、85C82、24C81A、4558 等。

这些集成电路都是 1kB 的可擦写存储器，音响在出厂时已将密码写入了这些存储器中。这些存储器中的内容是可以调出和重新写入的。可以使用专用的拆装集成电路的热风枪来焊下这些存储器，把它们插在专用插座上，用逻辑分析仪或者音响解码器调出存在某些特殊地址字节的内容，即密码，也可以改动密码。最后，再用热风枪将这些存储器集成电路重新焊在主电路板上，按照所调出的密码在音响面板上用键重新输入，就可以将音响解锁。

这些密码存储器集成电路在接收到正确的密码后，向主 CPU 输入一个指令，令主 CPU 启动引导程序，音响就可以正常工作。

(4) 其他方法。如没有专用的逻辑分析仪或音响解码器，如对本田雅阁等车型也可将密码集成电路93C46焊下来，即可永久解锁，由此也可使音响恢复使用。

3. 汽车音响编程器

目前高级轿车的音响基本上都配备了防盗功能，若由于某种原因(如拆除蓄电池电源线)令音响系统锁死，则必须输入正确的密码使其恢复。在获知原车密码的情况下可按动音响面板键盘进行输入，如果原车密码丢失可利用专用音响解码器读出原车密码或将其修改来完成解码的工作。

汽车音响编程器的作用是通过编程来设置防盗密码，其特点是不损坏元件，且使音响保留原防盗功能，但操作难度较大。汽车音响编程器有几种形式，其设计原理是一样的，本质上都是采用单片机编程器(PROGRAMER)，只是功能有所不同。

(1) 可解码的音响机型。可解码的音响机型见表6-1。

表6-1 可解码的音响机型

车系	音响机型
奔驰(BENZ)	BE1430、BE1431、BE1432、BE1436、BE1490、BE1490、BE1491、BE1492、BE1690、BE1691、BE1692、BE1130、BE1351、BE1151、BE2210、BE2140、BE2340、BE2330、BE2180、BE1302、BE0876、BE0879、BE1319、BE1328、BE0729、BE0837、BE1460、BE1560、BE1480、BE0881、BE0780、BE0728、BE0732、BE0830、BE3200、CM2294、LP1320、LP26117、MF2197、IM2297等
宝马(BMW)	BE0774、KEH-81、KEH-83、C33、PH785、PH-7805、PH-7860、PH-9860等
丰田大霸王(TOYOTA)	P622、P623、P625、P1601、P1602、P1604、P1609、P6801、P6802、P1700、N004、N204、11706、11708、11712、11713、17801、16803、16804、16806、16707、51703、56806、56807
沃尔沃雷豪(VOLVO)	SC-800(801、805、810、811、813、815、816)
本田(HONDA)	1106、1107、1108、1109、1102、1111、1XK0、1XK3
三菱(MITSUBISHI)	P502(503、602、704)、M579、Q401、E049
大众(VW)	PE-9839W、VW2663、CQ-LA1120(1620)、AUZIZ、乐声、CQ-V1110FA
三星道奇	PH924、PH964
德国欧宝(OPEL)	SC-201、CI-300
马自达(MAZDA)	3262、3264、3226、1264、1270、2264、CQ-M2632
保时捷	CI-1
日产(NISSAN)	CT016(011、269)
起亚(KIA)	AUK8600(8602)

(2) 编程器使用方法。

① 输入机型号码。开机后按“确认”键出现“KEY OK”字样，再按机型键，在闪

烁“TYPE”的情况下输入机型号码。例如：1999 款奔驰 BE1691 型音响，输入 1691 作索引，不用输入英文字母，然后按“确认”键，显示屏即出现奔驰 BE1691 型的备用资料，即显示“IC：85C82”，表示锁机的芯片型号为 85C82。显示“＊ ＊：22121”表示开机密码为 22121。

注意：凡是有密码的汽车音响都设计有不等待及等待状态，出现“CODE”、“SAFE”表示为不等待状态；出现“WAIT”、“OFF”、“SAFE2”、“HOLD”，表示为等待状态。即若音响锁止但没有输入过密码，则将有 3 次输入密码的机会，若输入的密码正确，则音响正常打开，若累计 3 次输入不正确的密码，则音响就会出现等待状态，出现等待状态后音响不再接受密码；若要继续输入密码，必须将等待状态改变为不等待状态。如果是等待状态的机型，则先按状态键，按“▲”键或“▼”键选择“CODE”状态，然后必须先按确认键，再按写码键，待出现“WRITE OK”，表示已经成功地修改了等待状态。如果想了解音响是否处于等待状态，则可将芯片装进编程器，按读码键，待出现“READ OK”后按确认键，“STATE”显示音响所处的状态。

② 将备用资料写进芯片。先将音响 IC 芯片拆下，例如奔驰 BE1691 型音响，芯片为 85C82，将其装到 IC 插座上，然后按写码键，出现“WRITE OK”，则表示能将音响资料写到芯片上，将芯片装回音响即可，用密码 22121 可开机。若出现“WRITE ERROR”，则表示没有将备用资料写到芯片，需重复上述操作，直至出现“WRITE OK”。如果操作错误，则按复位键，然后按机型键，重新输入机型。

③ 修改密码。密码可以任意修改，操作方法如下：选定机型，按确认键，当“＊＊……”位置显示密码时，按密码键，当光标在密码位置闪烁时，输入指定的密码；然后必须先按确认键再按写码键，待显示屏出现“WRITE OK”，即表示已经成功地修改了密码(注：如果是 4 位数密码，则通常是 0～9 中的数字；如果是 5 位数密码，则通常是 1～6 中的数字)。

④ 查找原芯片密码。要想查找原芯片的密码，则按以下方法操作：首先选定机型，然后按确认键，当显示备用资料后，装上芯片，按读码键，出现“READ OK”后，按“▲”键，“＊＊……”处出现的是芯片的密码。例如出现 33116，则表示原芯片密码是 33116。

(3) 破解 PUK 码的方法。显示屏出现“KEY ERROR”，按确认键出现“ENYEY KEY”输入 981106 的 PUK 码，然后按确认键，显示屏出现“NEW KEY OK”，表示已经将旧密码清除，编程器可以正常使用。

(4) 编程器的升级。编程器可升级，增加音响型号，扩大应用范围，其操作方法如下：对于一台 AB888 型的汽车音响，首先选定机型输入 888，按“Enter”(确认)键，选 IC 芯片型号，按读码键，出现“READ OK”按存储键，即可将新机型添加到编程器中，记下代号和密码。

4. 汽车音响解码常用集成块

汽车音响常用集成块为 EEPROM，有两种，其具体管脚说明如下。

(1) AT24C01A02/04/08/16 型音响防盗芯片。

防盗芯片的形状如图 6.10 所示。

各管脚的含义见表 6-2。

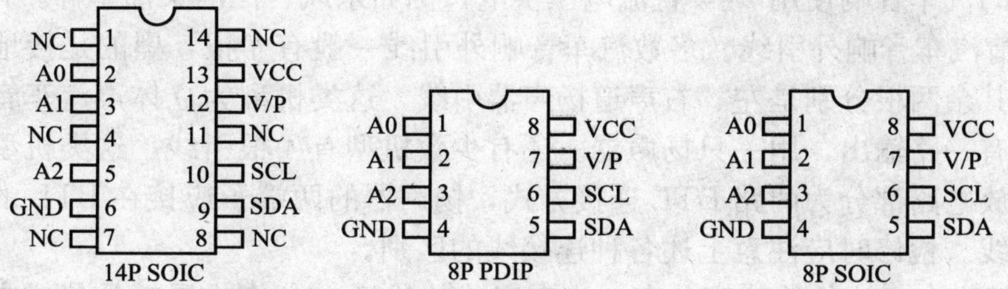

图 6.10　防盗芯片的形状

表 6－2　AT24C01A02/04/08/16 型音响防盗芯片各管脚的含义表

管脚名称	含义	管脚名称	含义
A0	地址输入	SCL	串行时钟输入
A 1	地址输入	V/P	写保护
A 2	地址输入	VCC	电源供给
GND	接地	NC	没在连接
SDA	串行数据输入		

(2) AT93C46/56/57/66 型音响防盗芯片。

防盗芯片的形状如图 6.11 所示。

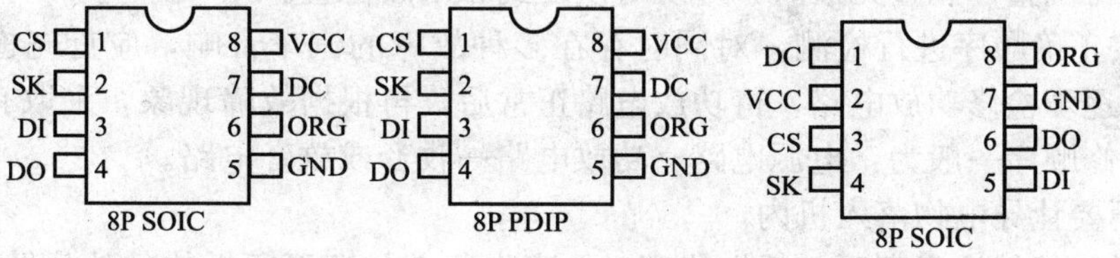

图 6.11　防盗芯片的形状

各管脚的含义见表 6－3。

表 6－3　AT93C46/56/57/66 型音响防盗芯片各管脚的含义表

管脚名称	含义	管脚名称	含义
CS	片选信号	GND	接地
SK	串行数据时钟	ORG	内部功能信号
DI	串行数据输入	DC	没有接地
DO	串行数据输出	VCC	电源供给

6.1.5　汽车音响的检修

1. 音响检修应注意的事项

(1) 弄清所修汽车音响使用的电源电压。目前大多数汽车音响都使用 12V 直流电压供电，但也有的汽车音响使用24V直流电压供电，例如东风、江淮柴油车等。

(2) 搞清汽车音响外引线。多数汽车音响外引线一般有4根，黑的是接地线，红的是正电源线，其余两根分别是左、右声道扬声器引线，这类机型为立体声汽车音响。但也有少数机型只有一路输出，用一只扬声器。还有少数机型有4根引线，这类机型也为立体声的，但其功放电路部分为两路BTL连接方式，扬声器的两端子应接在BTL的输出端，故共有4根引线。检修时应注意上述各种连接线的区别。

(3) 了解汽车音响的故障率分布。汽车音响的故障90%左右是功放集成电路损坏，前置均衡放大器损坏较少，收音部分故障率较低。

(4) 临时外接线要绝缘。

(5) 注意紧固螺钉的位置。

(6) 及时掌握整机电流大小。开机时，最好在电源回路串入电流表，以便及时掌握电流是否正常，避免造成元件损坏。

(7) 切忌随便更换熔丝。更换的熔丝决不可超过原来的规格。否则，重新通电后就有可能烧坏机内尚未损坏的元件。

(8) 切忌带电焊接。

(9) 不要随便调整可调元件。切忌随便调整汽车音响内的有关电感线圈或半可调电阻、中频变压器磁心等。在没有准确判断出故障之前，若随便调整机内电感线圈、半可变电容、半可调电阻，将会使本来无故障的电路失调而导致故障的进一步扩大，或给判断故障增加难度。因为在无仪器的情况下，有些器件是很难调准的。非调整不可时，可先记下原来的位置再调整，调整无效时，应及时恢复到原来的位置。

(10) 按正确顺序进行检测。对同时存在多种故障的汽车音响，应首先检查整机的供电电路，再逐步检修功放电路，待功放电路正常后，再根据故障现象，采取有针对性的修理措施。检修顺序一般为：电源电路→功放电路→收音或放音电路。

(11) 不要让导电物落入机内。

(12) 拆卸组件注意事项。拆卸修理时，事先留心并记下所拆构件的位置和拆卸顺序，并注意避免损坏构件，以保证还原后能恢复其原有的装配精度。

(13) 查找假焊元件时应注意的问题。当怀疑元件的接点有假焊时，只能轻轻晃动，不能用力过猛，以免晃断元件和损坏外印制电路板。

(14) 烙铁不要在印制电路板的某点停留时间过长。

(15) 更换大功率元件时应注意的问题。更换功放集成电路或某些大功率元件时，要按原安装情况放置垫圈和绝缘垫片等，不得随意减少，以防发生击穿和影响散热效果。更换发热的大功率电阻时(例如指示灯限流电阻等)，要按原样进行安装，不得随意贴近印制电路板或靠近其他元器件。

(16) 元器件端子的处理。更换上的元器件，在焊入印制电路板之前，必须将其端子刮净后镀上锡。有的元器件出厂时已镀过锡，但因长期存放氧化，故应重新镀锡。

(17) 更换大功率晶体管功率膜专块时，要装上散热片。如果大功率晶体管对底板不是绝缘的，切记装上绝缘片。

(18) 对于应修理与代换的元器件，要注意图纸上标有“!”符号的元件参数，对其主要参数应充分留有余量。

(19) 维修过程中，一般不要轻易改动原机电路，避免给以后的维修工作带来不便。

对于一些没有代换元件的集成电路和功率放大模块等，如果采用外贴元件修复或分立元件代换，则要经过反复试验，确保其能正常工作，且稳定可靠。

(20) 采用临时性措施修复故障时，要首先向用户声明，并在电路中做好明显的记号，等条件成熟后要及时复原。

2. 音响元件故障的特点与原因

音响元件故障的特点及原因如下。

(1) 电位器开关故障的特点。电位器开关故障主要有：音量控制电阻片太脏、开关触点烧断、同轴内塑料环碎裂。

汽车收音机中的电位器是较容易损坏的元件之一，特别是带开关的音量及音调电位器。此故障的主要表现是接触不良、转轴断裂等。电位器内部接触不良，可先滴入少量润滑油并旋动几次试一试，如果仍接触不良，则为膜片与触点磨损太多，应换新件。

(2) 微型动力电动机故障的特点。汽车音响微型动力电动机在日常维修中的实际应用不仅有正反转之分，而且还存在稳速方式不同的区别，如机械稳速电动机和电子电路控制稳速电动机。电子电路控制稳速电动机有时会因稳速电路上元件损坏而造成放音变调，而机械稳速电动机却没有这种现象，因此，机械稳速电动机较优于电子电路控制稳速电动机，但多数音响安装的基本都是电子电路控制稳速电动机。

(3) 选台调谐器故障特点。选台调谐器应用在普通型汽车音响中，基本有两种类型：调容型、调感型。

虽然汽车音响选台有上述两种类型，但其共同存在拉绳围绕刻度盘整周传动的过程，这主要是为指针能够在选台指定具体位置设置。正是由于拉绳走向的改变及受力的不同等缘故，日常维修才会经常遇到拉绳挣断现象，这时调容和调感选台调谐器表现出不相同的一面，一般调容选台调谐器在拉绳挣断以后便失去选台能力，而调感选台调谐器在拉绳挣断以后还可通过直感继续完成选台。

6.2 仪表总成

为了正确使用发动机并了解其主要部分的工作情况，及时发现、排除和避免可能出现的故障，汽车上装有多种仪表，其中较常用的有电流表、机油压力表、冷却液温度表、燃油表和车速里程表。

汽车仪表按其结构形式可分为独立式仪表和组合式仪表两种。独立式仪表是将各仪表固定在同一块金属板上，每个仪表相互独立；而组合式仪表则是将各仪表封装在一个壳体内，结构紧凑、美观大方，故现代汽车广泛采用。

汽车仪表按其工作原理可分为传统仪表和数字仪表两种。传统仪表是机电驱动仪表，只能为驾驶人提供汽车运行中必要而又少量的数据信息，已远远不能满足现代汽车新技术、高速度的要求。随着汽车电子技术的不断发展，汽车仪表板上显示的信息不断增加，原有的汽车显示系统越来越无法满足使用的需要，因而数字化汽车仪表已逐渐在汽车中应用，并有取代传统仪表的趋势。本节将在介绍传统仪表的同时详细介绍数字化仪表。

6.2.1 传统仪表

机电模拟式的电流表、机油压力表、冷却液温度表、燃油表、发动机转速表和车速里程表都属传统仪表，如图 6.12 所示。

(a) 电流表　(b) 机油压力表　(c) 冷却液温度表

(d) 燃油表　(e) 发动机转速表　(f) 车速里程表

图 6.12　传统机电模拟仪表

1. 电流表

电流表又称安培表，仪表板安装空间相对较大的载货汽车选装，多以双向工作方式串接在发电机充电电路中，不仅能够指示电路中电流的大小，而且还能指示充电系统的充放电状态，检测电源系统工作是否正常。电流表刻度盘上正中间的示值为“0”，两侧分别标有“+”和“-”，其最大读数为 20A 或 30A，只允许通过较小的电流，例如点火系统、仪表等长时间连续工作的小电流，而起动机、电喇叭等短时间断续用电的大电流，均不流经电流表。当指针指向“+”侧时，表示蓄电池充电；否则，表示蓄电池放电。

现代汽车常用电流表有电磁式和动磁式两种类型。

1) 电磁式电流表

电磁式电流表的结构如图 6.13 所示。黄铜板条 3 固定在绝缘底板上，两端与接线端子 1 和 2 相连，下面夹有永久磁铁 6。在磁铁内侧的转轴 5 上装有带指针的软钢转子 4。

电磁式电流表的工作原理如图 6.14 所示。

当电流表没有电流流过时，由于软钢转子被永久磁铁磁化，且转子磁化后的极性与永久磁铁的极性相反，因此两者互相吸引，使指针保持指向中间位置“0”，如图 6.14(b)所示，说明充放电电流都等于零。

当蓄电池放电时，电流由电流表接线柱 1 经过黄铜板条流向接线柱 2(图 6.13)，此时流经黄铜板条上的电流将产生环形磁场，该磁场垂直于永久磁铁的磁场，并与之形成合成磁场，使磁场发生偏转，并带动软钢转子偏转同样的角度，也就是转到合成磁场的方向。

电流越大，合成磁场就越强，指针偏转角度也就越大，如图 6.14(a)所示。

当蓄电池充电时，电流方向相反，磁场方向偏转也相反，带动指针反向偏转，指示充电，如图 6.14(c)所示。

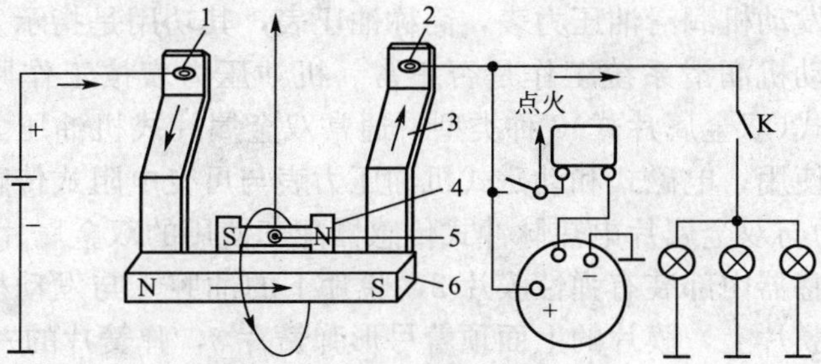

图 6.13　电磁式电流表的结构图

1、2—接线端子；3—黄铜板条；4—软钢转子与指针；5—转轴；6—永久磁铁

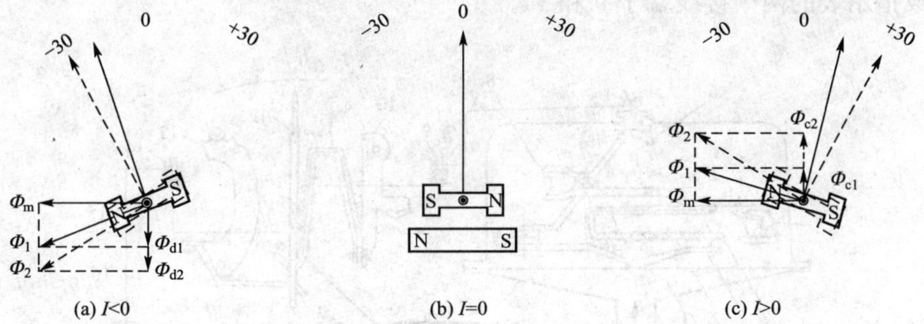

图 6.14　电磁式电流表的工作原理

2）动磁式电流表

动磁式电流表结构较简单，如图 6.15所示。黄铜导电板 2 固定在绝缘的塑料底板上，两端与接线柱 1、3 相连，中间夹有磁轭 6。导电板 2 上固装有一根针轴，永磁转子 4 和指针 5 套装在针轴上，称为磁钢指针。该电流表中的永磁转子可随指针一同转动，故称为动磁式电流表。

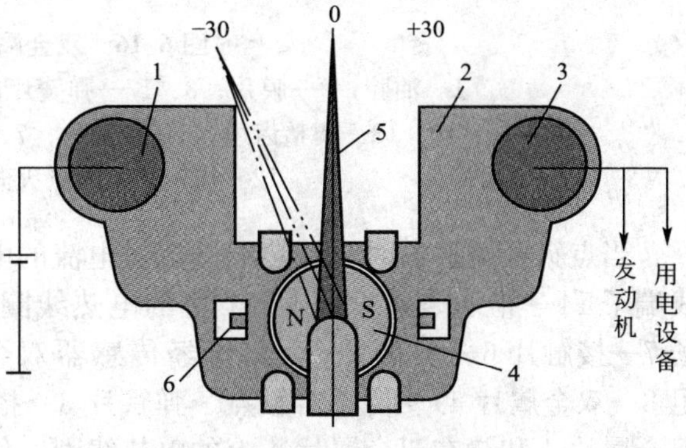

图 6.15　动磁式电流表的结构

1、3—接线柱；2—导电板；4—永磁转子；5—指针；6—磁轭

动磁式电流表与电磁式电流表的主要区别在于其转子是永久磁铁，其工作原理为：当没有电流流过电流表时，永久磁铁转子通过磁轭构成磁回路，使指针保持在中间“0”的位置；当放电电流通过导电板时，在它的周围产生磁场，使浮装在导电板中心的转子和指针向“−”方向偏转，指示放电电流值。电流越大，偏转

越多，则指示的电流值越大。若充电电流通过导电板，则指针偏向“+”，指示充电电流的大小。

2. 机油压力表

机油压力表即发动机润滑油压力表，简称油压表，其功用是指示发动机润滑油压力的高低，以便了解发动机润滑系统工作是否正常。机油压力表按工作原理不同可分为电磁式、动磁式和电热式(双金属片式)3 种类型，通常双金属片式机油压力表与双金属片电热脉冲式传感器配套使用；电磁式和动磁式机油压力表与可变电阻式传感器配套使用。

图 6.16 所示为与双金属片电热脉冲式传感器配套使用的双金属片式机油压力表。

机油压力表传感器内部装有弹性膜片 2，膜片下的油腔 1 与发动机主油道相通，机油压力可直接作用在膜片上，膜片的上面顶着弓形弹簧片 3，弹簧片的一端与外壳固定搭铁，另一端的触点与双金属片 4 端部触点接触，双金属片上绕有电热线圈，校正电阻 8 与双金属片 4 上的电热线圈并联。机油压力指示表内装有特殊形状的双金属片 11，它的直臂末端固定在调节齿扇 10 上，另一钩形悬臂端部与指针 12 相连，其上也绕有电热线圈，线圈的两头构成指示表的两个接线端子 9 和 14。

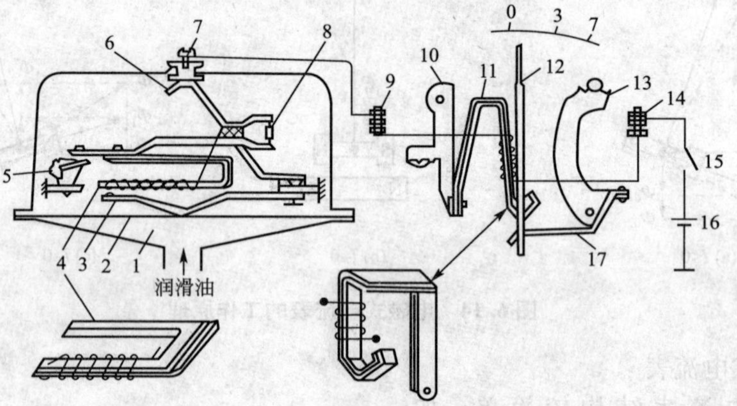

图 6.16 双金属片式油压表

1—油腔；2—膜片；3、17—弹簧片；4、11—双金属片与电热线圈；
5、10、13—调整齿扇；6—接触片；7、9、14—接线端子；8—校正电阻；
12—指针；15—点火开关；16—蓄电池

当点火开关接通时，加热线圈流过电流的电路为：电源正极→点火开关 15→指示表接线端子 14→指示表双金属片 11 上的电热线圈→指示表接线端子 9→油压传感器接线端子 7→接触片 6→分两路(一路流经传感器双金属片 4 的电热线圈；另一路流经校正电阻 8→双金属片 4)→传感器触点→弹簧片 3→搭铁→电源负极，构成回路。由于电流流经双金属片 4 和绕在双金属片 4 上的电热线圈，使双金属片受热变形。双金属片由两种膨胀系数不同的金属制成，受热时向膨胀系数小的金属一面弯曲。当电路中有电流通过时，绕在双金属片上的电热线圈产生热量，造成传感器双金属片受热弯曲，使触点断开，切断电路。

当机油压力很低时，膜片 2 几乎没有变形，这时作用在触点上的固定压力很小，当电流流过而温度略有上升时，双金属片 4 就受热弯曲，使触点分开，切断电路并停止产生热量；一段时间后，双金属片冷却伸直，触点又闭合，电路又被接通。因此，触点闭合时间短而打开时间长，如图 6.17(a)所示，通过指示表电热线圈的平均电流值小，故指示表双金属片 11 因温度较低而弯曲程度小，指针 12 偏转角度很小，即指示出较低的机油压力。

当机油压力升高时，膜片 2 向上的拱曲增大，加在触点上的压力增大，双金属片 4 需要在较高温度下，即其上电热线圈通过较大电流且较长时间后，才能弯曲至使触点分开，而触点分开后稍微冷却就会很快闭合。因此，触点打开时间短而闭合时间长，如图 6.17(b)所示，通过指示表电热线圈的平均电流值大，指针 12 偏转角度大，指示出较高的机油压力。

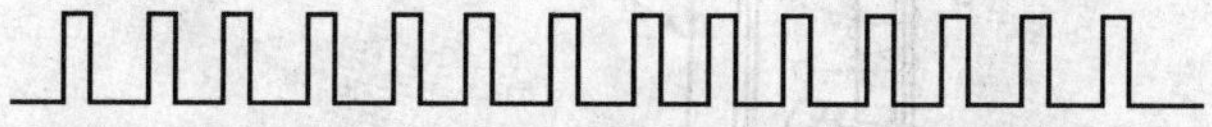

(a) 高压油时

(b) 低压油时

图 6.17　油压表中脉冲电流的波形

因此，这种油压表主要靠脉冲电流大小的变化，达到相应指示机油压力值的目的，所以又可称为电热脉冲式油压表。

一般油压在 0.491MPa 时，传感器触点的振动频率可达 100～130 次/min；油压为 0.196MPa 时，振动频率只有 40～70 次/min。发动机低速运转时，机油压力最低不应小于 0.147MPa，正常压力应为 0.196～0.392MPa，最高压力不应超过 0.491MPa。

3. *冷却液温度表*

冷却液温度表的功用是指示发动机冷却液的工作温度。冷却液温度表由安装在仪表板上的温度表和安装在发动机气缸盖水套内的冷却液温度传感器组成。冷却液温度表可分为电热式和电磁式两种类型，冷却液温度传感器有双金属片式和热敏电阻式两种。

1）电热式冷却液温度表

电热式冷却液温度表可以与双金属片式传感器组合，也可以与热敏电阻式传感器组合。

图 6.18 所示为电热式冷却液温度表和双金属片式冷却液温度传感器的结构。

电热式冷却液温度表与双金属式机油压力表的构造类似，仅示值刻度不同，其工作原理与双金属片式机油压力表也相似。

当电路接通且冷却液温度较低时，双金属片 4 主要依靠线圈来加热变形，故双金属片需要经过一段较长的时间加热，才能使触点分开。由于冷却液温度较低，双金属片 4 易冷却，触点稍一冷却就很快闭合，所以触点闭合的时间相对长，使得电路中的有效电流值较大，故指示表内的双金属片 9 受热变形大，指针 10 的偏转角大，从而指示较低的冷却液温度。

当冷却液温度升高时，由于温度的影响，冷却液温度传感器双金属片 4 加热所需时间变短而冷却时间加长，即触点的闭合时间相对缩短，使电路中的电流有效值减小，双金属片 9 变形量减小，指针 10 偏转角小，指示高温。

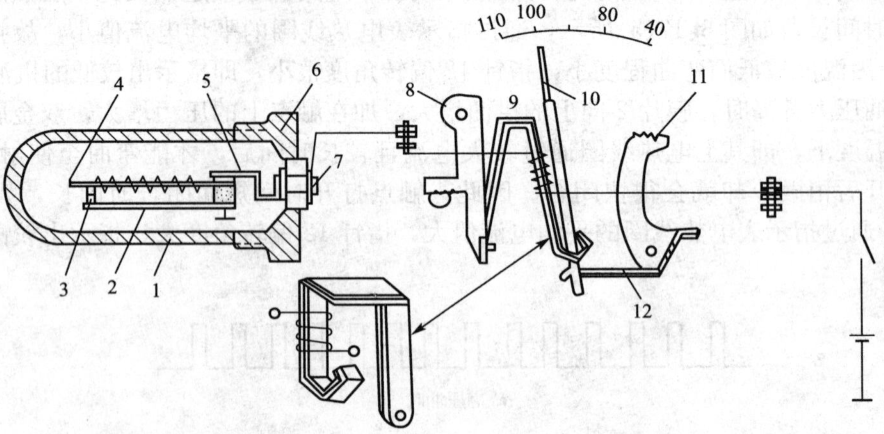

图 6.18　电热式冷却液温度表和双金属片式冷却液温度传感器的结构

1—冷却液温度传感器壳体；2—触点臂；3—固定触点；4、9—双金属片；5—导电接触片；6—接线座；7—传感器接线端子；8、11—调整齿扇；10—指针；12—弹簧片

发动机正常工作时，冷却液温度应在 75～85℃之间。

图 6.19 所示为电热式冷却液温度表和热敏电阻式冷却液温度传感器的结构原理，在该冷却液温度表之前增加了一个电源稳压器。

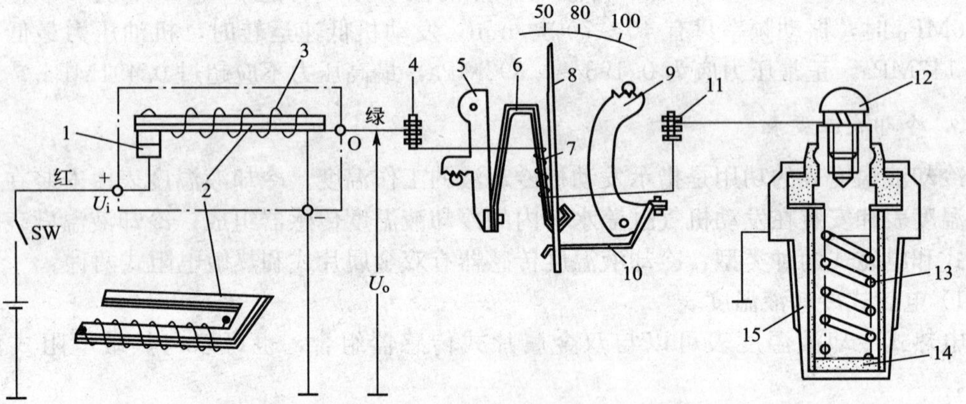

图 6.19　电热式冷却液温度表和热敏电阻式冷却液温度传感器的结构

1—稳压器触点；2、6—双金属片；3、7—加热线圈；4、11、12—接线端子；5、9—调整齿扇；8—指针；10—弹簧片；13—弹簧；14—热敏电阻；15—金属壳体

热敏电阻是一种半导体材料，一般具有负温度系数，对热和温度有高度的灵敏性，即温度升高时电阻值减小，温度降低时电阻值增大，由铜、钴、镍、锰烧结而成，安装在冷却系统的水道中。

电源稳压器的作用是当电源电压波动时，向指示仪表和传感器电路提供一个稳定的电压，以保证指示仪表指示的读数准确。稳压器采用双金属片，当触点 1 闭合时，其输出电压与输入电压相等，即等于电源电压，此时，加热线圈 3 有电流通过，双金属片 2 受热变形，使触点张开；当触点 1 张开后，电路被切断，稳压器的输出电压为“0”，双金属片因不再受热而逐渐冷却复原，于是触点重又闭合，故稳压器的输出电压实质上是脉冲电压，如图 6.20 所示。当电源电压升高时，闭合阶段流过加热线圈 3 的电流相应增大，从而加速了双金属片的受热变形，使触点的闭合时间相对变短；反之，当电源电压变低时，触点的闭合时间则相对变长。因此，利用脉宽调制方式可使得稳压器输出电压的有效值保持不变。

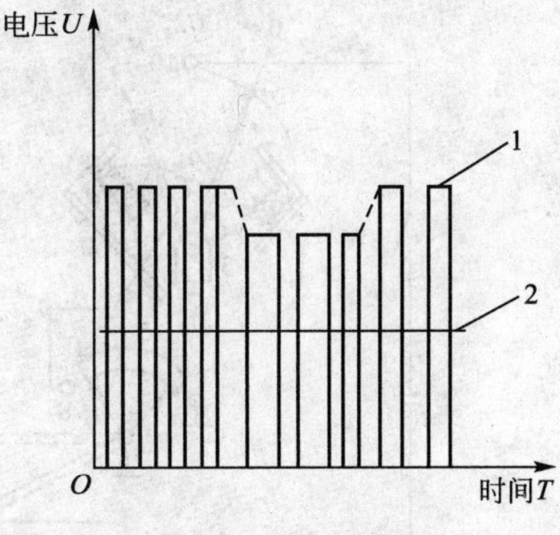

图 6.20 电源稳压器的电压波形

1—输入电压 $U_{入}$；2—输出电压 $U_{出}$

2）电磁式冷却液温度表

图 6.21(a)所示为电磁式冷却液温度表的结构。它由电磁式温度指示表和热敏电阻式传感器组成，电磁式冷却液温度表壳内固装有互成一定角度的两个铁心，铁心上分别绕有电磁线圈，其中一个与传感器串联，另一个与传感器并联，两个铁心的下端设有带指针的偏转衔铁。

电磁式冷却液温度表的等效电路如图 6.21(b)所示，当冷却液温度较低时，热敏电阻传感器阻值增大，流经 W_1 和 W_2 两个线圈的电流相差不多，但 W_1 匝数多，产生磁场强，故吸引衔铁使指针向低温指示方向偏转，指示低温；当冷却液温度升高时，热敏电阻阻值减小，分流作用增强，流经 W_1 的电流减小，磁力减弱，衔铁被吸引，指针向右偏转，指示较高温度。

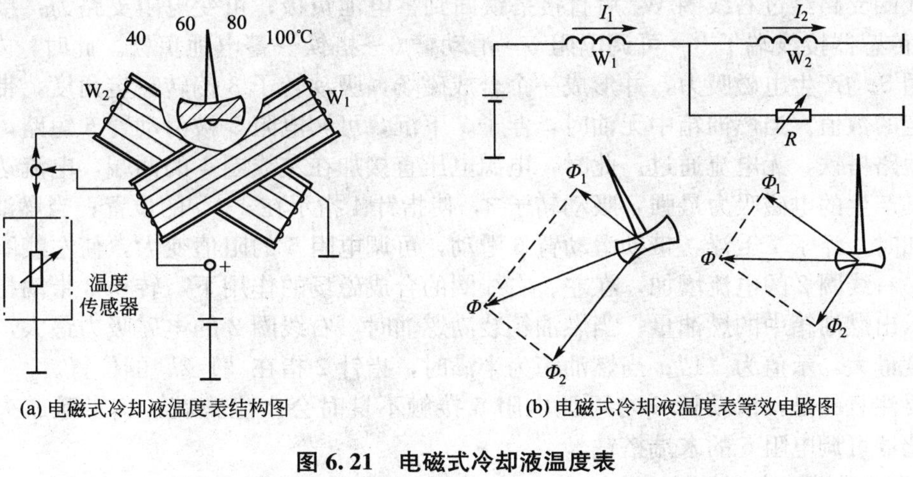

(a) 电磁式冷却液温度表结构图　　(b) 电磁式冷却液温度表等效电路图

图 6.21 电磁式冷却液温度表

4. 燃油表

燃油表用来指示燃油箱内储存的燃油量，由装在燃油箱中的油量传感器和仪表板上的燃油指示表两部分组成。燃油指示表通常有电磁式、动磁式和电热式 3 种，传感器均使用可变电阻式。

1）电磁式燃油表

电磁式燃油表的结构与工作原理如图 6.22 所示。

燃油表中安装有左线圈 1 和右线圈 2，两线圈之间有一个铁质的转子 3，转子与指针 4

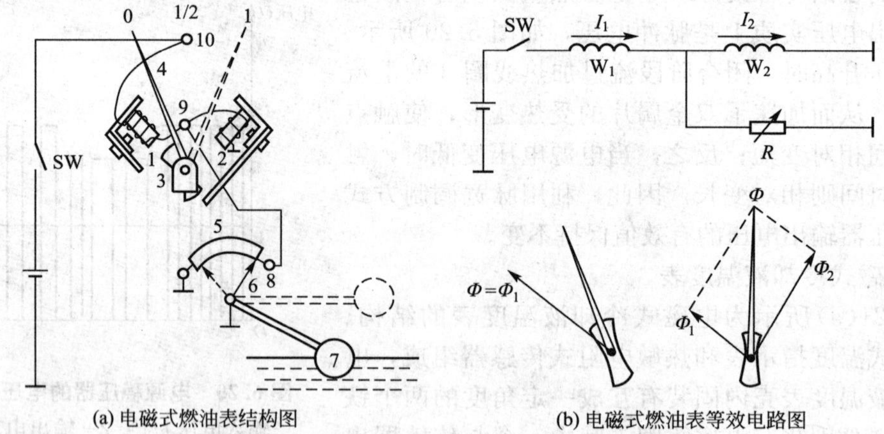

(a) 电磁式燃油表结构图

(b) 电磁式燃油表等效电路图

图 6.22　电磁式燃油表的结构与工作原理

1—左线圈；2—右线圈；3—转子；4—指针；5—可调电阻；

6—滑动臂；7—浮子；8—传感器接线柱；9、10—接线端子

固定在一起。传感器由可调电阻 5、滑动臂 6 和浮子 7 组成。浮子漂浮在油面上，当浮子随油面的高低而改变位置时，可以带动滑动臂 6 做相应的滑动。

电路接通后，电流流过燃油表的路径为：蓄电池正极→点火开关 SW→燃油表“+”接线端子 10→左线圈 W_1→燃油表“－”接线端子 9，然后分成右线圈和可变电阻两条支路。右线圈支路经过右线圈 W_2 后直接搭铁回到蓄电池负极；可变电阻支路为：接线端子 9→燃油传感器接线端子 8→可调电阻 5→滑动臂 6→搭铁→蓄电池负极。此时，左线圈 1 和右线圈 5 均产生电磁吸力，并形成一个合成磁场，吸动转子 3 偏转一定角度，带动指针指示一定的数值。当燃油箱中无油时，浮子 7 下沉，可调电阻 5 被滑动臂 6 短路，右线圈同时被短路搭铁，无电流通过。此时，电源电压直接加在左线圈 1 的两端，电流达到最大值并使其产生的电磁吸力最强，吸动转子 3，使指针 4 指示在“0”的位置；当燃油箱中的燃油增加时，浮子 7 上浮，带动滑动臂 6 滑动，可调电阻 5 的阻值变大，使左线圈 1 的电流减小，右线圈 2 的电流增加，在左、右线圈的合成磁场的作用下，转子 3 带动指针右偏转，指示出燃油箱中的燃油量；当燃油箱装满燃油时，右线圈 2 的电磁吸力最大，指针的偏转角度最大，示值为“1”；当燃油箱为半满时，指针 2 指在“1/2”的位置。

需要注意的是，滑动臂 6 与可调电阻 5 接触不良时会产生火花，容易酿成火灾，因此，传感器可调电阻 5 的末端搭铁。

2）动磁式燃油表

如图 6.23 所示，动磁式燃油表的两个线圈 2 和 4 互相垂直地绕在一个矩形塑料架上，塑料套筒轴承和金属轴穿过交叉线圈，金属轴上装有永久磁铁转子 1，转子上连有指针 3，可变电阻式传感器由可变电阻 5、滑动臂 7 和浮子 8 组成。

接通电源开关后，燃油表中的电流回路是：电源正极→电源开关→左线圈 2，然后分为两条支路，一路流经右线圈 4 至搭铁；另一路流经接线柱 6→可变电阻 5→滑动臂 7→搭铁→电源负极，构成闭合回路。

当燃油箱无油时，浮子 8 下沉，可变电阻 5 上的滑动臂 7 移至最右端，可变电阻 5 和右线圈 4 均被短路，永久磁铁转子 1 在左线圈 2 的磁力作用下向左偏转，带动指针 3 指示

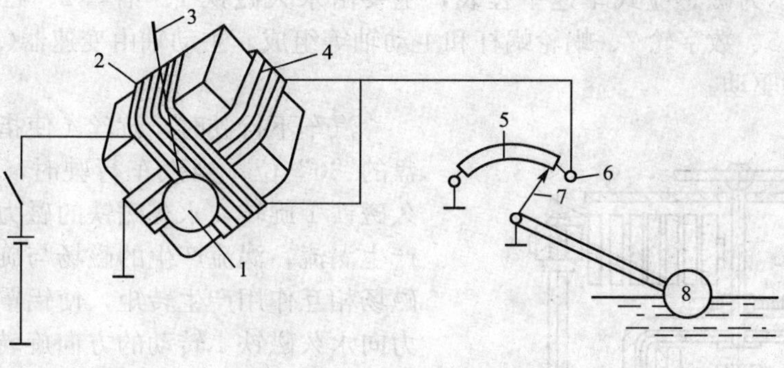

图 6.23　动磁式燃油表

1—磁铁转子；2—左线圈；3—指针；4—右线圈；5—可变电阻；
6—接线柱；7—滑动臂；8—浮子

油位为 0；随着油量的增加，浮子上升，可变电阻部分接入，使左线圈 2 中的电流相对减小，右线圈中的电流相对增大，永久磁铁转子在合成磁场作用下转动，使指针向右偏转，指示出与燃油箱油量相应的标度。

3）电热式燃油表

电热式燃油表由仪表稳压器、双金属片式燃油指示表和可变电阻式传感器组成，如图 6.24所示。其工作原理可参照电热式机油压力表。

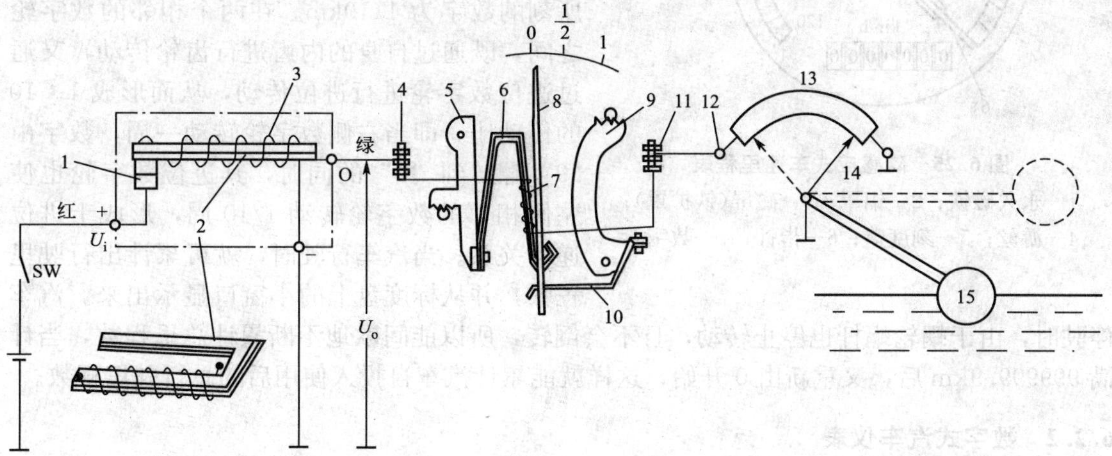

图 6.24　带稳压器的双金属片式燃油指示表与可变电阻式传感器结构原理

1—触点；2、6—双金属片；3、7—加热线圈；4、11、12—接线端子；
5、9—调整齿扇；8—指针；10—弹簧片；13—滑线式可变电阻；
14—滑动臂；15—浮子

5. 车速里程表

车速里程表是用来指示汽车行驶速度和累计行驶里程数的仪表，由车速表和里程表两部分组成，一般分为磁感应式仪表和电子式仪表两种，磁感应式车速里程表是机电驱动模式，属于传统仪表。

图 6.25 所示为磁感应式车速里程表，主要由永久磁铁 1、铝罩 2、磁屏(铁护罩)3、游丝 4、刻度盘 5、数字轮 7、蜗轮蜗杆和主动轴等组成。主动轴由变速器(或分动器)传动蜗杆经钢缆软轴驱动。

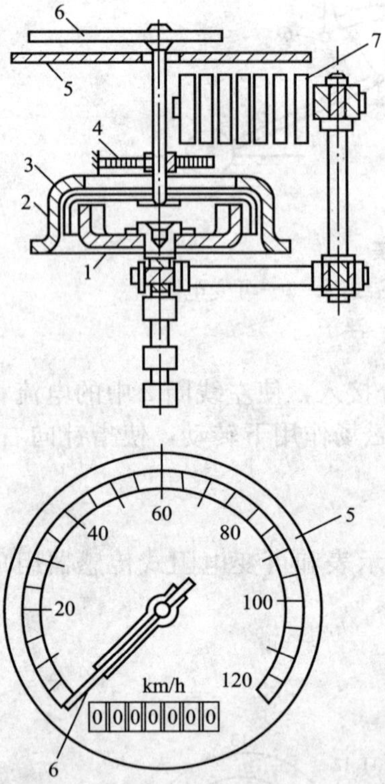

图 6.25　磁感应式车速里程表

1—永久磁铁；2—铝罩；3—磁屏(铁护罩)；4—游丝；5—刻度盘；6—指针；7—数字轮

汽车不行驶时，游丝 4 使指针 6 位于刻度盘的“0”位；当汽车行驶时，主动轴带动永久磁铁 1 旋转，永久磁铁的磁力线在铝罩 2 上产生涡流，涡流产生的磁场与旋转的永久磁铁磁场相互作用产生转矩，使铝罩克服游丝的弹力向永久磁铁 1 转动的方向旋转，直至与盘形弹簧弹力相平衡。铝罩 2 转动角度的大小与主动轴转速成一定的比例。车速越高，永久磁铁 1 旋转越快，铝罩 2 上产生的涡流越大，转矩越大，铝罩 2 带动指针 6 偏转的角度就越大，即指示的车速的示值越高。

里程表由蜗轮蜗杆机构和十进制数字轮组成。数字轮上制作有传动齿轮和进位齿轮。蜗轮蜗杆具有一定的传动比，汽车行驶时，钢缆软轴带动主动轴转动，并由 3 对蜗轮蜗杆驱动里程表右边的第一数字轮转动。第一数字轮上所刻的数字为 1/10km。在两个相邻的数字轮之间，既通过自身的内齿进行齿轮传动，又通过进位数字轮进行进位传动，从而形成 1∶10 的传动比。即当右侧数字轮转动一周，数字由“9”翻转到“0”的同时，其进位数字轮也使左侧相邻的数字轮转动 1/10 周，形成十进位递增关系。当汽车行驶时，就可累计出行驶里程数，并从标度盘上的小窗口显示出来。汽车停驶时，由于蜗轮蜗杆也停止转动，且不会倒转，所以能间歇地不断累计总里程数，当计满 999999.9km 后，又重新由 0 开始，这样就能累计汽车自投入使用后的总行驶里程数。

6.2.2　数字式汽车仪表

数字式汽车仪表是指采用荧光屏、液晶显示屏、数码管或发光二极管等显示器件，显示温度、电压、油压、燃油、发动机转速、车速和里程等状态信息的仪表，又称为电子式汽车仪表。大多数数字仪表都有自诊断功能，可以进行自检和存储故障码，便于维修人员迅速诊断故障。由于数字仪表性能完善，更能适应现代汽车的需要，所以日趋普及。

数字仪表主要由传感器、控制单元和显示装置构成，传感器的作用是检测信号，电子电路(控制单元)的作用是采集传感器的信号，将模拟量转换为数字量，经分析处理后控制显示装置；显示装置的作用是接收控制单元的指令，显示各种信息。

1. 电子显示器件

汽车数字仪表的电子显示器件可分为发光型和非发光型两大类。发光型显示器自身发光，容易获得鲜艳的流行色；非发光型显示器靠反射环境光显示。发光型显示器主要有真空荧光管(VFD)、发光二极管(LED)、阴极射线管(CRT)、等离子显示器件(PDP)和电致发光器件(ELD)等，非发光型显示器有液晶显示器(LCD)和电致变色显示器(ECD)等。其中用得最多的是真空荧光管和液晶显示器。

1) 真空荧光管

真空荧光管是最常用的数字显示器，如图 6.26 所示，它由钨灯丝 4、栅格 3、涂有荧光物质的屏幕 2 和玻璃罩 5 构成。其中钨灯丝为阴极，接电源负极；涂有荧光物质的屏幕为阳极，接电源正极，其上制有若干字符段图形(一般为 7 或 14 字符段)，每个字符段由电子开关单独控制通电状态；栅格置于灯丝和屏幕之间；整个装置密封在真空的玻璃罩内。

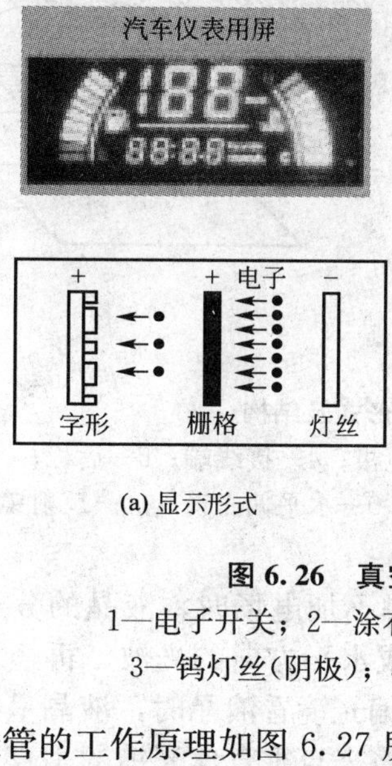

(a) 显示形式

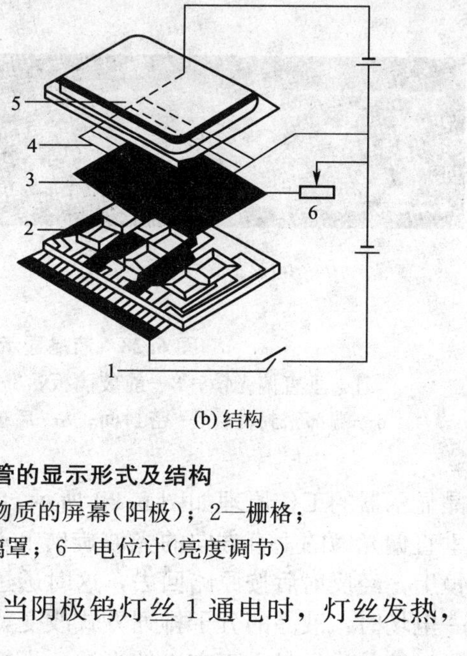

(b) 结构

图 6.26 真空荧光管的显示形式及结构

1—电子开关；2—涂有荧光物质的屏幕(阳极)；2—栅格；
3—钨灯丝(阴极)；5—玻璃罩；6—电位计(亮度调节)

真空荧光管的工作原理如图 6.27 所示，当阴极钨灯丝 1 通电时，灯丝发热，释放电子，电子被电位较高的栅格 2 吸引，并穿过栅格，均匀地打在电位最高的屏幕字符段 3 上。凡是由电子开关控制通电的字符段受电子轰击后均发亮，而未通电的字符段发暗。这样通过控制字符段的通电状态，就可形成不同的显示数字。

真空荧光管的优点是可靠性高，抵抗恶劣环境的能力强，操作电压低，并且色彩鲜艳，可见度高、立体感强。其缺点是玻璃外壳较厚，体积和质量较大。

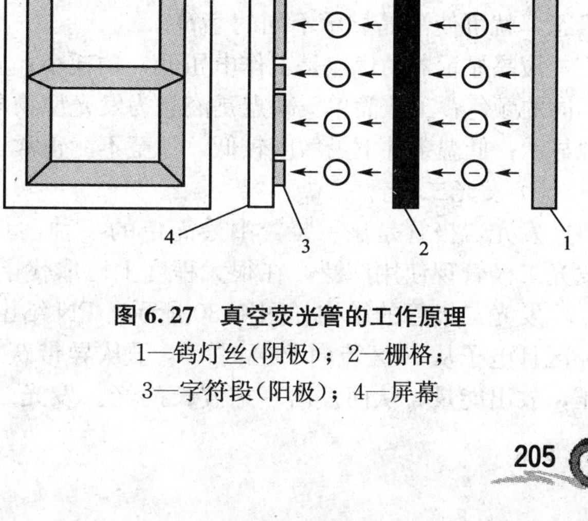

图 6.27 真空荧光管的工作原理

1—钨灯丝(阴极)；2—栅格；
3—字符段(阳极)；4—屏幕

2）液晶显示器

液晶是一种有机化合物，其分子呈长形杆状。在一定温度条件下，它既具有液体的流动性，又具有晶体的某些特征，其光学性质随分子排列方向的变化而变化。当在液晶上加一电场时，液晶分子排列方向就会发生变化，光学性质也随之变化。

液晶显示器的显示形式如同 6.28(a)所示，其结构如图 6.28(b)所示。前玻璃板 2 和后玻璃板 8 之间加有一层液晶，外表面贴有垂直偏光镜 1 和水平偏光镜 9，最后面是反射镜 10。

(a) 显示形式

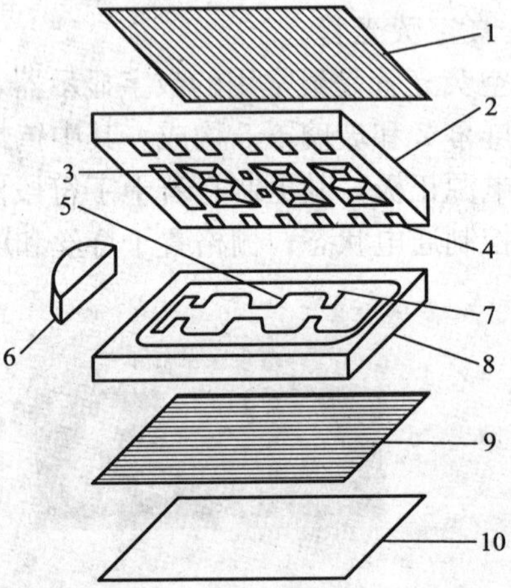

(b) 结构

图 6.28　液晶显示器显示形式及结构

1—垂直偏光镜；2—前玻璃板；3—笔划电极；4—接线端；5—后板；
6—端部密封件；7—密封面；8—后玻璃板；9—水平偏光镜；10—反射镜

液晶显示器的工作原理如图 6.29 所示，当液晶不加电场时，液晶的分子排列方式可将来自垂直偏光镜的垂直方向的光波旋转 90°，变成水平方向的光波，再经水平偏光镜射到反射镜上，经反射后按原路回去，这时透过垂直偏光镜看液晶时，液晶呈亮的状态。当液晶加一电场时，液晶的分子排列方式改变，不能将来自垂直偏光镜的垂直方向的光波旋转，故通过液晶后仍是垂直方向的光波，不能通过水平偏光镜到达反射镜，这时透过垂直偏光镜看液晶时，液晶呈暗的状态。这样将液晶制成字符段，通过控制每个字符段的通电状态，就可使液晶显示不同的字符。

液晶显示器的优点是工作电压低，功耗小；显示面积大，示值清晰；通过滤光镜可显示不同的颜色；工艺简单。缺点是液晶为发光型物质，白天靠日光显示，夜间必须利用照明光源显示；低温条件下灵敏度较低，甚至不能正常工作，需要附加加热电路，改进驱动方式。

3）发光二极管

发光二极管是显示装置中最简单的一种，其体积小、结构简单、耐用、使用寿命长。发光二极管现使用广泛，在很大程度上已取代了过去仪表板常用的白炽灯泡。

发光二极管的结构如图 6.30 所示。PN 结由特殊材料做成，当 PN 结空穴从 P 区流向 N 区且电子从 N 区流向 P 区时，电子从导带跃迁到价带，与空穴产生复合结外加正向电压，放出能量，从而发出一定波长的光。发光二极管的光线辐射形状取决于管壳的材料，

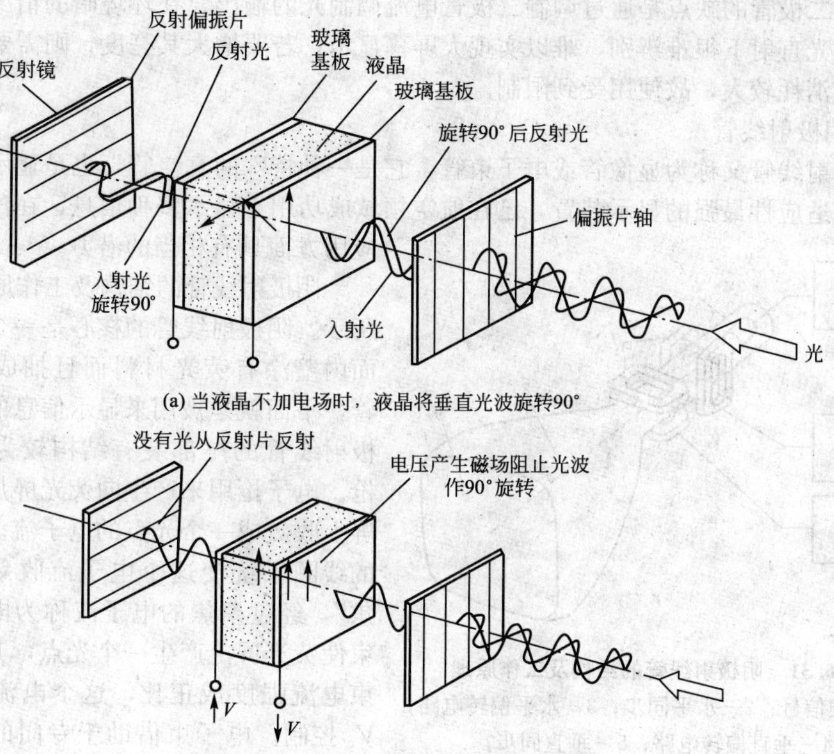

(a) 当液晶不加电场时，液晶将垂直光波旋转90°

(b) 当液晶加电场时，液晶不能将光波旋转

图 6.29　液晶显示器的工作原理

若管壳是透明的，二极管的光辐射角度很小；当管壳半透明时，光线散射，其辐射角较大。由于管壳起到透镜的作用，因此可用来改变发光形式和发光颜色，以适应不同的用途。发光二极管的颜色有红、绿、黄、橙等几种，可单独使用，也可用来组成数字或光条图。发光二极管还常用作汽车仪表板上的警告指示灯，如燃油、制动液、风窗洗涤液等液面过低或制动蹄片过薄或制动灯、尾灯、前照灯等灯泡烧坏时，警告指示灯就会亮。

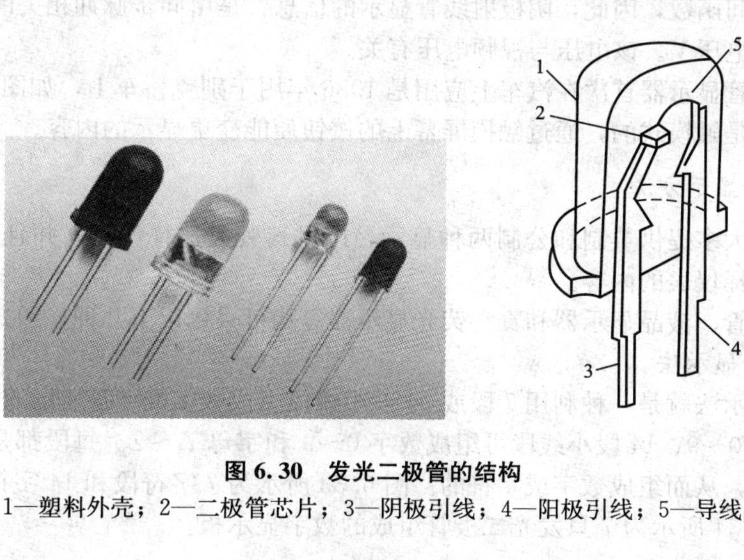

图 6.30　发光二极管的结构

1—塑料外壳；2—二极管芯片；3—阴极引线；4—阳极引线；5—导线

发光二极管的缺点是通过调制二极管电流调制光的输出，在环境暗的情况下，效果较好，在阳光直射下很难辨别，难以实现大屏幕显示；若要增大其亮度，则需要相当大的电流，功率消耗较大，故使用受到限制。

4）阴极射线管

阴极射线管又称为显像管或电子束管，它是一种特殊的真空管，也是显示数字信息或图像信息适应性最强的显示装置，已在航空领域成功用于显示多种信息，在汽车信息显示应用方面具有相当的潜力。

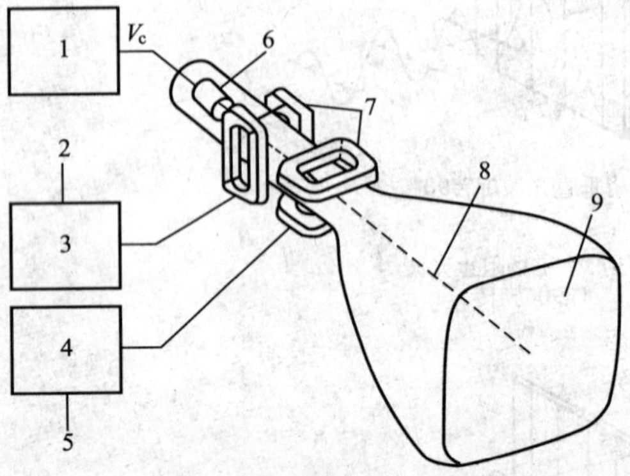

图 6.31　阴极射线管的结构及工作原理

1—视频信号；2—水平同步；3—水平偏转电路；4—垂直偏转电路；5—垂直同步；6—电子枪；7—偏转线圈；8—电子束；9—荧光屏

阴极射线管的结构及工作原理如图 6.31 所示。阴极射线管的核心是一个具有普通平面内壁涂有荧光材料而且抽成真空的玻璃管，平面就是被用来显示信息的荧光屏。阴极射线管的尾部装有结构较为复杂的电子枪。电子枪用来产生向荧光屏加速且在荧光屏上收敛成一个光点的电子流。产生电磁场的线圈系统使这个电子流收敛，即“磁聚焦”，经过聚焦的电子流称为电子束。电子束使荧光屏上产生一个光点，其强度与电子束电流强度成正比，这个电流由视频电压 V_c 控制。电子束借助于专门的定位电磁场在光栅上扫描。磁场由扫描线圈产生并使电子束偏转，总的偏转量与流经该线圈的电流成正比。

扫描与要显示的信号源同步进行，每次水平扫描线末尾，一个同步脉冲使电子束迅速向左偏转，然后以匀速向右扫描。同样，当电子束位于阴极射线管的下面时，会产生一个同步脉冲，该脉冲使电子束迅速回到阴极射线管上面，然后向下匀速扫描。

被显示在阴极射线管屏幕上的信息或图像，由 V_c 控制。该电压是与水平和垂直同步脉冲有关的时间函数，因此，阴极射线管显示的信息，是由同步脉冲相关的时刻产生的一个专门的光栅电压 V。该电压与视频电压有关。

阴极射线管显示器首次在汽车上应用是 1986 年用于别克轿车上，如图 6.32 所示。阴极射线管屏幕是触摸式的，通过触摸屏幕上的按钮便能变更显示的内容。

2. 显示器显示方法

数字仪表大多提供英制和公制两种显示，以供驾驶人选择使用，并且可以一表多用，可根据需要选择仪表的内容。

发光二极管、液晶显示器和真空荧光显示器等均可采用以下几种显示方法。

1）字符段显示法

字符段显示法就是一种利用 7 段或 14 段小线段组成数字或字符显示的方法。7 段小线段可组成数字 0～9，14 段小线段可组成数字 0～9 和字母 A～Z。每段都是由电子电路选择并控制明暗，从而组成数字或字符的。图 6.33 所示为 7 字符段和 14 字符段显示的数字和字母。图 6.34 所示为 7 只发光二极管组成的数字显示板。

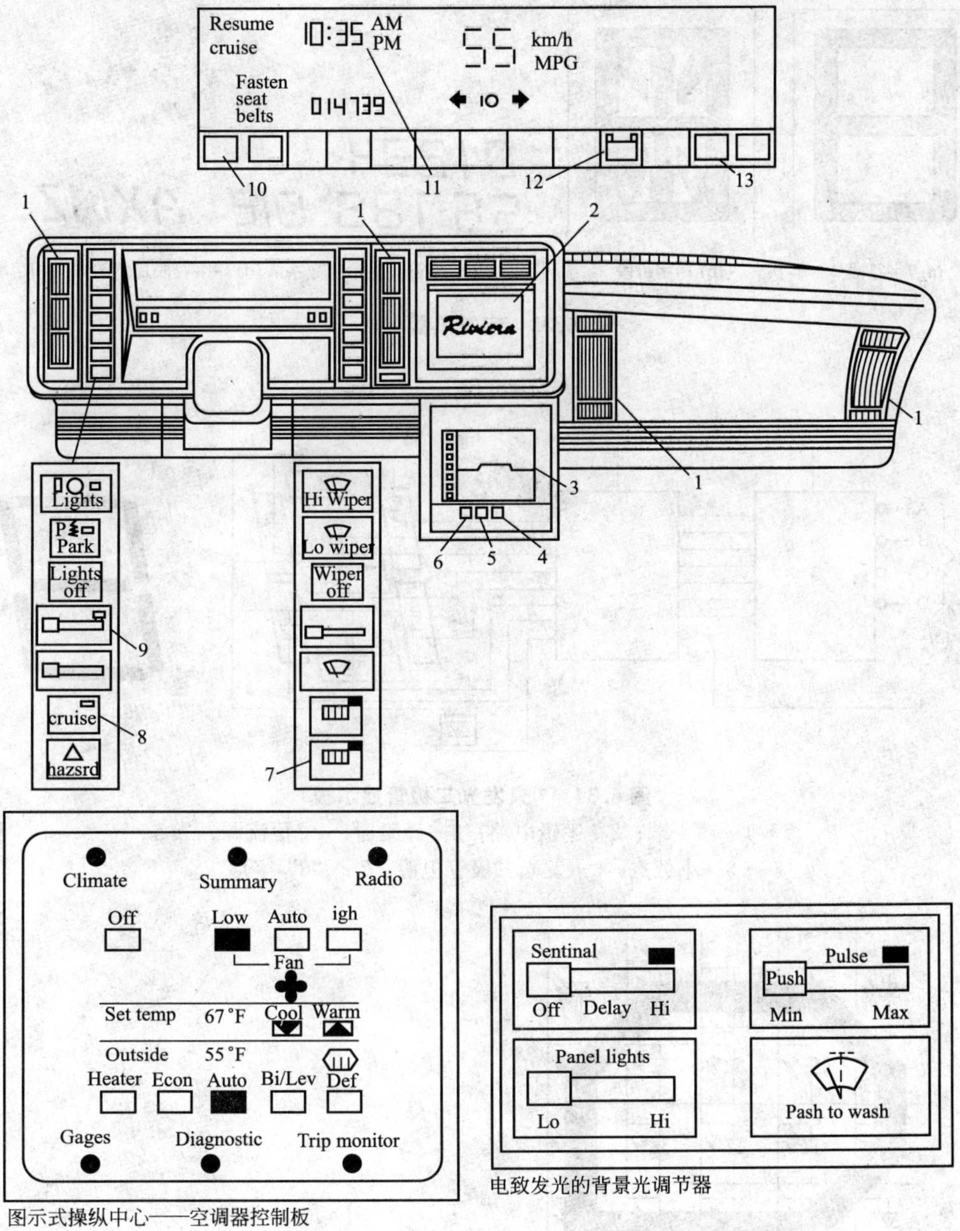

图 6.32　美国通用汽车公司采用的阴极射线管显示器

1—出风口；2—图示式控制中心(含收音机)；3—磁带放音机；4—开启杂物箱；5—开启磁带放音机；
6—燃油访问解除；7—后窗除霜器；8—巡航控制指示器；9—前照灯延时开关调节器；
10—防盗系统；11—数字时钟；12—充电系统报警指示灯；13—行程设定开关

2）点阵显示法

点阵显示法就是一种利用成行排列的点阵元素组成数字或字符来显示的方法。各点阵元素都是由电子电路选择并控制明暗，从而组成数字或字符的。图 6.35 所示为发光二极管组成的 5×7 点阵显示板和 5×7 点阵显示的一些数字和字母。

(a) 7字符段　(b) 14字符段　(c) 7字符段显示的数字　(d) 14字符段显示的数字和字母

图 6.33　字符段显示法

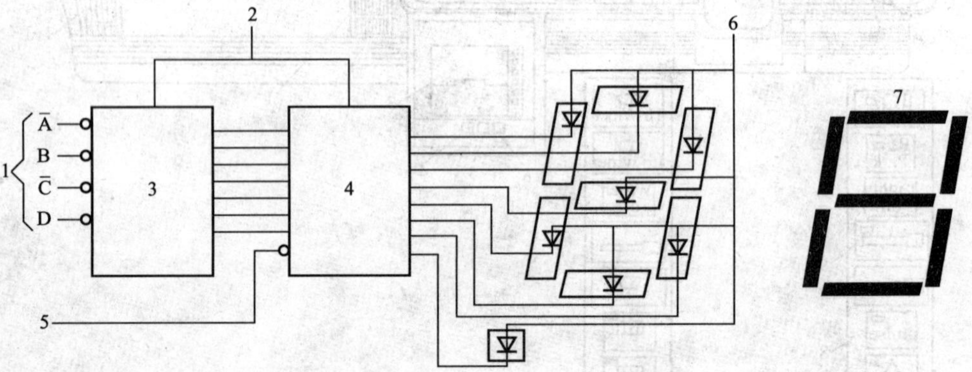

图 6.34　7 只发光二极管显示板

1—输入端；2—逻辑电路；3—译码器；4—恒流源；

5—小数点；6—发光二极管电源；7—“8”字形

(a) 5×7点阵显示板　(b) 5×7点阵显示的数字和字母

图 6.35　点阵显示法

3）特殊符号显示法

特殊符号显示法就是利用一些形象直观的国际标准(ISO)符号显示的方法。图 6.36 所示为数字仪表常用的 ISO 符号。

图 6.36　数字仪表常用的 ISO 符号

4）图形显示法

图形显示法就是利用图形显示的方法。图 6.37 所示为利用杆图显示燃油量的方法，用 32 条亮杆代表燃油量，当满油时，32 条亮杆都亮；当燃油量减少时，发亮亮杆数量减少；当燃油量减至 3 条发亮亮杆时，燃油量不足符号闪烁，提醒应该加油了。

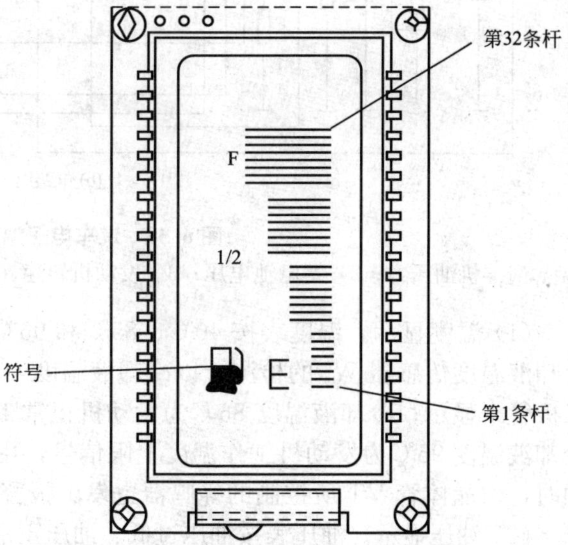

图 6.37　利用杆图显示燃油量

3. 数字式汽车仪表应用实例

1）电子温度表、油压表

汽车电子温度表、油压表电路如图 6.38所示。该电路具有显示发动机冷却液温度和机油压力两种功能。

该电路主要由冷却液温度传感器 W_1 和机油压力传感器 W_2、集成电路 LM339 和发光二极管显示器等组成。传感器 W_1 和 W_2 均采用双金属片式。冷却液温度传感器 W_1 安装在发动机冷却水套上，与电阻 R_1 串联组成冷却液温度测量电路。机油压力传感器 W_2 安装在发动机主油道上，与电阻 R_8 串联组成机油压力测量电路。其工作情况如下。

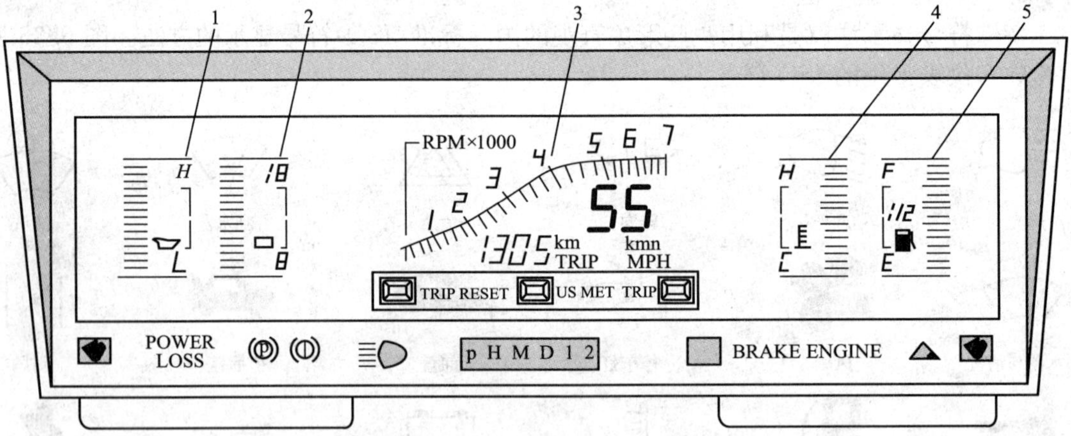

(a) 杆图式仪表显示

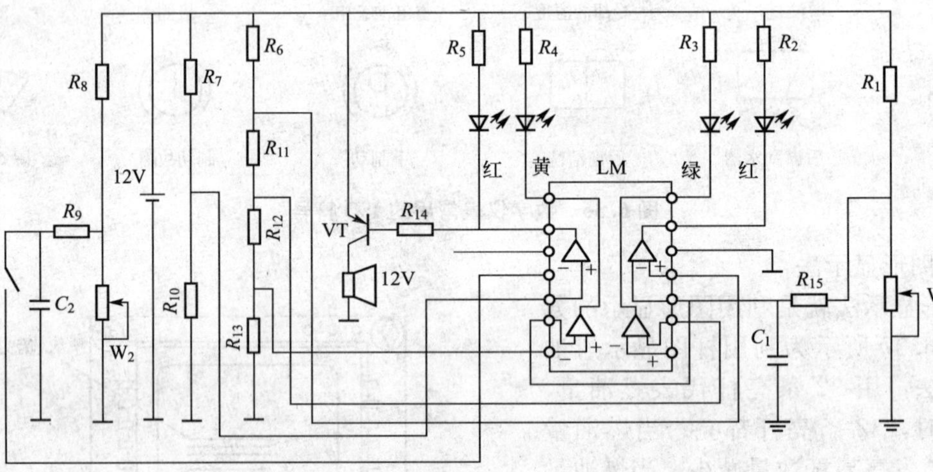

(b) 电路组成

图 6.38　汽车电子温度表、油压表

1—机油压力；2—蓄电池电压；3—发动机转速、车速和里程；4—冷却液温度；5—燃油量

(1) 温度显示。温度表按 40℃、85℃和 95℃3 种温度设置发光显示和仪表刻度。通过冷却液温度传感器 W_1 的检测，以冷却液温度 40℃为安全起始，提醒注意信号用黄色发光二极管来显示；冷却液温度 85℃为发动机正常工作温度信号，用绿色发光二极管来显示；冷却液温度 95℃为发动机工作温度上限信号，用红色发光二极管来显示，以示警告。与此同时，由晶体管 VT 所控制的蜂鸣器也发出报警声响信号。

(2) 油压显示。油压表按油压过低、油压正常和油压过高 3 种状态设置发光显示和仪表刻度。当油压过低(低于 68.6kPa)时，油压传感器产生的脉冲信号频率最低，为 5～20 次/min,此时用红色发光二极管显示，与此同时，蜂鸣器发出报警声响信号；当油压正常时，用绿色发光二极管显示，以表示发动机润滑系统油压正常；当油压过高时，油压传感器产生的脉冲信号频率高，为 100～120 次/min，此时用黄色发光二极管显示，以防润滑系统装置的损坏。

2）电子燃油表

电子燃油表电路如图 6.39 所示。该电路主要由燃油量传感器 R_x、集成电路 LM324（两块）、发光二极管显示器 VD_1～VD_7 等组成。传感器采用可变电阻，安装在燃油箱上，其电阻值可随燃油箱内燃油量的多少而发生变化。燃油箱无油时，传感器 R_x 的阻值约为 100Ω，油箱全满时，R_x 的阻值约为 5Ω。电阻 R_{15} 和稳压管 VD_8 组成稳压电路，其稳压值作为电路的标准电压，通过 R_8～R_{13} 作用到集成电路 IC_1 和 IC_2 组成的电压比较器的同向输入端，用以与基准电压比较并放大。电容器 C 与电阻 R_{16} 组成延时电路，使燃油表的发光显示不随燃油箱中燃油量的波动而发生变化。

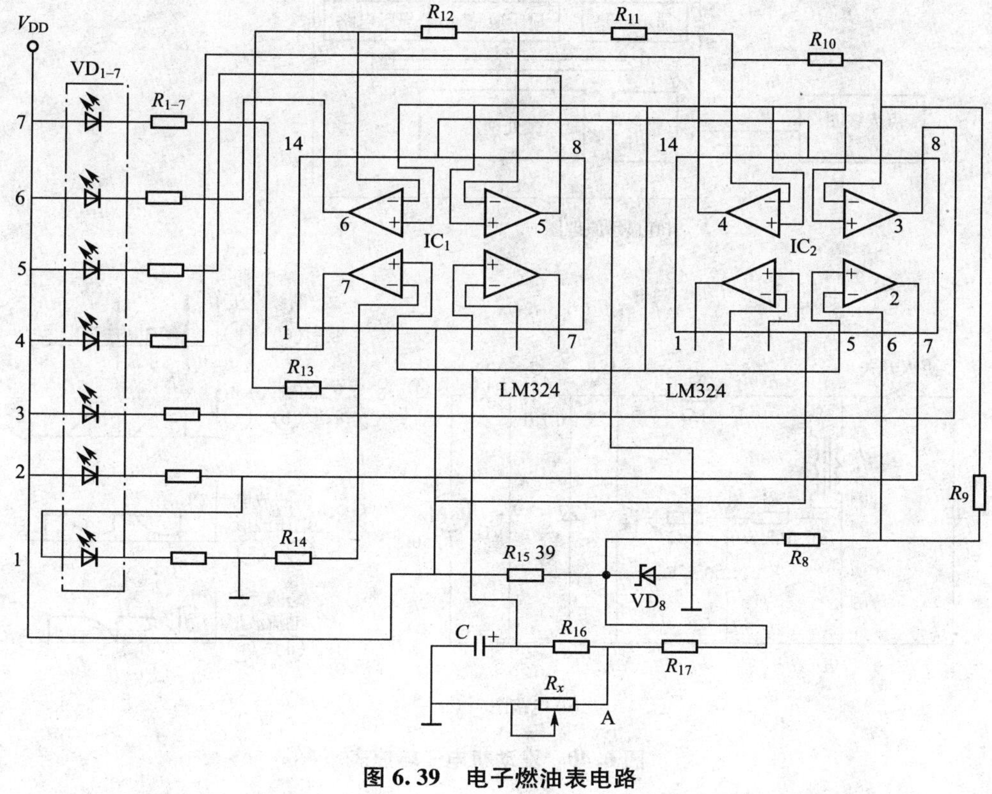

图 6.39 电子燃油表电路

电子燃油表具体工作过程如下：

(1) 当燃油箱里的燃油全满时，传感器 R_x 的阻值最小，A 点的电位最低，IC_1 和 IC_2 电压比较器的输出为低电平，此时 6 只绿色发光二极管（VD_2～VD_7）全部点亮，而红色发光二极管 VD_1 熄灭。

(2) 随发动机运行对燃油的消耗，燃油箱的油量逐渐减少，传感器 R_x 的阻值将逐渐增大，A 点的电位也将逐渐升高，显示器的绿色发光二极管便按 VD_7，VD_6，VD_5，…依次熄灭。

(3) 当燃油箱里的燃油减少到某一极限值时，传感器 R_x 的阻值将达到最大，A 点的电位也将达到最高，集成块 IC_2 第 5 端子电位高于第 6 端子的基准电位，6 只绿色发光二极管全部熄灭，此时红色发光二极管 VD_1 点亮，以警示油箱里的燃油量已达到极限，必须给燃油箱补充燃油。

3）发动机电子转速表

为了监视发动机的工作状况，更好地掌握换挡时机，以便利用经济车速，在现代轿车上均装有发动机电子转速表，其显示原理及电路如图 6.40 所示。

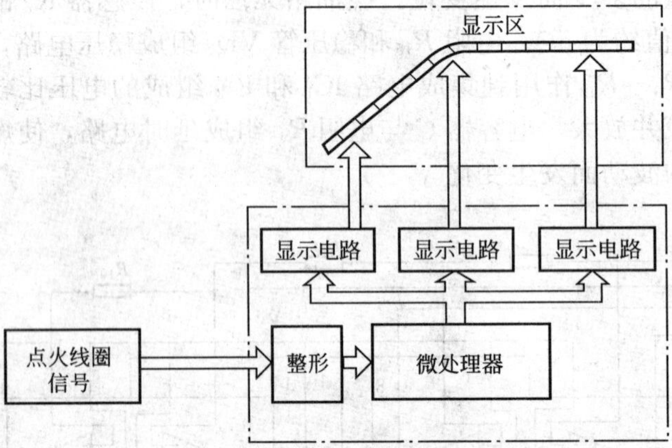

(a) 显示原理图

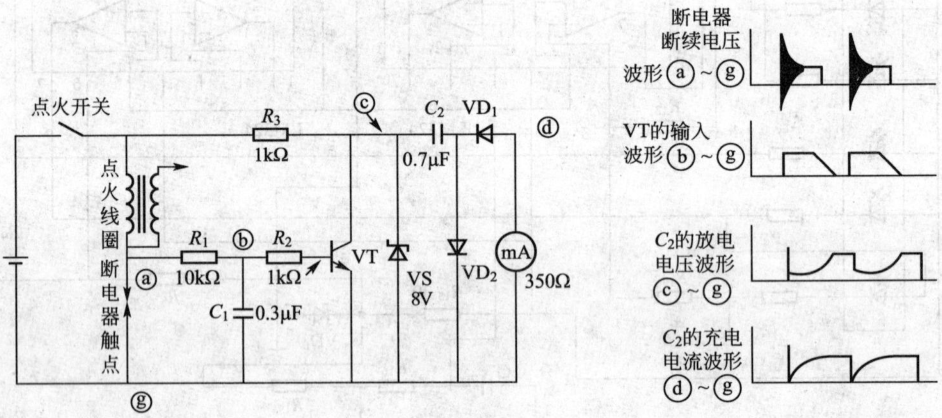

(b) 电路图

图 6.40　发动机电子转速表

这种发动机电子转速表的转速信号取自断电器触点(电子点火取自点火线圈负接线柱)，经过电路整形、放大，最后由毫安表显示转速。

发动机工作时，断电器触点不断开闭，其开闭次数与发动机转速成正比。触点每开闭一次，就有一断续电流经 R_1、R_2、C_1 积分电路整形送至晶体管 VT，便可得到具有一定脉冲宽度和幅值的矩形电流。具体工作过程如下：

(1) 当触点闭合时，晶体管 VT 无偏压而截止，电容器 C_2 被充电，其充电电路为：蓄电池正极→电阻 R_3→电容器 C_2→二极管 VD_1→蓄电池负极。

(2) 当触点张开时，晶体管 VT 的基极电位接近电源电压，VT 由截止转为导通，此时充足电的电容器 C_2 经过毫安表放电，其放电电路为：电容器 C_2 正极→晶体管 VT→毫安表→二极管 VD_1→电容器 C_2 负极。

因为电容器 C_2 每次的充、放电量 Q 和电容器容量 C 及电容器两端电压 U 成正比，所以在电源电压稳定、充电时间常数不变的情况下，通过毫安表的平均电流只与触点的开闭频率成正比，因此毫安表的读数就可直接反映出发动机转速。

4) 电子车速表

采用光电式车速传感器的数字式车速表框图如图 6.41 所示。车速传感器输出的脉冲信号传入车速表通过荧光显示屏显示车速，并把其信号输入里程表、燃油表、温度表等。

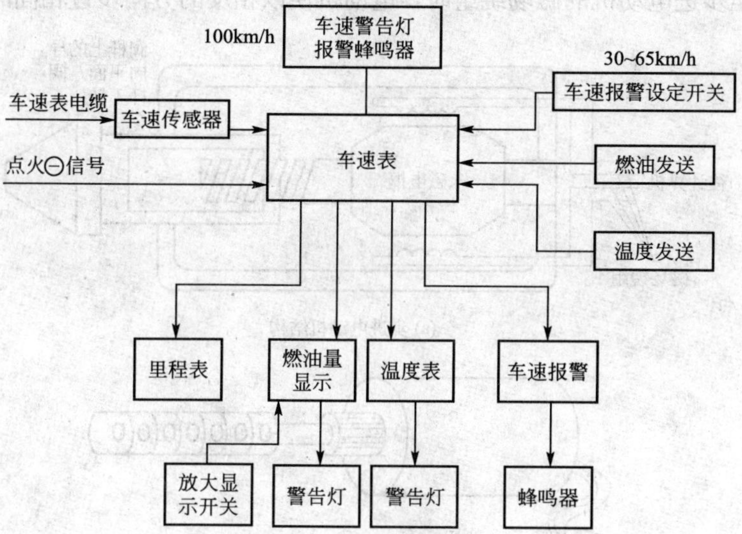

图 6.41 数字式车速表框图

车速表的电路框图如图 6.42 所示。光电式车速传感器发出的脉冲信号经整形后输入到计数电路中，并在存储电路中被存储下来。定时电路输出信号决定计数电路的计测时间和存储电路的存储时间。存储电路的输出信号加到显示电路上，荧光显示屏根据光电式车速传感器输出的脉冲数显示车速。车速表的分辨率为 1km/h，显示值经过一定时间更换一次，但不会超过 1km/h 的间隔。当其显示的车速超过 101km/h 时，速度判断回路输出警告信号，从而点亮车速警告灯；当车速超过 105km/h 时，蜂鸣器鸣叫。电路中还有 1/5 分频电路部分，它产生的脉冲信号(4 脉冲)输入到自动驾驶计算机和巡航控制计算机中。

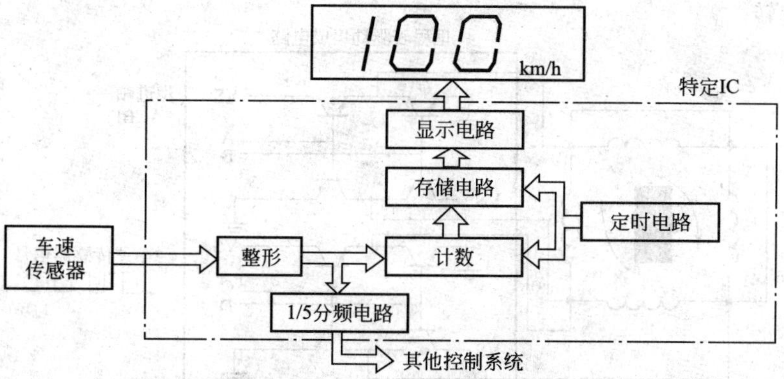

图 6.42 车速表的电路框图

5）电子里程表

和数字式车速表配合使用的里程表有两种：步进电动机的机电式和IC芯片的电子式。

（1）机电式。机电式里程表所使用的步进电动机如图6.43所示。步进电动机的电枢内部有一个永久磁铁，定子部分是由两个或4个磁场绕组组成的。计算机输出的电压脉冲信号加至步进电动机的磁场绕组时，电枢便步进到规定的度数。当计算机将同样的电压脉冲信号以相反的方向加至步进电动机的磁场绕组时，电动机便以相反的方向步进相同的度数。

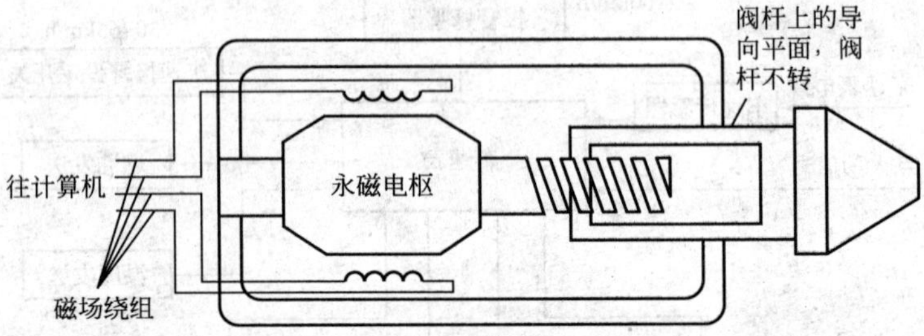

(a) 步进电动机结构

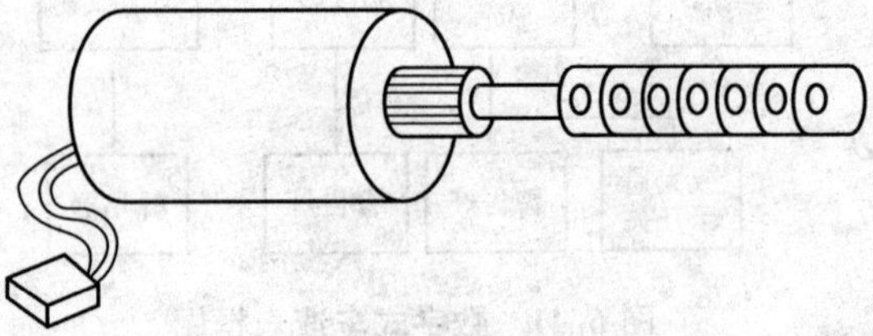

(b) 步进电动机控制的里程表计数器

图 6.43　步进电动机

来自车速表的数字信号脉冲，经二分频电路处理，步进电动机接收的信号脉冲频率是车速传感器信号脉冲频率的一半。步进电动机的磁场绕组接到计算机的控制信号后，定子产生磁场，步进电动机的转子便旋转，里程表的计数器便开始工作。

通用公司的汽车，其步进电动机与车速表共用同一个信号脉冲，脉冲信号送至里程表驱动集成电路，如图6.44所示，里程表驱动集成电路是由多个晶体管组成的“H门”，“H门”轮流激励步进电动机的一对线圈，并不断地变换系统的极性，以便永久磁铁电枢向同一方向旋转。

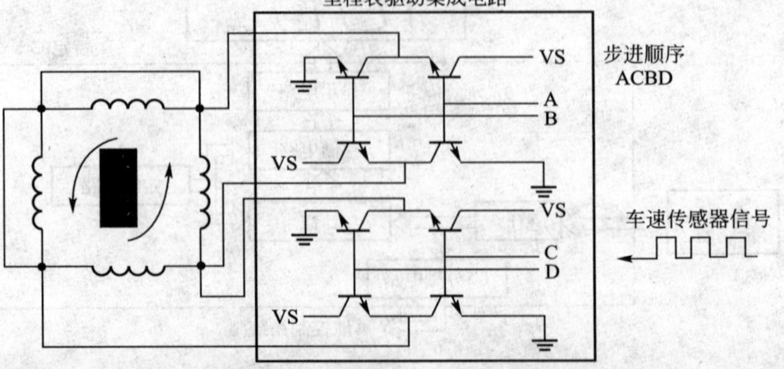

图 6.44　里程表驱动集成电路

（2）电子式。IC芯片电子式里程表，采用一片非易失RAM芯片。非易失RAM芯片接收来自车速表或计算机控制系统的行驶里程信息。计算机控制系统每0.5s刷新一次里程表显示值。许多数字仪表板能同时显示短程行驶里程数和累计里程数，对此，驾驶人必须作出选择。如图6.45所示，当驾驶人按下行程里程复零按钮时，即送给计算机系统一个搭铁信号，计算机便清除存储器里的行程里程表读数而恢复显示为零，开始计数短程行驶里程。这时，行程里程表仍继续存储累计行程里程数。

如果里程表电路发生故障，显示器将会以特殊的信息提示驾驶人。

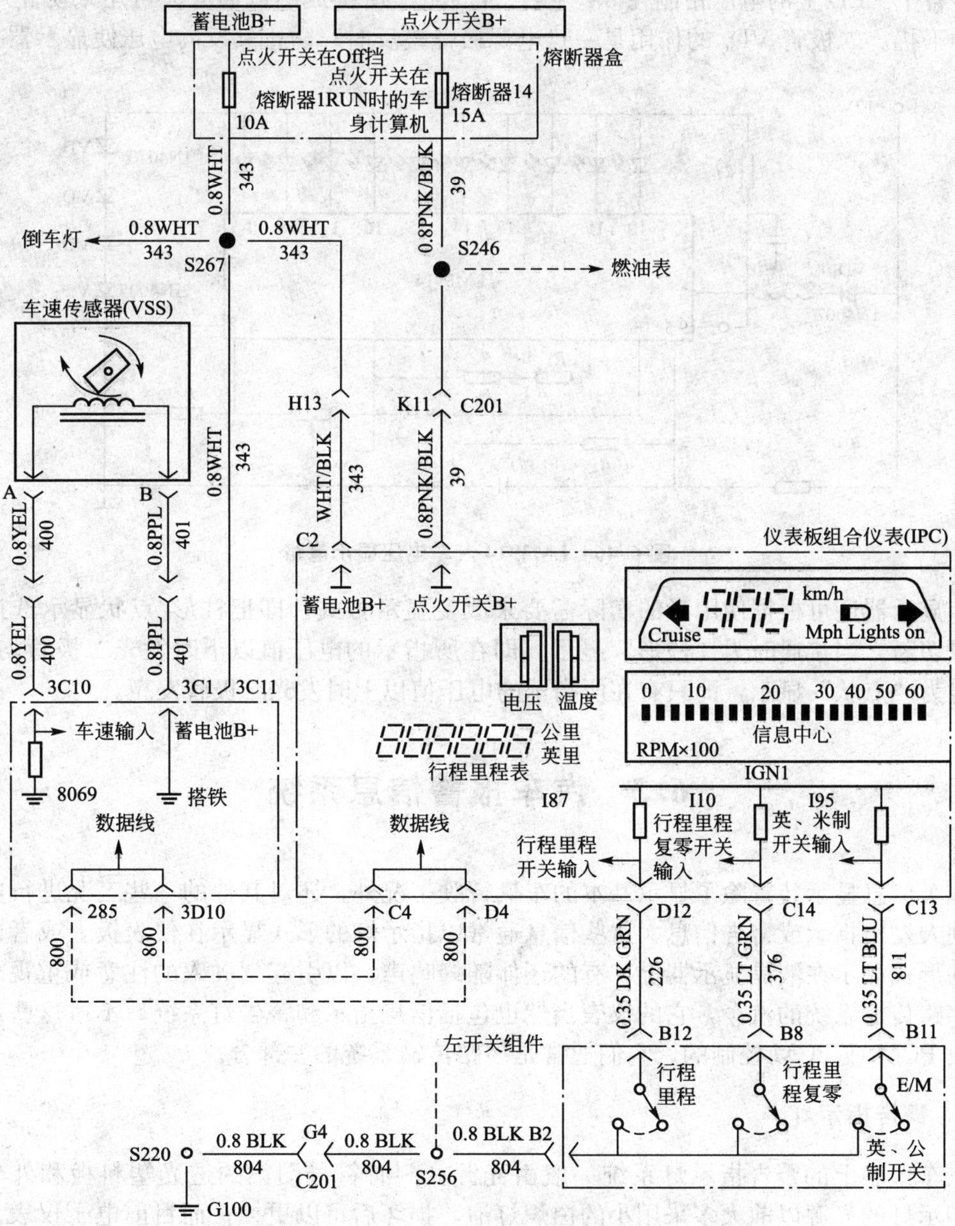

图6.45 电子式里程表电路

6）电子电压表

图 6.46 所示为现代汽车应用电压显示电路的一种。该电路中应用的 LM3914 集成块原由美国一家半导体公司生产，与我国上海无线电七厂所生产的 SF3114 集成块性能基本相同。该显示器主要由 LM3914 集成电路构成柱形/点状带发光二极管显示电路，专门用来检测模拟电平，驱动发光二极管进行线性模拟显示。它共用了 10 只发光二极管(LED1～LED10)，电压的显示范围为 10.5～15V，每个二极管代表 0.5V 的电压跃变。电路中微调电位器 R_5 的作用是将 7.5V 的电压加到分压器的上侧。电阻 R_7 及二极管 VD_2～VD_5 是将加于各个 LED 上的电压钳制在 3V 左右。L 和 C_2 所构成的低通滤波可用来防止电压类的脉冲干扰。二极管 VD_1 的作用是一旦电源极性接反时，防止其反向电压使显示器损坏。

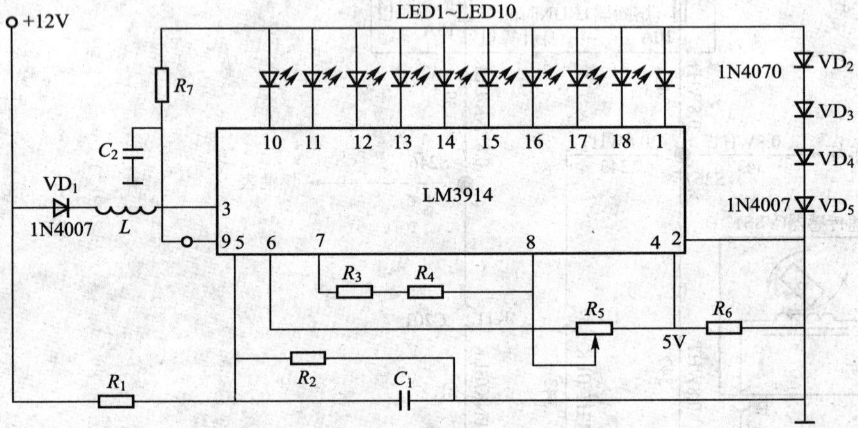

图 6.46　LM3914 汽车电压显示电路

该显示器还可根据使用者的实际需要来改变显示方式，即把柱形/点状显示选择开关接通或切断。当接通时为“柱形”显示，即在所指示的电压值以下时发光二极管均发亮。切断时为“点状”显示，即只有在所指示的电压值以上时发光二极管发亮。

6.3　汽车报警信息系统

汽车信息显示装置除了显示基本的车辆行驶工况外，还对其他的一些工况进行监控并向驾驶人发出指示或警告信息，这些信息通常以指示灯的形式显示在仪表板上或者以文字信息的形式显示在液晶显示器上，有的还伴随蜂鸣声，以引起驾驶人的注意或重视。对于运用多路传输系统的汽车，它的仪表当然也包括信息指示和警告灯系统，不过这些系统都是经由 PCM 或 BCM 控制的，它们通常是多路传输系统的一部分。

6.3.1　警告指示灯

汽车仪表上的警告指示灯系统一般由光源、刻有符号图案的透光塑料板和外电路组成。指示灯的光源以前大多采用小的白炽灯泡，损坏后可以更换；而目前电子仪表上越来越多地采用体积小、亮度高、易于集成的彩色 LED 作为光源，但其损坏后不易更换。仪表指示灯一般都使用国际标准化组织(ISO)规定的通用符合，易于为全世界的人认识和理解，常见符号如图6.36所示。外电路一般由报警开关和警告灯组成，如图6.47所示。

目前汽车仪表上的指示灯比较多，一般来说，指示灯可分为3种类型：第1种是状态指示灯，如转向指示灯、远近光指示灯、雾灯指示灯等，指示车辆处于什么工作状态，灯光颜色一般为蓝色或绿色；第2种是故障指示灯，如指示制动片磨损、燃油不足、清洗液不足等故障的指示灯，这类灯光一般为黄色，告诉驾驶人车辆某个系统的功能失常，要尽快处理，一般不影响行驶；第3种为警告灯，如机油压力指示灯、冷却液温度指示灯、充电指示灯等，一般采用红色，主要在车辆出现故障或异常情况时进行警告，此类灯亮时驾驶人应高度重视，警告灯如果点亮而对它置之不理，要么会对行车安全造成巨大影响，要么对车辆本身造成很大伤害，如果还继续行驶，则有可能造成严重事故，所以必须进行处理。

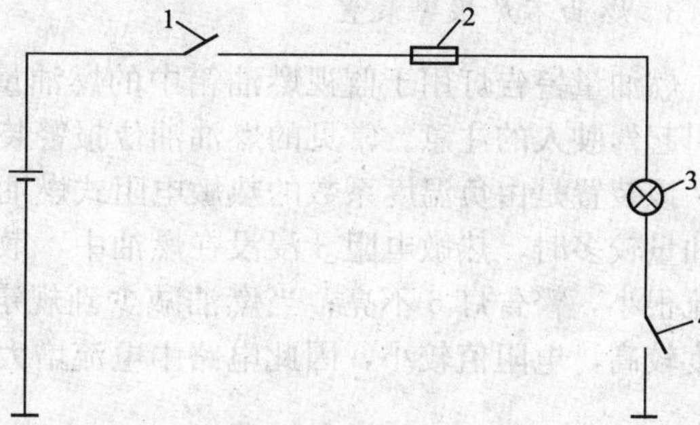

图6.47 报警电路的组成

1—点火开关；2—熔断器；3—警告灯；4—报警开关

6.3.2 常见灯光报警指示装置

1. 机油压力报警装置

有些汽车上除装有机油压力表外，还装有机油压力报警装置。当润滑系统机油压力低于允许值时，警告灯点亮，以引起驾驶人的注意。图6.48所示为弹簧管式机油压力报警装置，由装在发动机主油道的弹簧管式传感器和装在仪表板上的红色警告灯组成。传感器内弹簧管3的一端经管接头6与发动机主油道相连，另一端与动触点5相连，静触点4经接触片与接线柱2相连。点火开关闭合后，机油压力低于安全值时，弹簧管3变形很小，触点闭合，电路接通，警告灯发亮，表示机油压力过低；当机油压力超过该值时，弹簧管3产生的变形较大，使触点分开，电路切断，警告灯熄灭。

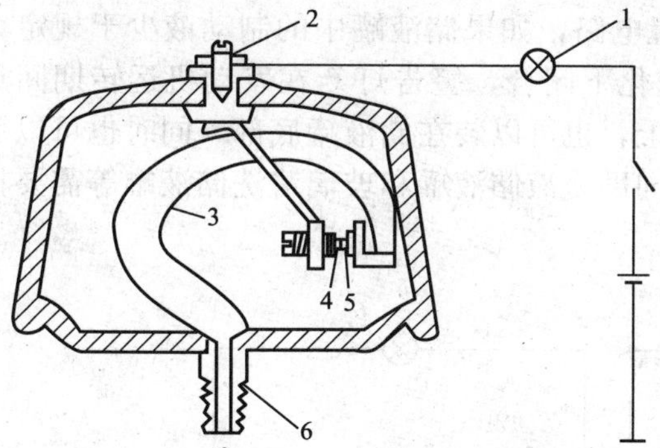

图6.48 弹簧管式机油压力报警装置

1—警告灯；2—接线端子；3—弹簧管；4—静触点；5—动触点；6—传感器接头

2. 冷却液温度过高报警装置

常见的冷却液温度报警装置由双金属片式温度传感器和仪表板上的冷却液温度警告灯两部分组成，其控制电路如图6.49所示。双金属片式温度传感器装在发动机冷却系统水道内，当冷却液温度过高时，双金属片1受热变形较大，使得动触点3与静触点4接触，组成闭合电路，红色指示灯点亮，以引起驾驶人的注意。

3. 燃油不足报警装置

燃油量警告灯用于监视燃油箱中的燃油量，当燃油液位低于规定值时，警告灯点亮，以引起驾驶人的注意。常见的燃油油位报警装置是热敏电阻式，其电路如图 6.50 所示。

该装置是由负温度系数的热敏电阻式燃油油量报警传感器和警告灯组成的。当燃油箱内油量较多时，热敏电阻 3 浸没在燃油中，散热快，温度较低，电阻值较大，因此电路中电流很小，警告灯 6 不亮；当燃油减少到规定值以下时，热敏电阻 3 露出油面，散热慢，温度较高，电阻值较小，因此电路中电流增大，警告灯 6 亮。

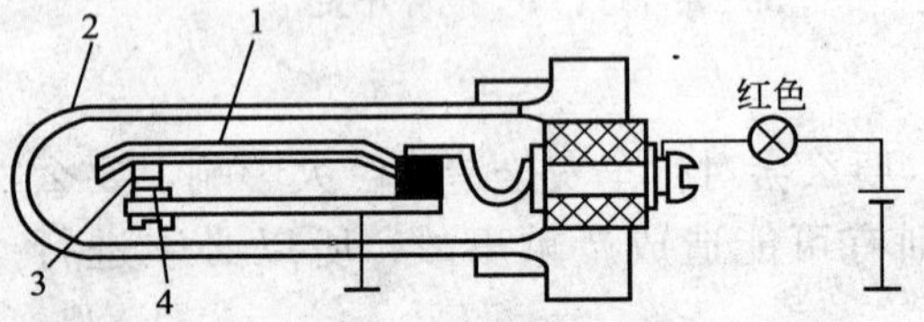

图 6.49 冷却液温度报警装置控制电路

1—双金属片；2—壳体；
3—动触点；4—静触点

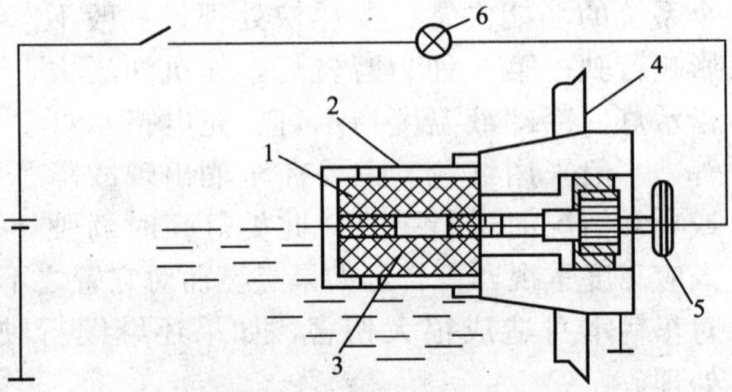

图 6.50 热敏电阻式燃油油量报警装置电路

1—防爆金属丝网；2—传感器壳体；3—热敏电阻；
4—燃油箱壳体；5—接线端子；6—警告灯

4. 制动液液面过低报警装置

图 6.51 所示为常见的制动液液位报警装置电路，如果储液罐中的制动液少于规定容积，浮子 4 下降，舌簧开关 2 在永久磁铁的磁化下闭合，警告灯 6 在发动机运转期间点亮。这种形式的报警开关可以装在储液罐盖子上，也可以装在储液罐底部，同时也可以用在冷却系统膨胀水壶、液压离合器储液罐、转向助力液储液罐和玻璃清洗储液罐等需要检测液位并在其不足时及时报警的容器内。

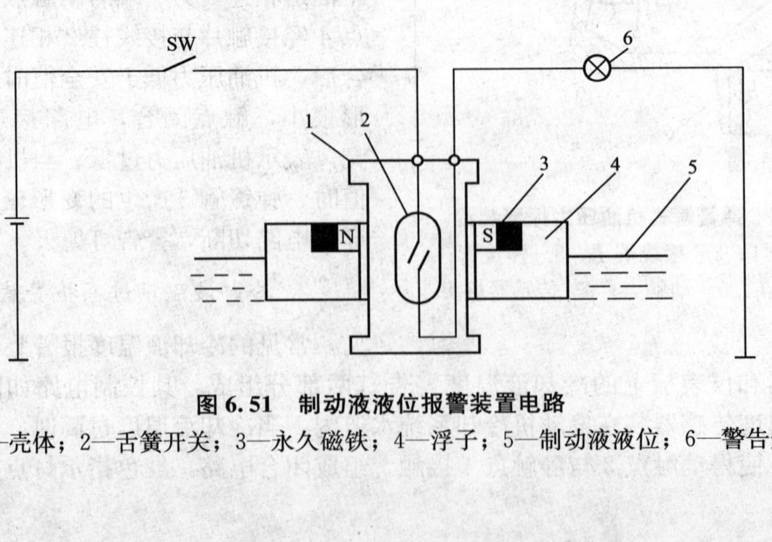

图 6.51 制动液液位报警装置电路

1—壳体；2—舌簧开关；3—永久磁铁；4—浮子；5—制动液液位；6—警告灯

5. 电控发动机故障报警装置

发动机电控系统有自检功能，一旦检测到发动机电控系统有故障，仪表板上的“Check Engine(发动机故障)”指示灯就会点亮，提示驾驶人及时进站维修，并在发动机ECU中存储故障码。发动机ECU监视着发动机的多个系统，并在发现故障时将警告灯点亮。

另外，有的汽车还装有安全气囊系统故障报警装置、驻车制动指示和制动系统真空助力器真空度过低报警装置、制动片磨损过度报警装置、ABS故障报警装置、变速器与底盘信息指示装置、空气悬架指示装置、牵引力及稳定性控制指示灯、四轮驱动状态指示、充电系统指示装置等。

6.3.3 声音报警装置

汽车上除装有灯光信号报警装置外，还有声音报警装置，也有的装置是声光同时报警。

1. 倒车报警装置

汽车倒车时，为了警告车后的行人和其他车辆驾驶人，在汽车的后部常装有倒车灯、倒车蜂鸣器或语音倒车报警装置，它们都由装在变速器盖上的倒车开关自动控制，其电路如图6.52所示。

倒车开关的结构如图6.53所示，当把变速杆拨到倒挡时，由于倒车开关中的钢球1被松开，在弹簧5的作用下，触点4闭合，于是倒车灯、倒车蜂鸣器或语音倒车报警器便与电源接通，使倒车灯发出闪烁信号，蜂鸣器发出断续鸣叫声，语音倒车报警器发出“倒车，请注意”的提示音。

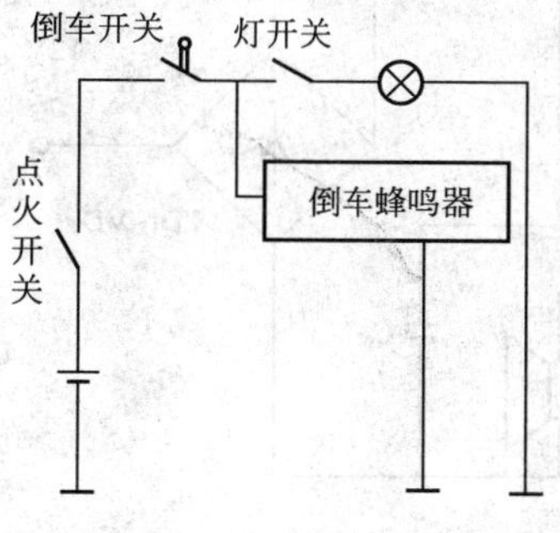

图6.52 倒车报警装置电路

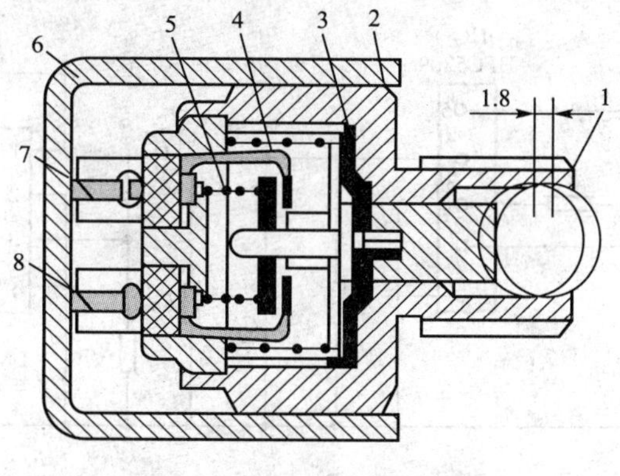

图6.53 倒车开关的结构

1—钢球；2—壳体；3—膜片；4—触点；
5—弹簧；6—保护罩；7、8—导线

倒车蜂鸣器是一种间歇发声的音响装置，其发声部分装用的是一只功率较小的电喇叭，控制电路是一个由无稳态电路和反相器组成的开关电路。

图6.54所示为解放CA1091型汽车晶体管倒车蜂鸣器。晶体管VT_1、VT_2组成一个无稳态电路(也叫多谐振荡器)，由于VT_1和VT_2之间采用电容器耦合，所以VT_1与VT_2

只有两个暂时稳定状态，或 VT_1 导通、VT_2 截止，或 VT_1 截止、VT_2 导通，这两个状态周期性地自动翻转。

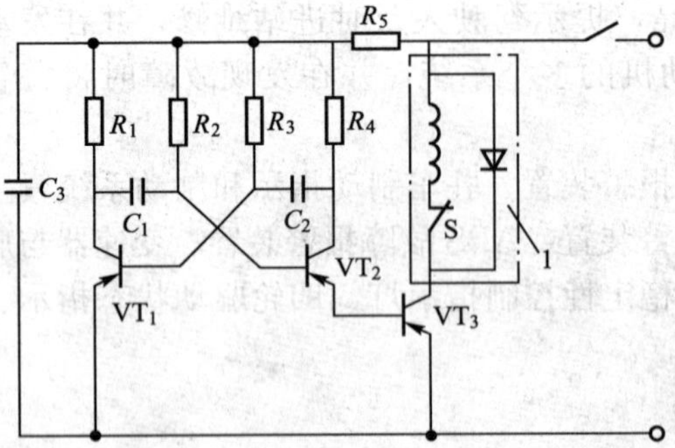

图 6.54　解放 CA1091 型汽车晶体管倒车蜂鸣器

VT_3 在电路中起开关作用，它与 VT_2 直接耦合，VT_2 的发射极电流就是 VT_3 的基极电流。当 VT_2 导通时，VT_3 基极有足够大的基极电流且导通，于是电流经电源正极、晶体管 VT_3、蜂鸣器的常闭触点 S、线圈，流回电源负极。线圈通电后，使得处于其中的铁心磁化，吸动衔铁，带动膜片产生变形，从而发出声音。当 VT_2 截止时，VT_3 因无基极电流通过而截止，于是线圈断电，铁心磁性消失，衔铁与膜片回位，如此反复，VT_3 按照无稳态电路的翻转频率不断地导通、截止，从而使得倒车蜂鸣器发出间歇的鸣叫。

随着集成电路技术的发展，将语音信号压缩存储于集成电路用于安全报警已被广泛采用，语音倒车报警器即是其中之一。当汽车倒车时，倒车报警器便发出“倒车，请注意”的语音提示，以提醒行人或其他车辆的驾驶人注意避让，从而确保车辆安全倒车。

图 6.55 所示为语音倒车报警器的电路，其中 HFC5209 是存储语音信号的集成电路，LM386N 是功放集成电路，稳压管 VD 用于稳定 HFC5209 的工作电压。为防止电源电压信号接反，在电源的输入端使用了由 4 个二极管组成的桥式整流电路，以保证其工作的稳定性。

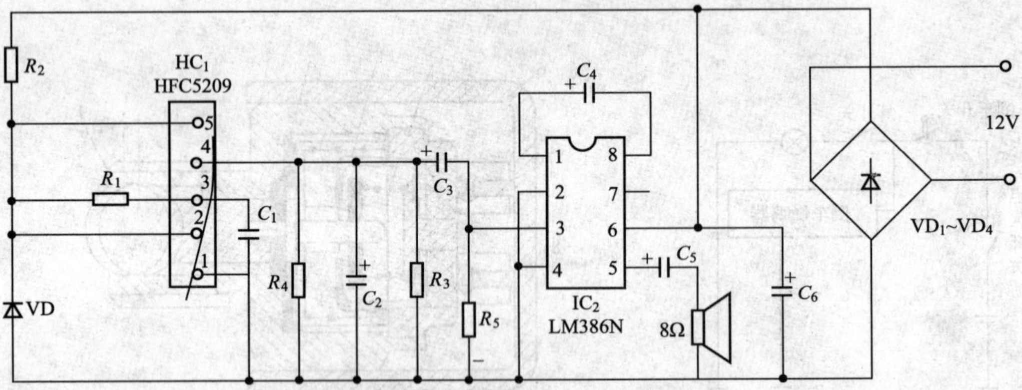

图 6.55　语音倒车蜂鸣器电路

当汽车挂入倒挡时，倒车开关接通电源，电流经由桥式整流电路输入，存储语音信号的集成电路 HC_1(HFC5209)的输出端便输出一定幅值的语音信号电压，此语音信号电压经 C_2、C_3、R_3、R_4、R_5 组成的阻容电路消除杂音、改善音质，并耦合到集成放大电路 LM386N 的输入端，经过 LM386N 功率放大后，通过喇叭输出，即可发出清晰的“倒车，请注意”的提示音。

2. 座椅安全带报警系统

当接通点火开关而没有扣紧座椅安全带时，座椅安全带报警系统蜂鸣器发出报警声响并点亮警告灯约 8s。座椅安全带扣环开关是一端搭铁的常闭式开关，如图 6.56 所示。当座椅安全带被扣紧时，开关才张开，蓄电池电压在点火钥匙置于点火位时加至定时器，如果此时安全带未扣好，电路便通过常闭开关搭铁，接通蜂鸣器及警告灯电路。如果在安全带扣好的状态下接通点火开关，来自蓄电池的电流便通过加热器使得双金属带发热，达到一定程度后，使触点张开从而切断电路。

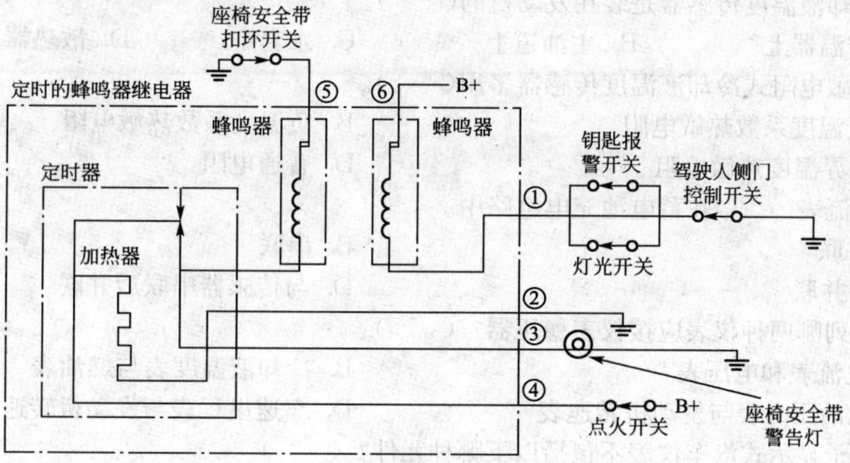

图 6.56 座椅安全带报警和前照灯未关及点火钥匙未拔报警系统

3. 前照灯未关及点火钥匙未拔报警系统

如果驾驶人在离开车辆打开车门时没有关闭前照灯，蜂鸣器或发音器便发出鸣叫提示。驾驶人侧门控制开关为常闭式，一端搭铁，只有车门关闭时，该开关才断开。如果前照灯开关在前照灯或停车挡，蓄电池电压则经蜂鸣器和灯光开关加至驾驶人侧门控制开关。如果此时驾驶人打开车门，蜂鸣器电路即被接通，于是发出鸣叫声，直到前照灯关闭或驾驶人侧门关闭才停止，如图 6.56 所示。

4. 防撞系统报警

为了提高行车安全，保护车辆及乘员，现代汽车装备了防撞系统。按照距离识别元件的不同，有红外线防撞系统、超声波防撞系统、激光防撞系统等。它们均采用单片机控制技术，能够自动检测并跟踪被测车辆与障碍物的距离，一旦该距离达到安全设置的极限距离，便通过单片机控制发出报警声音信号，并自动制动，使车辆减速行驶至停车。

本 章 小 结

本章介绍了汽车声像系统的组成及工作原理，介绍了传统仪表的类型及工作原理，讲述了汽车常用电子仪表及显示方法，分析了汽车上报警指示装置的类型及工作原理。

复习思考题

一、单项选择题

1. 下列哪种形式不是常用的传统机油压力表？(　　)

A. 双金属片式　B. 电磁式　C. 动磁式　D. 膜片式

2. 冷却液温度传感器是装在发动机的(　　)。

A. 节温器上　B. 主油道上　C. 水套中　D. 散热器上

3. 热敏电阻式冷却液温度传感器多用(　　)。

A. 正温度系数热敏电阻　B. 负温度系数热敏电阻

C. 临界温度热敏电阻　D. 普通电阻

4. 电流表(　　)在蓄电池充电电路中。

A. 并联　B. 串联

C. 串并联　D. 与传感器串联后并联

5. 下列哪两种仪表应接仪表稳压器？(　　)

A. 电流表和电压表　B. 冷却液温度表与燃油表

C. 机油压力表与发动机转速表　D. 车速里程表与发动机转速表

6. 电子显示式汽车仪表不包括以下哪种元件？(　　)

A. 传感器　B. 开关　C. 显示器　D. 调压器

7. 当发动机机油压力低于(　　)kPa 时，机油压力警告灯即亮。

A. 50～90　B. 100～150　C. 150～190　D. 190～220

8. 燃油量报警开关采用(　　)式报警开关。

A. 膜片式　B. 触点式

C. 热敏电阻式　D. 舌簧开关式

9. 下列哪种显示器件是被动显示型？(　　)

A. 发光二极管　B. 阴极射线管　C. 等离子显示器　D. 液晶显示器件

10. 下列哪种显示器件是主动显示型？(　　)

A. 真空荧光管　B. 液晶显示器件

C. 电致变色显示器件　D. 指针式仪表显示器件

11. 液晶显示器件是在两块(　　)mm 的玻璃基板间注入主层 5～20μm 厚的液晶。

A. 0.5　B. 0.8　C. 1.0　D. 1.5

12. 发光二极管的英文缩写是(　　)。

A. LCD　B. LED　C. ELD　D. ECD

13. 液晶显示器件的英文缩写是(　　)。

A. LCD　B. LED　C. ELD　D. ECD

14. 碟片机使用的音源有 CD、MD、MP3、VCD、DVD 等，使用的是(　　)技术。

A. 数字　B. 模拟　C. 模拟和数字　D. 都不是

15. (　　)是汽车音响的终端原件。

A. 功率放大器　　B. 扬声器　　C. 显示器　　D. 伺服电路

二、多项选择题

1. 机油压力表由(　　)组成。
A. 机油压力传感器　　B. 机油压力调节器
C. 机油压力指示表　　D. 机油温度传感器
2. 冷却液温度表由(　　)组成。
A. 机油温度传感器　　B. 冷却液温度传感器
C. 冷却液温度指示表　　D. 节温器
3. 常用的机电模拟式冷却液温度传感器有(　　)。
A. 电热式　　B. 电磁式　　C. 霍尔式　　D. 光电式
4. 常用的机电模拟式冷却液温度传感器有(　　)。
A. 电磁感应式　　B. 霍尔效应式　　C. 双金属片式　　D. 热敏电阻式
5. 常用的机电模式的燃油表主要有(　　)。
A. 电磁式　　B. 动磁式　　C. 热敏电阻式　　D. 电热式
6. 机电模式的燃油表主要有(　　)。
A. 燃油传感器　　B. 燃油报警开关　　C. 热敏电阻　　D. 燃油指示表
7. 车速里程表是用来(　　)的仪表。
A. 指示汽车瞬时行驶速度　　B. 指示汽车平均行驶速度
C. 累计汽车行驶里程　　D. 累计汽车平均行驶里程
8. 电子式发动机转速指示表具有(　　)等优点，所以被广泛应用。
A. 结构简单　　B. 指示准确　　C. 安装方便　　D. 触点不易烧蚀
9. 下列用电器经过电流表的有(　　)。
A. 起动机　　B. 点火线圈　　C. 电喇叭　　D. 仪表
10. 目前汽车上装用的电压表有(　　)。
A. 霍尔式　　B. 光电式　　C. 电热式　　D. 电磁式
11. 下列哪些仪表应接仪表稳压器？(　　)
A. 电流表　　B. 冷却液温度表　　C. 燃油表　　D. 发动机转速表
12. 常用的仪表稳压器有(　　)。
A. 电热式　　B. 电子式　　C. 光电式　　D. 霍尔式
13. 下列哪些显示器件是主动显示型？(　　)
A. 发光二极管　　B. 阴极射线管　　C. 等离子显示器　　D. 液晶显示器件
14. 下列哪种显示器件是被动显示型？(　　)
A. 真空荧光管　　B. 液晶显示器件
C. 电致变色显示器件　　D. 发光二极管
15. 真空荧光管具有(　　)等特点，是最早引入汽车仪表中的发光型显示器件。
A. 色彩鲜艳　　B. 可见度高　　C. 立体感强　　D. 成本低
16. 液晶显示器具有(　　)等特点，所以被广泛应用。
A. 显示面积大　　B. 耗能少　　C. 显示清晰　　D. 不需外界光源
17. 阴极射线管具有(　　)等特点。

A. 体积小　　B. 分辨率高
C. 对比度高　　D. 图像显示灵活性大

三、问答题

1. 汽车声像系统包括哪些内容？
2. 功率放大器的作用是什么？按其功能不同可分成哪几部分？
3. 汽车音响元件故障特点及故障原因有哪些？
4. 汽车传统仪表有哪些？
5. 当蓄电池放电时，电流表指针指向哪一侧？
6. 电源稳压器起什么作用？如何工作？
7. 什么是数字式汽车仪表？其常用的电子显示器件有哪些？
8. 电子仪表显示器显示方法有哪几种？
9. 汽车常用的指示灯有哪些？
10. 试分析汽车燃油液面过低报警装置的工作原理。

第7章 安全气囊与安全带

学习目标

了解安全气囊的类型及作用；
掌握安全气囊系统的结构组成及工作原理；
了解智能型安全气囊的组成及特点；
掌握安全气囊检修注意事项；
了解安全带的类型及工作原理；
掌握安全气囊与安全带控制系统的协调工作过程；
熟悉安全带组成部件的检修方法。

教学要点

知识要点	能力要求	相关知识
安全气囊	了解安全气囊的类型及作用；掌握安全气囊系统的结构组成及工作原理；了解智能型安全气囊的组成及特点；掌握安全气囊检修注意事项	保护方位、组成结构、工作原理、智能型安全气囊、报废方法
安全带	了解安全带的类型及工作原理；熟悉安全带组成部件的检修方法	安全气囊与安全带控制系统的协调工作过程、收紧器的检修

导入案例

安全气囊的使用已有40多年的历史，它对减少撞车伤亡有不可替代的作用。美国“高速公路安全保险机构”的报告指出，装有安全气囊的汽车在撞车时，死亡人数减少了23%。新泽西某一医院整形外科在4年时间里对2300起事故作了研究后认为，配有安全带和安全气囊的汽车驾驶人在车祸中面部受伤减少了75%，这主要是安全气囊的功劳。

最早发展安全气囊系统的国家是美国。1952年，宾夕法尼亚州工程师John. W. He. Trick在一次行车事故中，为躲避一个障碍物而猛打转向盘，并进行制动，同时，他和妻子都用手臂本能地保护坐在前座中间位置上的女儿。这次事故后他意识到必须要有一个更好的装置来保护乘员，两周之后他绘好设计图纸交给了代理人，这份图纸确定了今天安全气囊的雏形。1953年8月，John. W. He. Trick首次提出“汽车用安全气囊防护装置”，并获得了名为“汽车缓冲安全装置(Safety Cushion Assembly For Automotive Vehicles)”的美国专利US2649311。

安全气囊在近几年得到飞速发展，价格大幅下降，装备安全气囊的轿车从过去的中高级轿车向中低级轿车发展。同时，轿车在前排安装了乘客用安全气囊(即双气囊规格)。进入20世纪90年代以来，安全气囊的安全性已经被人们普遍接受，并被视为一种现代化和高档次的安全装置。但是，对于驾驶人和乘员来说，安全驾驶才是第一位的，这是任何先进的安全装置都无法替代的。

7.1 安全气囊系统

安全气囊(Supplemental Inflatable Restraint System，SRS)，中文含义是辅助防护系统)相对于汽车上的一些主动安全性系统，则是一种被动安全保护系统。随着汽车的日益增多和车速的不断提高，交通事故频繁发生，为了减少在撞车时转向盘和风窗玻璃对驾驶人和乘客的身体伤害，安全气囊应运而生。目前，安全气囊在各个国家各种车型上已广泛使用。

7.1.1 安全气囊系统分类

安全气囊可以按结构形式、保护对象和方位等进行分类。

1. 按结构形式分

从结构形式上看，安全气囊可分为电子式和机械式两种。无论是电子式还是机械式，其工作原理大体相同，所不同的是控制系统的工作方式。

1) 机械式安全气囊

机械式安全气囊由机械式传感器、气体发生器、气囊等组成。该安全气囊不需要电源，没有电子电路和电路配线，全部零件均组装在转向盘装饰盖板下面。检测碰撞动作和引爆点火剂都是利用机械装置的动作来完成的。

2) 电子式安全气囊

电子式安全气囊是机械式安全气囊和电子技术相结合的产物，一般由电子传感器、中央电子控制器、气体发生器、气囊、安全气囊指示灯等组成。

传感器接到碰撞信号后，将信号传至中央电子控制器(ECU)，信号经过判断、确认，传至气体发生器，气体发生器引发点火、充气，气囊膨胀。电子式安全气囊可以分为很多种类型。

2. 按保护对象和方位分

1) 驾驶人用安全气囊

驾驶人用安全气囊是汽车上最早采用和采用最广泛的一种安全气囊，属于在汽车正面碰撞时对驾驶人的防护气囊。驾驶人用安全气囊装置在转向盘的中部，为了减轻在装置安全气囊后的转向盘总成的质量，并要求保证转向盘的刚度以减少转向盘的振动，转向盘的转轴采用金属压铸件来制造。

驾驶人用安全气囊系统的气囊、雷管、气体发生器等，全部装在转向盘中央的安全气囊盒中，气囊衬垫采用网状尼龙织物制成，当安全气囊膨胀并冲出时，气囊衬垫必须迅速裂开，而且不能对乘员造成伤害。

安全气囊按照一定的方式卷折放在气囊盒中，膨胀时沿风窗玻璃方向展开后再迅速胀大。在安全气囊后面的中部装置雷管和气体发生器等部件，一旦发生碰撞事故时，安全气囊就在驾驶人与转向盘之间形成缓冲气垫。

2) 前排座乘员用安全气囊

前排座是汽车主要的乘员座席，前排座的乘员可能是身材高大的男人，也可能是身材矮小的妇女，乘员的乘坐姿势也是各种各样的，并且是否佩戴安全带有着重要影响。在发生碰撞事故时，前排座的乘员必然会与仪表板、前风窗玻璃、窗框及门框等发生碰撞，因此，要求前排座乘员用安全气囊能够在较大的范围内，对前排座的乘员提供安全保护。

前排座乘员用安全气囊系统的气囊、雷管、气体发生器等，全部藏在仪表板中的安全气囊盒中，根据汽车仪表板的结构不同，其布置方法也有所不同。气囊衬垫采用嵌入薄铅板聚氨酯塑料制成，当安全气囊膨胀并冲出时，不会对前排座乘员造成伤害。

前排座乘员用安全气囊的体积很大，安全气囊要按照一定的方式卷折放在气囊盒中的上支架中。在气囊盒的下支架上装置雷管和气体发生器等，在发生碰撞时，最初气囊盒引导安全气囊沿前风窗玻璃方向向上展开，然后沿安全气囊的折印，有序地迅速向前排座乘员方向扩大，适时地在前排座乘员和仪表板之间形成缓冲气垫。

3) 对后排乘员进行保护的气囊

一般安装在前排座椅的靠背后部或头枕内部，防止乘员与前排座椅发生碰撞。由于后排乘员受到的伤害程度较轻，后座椅安全气囊一般只在高级轿车上使用。

4) 防侧撞安全气囊

各种碰撞事故统计资料表明，汽车发生的正面碰撞事故约占50%，追尾碰撞事故约占12%，而各种各样的侧面碰撞事故约占38%。汽车的前部为发动机舱，后部为行李舱，在发生正面碰撞或追尾碰撞时，发动机舱或行李舱结构的变形或损坏，能够吸收大量的碰撞能量。并且安全带和安全气囊能够有效地发挥作用，这就使得乘员的伤亡率大大地降低。

但是，汽车车身侧面的结构件，无论是在强度上还是在刚度上，远远比不上汽车车身纵向结构件，且车门的两侧没有足够的空间布置“缓冲”结构件，来吸收碰撞时的能量。

安全带对于侧面碰撞的防护能力也低得多。当车门、门柱等受到碰撞时，就有可能对乘员造成直接伤害，使得乘员的伤亡率大大提高。为此，防侧撞安全气囊应运而生。

根据使用要求的不同，防侧撞安全气囊可以装在车门上横梁中、车门内板中或座椅侧面。车门上横梁中的防侧撞安全气囊用来保护乘员的头部。装在车门内板中的防侧撞安全气囊和装在座椅侧面防侧撞的安全气囊用来保护乘员的胸部。

5）其他位置安全气囊

随着整车被动安全重要性的深入人心，在一些高档豪华车中出现了多达30几个气囊，从颈部、膝部，甚至是在车顶的两侧都会配有两条管状气囊，在意外情况发生时能够有效地缓解来自车顶上方的压力，配合侧面气帘能够有效地保护乘客的头部和颈部。膝盖部分的气囊位于前排驾驶座椅内，一旦打开便能够有效保护后排乘客的腰及下肢部位，从而也能缓解来自正面碰撞的前冲力。

车外气囊系统又叫保险杠内藏式气囊。当汽车在正面撞行人时，气囊迅速向前张开和向两侧举升，能托起被撞行人并防止行人跌向两侧。目前车外气囊系统正处于研制阶段。

7.1.2 安全气囊系统的工作原理

安全气囊在车辆发生碰撞时能够起到缓冲作用，从而降低撞击对车内乘客造成的伤害。它是座椅安全带的辅助装置，只有在使用安全带的条件下，该系统才能充分发挥保护驾驶人和乘员的作用。

1. 安全气囊控制原理

当汽车遭受正面碰撞或侧面碰撞时，安全气囊的工作原理完全相同。现以正面碰撞为例，说明安全气囊的控制原理。

当汽车在行驶过程中发生前碰撞，安全气囊中的传感器感受的碰撞强度超过预设阈值时，传感器发出信号给ECU，经ECU判别后发出点火信号以触发气体发生器，气体发生器接收到点火信号后，迅速点火并产生大量气体给气囊充气，气囊就会迅速充气膨胀，冲破缓冲垫，在30ms内迅速对乘客起到一层保护层的作用，人体面部一接触到气囊，气囊的泄气孔就开始泄气，从而达到对乘客的缓冲保护作用。安全气囊的工作原理如图7.1所示。

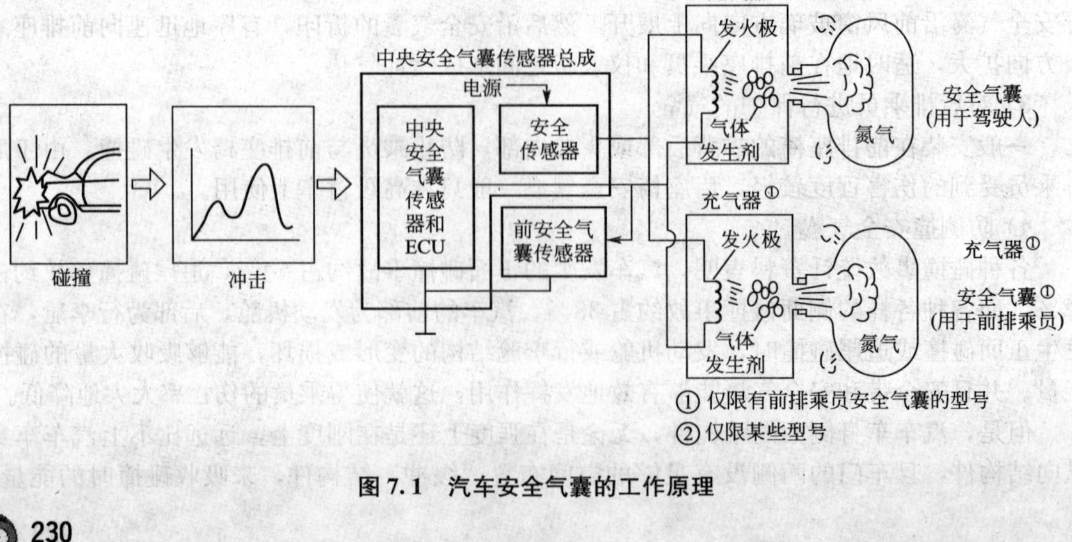

图7.1 汽车安全气囊的工作原理

2. 安全气囊动作过程

安全气囊从触发到充气膨胀，再到乘员面部碰到气囊，最后到气囊被压扁的全过程，时间约为110ms，图7.2所示为德国Bosch公司生产的安全气囊在奥迪轿车上进行的试验。当汽车以50km/h的速度撞击前方障碍物时，安全气囊系统的保护动作过程可分为以下5步。

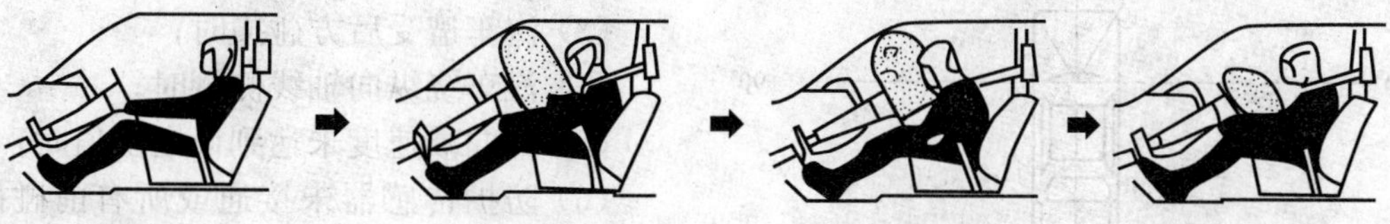

图7.2 汽车碰撞过程中安全气囊的保护过程

(1) 如图7.2(a)所示，碰撞约10ms后，安全气囊达到引爆极限。引爆管引爆并产生大量热能，点燃气体发生剂叠氮化钠药片，使其受热分解。此时驾驶人尚未因碰撞惯性向前倾。

(2) 如图7.2(b)所示，碰撞约40ms后，安全气囊完全充气膨胀，体积变到最大。驾驶人由于碰撞惯性力作用向前扑，此时系在驾驶人身上的安全带迅速收紧，吸收部分冲击能量。

(3) 如图7.2(c)所示，碰撞约60ms后，驾驶人头部及身体上部快速压向已膨胀的安全气囊，人体的冲击能量被弹性气囊吸收并扩散。安全气囊背面的排气孔在气体张力和人体压力的作用下，向外排气，排气节流阻尼进一步吸收人体与安全气囊之间因弹性碰撞而产生的动能，有效地保护驾驶人的生命安全。

(4) 如图7.2(d)所示，碰撞约110ms后，大部分气体已从安全气囊逸出，气囊变瘪，防止驾驶人被膨胀的气囊憋气窒息。在安全带的作用下，驾驶人上身后倾回到座椅靠背上，汽车前方恢复视野。

(5) 碰撞约120ms后，汽车碰撞产生的动能危害完全解除，车速降低直至为零。安全气囊动作过程与经历时间之间的关系见表7-1。

表7-1 安全气囊动作过程与经历时间的关系

碰撞之后经历的时间/ms	0	10	40	60	110	120
安全气囊动作状态	遭受碰撞	点火引爆 开始充气	气囊充满 人体前移	排气节流 吸收动能	人体复位 恢复视野	危害解除 车速降零

由此可见，从开始充气到完全充满约为40ms；从汽车遭受碰撞开始到气囊收缩为止，所用时间仅为120ms，而人眨一下眼皮所用时间约为200ms。由于气囊在碰撞过程中动作时间极短，动作状态和经历时间无法用肉眼确认，因此，目前世界各国广泛采用模拟人体进行碰撞试验。

3. 安全气囊有效范围

安全气囊并非在所有碰撞情况下都能起作用。如图7.3所示，只有在汽车正前方或斜前方±30°范围内发生碰撞、纵向减速度达到设定阈值且防护传感器和任意一只传感器接通时，正面安全气囊才能引爆气囊充气。下列情形，安全气囊不会引爆气囊充气：

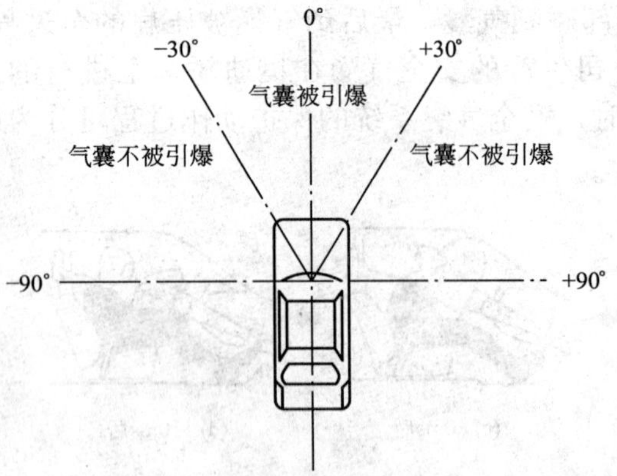

图 7.3　正面碰撞时安全气囊的有效范围

(1) 汽车遭受侧面碰撞超过斜前方±30°时；

(2) 汽车遭受横向碰撞时；

(3) 汽车遭受后方碰撞时；

(4) 汽车绕纵向轴线侧翻时；

(5) 纵向减速度未达到设定阈值时；

(6) 防护传感器未接通或所有前碰撞传感器都未接通时；

(7) 汽车正常行驶、正常制动或在路面不平的道路条件下行驶时。

7.1.3　安全气囊系统的组成结构

各型汽车安全气囊采用的控制部件的结构、数量和安装位置各有不同，但是其基本组成大致相同，如图 7.4 所示，主要由安全气囊传感器、安全气囊系统控制组件、安全气囊警告灯等组成。

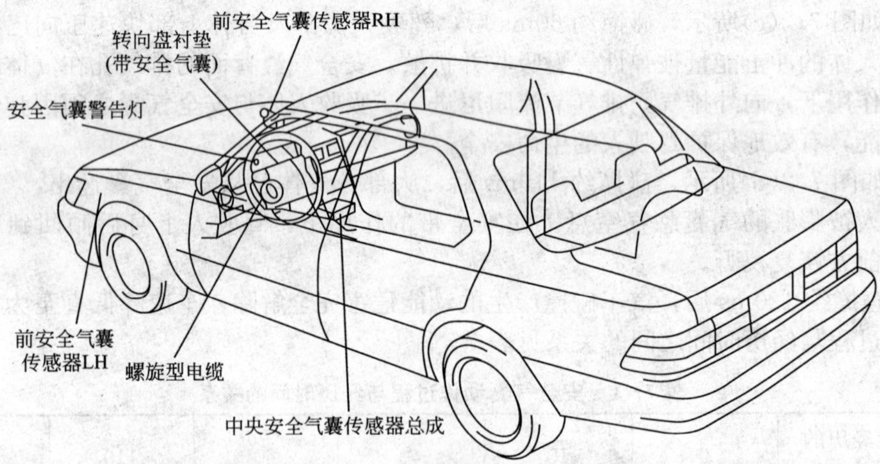

图 7.4　安全气囊零部件的安装位置

安全气囊系统控制组件通常称为 SRS 电脑，简称 SRS ECU，由备用电源电路、故障诊断与监测电路和点火引爆电路组成(图 7.5)，一般安装在换挡操作手柄前面或后面的装饰板内、后排座椅下面中部位置或行李舱内。当 SRS ECU 内部装有碰撞传感器时，SRS ECU 应当安装在汽车纵向轴线上，以便该传感器准确检测碰撞信号。

1. 碰撞传感器

碰撞传感器相当于一个控制开关，其工作状态取决于汽车碰撞时减速度的大小。碰撞传感器按功用不同可分为碰撞信号传感器和碰撞防护传感器两类。碰撞信号传感器又称为

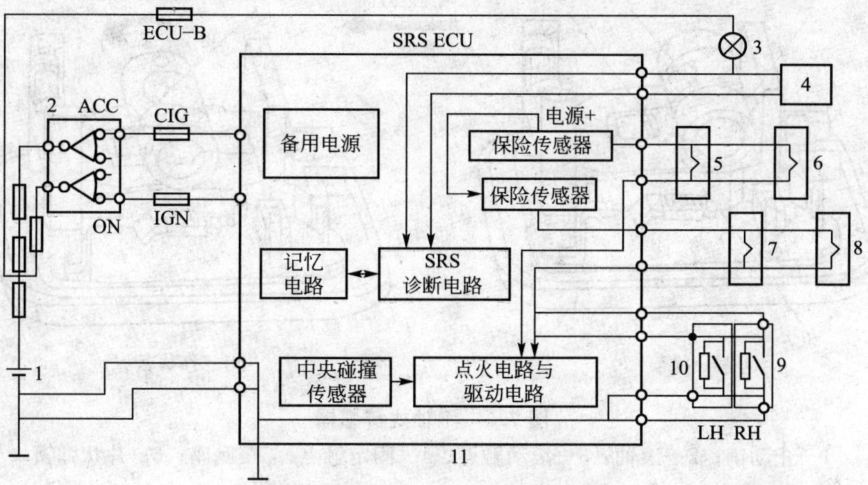

图 7.5　辅助防护系统控制电路

1—蓄电池；2—点火开关；3—SRS 指示灯；4—检修插头；5—左收紧器；
6—右前收紧器；7—驾驶席气囊；8—乘员席气囊；9—右前碰撞传感器；
10—左前碰撞传感器；11—SRS ECU

碰撞烈度传感器，安装在汽车左前、右前、前部中央和 SRS ECU 内部，分别称为左前、右前、中央和中心碰撞传感器，其功用是将汽车碰撞时的减速度输入到 SRS ECU，用以判定是否发生碰撞。碰撞防护传感器简称防护传感器，又称为安全传感器或保险传感器，一般安装在 SRS ECU 内部，其功用是控制气囊点火器电源电路。碰撞传感器按结构不同可分为机电结合式、电子式和水银开关式 3 种。机电结合式碰撞传感器是一种利用机械运动来控制电器触点动作，再由触点断开与闭合来控制气囊点火器电路接通与切断的传感元件，常用的有滚轴式、滚球式和偏心锤式 3 种碰撞传感器。电子式碰撞传感器没有电器触点，常用的有压阻效应式和压电效应式两种，一般用作中心碰撞传感器；水银开关式碰撞传感器是利用水银良好的导电特性来控制气囊点火器电路接通或切断的，一般用作防护传感器。

1）滚轴式碰撞传感器

图 7.6 所示为滚轴式传感器，主要由止动销 1、滚轴 2、滚动触点 3、固定触点 4、底座 5 和片状弹簧 6 组成。

片状弹簧 6 一端固定在底座 5 上，并与传感器的一个引线端子连接，另一端绕在滚轴 2 上，滚动触点 3 固定在滚轴部分的片状弹簧上，并可随滚轴一起转动。固定触点 4 与片状弹簧 6 绝缘固定在底座 5 上，并与传感器的另一个引线端子连接。传感器工作原理：当传感器处于静止状态时，滚轴在片状弹簧弹力作用下滚向止动销一侧，滚动触点与固定触点处于断开状态，如图 7.6(a)所示，传感器电路处于断开状态。当汽车遭受碰撞且减速度达到设定阈值时，滚轴产生的惯性力将大于片状弹簧的弹力，滚轴在惯性力作用下克服弹簧弹力向右滚动，滚动触点与固定触点接触，如图 7.6(b)所示。当传感器用作碰撞信号传感器时，滚动触点与固定触点接触则将碰撞信号输入 SRS ECU；当传感器用作碰撞防护传感器时，则将点火器电源电路接通。

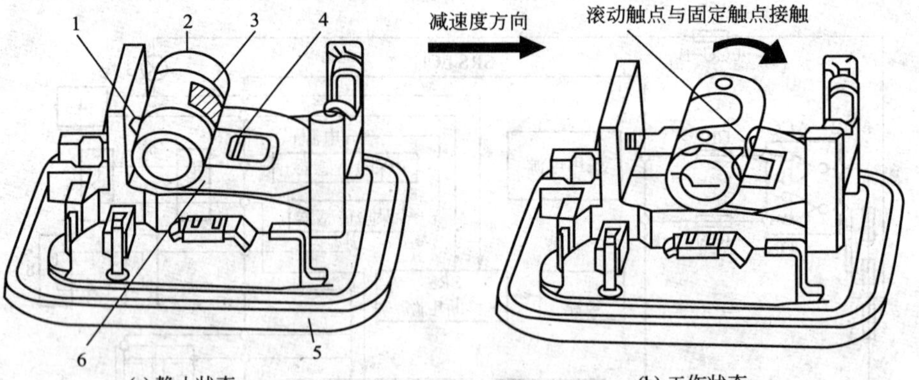

图 7.6　滚轴式传感器

1—止动销；2—滚轴；3—滚动触点；4—固定触点；5—底座；6—片状弹簧

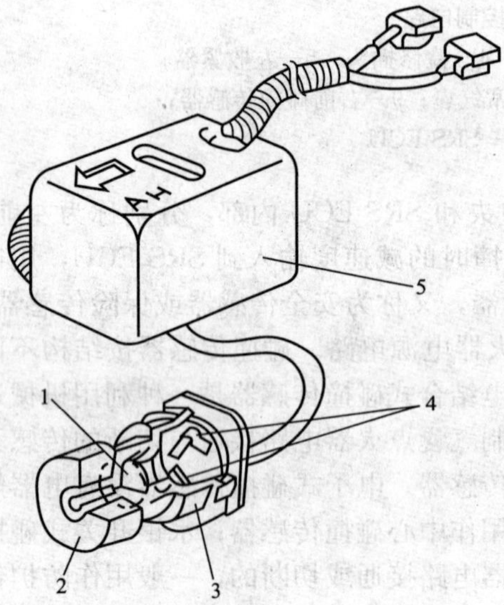

图 7.7　滚球式传感器

1—铁质滚球；2—永久磁铁；3—导缸；4—固定触点；5—壳体

2）滚球式碰撞传感器

滚球式碰撞传感器又称为偏压磁铁式碰撞传感器，如图 7.7 所示，主要由铁质滚球 1、永久磁铁 2、导缸 3、固定触点 4 和壳体 5 组成。两个触点分别与传感器引线端子连接。滚球用来感测减速度大小，且可在导缸内移动或滚动。壳体 5 上印制有箭头标记，方向与传感器结构有关，有的规定指向汽车前方，有的规定指向汽车后方。因此，在安装传感器时，箭头方向必须符合使用说明书的规定。

滚球式碰撞传感器工作原理如图 7.8 所示。当传感器处于静止状态时，在永久磁铁力的作用下，导缸内的滚球被吸向磁铁，两个触点与滚球分离，传感器电路处于断开状态，如图 7.8(a)所示。当汽车遭受碰撞且减速度达到设定阈值时，滚球产生的惯性力将大于永久磁铁的电磁吸力，滚球在惯性力作用下克服磁力沿导缸向两个固定触点运动并将固定触点接通，如图 7.8(b)所示。当传感器用作碰撞信号传感器时，固定触点接通则将碰撞信号输入 SRS ECU；当传感器用作碰撞防护传感器时，则将点火器电源电路接通。

3）偏心锤式碰撞传感器

偏心锤式传感器又称为偏心转子式碰撞传感器，如图 7.9 所示，主要由偏心重块、偏心转子、旋转触点、固定触点、游丝和外壳组成。

偏心锤式传感器的工作原理如图 7.10 所示。当传感器处于静止状态时，在回位弹簧力的作用下，偏心锤与挡块保持接触，转子总成处于静止状态，旋转触点与固定触点断开，如图 7.10(a)所示，传感器电路处于断开状态。当汽车遭受碰撞且减速度达到设定阈

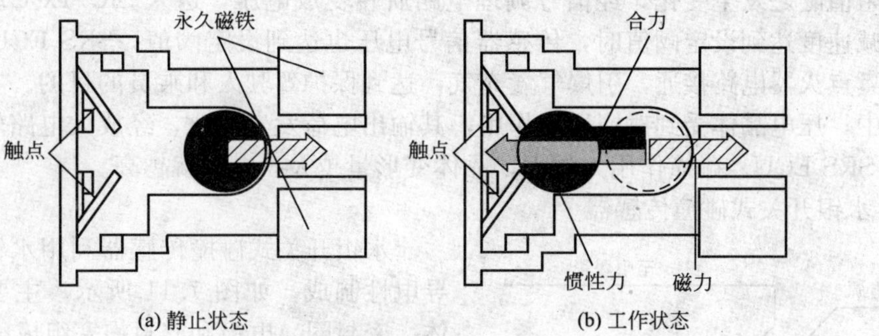

图 7.8 滚球式传感器工作原理

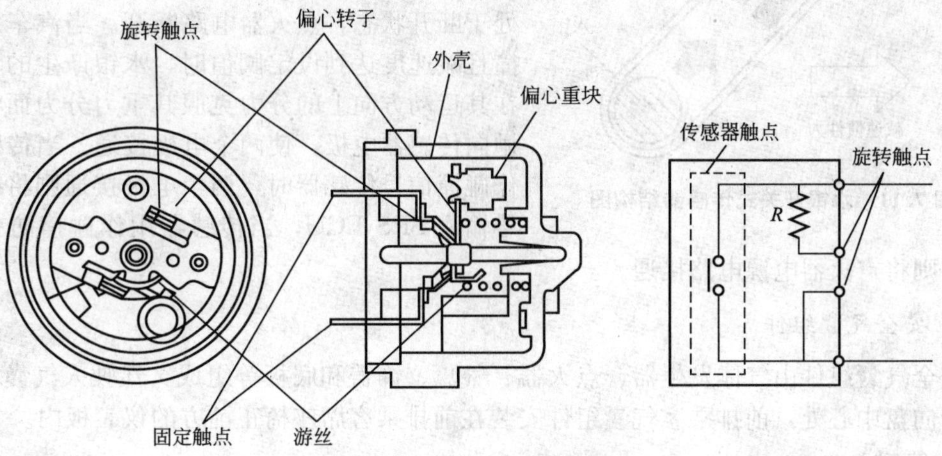

图 7.9 偏心锤式碰撞传感器

值时，偏心锤产生的惯性力矩将大于回位弹簧力矩，转子总成在惯性力矩作用下克服弹簧力矩沿逆时针方向转动一定角度，并带动旋转触点臂转动，使旋转触点与固定触点接触，如图 7.10(b)所示。当传感器用作碰撞信号传感器时，则将点火器电源电路接通。

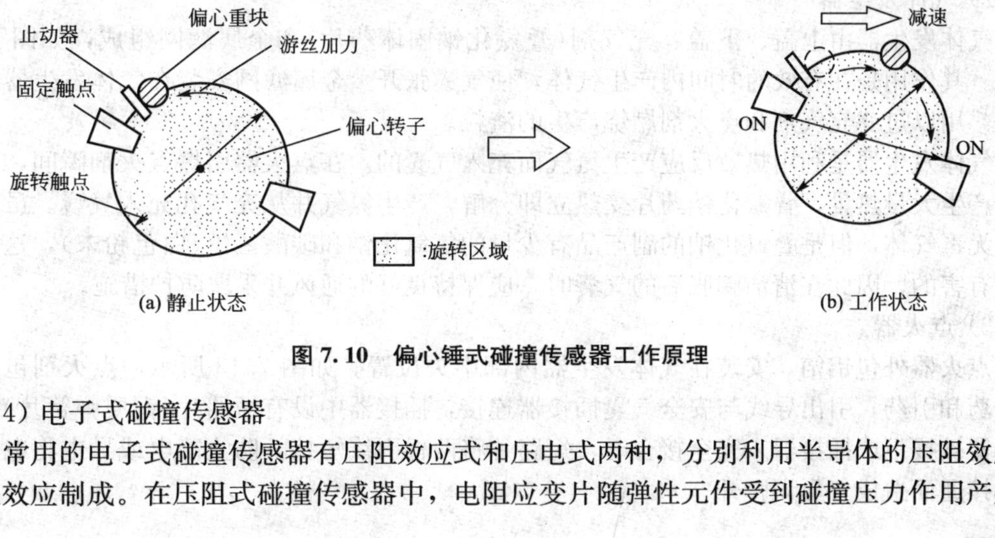

图 7.10 偏心锤式碰撞传感器工作原理

4）电子式碰撞传感器

常用的电子式碰撞传感器有压阻效应式和压电式两种，分别利用半导体的压阻效应和压电效应制成。在压阻式碰撞传感器中，电阻应变片随弹性元件受到碰撞压力作用产生变形，其阻值随之发生变化，经信号调理电路后转变成电压，送入 SRS ECU。当汽车遭受碰撞且减速度达到设定阈值时，传感器信号电压也达到设定阈值，SRS ECU 发出控制指令将气囊点火器电路接通，引爆气囊充气，达到保护驾驶人和乘员的目的。在压电式碰撞传感器中，压电晶体受到碰撞压力作用，其输出电荷发生变化，经放大电路转变成相应电压送入 SRS ECU。碰撞作用力越大，晶体变形量越大，电压就越高。

5）水银开关式碰撞传感器

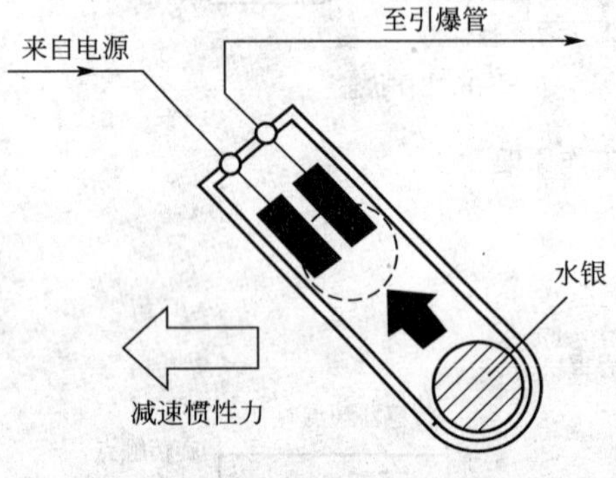

图 7.11　水银开关式传感器结构图

水银开关式碰撞传感器利用水银具有良好的导电性制成，如图 7.11 所示，主要由水银、壳体、密封圈、电极和密封螺塞组成。

当传感器处于静止状态时，水银在其重力的作用下不与两个电极接触，使传感器的两个电极处于断开状态，点火器电路断开。当汽车发生碰撞且减速度达到设定阈值时，水银产生的惯性力在其运动方向上的分力克服其重力分力而将水银抛向传感器电极，使两个电极接通。当传感器用作碰撞信号传感器时，两个电极接通则将碰撞信号输入 SRS ECU；当传感器用作碰撞防护传感器时，则将点火器电源电路接通。

2. 安全气囊组件

安全气囊组件由气体发生器、点火器、气囊、饰盖和底板等组成。驾驶人气囊组件安装在转向盘中心处，前排乘客气囊组件安装在前排乘客席座椅正前方的仪表板内。

1）气囊

气囊一般由防裂性能好的聚酰胺织物制成，它是一种半硬的泡沫塑料，能承受较大的压力，经过硫化处理，可减少气囊充气膨胀时的惯性力；为使气体密封，气囊里面涂有涂层材料。气囊的大小、形状、漏气性能是确定安全气囊保护效果的重要因素，必须根据不同汽车的实际情况来确定。

2）气体发生器

气体发生器由上盖、下盖、充气剂(叠氮化钠固体药片)和金属滤网组成，如图 7.12 所示。其作用是在有效的时间内产生气体，使气囊张开。金属滤网安装在气体发生器的内表面，用以过滤充气剂和点火剂燃烧产生的渣粒。

气体发生器是利用热效反应产生氮气而充入气囊的。在点火器引爆点火剂瞬间，点火剂会产生大量热量，叠氮化钠药片受热立即分解，产生氮气并从充气孔充入气囊。虽然氮气是无毒气体，但是叠氮化钠的副产品有少量的氢氧化钠和碳酸氢钠(白色粉末)，这些物质是有害的，因此在清洁膨胀后的气囊时，应保持良好的通风并采取防护措施。

3）点火器

点火器外包铝箔，安装在气体发生器内部中央位置。如图 7.13 所示，点火剂包括引爆炸药和引药，引出导线与安全气囊插接器连接，插接器中设有短路片(铜质弹簧片)。当插接器被拔下或插接器未完全接合时，短路片将两根引线短接，防止静电或导电将电热丝电路接通而造成气囊误膨开。

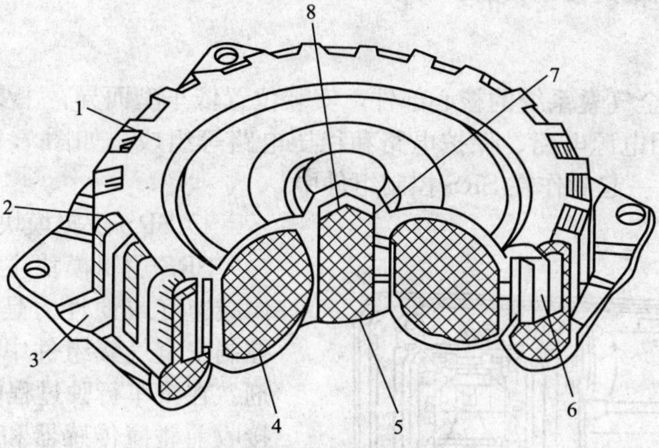

图 7.12　气体发生器的结构图

1—上盖；2—充气孔；3—下盖；4—充气剂；5—点火器药筒；
6—金属滤网；7—电热丝；8—引爆炸药

点火器的工作情况：当 SRS ECU 发出点火指令时，电热丝电路接通，电热丝迅速红热引爆引药，引爆炸药瞬间爆炸产生热量，药筒内温度和压力急剧升高并冲破药筒，使充气剂受热分解释放氮气充入气囊。

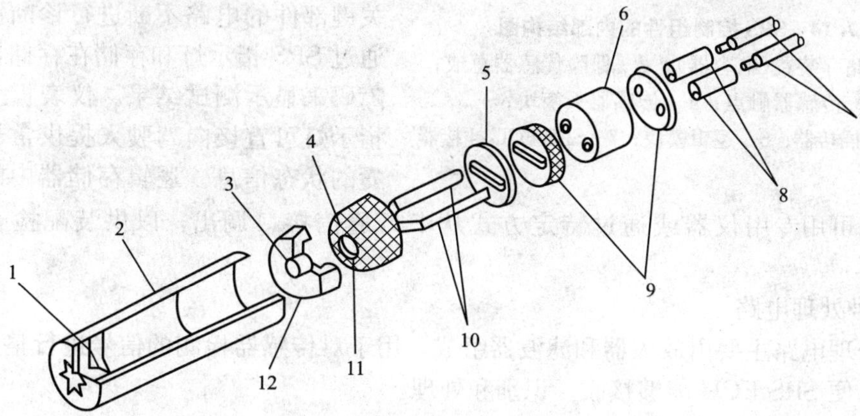

图 7.13　点火器零部件组成图

1—引爆炸药；2—药筒；3—引药；4—电热丝；5—陶瓷片；6—永久磁铁；
7—引出导线；8—绝缘套管；9—绝缘垫片；10—电极；11—电热头；12—药托

3. SRS 指示灯

SRS 指示灯位于仪表板上，接通点火开关时，诊断单元对系统进行自检，SRS 指示灯点亮 6s 后熄灭表示系统正常。否则，表示常规安全气囊出现故障，应进行检修。

若 ECU 出现异常，不能控制 SRS 指示灯，SRS 指示灯便在其他电路的直接控制下做出异常显示，如 ECU 无点火电压，指示灯正常发亮；ECU 无内部工作电压，指示灯正常发亮；ECU 不工作，指示灯在看门狗电路的控制下以 3 次/s 的频率闪烁；ECU 未接通，指示灯经线束插接器的短接条接通。

4. SRS ECU

SRS ECU 是安全气囊系统的核心部件，安装位置依车型而异；主要由 SRS 逻辑模块、信号处理电路、备用电源电路、保护电路和稳压电路等组成，如图 7.14 所示。保险传感器一般与 SRS ECU 一起制作在 SRS 控制组件中。

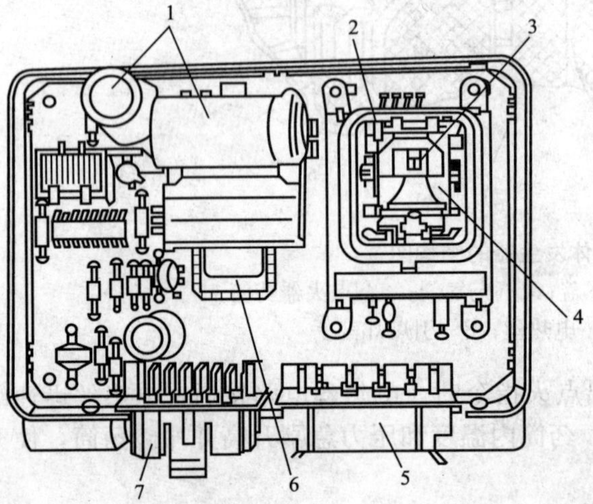

图 7.14　SRS 控制组件的内部结构图

1—能量储存装置(电容器)；2—保险传感器总成；3—传感器触点；4—传感器平衡块；5—四端子插接器；6—逻辑模块；7—SRS ECU 插接器

1) SRS 逻辑模块

SRS 逻辑模块主要用于监测汽车纵向减速度或惯性力是否达到设定值，并控制安全气囊组件中的点火器引爆点火剂。在汽车行驶过程中，SRS ECU 不断接收前碰撞传感器和保险传感器传来的车速变化信号，经过数学计算和逻辑判断后，确定是否发生碰撞。当判断结果为发生碰撞时，立即运行控制点火的软件程序，并向点火电路发出点火指令引爆点火剂，点火剂引爆时产生大量热量，使充气剂受热分解释放气体对气囊充气。

此外，SRS ECU 还要对控制组件中关键部件的电路不断进行诊断测试，并通过 SRS 指示灯和存储在存储器中的故障码来显示测试结果。仪表板上的 SRS 指示灯可直接向驾驶人提供常规安全气囊的状态信息。逻辑存储器中的状态信息和故障码可用专用仪器或通过特定方式从串行通信接口调出，以供装配检查与设计参考。

2) 信号处理电路

信号处理电路主要由放大器和滤波器组成，用于对传感器检测的信号进行整形、放大和滤波，以便 SRS ECU 能够接收、识别和处理。

3) 备用电源电路

常规安全气囊有两个电源：一个是汽车电源；另一个是备用电源。备用电源电路由电源控制电路和两个电容器组成。在单安全气囊的控制组件中，设有一个逻辑备用电源和一个点火备用电源。在双安全气囊的控制组件中，设有一个逻辑备用电源和两个点火备用电源，即两条点火电路各设一个点火备用电源。点火开关接通 10s 后，如果汽车电源电压高于 SRS ECU 的最低工作电压，逻辑备用电源和点火备用电源即可完成储能任务。

备用电源电路用于当汽车电源与 SRS 逻辑之间的电路切断后，在一定时间内维持常规安全气囊供电，保持常规安全气囊的正常功能。当汽车遭受碰撞而导致蓄电池和交流发电机与 SRS ECU 之间的电路切断时，逻辑备用电源能在 6s 内向 ECU 供给电能，保持 ECU 测出碰撞、发出点火指令等正常功能；点火备用电源能在 6s 内向点火器供给足够的点火能量以引爆点火剂，使充气剂受热分解对常规安全气囊充气。时间超过 6s 后，备用电源供电能力降低，ECU 备用电源不能保证 ECU 测出碰撞和发出点火指令；若点火备用电源不能提供最小点火能量，安全气囊则不能充气膨开。

4) 保护电路和稳压电路

在汽车电气系统中，许多电器部件均有电感线圈，电器开关多，电器负载变化频繁。当线圈电流接通或切断、开关接通或断开、负载电流突然变化时，都会产生瞬时脉冲电压即过电压，若过电压加到常规安全气囊电路上，系统中的电子元件就可能因电压过高而导致损坏。为了防止安全气囊元件受损，SRS ECU 中必须设置保护电路。同时，为了保证汽车电源电压变化时，常规安全气囊能够正常工作，还必须设置稳压电路。

5. 安全气囊线束与保险机构

为了便于区别电气系统线束插接器，常规安全气囊的插接器与汽车其他电气系统的插接器有所不同，常规安全气囊的插接器采用导电性能和耐久性能均良好的镀金端子，并设有防止安全气囊误爆机构、端子双重锁定机构、插接器双重锁定机构和电路连接诊断机构等，用以保证常规安全气囊可靠工作。常规安全气囊采用的各种特殊插接器如图 7.15 所示。

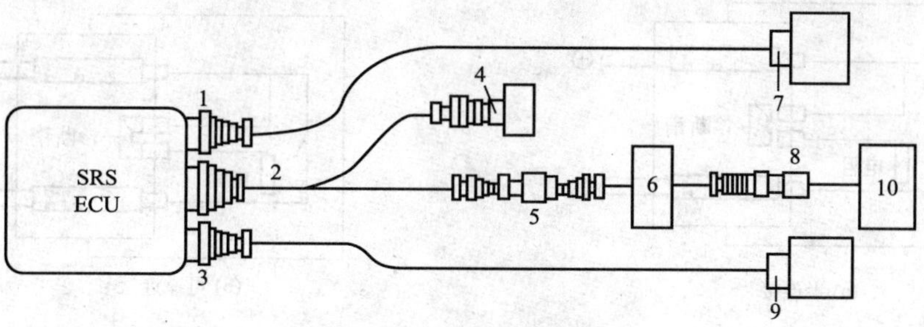

图 7.15　SRS 线束插接示意图

1、2、3—SRS ECU 插接器；4—SRS 电源插接器；5—中间线束插接器；6—螺旋线束；7—左碰撞传感器插接器；8—安全气囊组件插接器；9—右碰撞传感器插接器；10—点火器

1) 防止 SRS 误爆机构

如图 7.15 所示，SRS ECU 至 SRS 点火器之间的插接器 2、5、8 均采用了防止常规安全气囊误爆的短路片机构，拔下插接器时，短路片自动靠近 SRS 点火器一侧插接器或插接器两个引线端子短接，防止静电或误通电将电热丝电路接通而造成常规安全气囊误膨开。

当插接器正常连接时，插接器的绝缘壳体将短路片向上顶起，短路片与插接器端子脱开。当插接器脱开时，短路片自动将安全气囊点火器一侧插接器的引线端子短接，使点火器的电热丝与短路片构成回路。此时即使将电源加到安全气囊点火器一侧插接器上，由于电源被短路片短路，点火器也不会引爆，从而防止 SRS 误爆。

2) 电路连接诊断机构

当传感器插接器处于半连接(未可靠连接)状态时，如图 7.16(a)所示，诊断端子与诊断销尚未接触，此时电阻尚未与传感器触点构成并联电路，连接器引线“+”与“−”之间的电阻值为无穷大。当 SRS ECU 监测到前碰撞传感器的电阻值为无穷大时，自诊断电路便控制 SRS 指示灯闪亮报警，同时将故障码存储在存储器中。

当传感器插接器可靠连接时，如图 7.16(b)所示，诊断端子与诊断销可靠接触，此时电阻与前碰撞传感器触点并联。当 SRS ECU 监测到的阻值为该并联电阻的阻值时，即诊断为插接器连接可靠。

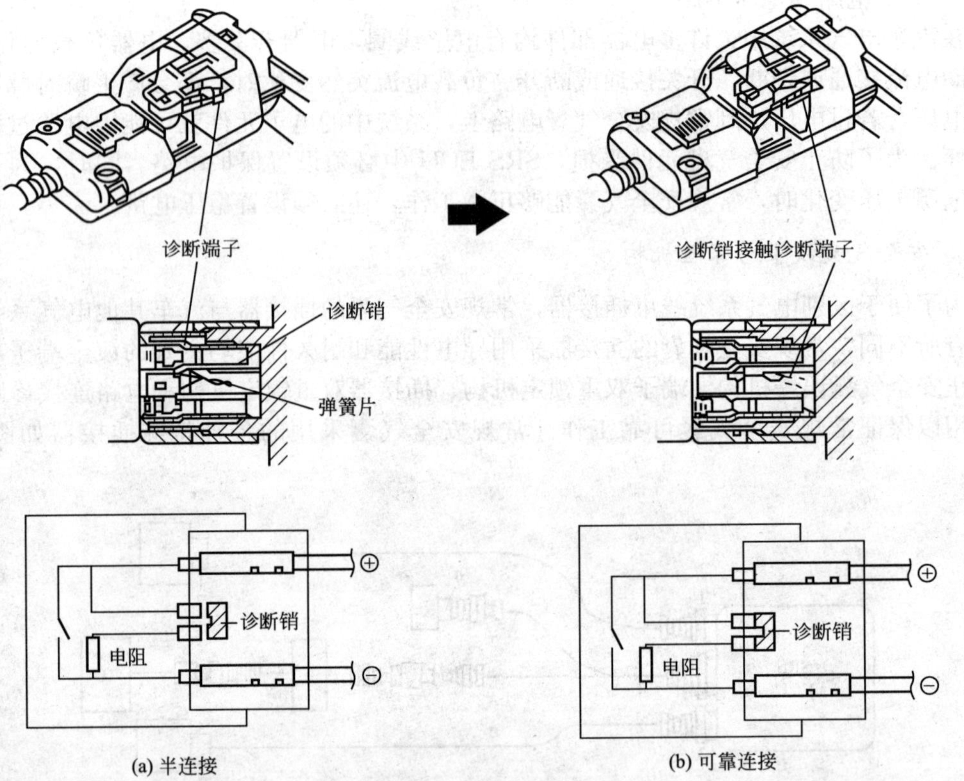

图 7.16　电路连接诊断结构图

3）插接器双重锁定机构

在常规安全气囊线束的重要连接部位，其插接器采用了双重锁定机构，用于锁定插接器，防止插接器脱开。插接器上有主锁和两个凸台，还有锁柄能够转动的副锁。当主锁未锁定时，插头上的两个凸台就会阻止副锁锁定，如图 7.17(a)所示；当主锁完全锁定时，副锁锁柄方能转动并锁定，如图 7.17(b)所示；当主锁与副锁双重锁定后，插接器插头与插座的连接状态如图 7.17(c)所示，插头与插座可靠连接，从而防止插接器脱开。

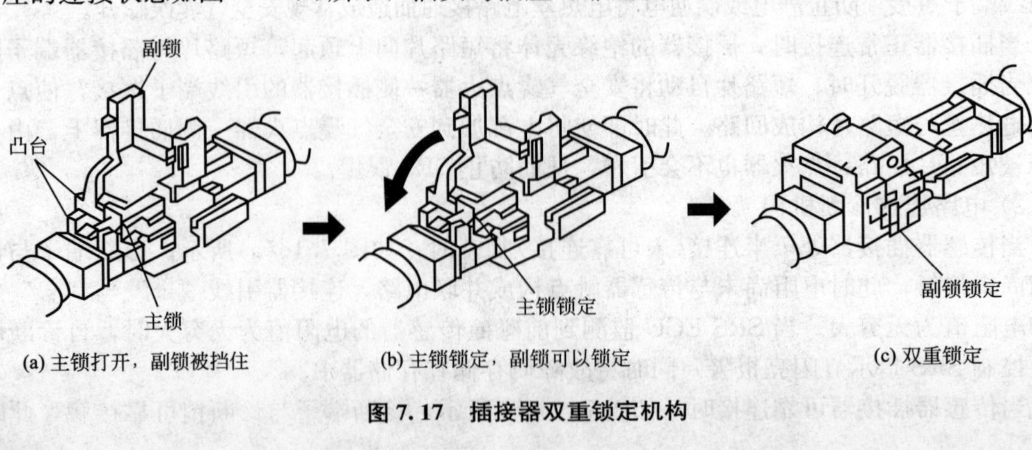

图 7.17　插接器双重锁定机构

7.1.4 智能型安全气囊

进入21世纪，汽车技术界根据安全气囊多年使用中出现的诸多问题，开始研制新一代具有多种自适应能力的智能型安全气囊。

1. 常规安全气囊存在的问题

(1) 前碰撞传感器只监测碰撞时的惯性变化，即减速度，但碰撞损坏不仅与减速度有关，还与碰撞时的初速度密不可分，即人体的动量是撞伤的能量源，不可忽视。

(2) 在紧急制动或车轮碰触异物时引发误爆。

(3) 乘员座位如果无人，碰撞时将发生空爆，形成无谓损失。

(4) 常规安全气囊不能充分保护儿童、妇女及身体矮小人员的安全。

(5) 常规安全气囊迅速充满高温气体，在保护人员的同时，不可避免地造成一定程度的冲击损伤(如击碎眼镜)和轻度烧伤。

(6) 叠氮化钠燃烧反应后产生有害物质氮化钠和氢氧化钠，对驾驶人、乘员和事后的维修人员造成呼吸器官损害。

(7) 安全带不能及时有效地防止驾驶人、乘员在高速碰撞时扑向常规安全气囊而造成损坏。

2. 智能型安全气囊的组成特点

鉴于常规安全气囊存在的缺点，智能型安全气囊将设置以下装置并具有相应功能以解决上述问题。

(1) 增设多普勒车速传感器，以监测汽车与障碍物的相对速度。

(2) 增设红外乘员传感器，以监测乘员的有无与其身材的大小。

(3) 安全带增设收紧装置，在智能型安全气囊引爆前先收缩安全带以缓解冲撞损失，碰撞后自动解除收紧力。在相对车速低于16km/h时，只收紧安全带而不引爆智能型安全气囊。

(4) 扩展ECU的控制范围，增加逻辑运算功能，计算不同车速和加速度下的最佳控制模式，根据乘员红外信号决定适当的充气压力和膨胀方向。ECU根据各传感器的信号进行运算以确定是否引爆智能型安全气囊，但碰撞只是一瞬间，在无碰撞信号的绝大部分时间内，ECU则连续通过传感器触点并联的电阻器上的压降监测系统工作，一旦该状态偏离可维持正常工作的临界值，ECU便使SRS指示灯点亮。

(5) 当车辆发生碰撞后，ECU存储和记忆相关信息，如相对速度、加速度及安全带工作状态，并记录碰撞前系统和部件的性能参数，碰撞后可通过专用设备解读这些信息，以确定碰撞前系统是否正常，并提供事故查询资料。对于充气气体有害有毒问题，可采用储压式惰性气筒，内装压缩氩气，当雷管引爆击穿隔膜时，氩气即刻膨胀冲入智能型安全气囊，如图7.18所示。

3. 智能型安全气囊应用情况

雷诺汽车公司推出一种全新的自适应式安全气囊及安全带系统，由采用可变容积的安全气囊及两级预张紧器的新型安全带系统组成。在发生撞车事故的瞬间，保护系统在启动之前首先按照程序来判断撞车事故的严重程度以便采取具体措施。其工作原理是：在撞车

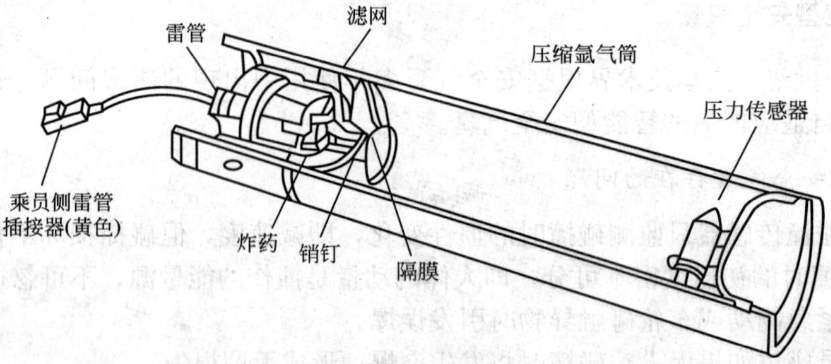

图 7.18　带有压缩氩气筒的混合型充气器

事故发生 5ms 后，第一级预张紧器先拉紧松弛的安全带，与此同时，ECU 根据撞车事故的严重程度，在撞车事故发生 10ms 后，保护系统获知是否应当对安全气囊充气，是充气 40L(不严重的撞车事故)，还是充气 60L(严重的撞车事故)。严重的撞车事故还会触发启动第二级安全带张紧器，对乘员提供进一步的保护。德尔福汽车公司开发的智能安全气囊，可识别出乘员体重、体态、高矮、坐态及安全带使用情况的差异。

通常，智能安全气囊要根据驾乘人员的身材、体重、是否系好安全带、人在座椅上所处的位置、座位上是否有人或物品、车辆碰撞时的车速及撞击速度等瞬时做出反应，以调整安全气囊的膨胀时机、膨胀速度和膨胀程度，使安全气囊为乘客提供最合理的安全保护。

捷豹 XK8 跑车装载了非常先进的安全气囊引爆系统，即自适应被动安全技术系统(ARTS)，该系统采用超声波传感器和人工神经网络技术，测定安全气囊在特定事故中的适当开度。

在自适应被动安全技术系统中，位于汽车 A 柱和 B 柱及天花板内的 4 个超声波传感器能够测定前座乘客上身和头部的状态和位置，如果乘客过于接近仪表板，提示灯将显示该系统处于停止状态，安全气囊在发生意外事故时将不会打开，以免乘客受伤。当乘客坐直时，系统则恢复正常工作状态。该系统具有高度智能化，不会因为乘客的手臂在前面而将其误认为是乘客的身体同仪表板的距离。另外，座椅中的质量传感器能够测定乘客的位置及其身体的大致质量，从而决定安全气囊的打开程度。

自适应被动安全技术系统具有多个传感器，位于座椅调节滑轨中的传感器能够监控驾驶人与转向盘之间的距离，安全带扣中的传感器可监测安全带是否系好，碰撞传感器能够测量碰撞程度。这些传感器测得的信息均被输入自适应被动安全技术系统的中央处理器，由中央处理器控制座椅安全带锁紧的使用和安全气囊的两级引爆。根据传感器所测得的相关数据和碰撞程度，安全气囊将完全或部分地充气胀开。安全气囊的胀开情况由人工神经网络技术测定，该技术能在 10ms(比眨眼快 25 倍)内对传感器所输入的数据作出计算。

随着车辆的不断增加，如何更好地保护人类生命安全已成为新一代安全系统的研究课题，汽车被动安全装置特别是新型智能化安全气囊的开发对新技术提出了更高的要求。今后，在设法增加乘员的保护部位(例如下肢和颈部等)，减小气囊的体积和质量，优化气囊的充气速度、折叠方式和最佳触发时刻的同时，更应努力解决好转向柱、座椅、头枕、内饰件、车身结构、吸能塑性保险杠、风窗玻璃、安全带和安全气囊等各部件防碰撞特性的协调与互补问题，如此才能进一步将安全气囊智能化程度的研究工作逐步推向研制智能乘员保护系统的新阶段，这也是智能化安全系统未来研究的主要方向。

7.1.5 安全气囊的检修

1. 安全气囊故障检查注意事项

(1) 安全气囊的故障很难确认，根据自诊断系统提取故障码是诊断和排除故障的重要途径。因此在检查与排除安全气囊故障时，必须在拆下蓄电池负极电缆之前，读出故障码。

(2) 检查工作务必在关闭点火开关，并将蓄电池负极电缆拆下 20s 以后进行，因气囊备有备用电源，若检查工作在拆下蓄电池负极电缆后 20s 内就开始，可能会由备用电源供电使安全气囊误膨胀开；另外，汽车音响系统、防盗系统、时钟、电控座椅、电控座椅安全带收紧系统、微机控制驾驶位置设定的电控倾斜和伸缩转向系统、电控车外后视镜等系统均具有存储功能，当蓄电池负极电缆拆下后，存储的内容将会丢失。因此在检查工作开始之前，应通知车主将音响、防盗系统的密码和其他控制系统的有关内容记录下来。当检查工作结束后再重新设置密码和有关内容并调整时钟。绝不允许使用车外电源来避免各系统存储的内容丢失，以免导致安全气囊误膨开。

(3) 检查安全气囊时，即使只发生了轻微碰撞且安全气囊并未膨开，也应对前碰撞传感器、驾驶人安全气囊组件、乘员安全气囊组件、座椅安全带收紧器等进行检查。安全气囊对零部件的工作可靠性要求极高。所有零部件均为一次性使用部件，如需要更换零部件，则应使用新品，不允许使用不同型号车辆上的零部件。在检修汽车其他零部件时，如有可能对安全气囊的传感器产生冲击，则应在检修工作开始之前，先拆下前碰撞传感器，以防安全气囊误膨开。

(4) 安全气囊的保险传感器采用了水银开关式传感器。因水银蒸气有剧毒，故保险传感器更换之后，换下的旧传感器不能随意毁掉，而应作为有害废物处理。当前碰撞传感器、SRS ECU 或安全气囊组件摔碰之后或其壳体、支架、插接器有裂纹或凹陷时，应更换。前碰撞传感器、SRS ECU 或安全气囊组件不得暴晒或接近火源。

(5) 绝对不能检测点火器的电阻，否则有可能引爆安全气囊。检测其他部件电阻和安全气囊故障时，必须使用高阻抗万用表，即最好使用数字万用表。若使用指针式万用表，因其阻抗小，表内电源的电压加到安全气囊上可能引爆安全气囊。在安全气囊各总成或零部件表面上，均标有说明标牌或注意事项，使用与检查时必须按规定进行。

(6) 完成安全气囊的检查之后，须对 SRS 指示灯进行检查。当点火开关转到接通或辅助位置时，SRS 指示灯亮 6s 左右后自动熄灭，说明安全气囊正常。

(7) 拆卸或搬运安全气囊组件时，安全气囊饰盖一面应朝上，不得将安全气囊组件重叠堆放，以防安全气囊误膨开造成严重事故。

(8) 在报废整车或报废安全气囊组件时，应在报废之前使用专用维修工具将安全气囊引爆。引爆工作应在远离电场干扰的地方进行，以免电场过强而导致安全气囊误爆。

(9) 安全气囊一旦引爆膨胀开后，SRS ECU 就不能继续使用。

(10) 当连接或拆下 SRS ECU 上的插接器时，因保险传感器与 ECU 组件在一起，所以应在 ECU 组件安装固定之后再进行连接或拆卸，否则保险传感器就起不到保护作用。

（11）安装转向盘时，其位置须正确，即必须安装在转向柱管上，并使螺旋弹簧位于中间位置，否则会造成螺旋线束脱落或发生故障。安全气囊线束套装在黄色波纹管内，并与车颈线束及地板线束连成一体，所有线束插接器均为黄色，以便于区别。当发生交通事故而使安全气囊线束脱开或插接器破碎时，都应修理或更换安全气囊。

2. 安全气囊故障自诊断

安全气囊具有故障自诊断功能，一旦发生故障，自诊断电路就能自行诊断，且控制仪表板上的SRS指示灯闪烁，提示驾驶人安全气囊出现故障，同时将故障码存入SRS ECU存储器，以便检查安全气囊时，通过调用故障码尽快查到故障部位。

1）读取故障码

丰田汽车安全气囊的故障码可用一根跨接线跨接诊断插接器上的TC、E1两个端子，通过仪表板上的SRS指示灯闪烁规律读取。

（1）检查SRS指示灯。将点火开关转到ON挡或ACC挡位置，如SRS指示灯亮6s后熄灭，说明SRS指示灯及其线路正常，可以读取故障码。若SRS指示灯不亮，说明指示灯或其线路有故障，应检修后才能读取故障码。

（2）若安全气囊功能正常，则仪表板上的SRS指示灯每秒闪烁两次，每次灯亮与灯灭时间均为0.25s，高电平时灯亮，低电平时灯灭；若安全气囊有故障，SRS指示灯闪烁显示故障码，故障码为两位数字，SRS指示灯先显示十位数字，后显示个位数字。同一数字灯亮与灯灭时间均为0.5s，十位数字与个位数字之间间隔1.5s。若有多个故障码，则故障码与故障码之间间隔2.5s，并按由小到大的顺序显示故障码。故障码全部输出后，间隔4s再重复显示。各车型安全气囊的自诊断测试方法大同小异，丰田汽车安全气囊系统故障码及其含义见表7-2。

表7-2 丰田汽车安全气囊系统故障码及其含义

故障码	故障原因	故障部位	指示灯状态
正常	安全气囊正常		OFF
	安全气囊电源电压过低	蓄电池、SRS ECU	ON
11	安全气囊点火器线路搭铁、前碰撞传感器线路搭铁	安全气囊组件、螺旋线束、前碰撞传感器、SRS ECU	ON
12	SRS点火器引线与电源搭铁、前碰撞传感器引线与电源线搭铁、前碰撞传感器引线断路、螺旋线束与电源线搭铁	安全气囊组件、螺旋线束、传感器线路、SRS ECU	ON
13	SRS点火器线路短路	安全气囊点火器、螺旋线束、SRS ECU	ON
14	SRS点火器线路断路	安全气囊点火器、螺旋线束、SRS ECU	ON
15	前碰撞传感器线路断路	安全气囊线束、前碰撞传感器、SRS ECU	ON

续表

故障码	故障原因	故障部位	指示灯状态
22	SRS 指示灯线路断路	安全气囊线束、SRS 指示灯、SRS ECU	ON
31	安全气囊备用电源失效、SRS ECU 故障	SRS ECU	ON
41	SRS ECU 曾记忆过故障码	SRS ECU	ON

2）清除故障码

SRS 指示灯只有在存储器中的故障码全部清除后，才能恢复正常显示。读取故障码时，如 SRS 指示灯显示有故障码，说明安全气囊发生过故障，但是无法显示故障是发生在现在还是过去。因此，排除故障后，必须清除故障码，并在清除故障码之后，再次读取故障码，确认故障码已全部清除。

安全气囊故障码的清除方法与其他电控系统故障码的清除方法有所不同。当故障码 11 至 31 代表的故障被排除并清除故障码之后，SRS ECU 将代码 41 存入存储器中，使 SRS 指示灯一直发亮，直到代码 41 清除后，SRS 指示灯才恢复正常显示。因此，清除安全气囊故障码需要分两步进行：第一步清除代码 41 以外的故障码；第二步清除代码 41。

3. 安全气囊报废处理

引爆气囊应按制造厂家规定的方法进行，有的厂家规定在汽车上引爆，有的厂家规定从汽车上拆下气囊组件后引爆。

车上引爆的方法如图 7.19 所示，操作引爆器的工作人员与汽车之间的距离至少应在 10m 以上。

车下引爆方法如图 7.20 所示，具体操作过程如下：

（1）拆下蓄电池负极电缆。

（2）拔下安全气囊组件与螺旋线束之间的插接器。

（3）剪断安全气囊组件线束，使连接器与线束分离。

（4）连接引爆器接线夹与安全气囊组件引线。

（5）先将引爆器放置在距安全气囊组件 10m 以外的地方，然后将电源夹与蓄电池连接。

（6）查看引爆器上的红色指示灯是

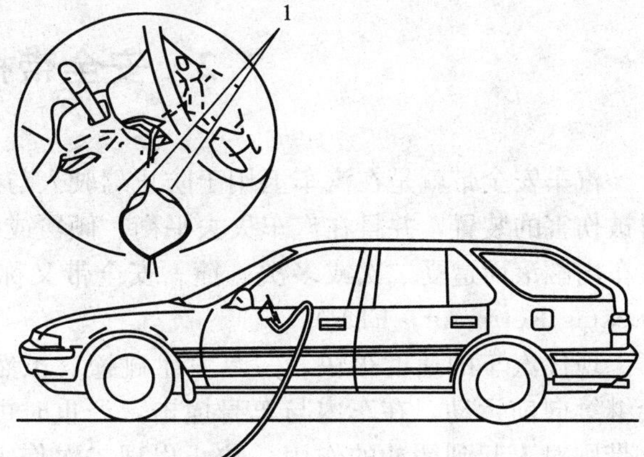

图 7.19 车上引爆气囊的方法

1—接线夹（黄色）；2—引爆开关；3—引爆器；4—12V 蓄电池

否发亮，当红色指示灯发亮后才能引爆。

(7) 按下引爆开关引爆安全气囊，待绿色指示灯发亮之后，将引爆后的安全气囊装入塑料袋内再作废物处理。

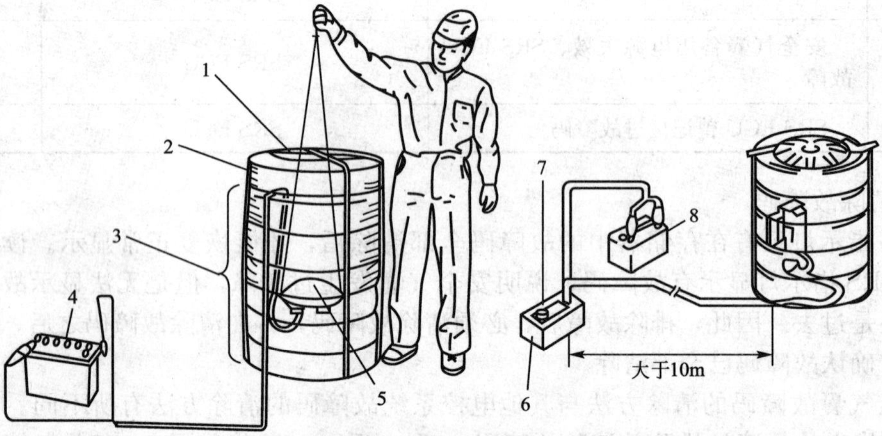

图 7.20　车下引爆气囊的方法

1—固定轮胎的绳子；2—未拆轮辋的轮胎；3—拆掉轮辋的轮胎；4、8—12V 蓄电池；5—安全气囊组件；6—引爆器；7—引爆开关

7.2　安全带控制系统

汽车安全带就是在汽车上用于防止驾驶人与乘客在车身受到猛烈撞击、安全气囊弹出时被伤害的装置，并且在汽车失去平衡、倾覆或翻滚时，将人体固定在座椅上，避免人体在车内翻滚而遭受二次或多次碰撞。安全带又称为安全带紧急自动锁紧装置（Emergency Locking Retractor，ELR）。

现代汽车的速度很快，一旦发生碰撞，虽然车身停止运动，但是乘客身体由于惯性会继续向前运动，在车内与车身撞击，严重时可能把风窗玻璃撞碎而向前飞出窗外，安全带则对人起到缓冲的作用，防止出现二次伤害。其实在汽车业内有一种说法，在发生碰撞事故时，安全带起到的保护作用是 90%，加上安全气囊后是 95%；如果没有安全带的帮助，安全气囊这 5%的功效很难达到。安全带在汽车上的安装情况如图 7.21 所示。

7.2.1　安全带的类型

1. 按固定方式分类

按固定方式的不同，安全带可分为两点式、三点式、四点式 3 种。

(1) 两点式安全带。两点式安全带是与车体或座椅仅有两个固定点的安全带。这种安全带又可分为腰带式和膝带式两种。虽然它不能保护人体上身的安全，但能有效地防止乘客被抛出车外。两点式安全带的软带从腰的两侧挂到腹部，形似腰带，在碰撞事故中可以

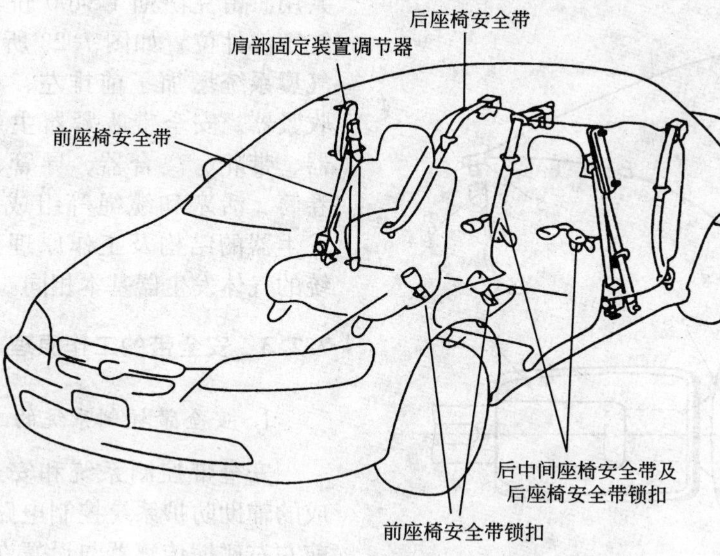

图 7.21　安全带在汽车上的安装情况

防止乘员身体前移或从车内甩出，其优点是使用方便，容易解脱；缺点是乘员上身容易向前倾斜，前座乘员头部易撞到仪表板或风窗玻璃上。这种安全带主要用在轿车后排座位上。

(2) 三点式安全带。三点式安全带是在两点式安全带的基础上增加了肩带，即在靠近肩部的车体上有一个固定点，可同时防止乘员躯体前移和上半身前倾，增强了乘员的安全性，是目前使用最普遍的一种安全带。

(3) 四点式安全带。它是在两点式安全带上连接两根肩带而构成的形式，一般用在赛车上。

2. 按智能化程度分类

按智能化程度来分，安全带分为被动式安全带与自动式安全带两种。

(1) 被动式安全带需要乘员的操作才能起作用，即需要乘员自行佩戴。目前大部分汽车所装配的都是被动式安全带。

(2) 自动式安全带是一种自动约束驾驶人或乘客的安全带，即在汽车起动时，不需驾驶人或乘客操作就能自动提供保护，而且乘客上下车时也不需要任何操纵动作。自动安全带分全自动式安全带和半自动式安全带两种。

7.2.2　安全带及控制系统的结构

安全带结构如图 7.22 所示，主要由织带、高度调节器、带扣、安全带控制系统等组成。织带是构成安全带的主体，多用尼龙、聚酯、维尼纶等合成纤维丝纺织成宽约 50mm、厚约 1.5mm 的带子，具有足够的强度、延伸性能和吸收能量的性能。

安全带控制系统仅在安全气囊系统的基础上，增设了防护传感器和左、右座椅安全带收紧器，由碰撞防护传感器、中心碰撞传感器、前碰撞传感器、ECU 和安全带收紧器等组成，其中安全带收紧器为执行器，中心碰撞传感器、前碰撞传感器和 ECU 与 SRS 系统

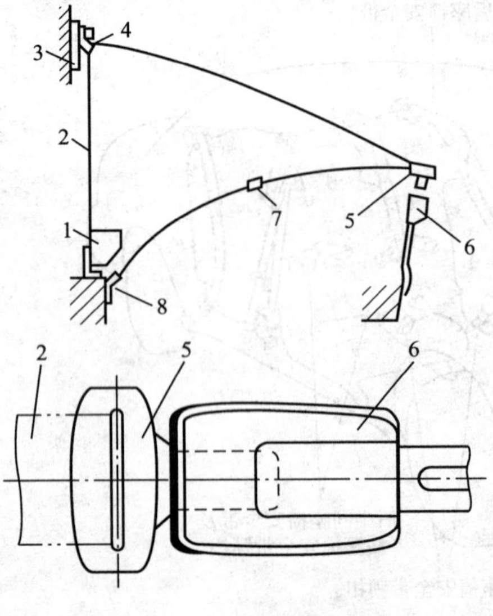

图 7.22　安全带结构

1—收紧器；2—织带；3—高度调节器；4—导向板；
5—锁舌；6—带扣；7—限位钮；8—底支架

共用。雷克萨斯 LS400 轿车辅助防护系统零部件位置如图 7.23 所示。该车安全气囊系统增加了前排左、右两个安全带收紧器。安全带收紧器主要由气体发生器、带轮、离合器、导管、自动安全带卷筒、活塞和缆绳等组成。其中，气体发生器的结构及工作原理和安全气囊系统的气体发生器基本相同。

7.2.3　安全带的工作原理

1. 安全带控制系统的工作原理

安全带控制系统和安全气囊系统组成的辅助防护系统控制电路参见图 7.23。前左右碰撞传感器与设置在 SRS ECU 内部的中心传感器相互并联，驾驶席气囊(点火器)与乘员席气囊(点火器)并联，左、右安全带收紧器(点火器)并联。在 SRS ECU 中设有两个相互并联的防护传感器，其中一个控制收紧器点火器电源，另一个控制气囊点火器电源。

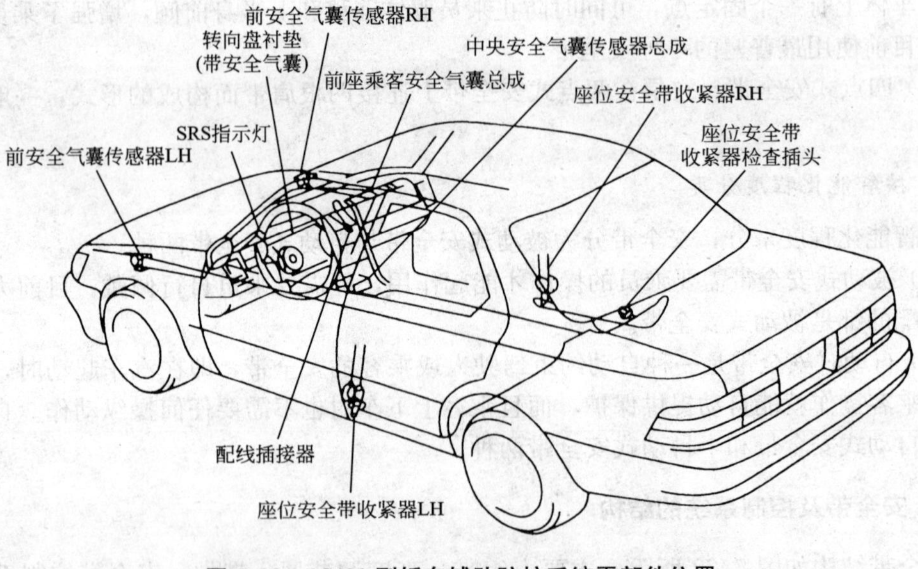

图 7.23　LS400 型轿车辅助防护系统零部件位置

当汽车遭受碰撞且减速度达到防护传感器设定的阈值时，首先将安全带点火器电源接通。与此同时，如果减速度达到中心传感器和前碰撞传感器的设定阈值，那么 SRS ECU 将判断为发生碰撞，并立即发出指令接通安全带收紧器点火器电路，电热丝通电红热并引爆引药，引药释放大量热量使充气剂受热分解并释放大量无毒氮气冲入收紧器导管。活塞在膨胀气体的作用下带动钢丝绳迅速移动。与此同时，钢丝绳通过棘轮机构带动安全带卷筒转动将安全带收紧。在8ms内能将安全带收紧10～15cm，使驾驶人和乘员身体向前移动的距离缩短，防止面部、胸部与转向盘、风窗玻璃或仪表板发生碰撞而受到伤害。

在SRS ECU向安全带收紧器点火器发出点火指令的同时，还向气囊点火器发出点火指令，引爆气囊点火器。因此，在座椅安全带收紧的同时，驾驶席气囊和乘员席气囊同时膨开，吸收碰撞产生的能量，达到保护驾驶人和乘员的目的。待冲击峰值过去，或者人已经能受到安全气囊的保护时安全带就会放松以免压伤人的肋骨。

2. 安全气囊与安全带控制系统的协调工作过程

当车速低于30km/h时，碰撞产生的负加速度和惯性力较小，未达到安全气囊设定的阈值，安全传感器和中心传感器将此信号送到SRS ECU，SRS ECU判断结果为不引爆安全气囊，仅引爆安全带收紧器的点火器；与此同时，向左、右安全带收紧器点火器发出点火指令使安全带收紧，防止驾驶人和乘员遭受伤害。

当车速高于30km/h时，碰撞产生的负加速度和惯性力较大，达到安全气囊设定的阈值，安全传感器、中心传感器和碰撞传感器将此信号送到SRS ECU，SRS ECU判断结果为需要安全气囊和收紧器共同作用来保护驾驶人和乘员；与此同时，SRS ECU向左、右安全带收紧器点火器和气囊点火器发出点火指令，引爆所有点火器，在安全带收紧的同时，驾驶席气囊与乘员席气囊同时膨胀展开，吸收碰撞产生的动能，达到保护驾驶人和乘员的目的。

7.2.4 安全带的检修

汽车严重碰撞后，正确地检查和维修安全带是至关重要的。汽车正面受到碰撞快速减速时，人体的重量可以在安全带上产生极大的力。在翻车事故中，安全带可以避免乘客从车窗摔出去。乘客舱从侧面受到撞击时可以使车门和立柱上的钣金件变得很锋利，像一把小刀一样切断安全带。为了使汽车恢复到事故前的状态，必须检查所有的安全带以确保以后汽车受到任何撞击时会对乘员进行保护。

1. 安全带收紧器的检修

(1) 绝对不能检测安全带收紧器中点火器的电阻，否则有可能导致安全带收紧器引爆而发生意外伤害。

(2) 安全带收紧器既不能沾水、沾油，也不能用任何类型的洗涤剂清洗。

(3) 安全带收紧器应当存放在环境温度低于80℃、湿度不大并远离电磁场干扰的地方。

(4) 当需用电弧焊修理汽车车身时，应在操作电焊之前将安全带收紧器的插接器脱开。该插接器设在前车门门框下地毯的下面。

(5) 在报废汽车整车或报废安全带收紧器时，应在报废之前先用专用维修工具将收紧器点火器引爆。引爆工作应在远离电磁场干扰的地方进行，以免电磁场过强而导致点火器误爆。引爆收紧器点火器的方法与引爆气囊组件相同。

(6) 存放新或旧安全带收紧器时，双重锁定机构的副锁应处于锁止位置，防止转动锁柄损坏。

(7) 如果汽车装配的是烟火式安全带收紧器，那么气囊爆开后必须更换安全带收紧器，因为推进剂已经在碰撞期间被安全带的拉力耗尽。

2. 安全带织带的检修

织带是安全带的最主要部件，其性能包括带的抗拉强度、宽度、宽度收缩率、伸长率、能量吸收性、耐候性、耐磨性、耐寒性、耐热性、耐水性及不褪色性等。对织带进行检查时，应从收紧器中完全拉出安全带进行检查，如果发现下列情况则需更换新的安全带：扭曲、裂口或损坏、纤维断开或拉出、割伤、褪色或染色、卡在导向板中。

3. 锁扣的检修

检查安全带锁扣时，按下列步骤执行：

(1) 将安全带舌部插入锁扣，直到听到一声咔嗒声，快速向回拉织带以确保锁扣正确扣上。

(2) 如果锁扣无法扣上，则更换安全带总成。

(3) 压下锁扣上的按钮以松开安全带，用正确的手指力量应该可以松开安全带。

(4) 如果锁扣护罩出现裂缝或按钮松动，则更换安全带总成，如果松开锁扣需要的压力过大，也要更换安全带总成。

4. 固定器的维修

检查安全带固定器时，拆下金属固定板上的所有塑料装饰件。检查安全带固定器和螺栓是否有活动或变形的迹象。如有必要，则进行更换，将更换的固定板装到原始位置。安全带和固定板应朝向座椅。

本章小结

本章介绍了安全气囊和安全带两大被动安全装置。在安全气囊内容中首先介绍了安全气囊的类型、控制过程和控制原理，重点讲解了安全气囊系统的组成结构及检修和报废处理方法，简单介绍了智能型安全气囊。在安全带控制系统中介绍了安全带的类型、安全带与安全气囊协调工作的过程和安全带的检修方法。

复习思考题

一、填空题

1. 安全气囊系统的英文简称是__________。
2. 安全气囊的结构包括__________、气囊组件、__________。
3. 安全气囊属于__________(主、被)动安全装置。
4. 当车速__________发生碰撞时，只有安全带收紧而安全气囊不引爆。

二、单项选择题

1. 下列哪个传感器用来检测汽车发生高速碰撞信号？(　　)

A. 安全传感器　　B. 车前传感器
C. 碰撞传感器　　D. 中央传感器

2. 安全气囊控制单元(SRS ECU)不包括(　　)。

A. 备用电源电路　　B. 电源电路
C. 保护电路　　D. 稳压电路

3. 安全气囊组件不包括(　　)。

A. 气体发生器　　B. 点火器　　C. 气囊　　D. 传感器

4. 碰撞传感器的工作状态取决于车辆碰撞时(　　)的大小。

A. 减速度　　B. 撞击力　　C. 偏转角度　　D. 位移大小

5. 气体发生剂在高温作用下发生化学反应生成(　　)送入气囊内，使气囊展开。

A. 氧气　　B. 氩气　　C. 氮气　　D. 氢气

6. 气囊控制模块内有备用电源，它是利用(　　)存储电能。

A. 电阻　　B. 电容　　C. 控制器　　D. 蓄电池

7. 安全气囊系统导线插接器上安装短路片的目的是(　　)。

A. 防止线路接触不良　　B. 防止意外触发 SRS 故障指示灯
C. 防止造成意外点火　　D. 以上都不正确

8. 安全气囊只有和(　　)配合使用才可以保证行车安全。

A. 巡航系统　　B. 中央门锁　　C. 安全带　　D. 以上都不正确

三、多项选择题

1. 汽车安全气囊按照气囊的数量分可分为(　　)。

A. 单气囊系统　　B. 双气囊系统　　C. 四气囊系统　　D. 多气囊系统

2. 汽车安全气囊按照保护对象的不同可分为(　　)。

A. 儿童防撞安全气囊　　B. 驾驶人防撞安全气囊
C. 前排乘员防撞安全气囊　　D. 后排乘员防撞安全气囊

3. 智能型安全气囊系统比一般安全气囊系统增加了(　　)等功能。

A. 检测乘员的年龄　　B. 检测儿童座椅
C. 检测成员乘员的乘坐位置　　D. 检测气温

4. 电子式安全气囊系统主要由(　　)组成。

A. 传感器　　B. ECU　　C. 安全带　　D. 气体发生器

5. 安全气囊传感器按其承受任务可分为(　　)。

A. 车前传感器　　B. 车后传感器　　C. 车侧传感器　　D. 中央传感器

四、判断题

1. 安全气囊到了规定使用期限没有引爆应该报废，按普通废弃物处理。(　　)
2. 汽车安全气囊系统线束和其他车上用电器线束一样设计，没有什么区别。(　　)
3. 在汽车发生碰撞时，汽车或汽车与障碍物之间的碰撞称为二次碰撞。(　　)
4. 从汽车发生撞击瞬间起到气囊充满气位置的时间大于 100ms。(　　)
5. 装有安全气囊的汽车可以不用系安全带。(　　)

五、问答题

1. 试分析安全气囊系统被引爆的动作过程。

2. 什么碰撞情形下安全气囊系统不会被引爆？
3. 安全气囊的起爆条件有哪些？具体是什么？
4. 安全气囊的传感器按照功能分为哪几种？都有何作用？
5. 安全气囊控制单元中的备用电源电路有何作用？
6. 安全气囊使用注意事项有哪些？
7. 如何检查安全带的锁扣？
8. 出现什么情况应该更换安全带？

第8章 汽车空调系统

学习目标

了解汽车空调系统的功用、类型、要求及特点；
理解空调制冷的物理原理，熟悉制冷剂的特点；
了解汽车采暖系统的类型、组成及工作原理；
掌握制冷系统的组成和主要组成件的结构、制冷循环及工作原理；
掌握汽车自动空调的控制原理及内容；
了解汽车空调的正确使用及维护方法。

教学要点

知识要点	能力要求	相关知识
空调的制冷系统	掌握空调系统主要组成部件的结构及工作原理，了解制冷剂和冷冻机油的特点，掌握空调制冷过程	制冷循环、制冷剂、冷冻机油、结构组成、工作原理
空调的采暖与通风	了解汽车采暖系统的类型；了解汽车通风的原理	发动机排气加热、通风控制
空调的自动控制	掌握汽车空调自动控制的原理及控制方法	组成、传感器、控制内容、执行器
空调系统的使用及维护	能正确操纵空调并能进行一般的维护	正确使用、故障诊断

导入案例

世界上汽车空调技术发展的速度是相当快的，从低级到高级，由功能简单到功能齐全方向发展，其发展过程可以分为五个阶段。

第一阶段：1927 年诞生了比较完整的冬季能供暖且能为风窗玻璃除霜的供暖装置，目前，在寒冷的北欧，汽车空调仍然使用单一的供暖系统。

第二阶段：1939 年，美国通用汽车帕克公司将房间空调器装在车上，世界上才有了第一台装有制冷机的轿车，目前在热带地区，汽车空调仍然使用单一的制冷系统。

第三阶段：1954 年才真正将第一台冷暖一体化整体设备安装在美国纳什(Nash)牌小汽车上。

第四阶段：1964 年在凯迪拉克轿车上安装了第一台自动控温的汽车空调，这种空调装置只要预先调好温度，便能自动地在调定的温度范围内工作，达到调节车内空气的目的。

第五阶段：1977 年，美日共同推出用微机控制的空调系统，实现了数字显示和最佳控制。

汽车空调技术发展至今，其功能日趋完善，能对车内进行制冷、采暖、通风换气、除霜(雾)、空气净化等控制。

8.1 概 述

汽车空调是通过人为的方式在车内创造一个对人体适宜的气候环境，即对空气的温度、湿度、流速进行调节，并具有净化空气的作用。除此之外，汽车空调还能除去风窗玻璃上的雾、霜或冰雪，给驾驶人提供清晰的视野，确保行车安全。

8.1.1 汽车空调的功能及组成

汽车空调装置按其功能分为制冷系统、加热系统、通风系统、控制操纵系统和空气净化系统 5 个基本组成部分。

1. 制冷系统

目前汽车上所采用的制冷方式几乎都是蒸气压缩式，即利用制冷剂蒸发时吸收热量，来实现降低车内温度的目的。作为冷源的蒸发器，其温度低于空气的露点温度，因此，制冷系统还具有除湿和净化空气的作用。一般说的汽车空调主要是指制冷系统。

2. 加热系统

轿车的加热系统一般采用冷却液加热，将发动机的冷却液引入车室的加热器中，通过鼓风机将被加热的空气吹入车内，这就是暖风。同时加热系统还可以对前风窗玻璃进行除霜、除雾。

3. 通风系统

通风一般分为自然通风和强制通风。自然通风是在汽车行驶时，根据车外所产生的不同风压，在适当的地方，开设进风口和出风口来实现通风换气；强制通风是采用鼓风机强制外气进入，在汽车行驶时，这种方式常与自然通风一起工作。

4. 控制操纵系统

控制操纵系统主要由电气元件、真空管路和操纵机构组成。一方面用以对制冷和加热系统的温度、压力进行控制，另一方面对车室内空气的温度、风量及流向进行操纵，完善空调装置的各项功能。如果在控制操纵系统中加装一些特殊的自动控制元件，则可实现自动控制功能。

5. 空气净化系统

空气净化系统一般由空气滤清器、出风口、电子集尘器和阴离子发生器等组成，用以对引入的空气进行过滤，并不断排出车内的污浊空气，保持车内空气清洁。

6. 加湿装置

在气温较低时，对车内空气加湿，使车内空气相对湿度保持在40%～50%。

把上述各部分的全部或部分组合在一起安装或单独安装在汽车上，便组成了汽车空调系统，轿车上多采取组合式。加湿装置、空气净化装置和强制通风装置，一般只在高级轿车和大客车上采用。

8.1.2 汽车空调的特点

1925年汽车加热器的出现表明了汽车空调已经出现。但是，由于其技术含量较低，人们并没有真正意识到这门专业技术，一直到制冷技术被汽车应用，才广泛被人们所关注。因此，一般所说汽车空调的特点，也就是制冷技术的一些特点，概括起来如下。

(1) 抗冲击能力强。制冷系统安装在运动的车辆上，承受剧烈频繁的振动和冲击，因此，要求其各个零部件应有较强的抗振能力、接头牢固并防漏，并且压缩机与冷凝器、蒸发器与压缩机都用软管连接。

(2) 动力源多样。由于设计上比较困难，汽车空调系统不能用电力作动力源，轿车、轻型汽车及中型客车制冷所需的动力来自同一发动机，这种空调系统叫非独立空调系统。大型客车、冷藏车，由于其所需制冷量比较大，一般采用专用发动机驱动，称为独立式空调系统。

(3) 电力控制源多样。汽车空调系统电气控制所需的电力有所不同，一般车辆采用12V(单线制)作电源，大型车辆则采用24V(单线制)作电源，而高级豪华轿车采用5V(双线制)作电力源。

(4) 制冷效果强。汽车在野外工作，直接受太阳的辐射，热量较强，要使汽车空调迅速降温，在最短时间内营造舒适的环境，则要求制冷系统的制冷量特别大。这就导致压缩机输送的制冷剂流量大，但不能无限制的大，如果过大，会导致汽车空调设计困难，制冷效果不佳，而且会引起压力过高或压缩机产生液击现象，使得故障频繁。

(5) 控制方式不一样。由于车辆的性能要求不同，汽车空调的控制方式也就多样。一般车辆采用手动控制，高级豪华型轿车则采用自动控制或气动控制。

(6) 结构紧凑、质量小。汽车车身的特点，要求汽车空调结构紧凑，能在有限的空间进行安装，而且安装了空调后不至于使汽车增重太多影响其他性能。

(7) 车内风量分配不均匀。这是由汽车车身的结构所决定的。汽车空调风道的设计是研制汽车空调最大的难点。

8.1.3 对汽车空调的要求

由于汽车空调自身的特点，汽车空调应比一般房间空调具有更高的技术性能和工作可靠性。具体要求如下。

(1) 汽车空调应保证在任何条件下，车厢内部都有舒适的温度、湿度范围和气流平均速度。舒适的温度范围，冬季为16～20℃，夏季为20～28℃；舒适的湿度范围，冬季为55%～70%，夏季为60%～75%；舒适的气流平均速度，一般为0.25m/s。

(2) 汽车空调的控制机构和操纵机构要灵活、方便、可靠。

(3) 汽车空调的零部件要求工作可靠、体积小、质量轻、安装维修方便。

(4) 汽车空调应具有快速制冷和快速采暖的能力。

(5) 汽车空调冷气装置工作时，对汽车的动力性和经济性的影响要尽可能得小。

(6) 汽车空调在汽车上的结构布局要紧凑合理，零部件安装要有防振措施，保证汽车空调在剧烈颠簸振动条件下能可靠地工作。

8.2 汽车空调的制冷系统

制冷系统主要由制冷剂和4大机件，即压缩机、冷凝器、膨胀阀和蒸发器组成。

8.2.1 制冷循环

制冷循环由以下4个变化过程组成，如图8.1所示。

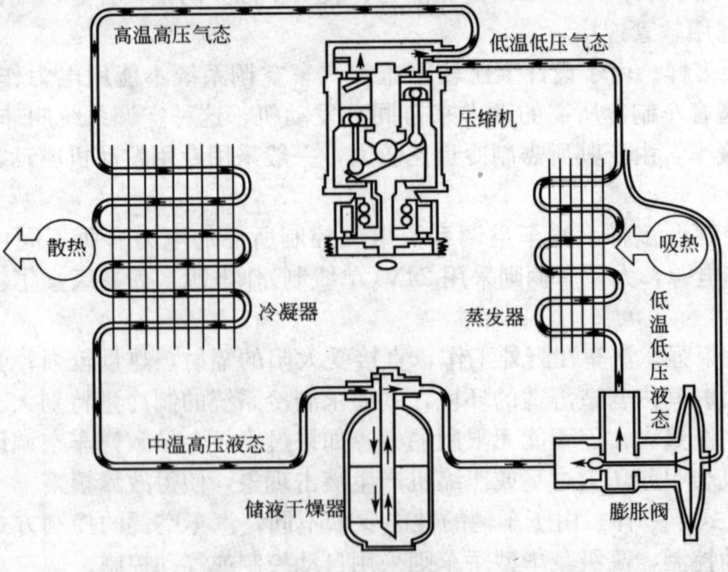

图8.1 制冷循环

(1) 压缩过程。压缩机将蒸发器低压侧的温度约为0℃、气压约为0.15MPa的低温低压气态制冷剂增压成高温(70～80℃)、高压(约1.5MPa)的气态制冷剂。高压高温的过热制冷剂气体被送往冷凝器冷却降温。

(2) 冷凝过程。过热气态制冷剂从冷凝器的入口通过冷凝器散热冷凝为液态制冷剂，从而使制冷剂的状态发生变化。冷凝过程的后期，制冷剂为中温(约40℃)、中压(1.0～1.2MPa)的过冷液体。

(3) 膨胀过程。冷凝后的液态制冷剂经过膨胀阀后体积变大，其压力和温度急剧下降，变成低温(约－5℃)、低压(约0.15MPa)的湿蒸气，以便进入蒸发器中迅速吸热蒸发。在膨胀过程中同时进行节流控制，以便供给蒸发器所需的制冷剂，从而达到控制温度的目的。

(4) 蒸发过程。液态制冷剂通过膨胀阀变为低温低压的湿蒸气，流经蒸发器时不断吸热汽化转变成低压(约0.15MPa)、低温(约0℃)的气态制冷剂，并吸收车室内空气的热量。

从蒸发器流出的气态制冷剂又被吸入压缩机增压后泵入冷凝器冷凝，进行制冷循环。制冷循环就是利用有限的制冷剂在封闭的制冷系统中，反复地将制冷剂压缩、冷凝、膨胀、蒸发，不断在蒸发器处吸热汽化，对车内空气进行制冷降温。

8.2.2 制冷剂和冷冻机油

1. 制冷剂

在制冷系统中用于转换热量并循环流动的物质称为制冷剂。目前汽车空调系统中使用的制冷剂有R12和R134a两种。其中字母“R”是Refrigerant(制冷剂)的简称。

1) 对制冷剂的要求

为了达到良好的制冷效果，制冷剂应满足以下要求：在适当蒸发温度时，蒸发压力不低于大气压，以防空气进入制冷剂；蒸发潜热大，以减小制冷装置的体积；在适当冷凝压力时，温度不能过高；无色、无味、无毒、无刺激性，对人体健康无损害；性能稳定不易燃烧，不易爆炸；不腐蚀制冷系统零部件；价格合理，容易获得；与冷冻机油接触时，化学、物理安定性良好；有较低的凝固点，能在低温下工作；泄漏时容易侦测。

2) 制冷剂R12的特性

R12是氟利昂系列制冷剂中最常用的一种，它无色、无味、无毒、不易燃烧、不易爆炸，化学性质稳定；不溶于水，对金属无腐蚀作用；能溶解多种有机物，一般橡胶密封圈不能使用；具有较好的热力性能，冷凝压力比较低；互溶性较好，能与矿物油以任意比例互相溶解。但R12对大气臭氧层有破坏作用，且会使全球变暖产生温室效应，所以这类制冷剂已逐渐被新型制冷剂R134a所取代。

3) 制冷剂R134a的特点

R134a无色、无味、无毒、不易燃烧、不易爆炸，化学性质稳定；不破坏臭氧层，在大气层停留时间短，对温室效应影响也很小；黏度较低，流动阻力较小；分子直径比R12略小，易外泄，能被分子筛吸收；与矿物油不相溶，与氟橡胶不相溶；吸水性和水溶性比R12高；汽化潜热高，定压比热大，具有较好的制冷能力，并且在传热性能及循环特性、润滑油相溶性、与金属及橡胶相溶性、与干燥剂相溶性及对现代汽车空调系统影响等方面更加优于 R12 系统。

4）制冷剂使用时的注意事项

操作制冷剂时，不要与皮肤接触，应戴护目镜，以免冻伤皮肤和眼球；避免振动和放置于高温处，以免发生爆炸；远离火苗，避免 R12 分解产生有毒光气；R134a 与 R12 不相溶，所以不能混用，否则会导致压缩机损坏；使用 R134a 制冷剂的系统，应避免使用铜材料，否则会产生镀铜现象；制冷剂应放置在低于 40℃的地方保存。

2. 冷冻机油

在制冷系统中，用于保证压缩机正常工作、不易磨损，随系统循环流动并和制冷剂相溶的油称为冷冻机油(Refrigerant Oil)，也称为压缩机油。目前汽车空调系统中使用的冷冻机油有 R12 用矿物油和 R134a 用合成油(RAG、POE)两种。

1）对冷冻机油性能的要求

要有适当的黏度，受温度的影响要小，而且这种黏度形成的油膜强度要高，能承受较大的轴向负荷，在不同温度下具有良好的润滑性能；要有良好的低温流动性和互溶性，在制冷系统中，冷冻机油随制冷剂一起在系统中流动，在任何温度下都不能沉积，而且互溶，以避免通过节流孔管时造成溅爆产生噪声；化学性质要稳定，与制冷剂和其他材料不起化学反应；毒性腐蚀要小，闪点要高，这是对安全性的一种要求，最好是无毒、不燃烧，对金属橡胶无腐蚀；吸水性要小，如果油中水分含量过高，通过节流阀时则会因低温而结冰，造成系统因结冰而堵塞的现象。

2）冷冻机油的作用

(1) 润滑作用。减少压缩机运动部件的摩擦和磨损，延长机组的使用寿命。

(2) 冷却作用。它能及时带走运动表面摩擦产生的热量，防止压缩机温度过高或压缩机被烧坏。

(3) 密封作用。密封件表面涂上冷冻机油后能提高接点的密封性，防止制冷剂泄漏。

(4) 降低压缩机的噪声。冷冻机油能在压缩机摩擦表面形成一种油膜，保护运动部件，防止因金属摩擦而发出声响。

3）冷冻机油使用注意事项

(1) 冷冻机油应保存在干燥、密封的容器里，并放在阴暗处以免空气中的水分和其他杂质进入油中。

(2) 不同牌号的冷冻机油不能混装、混用。

(3) 变质的冷冻机油不能使用。

(4) 制冷系统中不能加注过量的冷冻机油，以免影响制冷效果。

(5) 更换系统部件时应适当补充冷冻机油。

(6) 加注制冷剂时应先加冷冻机油。

8.2.3 主要部件的结构及工作原理

1. 压缩机

压缩机的形式多种多样，目前汽车上大多采用立式往复式压缩机和斜板盘式压缩机，两者均以活塞在气缸中的往复运动来改变压缩时的容积从而进行增压。

斜盘式压缩机结构如图 8.2 所示，工作过程如图 8.3 所示，主轴旋转时斜盘做左右摇摆运动，斜盘通过钢球驱动双头活塞，在前后气缸中做往复运动，完成进气和压缩过程。斜盘式压缩机结构紧凑、转动扭矩小、运动的平衡性较高、效率高、性能可靠，最适合小型高速车辆使用。

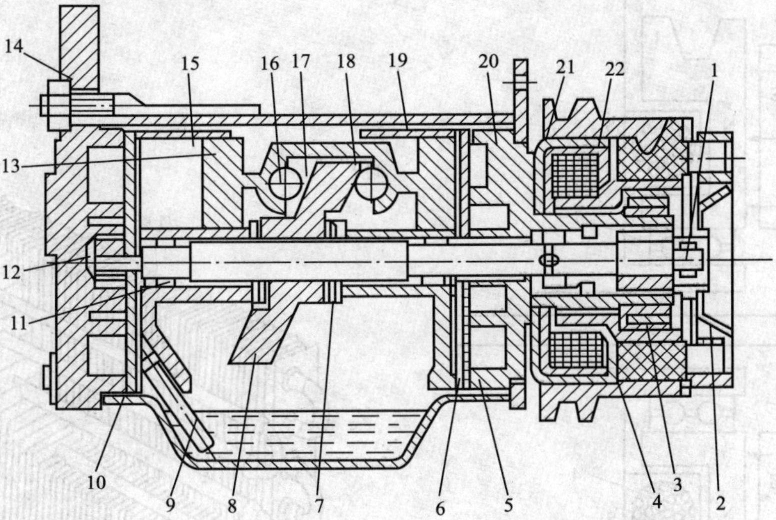

图 8.2　斜盘式压缩机结构图

1—主轴；2—压板；3—带轮轴承；4—轴封；5—密封圈；6—前阀门板；7—回油孔斜盘；8—斜盘；9—吸油管；10—后阀门板；11—轴承；12—机油泵；13—双头活塞；14—后缸盖；15—后气缸盖；16—钢球；17—滑靴；18—滚珠座；19—前气缸；20—前缸盖；21—带轮；22—电磁离合器

2. 电磁离合器

制冷系统中由电磁离合器控制压缩机。电磁离合器有旋转线圈式和固定线圈式两种。旋转线圈式电磁离合器，当压缩机转动时，离合器与带轮一起旋转，线圈的两端各自焊接在两个铜环上，并通过两个电刷输入励磁电流。固定线圈式电磁离合器目前比较普遍，电磁线圈的一端搭铁，另一端经空调控制开关与电源相连。当电磁线圈通电时，产生磁力，将离合器摩擦片压紧在带盘侧缘上，使带轮与轮毂连接成一体，带轮的驱动力经摩擦片与轮毂带动压缩机旋转如图 8.4 所示；当切断电磁线圈电路时，轮毂上的摩擦片在弹簧片弹力作用下，与带轮分离，压缩机停止运转。

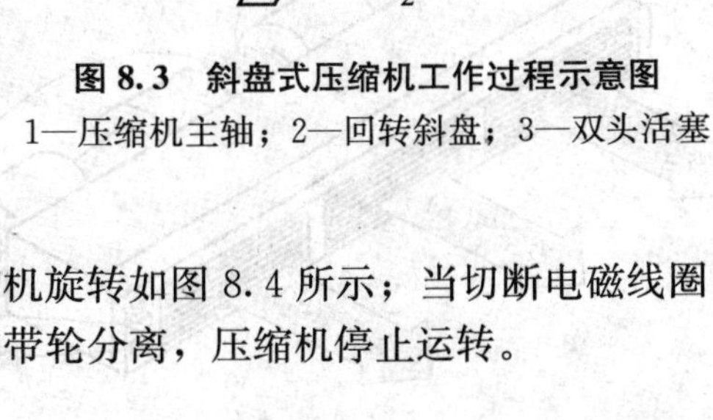

图 8.3　斜盘式压缩机工作过程示意图

1—压缩机主轴；2—回转斜盘；3—双头活塞

3. 冷凝器与蒸发器

冷凝器由铜管或铝管制成的芯管和散热片组成，如图 8.5 所示。多数车辆的冷凝器安装在发动机散热器的前方，在风扇转动或车辆行驶时，空气吹过冷凝器，冷却芯管中的制冷剂被冷却后变成液态。蒸发器的结构与冷凝器相似，如图 8.6 所示，由铝制芯管和散热片组成，其作用与冷凝器相反，起吸热作用。冷凝器的散热面积通常比蒸发器大一倍，散热面积越大，散热效果越好。

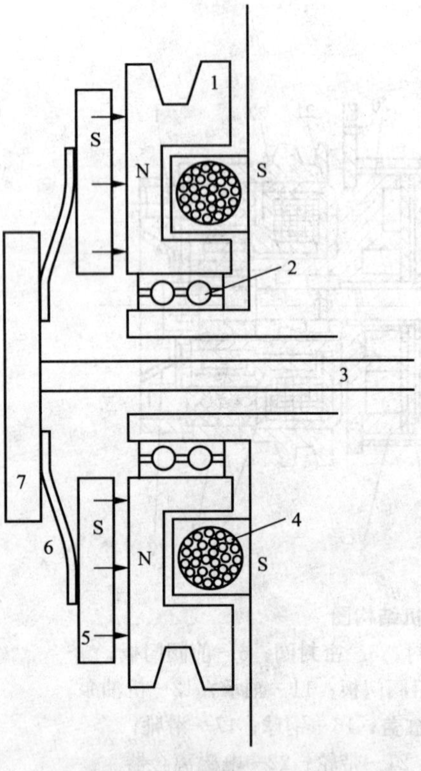

图 8.4 电磁离合器工作原理

1—带轮；2—轴承；3—压缩机轴；4—电磁线圈；5—压力板；6—弹簧片；7—驱动盘

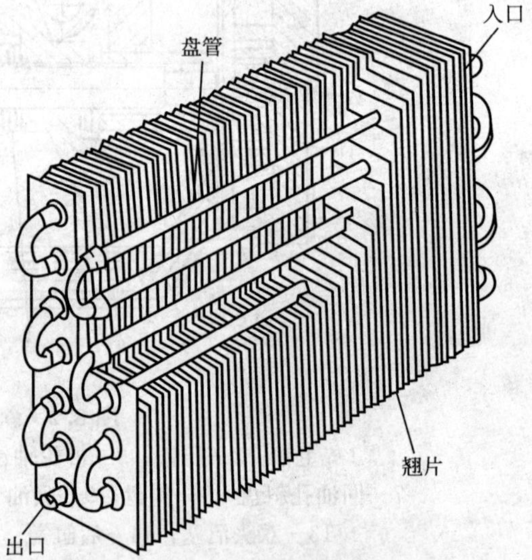

图 8.5 冷凝器结构

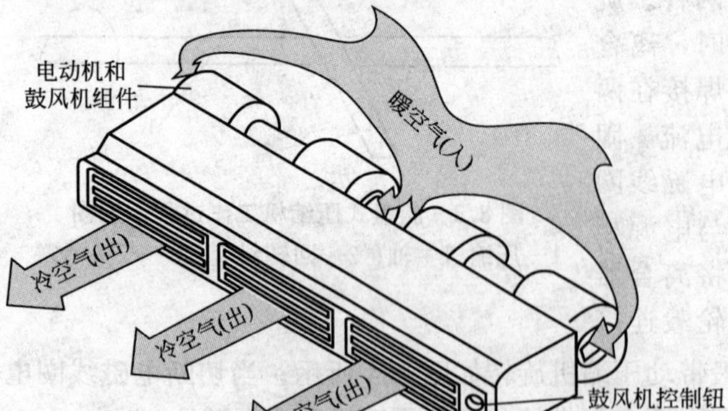

图 8.6 蒸发器结构

4. 储液干燥过滤器

储液干燥过滤器主要由玻璃视液镜、吸管、粗过滤器、干燥剂、过滤器及壳体组成，如图 8.7 所示。玻璃视液镜用来观察制冷剂是否足量，若视液镜很明净，说明制冷剂足量；若出现气泡，说明系统内有空气或制冷剂不足；若看到乳白色霜状物，则说明干燥剂已从储液干燥过滤器中溢出，随制冷剂一起在系统中循环。

有些干燥过滤器上还装有易熔塞。若冷凝器散热不良或其他原因导致制冷系统温度和压力急剧上升，当干燥过滤器内的温度和压力达到一定值时，易熔塞就会熔化，排泄掉高温高压的制冷剂，对制冷系统中的其他机件起到保护作用。

5. 膨胀阀

自动温度控制式膨胀阀的结构和工作原理如图 8.8 所示，主要由感温筒、毛细管、膜片、球阀、顶杆及弹簧等部件组成。膨胀阀安装在蒸发器入口处，感温筒固定在蒸发器出口的管路外壁，感温筒内装有制冷剂，通过毛细管与膨胀阀膜片的上方相连。

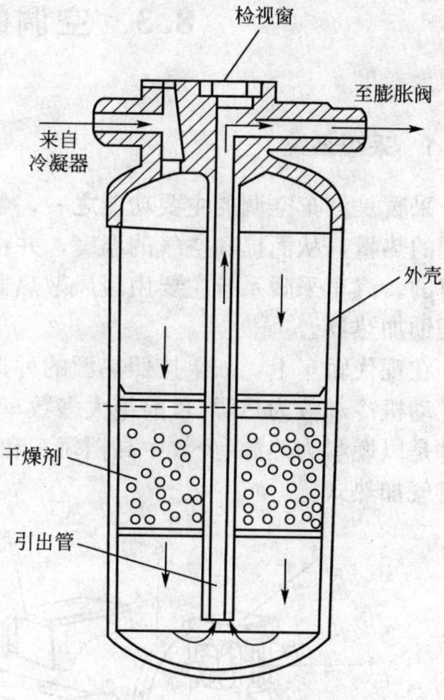

图 8.7 储液干燥过滤器结构

当压缩机工作时，液态制冷剂经球阀被喷入蒸发器中，液态制冷剂因突然膨胀而变成低压蒸气，并吸收蒸发器周围的空气热量，使蒸气汽化成低压气态制冷剂。蒸发器出口处的温度高时，感温筒中的制冷剂膨胀，膨胀阀膜片上方的压力升高，膜片向下移动，顶开球阀，液态制冷剂流入蒸发器中的量增加；当蒸发器出口处温度降低时，感温筒中制冷剂收缩，膨胀阀膜片上方的压力减小，膜片上移，球阀开度减小，从而减少了喷入蒸发器的制冷剂量。膨胀阀开启的程度随蒸发器出口的温度而变化，并影响感温筒内压力的大小，从而达到自动控制的目的。当压缩机停止工作时，膨胀阀膜片上方的压力与蒸发器入口的压力相等，球阀在弹簧作用下，处于关闭状态，从而阻止制冷剂进入压缩机。

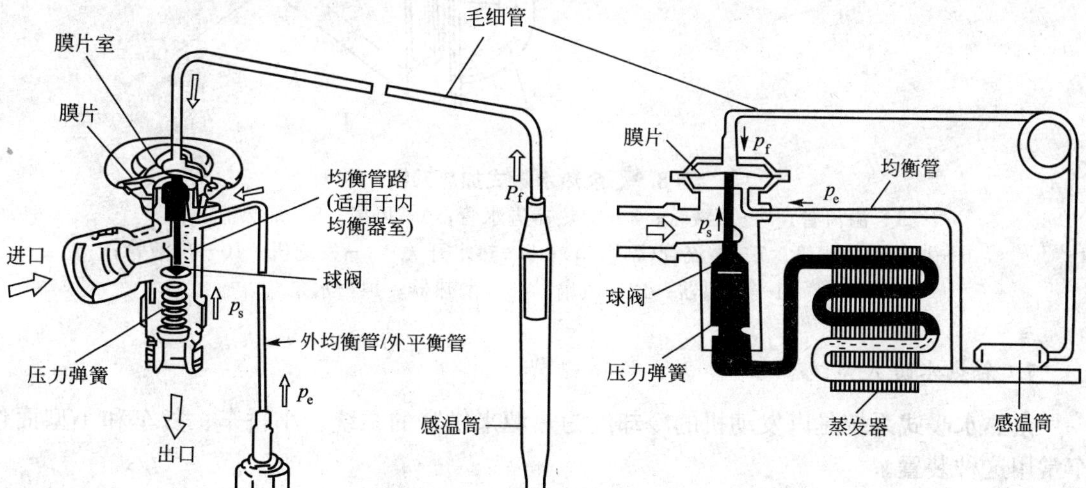

图 8.8 自动温度控制式膨胀阀的结构和工作原理

8.3 空调的采暖与通风系统

8.3.1 采暖系统

采暖是汽车空调的主要功能之一，是将车外新鲜空气引入到热交换器，吸收其中某种热源的热量，从而提高空气的温度，并将热空气送入车内，达到人体保暖和风窗玻璃除霜的目的。汽车采暖系统主要由暖风散热器(热交换器)和发动机冷却液软管等组成，有的还有辅助加热器。

在现代轿车上，如果按照热源的种类进行划分，汽车暖风系统主要分为两种：一种是以发动机冷却液为热源(目前绝大多数车辆使用)，称为余热水暖式，如图 8.9 所示；另外一种是以燃料为热源(少数中高档轿车和大客车采用)，称为燃气取暖式；还有一种是发动机排气加热式。

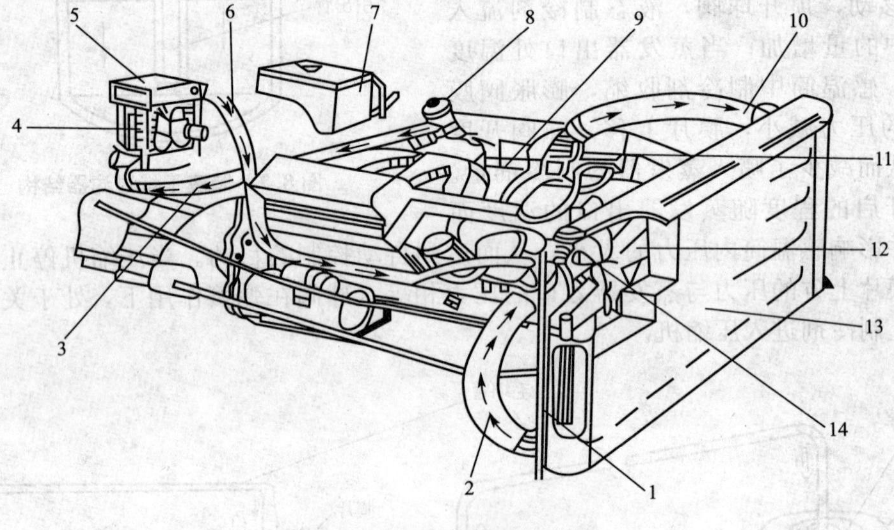

图 8.9 余热水暖式加热系统

1—溢流管；2—回液管；3—加热器进水管；4—风扇；5—加热器芯；
6—加热器出水管；7—溢流管(副水箱)；8—热水开关；9—发动机；10—出液管；
11—节温器；12—风扇；13—散热器；14—水泵

1. 余热水暖式系统

余热水暖式系统是以发动机的冷却液为热源来供暖的系统。小轿车、货车和小型面包车常用这种装置。

该系统由暖风小水箱、鼓风机、操控装置及风道组成，其工作原理是：当发动机冷却液温度较高时，冷却液流过暖风系统中的热交换器(一般称为暖风小水箱)，将鼓风机送来的空气与发动机冷却液进行热交换，空气加热后被鼓风机通过各出风口送入车内，如图 8.10所示。其热循环过程为：气缸体内部多余的热量→冷却液被加热→水泵驱动冷却液流动→节温器(一种温度阀门)→加热空调内的暖风加热器→冷却液流回缸体内的水道，通过这样的循环，发动机散发的热量就被利用起来提供暖风了。

这种暖风系统一般与汽车空调系统制作在一起，因此它的操作方式与制冷系统的操作是一样的，只不过是需要通过温度调节装置进行切换。

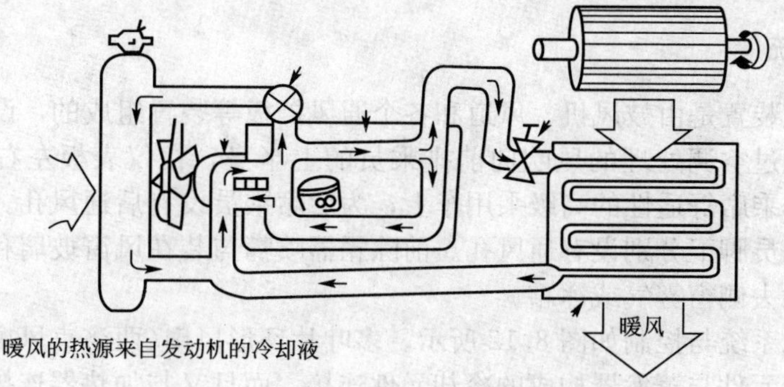

图 8.10 余热式发动机工作原理简图

余热式水暖系统装置因其使用成本低廉、取暖效率较高、简单而供热可靠、不另需燃料，只要发动机工作，便可产生热水，故深受广大汽车厂商青睐，因此虽然目前的汽车技术较之过去已经发生了很大的变化，但这种传统的取暖技术依然被广泛采用。其缺点是必须在发动机冷却液温度上升到大循环时才能供暖，在寒冷季节供暖量显得有些不足，甚至导致发动机过冷，影响发动机的正常工作；在停车取暖时，发动机的运行增加了发动机的磨损；大型客车仅依靠这种装置难以满足供暖要求，而且新型的柴油发动机效率高，可用作取暖的余热相对较少，所需升温时间比汽油发动机稍长。

2. 燃气取暖系统

在大、中型客车上，只靠发动机冷却液的余热取暖是远远满足不了要求的，为此在大客车中常采用燃气取暖系统，如图 8.11 所示。其原理是将燃油和空气在燃烧室中混合燃烧，从而加热冷却液并循环散热。

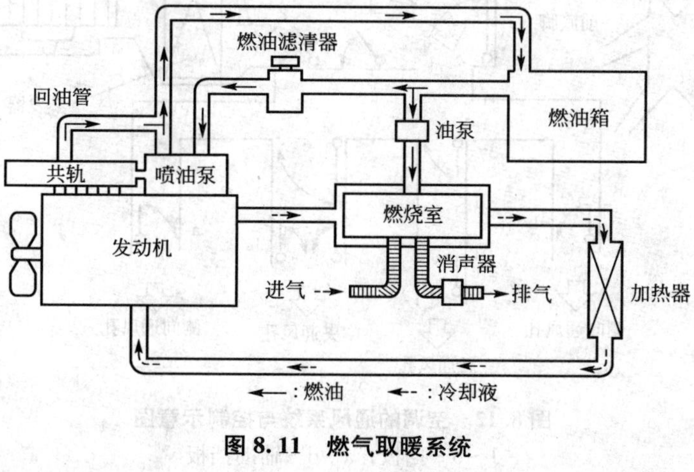

图 8.11 燃气取暖系统

3. 发动机排气加热式

发动机排气加热式含热量较高，能够提供足够暖气来调节车内的温度，适合北方严寒地区。但发动机的排气中含有腐蚀性气体和有毒气体 CO，因而这种取暖器必须耐腐蚀且密封性好，一旦穿孔后果很严重，所以安装时一般加装报警器。

8.3.2 通风系统

空调的通风装置是由鼓风机、风道和各个通风挡板等装置组成的，设置在空气分配箱内部。为了把经过空调处理的风吹向前排乘员的上半身，在仪表板左右及中央设有通气孔。在重视后排乘席舒适性的高级乘用车上，为后席乘员设有后通风孔。另外，在前席乘员脚下和后席乘员脚下分别设有通风孔。前除霜器喷嘴与装在风窗玻璃和车门上的侧向除霜器喷嘴用于除去侧窗雾气或冰霜。

空调的通风系统与控制如图 8.12 所示。多叶片环形风扇(西洛克风扇)由电动机驱动，吸入空气的进气元件与蒸发器构成的冷却元件连接，而且又与加热器连接。加热器是由引入发动机的温水与空气进行热交换的加热器芯(散热器一种)组成的。鼓风机风扇吸入车外空气(外气)或车厢内空气(内气)，送往蒸发器，利用图 8.12 中挡板 1 进行外气与内气的切换，通过蒸发器的空气被吸去潜热，成为 3～5℃干燥冷气后，利用空气混合挡板 2 的作用，冷气被分成两部分，一部分通过加热器芯，另一部分不通过加热器芯。空气混合挡板决定了向车厢内吹出的空气温度，当挡板完全遮断通向加热器芯部的通路时，达到最低温度；当挡板完全挡住冷风通路时，达到最高温度；当挡板在中间位置时，暖风与冷风被混合，得到中间温度。

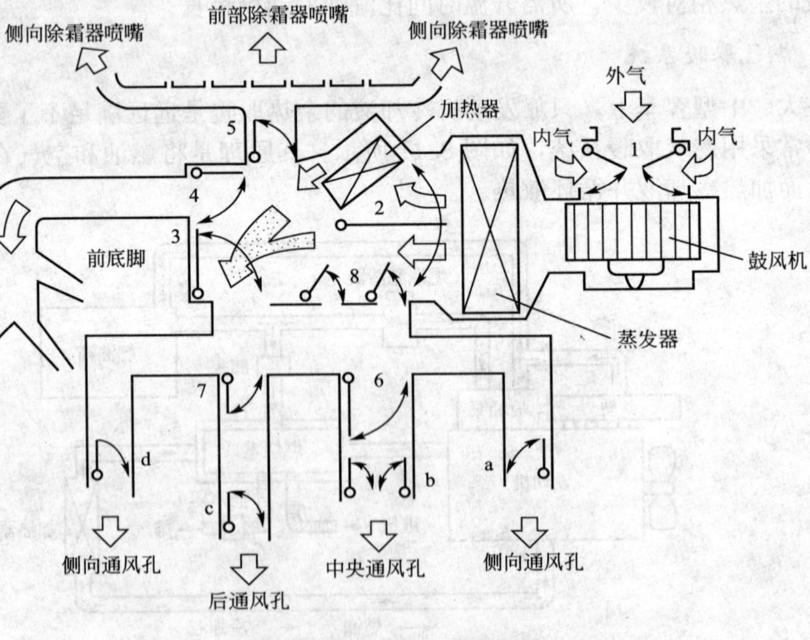

图 8.12 空调的通风系统与控制示意图

1～8—挡板；a～d—辅助挡板

挡板3～7决定了经过空调的空气分配到车厢内的情况。这些挡板不是独立工作的，它们保持一定的关系，进行联动工作，当挡板3打开时向中央、旁侧及后面通气口吹出温风；当挡板4打开时则向前后席脚下吹出温风；当挡板5开启时则向风窗玻璃及边窗吹风；挡板8则是在炎热天气驻车时需要急速冷却时打开，以增加冷风量。挡板a～d是按照乘员的爱好，手动操作开闭的辅助挡板。

8.4 汽车空调的自动控制

手动控制空调系统的鼓风机转速、出风温度和送风方式都是由驾驶人操纵和控制的，无法根据阳光照射强度、发动机热辐射和人体热负荷等因素的变化进行调节。

随着汽车电子技术的发展，出现了微机控制的自动空调，这种空调系统利用各种传感器随时检测车内外温度和阳光强度的变化，并把传感器的信号送到空调系统的电子控制单元(ECU)，空调ECU按照预先编制的程序对传感器信号进行处理，并控制执行元件不断地对风机转速、出风温度、送风方式及压缩机工作状况等进行调节，从而使车内温度、空气湿度及空气流动状况始终保持在驾驶人设定的水平上，微机控制全自动空调还具备自我诊断功能，以便于对电控元件及线路故障的检修，其基本组成和工作原理如图8.13所示。

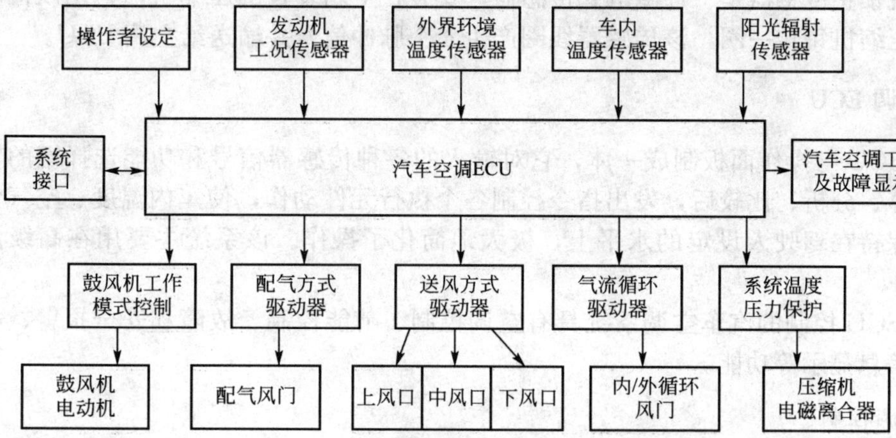

图8.13 汽车空调自动控制系统的基本组成和工作原理

空调自动控制系统的控制部件主要分为：传感器、空调ECU和执行器。

8.4.1 传感器

传感器包括车内温度传感器、车外温度传感器、蒸发器温度传感器、光照传感器、水温传感器和压缩机锁止传感器等。

1. 车内温度传感器

车内温度传感器安装在仪表板的下端，多采用马达吸入空气型，内有一个具有负温度系数的热敏电阻。当车内温度发生变化时，热敏电阻的阻值改变，从而向空调ECU输送车内温度信号。

2. 车外环境温度传感器

车外环境温度传感器安装在前保险杠右下端或散热器之前，向空调 ECU 输送车外温度信号。

3. 蒸发器温度传感器

蒸发器温度传感器安装在蒸发器表面，用以检测蒸发器表面的温度变化，防止结霜。当蒸发器表面温度发生变化时，传感器电阻的阻值也随之改变，并向空调 ECU 输入电信号。

4. 光照传感器

光照传感器也称阳光强度传感器，安装在汽车前风窗玻璃下面。该传感器将阳光辐射程度转变成电信号，并输送给空调 ECU。

5. 水温传感器

水温传感器安装在发动机冷却循环的水路上，用以检测冷却液温度。产生的水温信号输送给空调 ECU，用于低温时的冷却风扇转速控制。有些自动空调器没有水温传感器。

6. 压缩机锁止传感器

压缩机锁止传感器是一种磁电式传感器，安装在空调装置的压缩机内，用以检测压缩机转速。压缩机每转一圈，该传感器线圈产生 4 个脉冲信号并输送给空调 ECU。

8.4.2 空调 ECU

空调 ECU 与操作面板制成一体，它对输入的各种传感器信号和功能选择键的输入指令进行计算、分析、比较后，发出指令控制各个执行元件动作，使车内温度、空气流动状况等始终保持在驾驶人设定的水平上，极大地简化了操作。该系统主要用在高级汽车空调上。

空调 ECU 控制的汽车空调系统具有空调控制、节能控制、故障和安全报警、故障诊断存储和信息显示等功能。

1. 空调控制

空调控制包括温度自动控制、风量控制、运转方式给定的自动控制、换气量控制等，满足车内空调对舒适性的要求。

1）计算所需送风温度

空调 ECU 根据驾驶人设定温度及车内温度、车外环境温度、光照等传感器输送的数据，计算所需的送风温度，再根据送风温度，向伺服电动机等执行元件发出控制信号，实现各种控制功能。但是当驾驶人将温度设置在最冷或最热时，空调 ECU 将用固定值取代上述计算值进行控制，以加快相应速度。

2）车内温度控制

空调 ECU 根据驾驶人设定温度和蒸发器温度来调节空气混合风门向冷的或热的方向转动，以降低或提高出风温度，直至调节到设定值。

3）鼓风机转速控制

鼓风机转速控制电路如图 8.14 所示。

当按下“低速”键时，空调 ECU 的 1 端与 2 端导通，1 号继电器吸合，电流流经电动机及一个电阻后接地，鼓风机电动机以低速旋转。当按下“中速”键时，空调 ECU 的 1 端与 2 端导通，1 号继电器吸合，同时 ECU 端子 4 间歇性地向功率管端子 4(基极)输入控制电流，使 VT_1 和 VT_2 间歇性导通，这样，鼓风机控制电流流经电动机后，可以间歇性地经功率管端子 2 和端子 3 接地。鼓风机转速取决于功率管的导通时间。当按下“高速”键时，空调 ECU 的 5 端与 2 端导通，2 号继电器吸合，鼓风机控制电流经电动机和 2 号继电器触点后接地，电动机以高速旋转。

当按下“自动控制”键时，空调 ECU 根据送风温度自动调整鼓风机转速，若水温传感器检测到冷却液温度低于 40℃，空调 ECU 则控制鼓风机停止。

4）送风方式控制

当按下某个送风方式控制键时，空调 ECU 控制送风方式伺服电动机动作，将送风挡板固定在“车外新鲜空气导入”或“车内空气循环”位置上。

当按下“自动控制”键时，空调 ECU 根据求得的送风温度，按图 8.15 所示的关系曲线自动调节送风方式以在上述两种方式之间交替自动转换。

当送风温度低时，最冷控制挡风板完全开启，以增加送风风力。

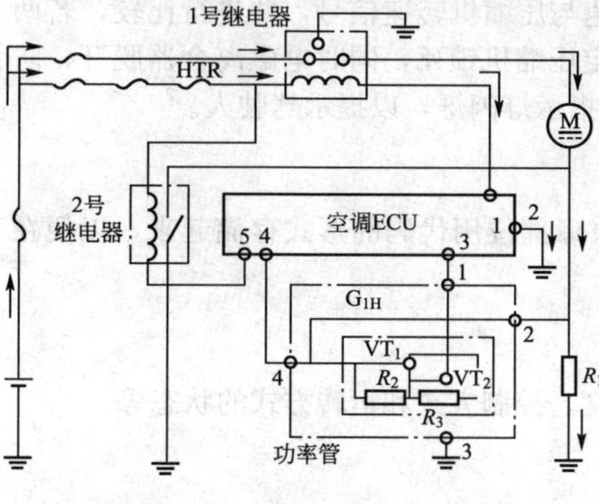

图 8.14 鼓风机转速控制电路

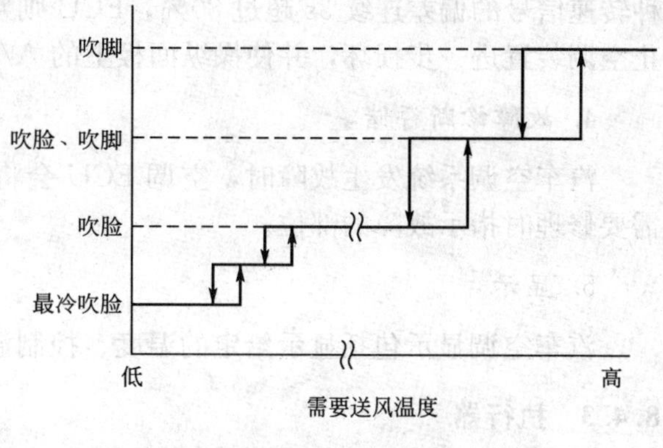

图 8.15 送风方式与送风温度关系曲线

5）压缩机控制

同时按下空调(A/C)键和风机键，或按下自动控制键，空调 ECU 使电磁离合器吸合，压缩机开始工作。压缩机控制电路如图 8.16 所示。

压缩机工作过程：空调 ECU 的 MGC 端首先向发动机 ECU 发出压缩机工作信号，发动机 ECU 的 A/C MG 端随即接地，使磁吸继电器吸合，电流流入电磁离合器，使压缩机运转；与此同时，电流也加到空调 ECU 的 A/C1 端，向空调 ECU 反馈电磁离合器的工作信号。

2. 节能控制

汽车空调进行自动控制时，如果环境温度或蒸发温度降至一定值以下，空调 ECU 将控制压缩机间歇工作，即电磁离合器交替导通与断开，以节省能源。

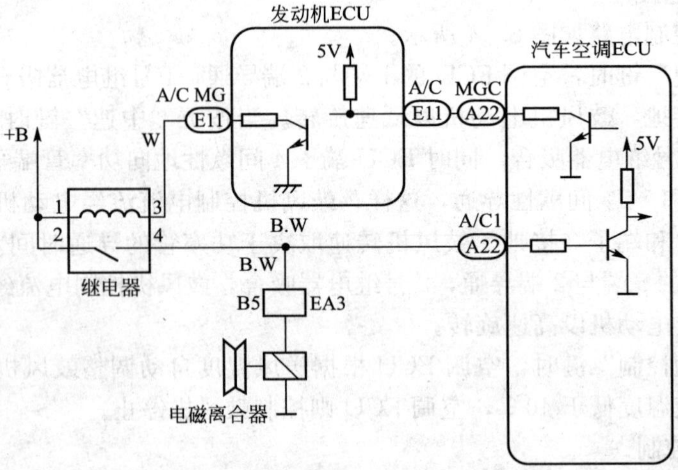

图 8.16 压缩机控制电路

3. 故障、安全报警

汽车空调故障、安全报警包括制冷剂不足报警，制冷压力过高或过低报警，离合器打滑报警，各种控制器元件的故障判断报警等。另外，空调装置工作时，空调 ECU 同时从发动机点火器及压缩机锁止传感器采集发动机转速与压缩机转速信号，并进行比较，若两种转速信号的偏差连续 3s 超过 80%，ECU 则判定压缩机锁死，同时电磁离合器脱开，防止空调装置进一步损坏，并使操纵面板上的 A/C 指示灯闪烁，以提示驾驶人。

4. 故障诊断存储

汽车空调系统发生故障时，空调 ECU 会将故障部位用代码的形式存储起来，以便在需要修理时指示故障的部位。

5. 显示

汽车空调显示包括显示给定的温度、控制温度、控制方式和运转方式的状态等。

8.4.3 执行器

执行器元件包括风门伺服电动机、暖风电动机及压缩机电磁离合器等。

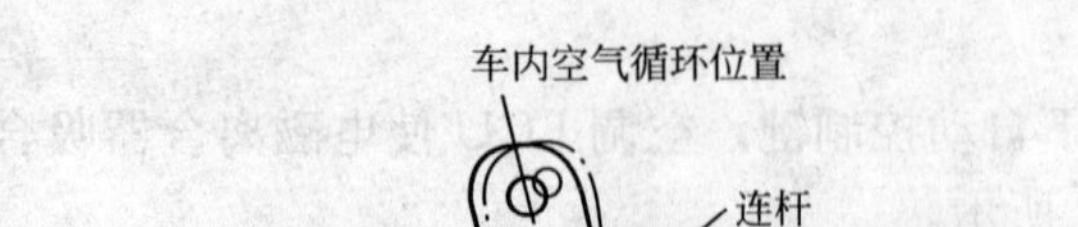

图 8.17 进风伺服电动机与进风挡风板连接装置

1. 进风伺服电动机

进风伺服电动机控制空调的进风方式，电动机的转子经连杆与进风风门相连，内装有一个电位计，向空调 ECU 反馈进风伺服电动机的位置情况，如图 8.17 所示。

当驾驶人使用进风方式控制键选择车外新鲜空气导入或车内空气循环模式时，空调 ECU 即控制进风伺服电动机带动连杆顺时针或逆时针旋转，从而带动进风风门闭合或开启，以达到改变进风方式的目的。

进风控制伺服电动机与空调 ECU 的连接电路如图 8.18 所示。当按下车外新鲜空气导入键时，电流路径为：空调 ECU 端子 5→伺服电动机端子 4→触点 B→活动触点→触点 A→电动机→伺服电动机端子 5→空调 ECU 端子 6→搭铁。此时伺服电动机转动，带动活动触点、电位计触点及进风挡板移动或旋转，新鲜空气通道开启。当活动触点与触点 A 脱开时，电动机停止转动，空调送风方式被设定在车外新鲜空气导入状态，车外空气被吸入车内。

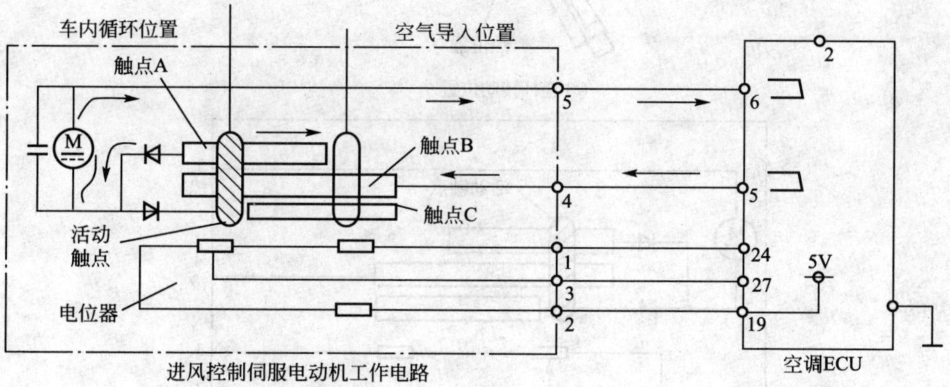

图 8.18 进风控制伺服电动机与空调 ECU 的连接电路

当按下车内空气循环键时，电流路径为：空调 ECU 端子 6→伺服电动机端子 5→电动机→触点 C→活动触点→触点 B→伺服电动机端子 4→空调 ECU 端子 5→搭铁。于是电动机带动活动触点、电位计触点及进风挡风板向反方向移动或旋转，关闭新鲜空气入口，同时打开车内空气循环通道，使车内空气循环流动。

当按下自动控制键时，空调 ECU 首先计算出所需要的送风温度，并根据计算结果自动改变进风伺服电动机的转动方向，从而实现进风方式的自动调节。

2. 空气混合伺服电动机

空调混合伺服电动机连杆转动位置及电动机内部电路如图 8.19 所示。

进行温度调节时，空调 ECU 首先根据驾驶人设置的温度及各传感器输送的信号，计算出所需的出风温度，并控制空气混合伺服电动机连杆顺时针或逆时针转动，以改变空气混合风门的开启角度，从而改变冷、暖空气的混合比例，调节送风温度。电动机内电位计的作用是向空调 ECU 输送空气混合风门的位置信号。

3. 送风方式控制伺服电动机

送风方式控制伺服电动机连杆(挡风板)的位置及电动机内部电路如图 8.20 所示。

当按下操纵面板上某个送风方式键时，空调 ECU 便将电动机上的相应端子接地，而电动机内的驱动电路据此使电动机连杆转动，将送风控制风门转到相应的位置上，打开某个送风通道。

当按下自动控制键时，空调 ECU 将根据计算结果(送风温度)，在吹脸、吹脚和吹脸

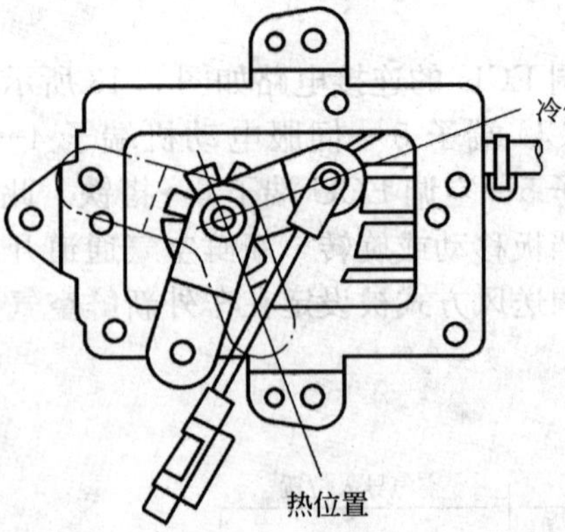

(a) 连杆转动位置

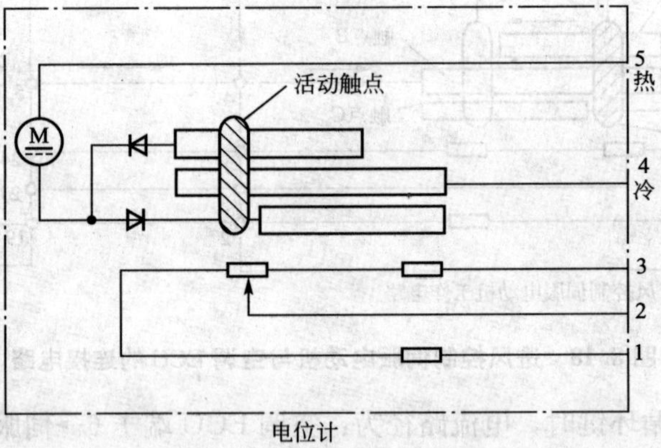

(b) 电动机内部电路

图 8.19　空调混合伺服电动机连杆转动位置及电动机内部电路

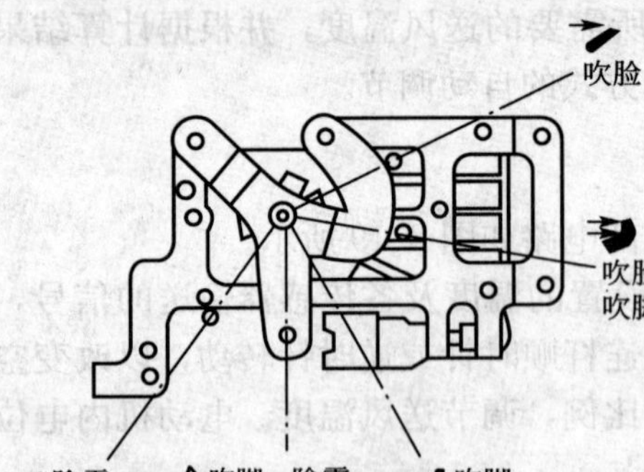

(a) 连杆位置

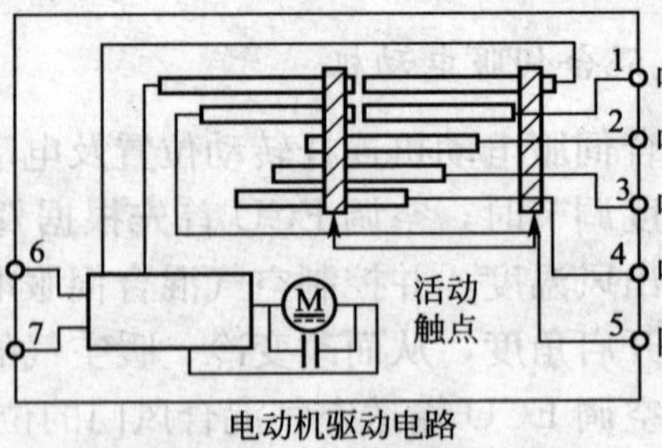

(b) 电动机内部电路

图 8.20　送风方式控制伺服电动机连杆位置及电动机内部电路

脚三者之间自动改变送风方式。

4. 最冷控制伺服电动机

最冷控制伺服电动机的挡风板位置及内部电路如图 8.21 所示。

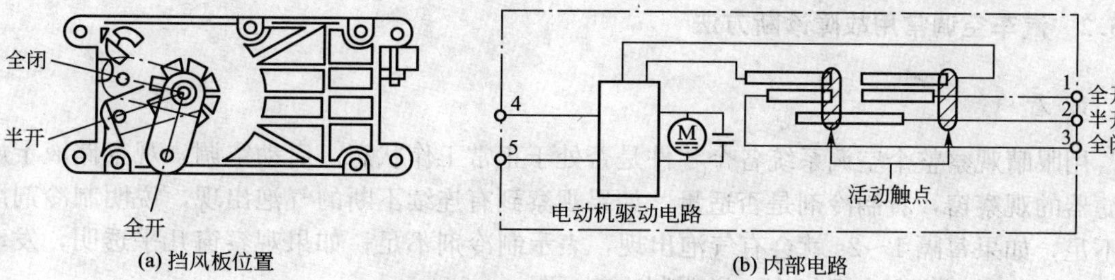

图 8.21　最冷控制伺服电动机的挡风板位置及内部电路

该电动机操纵的最冷控制风门有全开、半开和全闭 3 个位置。当空调 ECU 使某个位置的端子接地时，电动机驱动电路使电动机旋转，带动最冷控制风门处于相应位置。

5. 暖风电动机

暖风电动机的转速可以通过操作空调控制面板上的“高速”、“中速”和“低速”按键设定。

当按下自动控制键时，空调 ECU 根据送风温度自动调整暖风电动机转速，若水温传感器检测到冷却液温度低于 40℃，ECU 则控制暖风电动机停止转动。

6. 电磁离合器

电磁离合器接收空调 ECU 的指令，控制压缩机的停止或工作。

8.5　汽车空调系统的使用及维护

8.5.1　汽车空调的正确使用

正确使用空调系统是保证其发挥最大效率的必要条件，也是节约能源、延长使用寿命的关键，使用与维护空调时应从直观检查、运行检查、电气控制检查这三个方面考虑，具体注意事项如下。

(1) 使用前按标准量加足制冷剂，清除冷凝器、加热器上的污垢，放净蒸发箱里的积水。

(2) 关闭车窗、车门，否则会降低制冷效率。

(3) 调整风口、风向。

(4) 发动机停转，请勿打开空调，以免耗电。

(5) 避免暴晒，以免加重空调负担。

(6) 正确使用空调控制面板上的操作按钮。

(7) 要做常规检查和定期维护。

(8) 经常注意观察软管是否磨损、老化、堵塞；电路是否磨损、短路。

(9) 正确选用和保存制冷剂、冷冻机油。

(10) 不要让制冷剂进入眼睛或在雨天加注制冷剂。

8.5.2 汽车空调常用故障诊断方法

1. 看

用眼睛观察整个空调系统各个零件是否处于正常工作状态。启动空调，观察储液干燥过滤器的观察窗，看制冷剂是否适量。如果观察到有连续不断的气泡出现，说明制冷剂严重不足，如果每隔1～2s就会有气泡出现，表示制冷剂不足；如果观察窗几乎透明，发动机转速变化时可能会出现气泡，说明制冷剂适量。

看各接头处是否有油污，是否沾有灰尘。如果有油污和灰尘，则可能泄漏。

观察冷凝器表面脏不脏，散热片是否倒伏变形。

2. 听

用耳朵聆听运转中的空调系统有无异常声音。如果有噪声则可能是电磁线圈老化，吸力不足，通电后由于打滑而产生噪声，也可能是离合器片磨损造成间隙过大使离合器打滑。

听压缩机是否有液击声。如果有液击声，可能是制冷剂过多或膨胀阀开度过大，应释放制冷剂或调整膨胀阀。除此之外，就是压缩机内部损坏。

3. 摸

(1) 用手摸高低压管路。高压管路比较热，如果某处特别热或进出口有明显温差，说明该处堵塞。

(2) 用手感觉压缩机的进气管和排气管之间应该有明显的温度差，前者发凉、后者发烫。

(3) 用手感觉比较冷凝器进入管和排出管的温度，正常情况下，前者热一些，冷凝器上部温度比下部温度要高。

(4) 用手摸储液干燥过滤器，前后温度应一致。

(5) 冷凝器输出管到膨胀阀输入管之间是制冷剂高压、高温区，温度应该均匀一致。低压管路比较凉，用手摸膨胀阀前后要有明显的温差，即前热后凉。膨胀阀出口到压缩机之间的软管应该凉而不结霜，正常情况应为结霜后立即融化，用肉眼看到的是霜融化后结成的水珠。如果高压管路、低压管路没有明显温差，说明制冷系统不工作或系统泄漏，制冷剂严重不足。

(6) 用手感觉车内出风口有凉的感觉，车内保持适应人体的正常温度。

4. 测

用检漏仪检查各接头是否有泄漏。

用歧管压力表检查制冷系统的压力。运转压缩机，发动机转速为2000r/min，观察歧管压力表。在一定的大气湿度内，轿车制冷系统工作时，其高、低压范围正常状况是高压端压力应为1.421～1.470MPa，低压端压力应为0.147～0.196MPa，若不在此范围内，则说明系统有故障。

用万用表检查空调电路故障。

检查蒸发器，在不结霜的前提下，蒸发器表面温度越低越好。

检查冷凝器，在正常工作时，冷凝器入口温度为70～90℃，出口温度为50～65℃。

检查储液干燥过滤器，正常情况下应为50℃。如果上下温度不一致，说明储液干燥过滤器堵塞。

应用实例1

故障：一辆华普汽车，制冷剂为R134a，开启空调后空调不制冷，电磁离合器不吸合，有时能吸合一下，但立即脱开，无法正常工作。

检查及维修：更换了空调压缩机、蒸发器和膨胀阀等，加注制冷剂后仍是如此，后又诊断是压缩机工作不良。检查时，起动发动机后开空调，电磁离合器吸合一下随即跳开，连续几次后便不再吸合。接上歧管压力表，检测高压侧压力与低压侧压力均偏低，加入3罐制冷剂，此后能吸合稍长时间，但仍是间歇性吸合、脱开，车内也不制冷。拆下储液干燥过滤器、膨胀阀和相关高压管道等，发现冷凝器至储液干燥过滤器的高压管接口处被油污、脏污所堵塞，管道和冷凝器内也有金属屑及黑油，于是更换冷凝器及高压管，清洗压缩机，接着更换了冷凝器、高压管和储液干燥过滤器，再用高压氮气吹净低压管道，并更换了膨胀阀，加入了适量专用冷冻机油，然后压入氮气检漏，抽真空，加制冷剂，经试验制冷效果很好，故障消除。

应用实例2

故障现象：一辆海景轿车平时行车正常，一开空调制冷，时间不长发动机就“开锅”，冷却系统清除了水垢，结果还是同样不能使用空调。

检查及维修：车辆使用空调，“开锅”肯定是不正常的，在该车停驶状态打开空调试验，通过汽车诊断仪检测发动机冷却液温度已经达到120℃，而车上的电动风扇却没有工作。海景轿车冷却系统为闭式、液冷、带膨胀箱，风扇为电动式，发动机的冷却主要依靠汽车向前行驶产生的风。只有当冷却液温度高于95℃时，电动风扇才开始工作，而当冷却液温度低于90℃时，电动风扇自动停止工作，这全靠温控开关控制。这种结构，有利于发动机保持最佳冷却液温度，平时风扇也不消耗发动机动力。冷却液开锅了，电动风扇却还没有工作，将点火开关转至ON位置，拆下散热器温度控制开关接头，并将其接地，电动风扇开始转动，说明风扇电动机是好的。检查有关熔丝也是好的，把温控开关拆下放入盆中用万用表欧姆挡，一个表笔接温控开关接线端，一个表笔接外壳，盆中倒入冷水加热，有开水可直接倒入开水。正常情况下，水温高于95℃时应导通，低于90℃时应断开。未用温度表，直接倒入开水，表针不动，说明温控开关失效。更换温控开关后，使用空调发动机再也没有“开锅”了。

应用实例3

故障现象：一辆华普轿车，当接通空调A/C开关时，冷凝器风扇运转，但压缩机电磁离合器不吸合，而制冷系统有一定压力的制冷剂量。

分析及处理：该故障现象表明电源至熔断器、空调开关、外界温度开关、空调继电器线圈的电路完好，故障可能在外界温度开关与电磁离合器线圈的电路上。这时可用直流电压表先测量恒温开关上输入端插接线与车身搭铁之间的电压，如有电源电压，再检测其两端插接线之间是否导通，若导通，说明故障不在恒温开关上；然后用相同的方法对低压开关进行检测，也可把低压开关两端的插接线短路一下，如压缩机电磁离合器恢复工作，说明低压开关损坏，需更换；如仍不工作，再进一步检查压缩机电磁离合器线圈：从蓄电池正极直接引出一根火线接压缩机电磁离合器线圈，此时压缩机电磁离合器应吸合，否则说明其已损坏，需更换。接通空调开关，压缩机电磁离合器吸合，鼓风机也能运转，但冷凝器风扇不转，而冷却液温度达到规定值后，风扇又能运转。上述故障现象说明熔断器和散热风扇电动机本身均无问题。因此，需检查空调继电器，可用直流电压表测量空调继电器输出端与车身搭铁之间的电压，如发现空调继电器能吸合而无输出电压，则说明空调继电器输出电路断路，需焊接或更换空调继电器，也可更换新的空调继电器进行对比试验，若风扇运转则为空调继电器有故障。

本章小结

本章简单介绍了汽车空调系统的功能、组成、特点及要求，重点讲解了空调制冷系统的组成部件结构和工作原理及制冷循环，又介绍了汽车上的采暖与通风系统，讲解了空调的自动控制、正确使用方法及故障诊断方法。

复习思考题

一、填空题

1. 空调系统由________、________、________、________、________组成。
2. 空调制冷系统的制冷剂是________。
3. 在恒压下，制冷剂气体通过________由气体变为液体。
4. 空调压缩机是由________驱动的。
5. 制冷系统的 4 大循环过程包括________、________、________、________。

二、选择题

1. 某原使用 R12 制冷剂的汽车空调系统要改为环保型空调，以下哪项正确？（　　）

A. 将系统中的 R12 制冷剂换为 R134a 后，原空调系统仍可继续使用

B. 系统中的压缩机润滑油改为 R134a 专用的型号后，原系统可以使用 R134a 制冷剂

C. 以上都正确

D. 以上都不正确

2. 以下哪项不是制冷系统高压侧的零部件？(　　)

A. 制冷剂玻璃观察窗　　B. 储液干燥过滤器

C. 压缩机与蒸发器之间的管路　　D. 冷凝器

3. 以下哪项不是制冷系统低压端的零部件？(　　)

A. 高低压开关　　B. 蒸发器

C. 压缩机与蒸发器之间的管路

D. 膨胀阀的温度感应包

4. 某蒸发器表面结有冰块，以下哪项正确？(　　)

A. 这是正常的

B. 通过膨胀阀的制冷剂过少

C. 通过膨胀阀的制冷剂过多

D. 制冷系统高压侧的压力过高

5. 在空调压缩机中制冷剂的状态由气态变为(　　)。

A. 气液混合　　B. 70～80℃的气态

C. 30～40℃的气态　　D. 液态

6. 活塞在两个运动方向都能压缩气体的空调压缩机为(　　)。

A. 曲柄连杆式　　B. 斜盘式

C. 摇板式　　D. 叶片式

7. 进入蒸发器的制冷剂的量通常由(　　)调节。

A. 孔管　　B. 储液干燥过滤器

C. 压缩机　　D. 膨胀阀

8. 制冷系统的玻璃观察窗通常位于(　　)。

A. 冷凝器　　B. 蒸发器

C. 储液干燥过滤器　　D. 膨胀阀

9. 汽车暖风系统的热源通常来自(　　)。

A. 空调系统的冷凝器　　B. 蒸发器

C. 发动机的进气预热系统　　D. 发动机的冷却系统

10. 空调系统在加注 R134a 制冷剂时，以下哪项正确？(　　)

A. 在压缩机转动时，应从高压侧加注 R134a 的液体

B. 在压缩机转动时，应从低压侧加注 R134a 的气体

C. 以上都正确

D. 以上都不正确

11. 通过玻璃观察窗检查制冷剂时，以下哪项正确？(　　)

A. 空调系统工作过程中始终看不到气泡为正常

B. 空调系统工作时，发动机以 1500～2000r/min 的转速运转时看不到气泡为正常

C. 以上都正确

D. 以上都不正确

12. 汽车空调制冷过程中经过冷凝器后的制冷剂变为(　　)。

A. 液态　　B. 气态

C. 气液混合　　D. 以上都不正确

13. 通过玻璃观察窗检查制冷剂时，以下哪项不是制冷剂不足的现象？(　　)

A. 空调开启时出现泡沫，然后变清晰

B. 空调系统工作过程中始终看到小气泡

C. 空调系统工作过程中始终出现泡沫

D. 以上都不正确

14. 某汽车空调制冷不足，经检测高、低压侧的压力均偏低，玻璃观察窗中出现连续泡沫，以下哪项正确？(　　)

A. 制冷剂正常　　B. 制冷剂不足　　C. 制冷剂过量　　D. 以上都正确

15. 在制冷循环中若(1)表示高压液体，(2)表示高压气体，(3)表示低压液体，(4)表示低压气体。则制冷剂由蒸发器流出循环一周回至蒸发器时，其变化顺序为(　　)。

A. (4)(3)(1)(2)　　B. (4)(2)(1)(3)

C. (4)(2)(3)(1)　　D. (3)(1)(2)(4)

16. 空调制冷系统能使汽车车厢凉爽是由于(　　)。

A. 液体制冷剂变成气体时，吸收热量

B. 气体制冷剂变成液体时，吸收热量

C. 液体制冷剂变成固体时，吸收热量

D. 气体制冷剂变成固体时，吸收热量

17. 制冷剂从液体变成气体，是属(　　)。

A. 吸热　　B. 放热

C. 吸热或放热过程　　D. 以上均可

18. 在汽车空调系统里，空气是经过下列哪项而冷却的？(　　)

A. 储液干燥过滤器　　B. 冷凝器　　C. 蒸发器　　D. 压缩机

19. 下列选项中哪项不是膨胀阀的作用？(　　)

A. 节流降压　　B. 自动调节制冷剂流量

C. 控制制冷剂流量，防止液击和异常过热发生

D. 除去制冷剂中水分

20. 汽车空调维护时，以下哪种操作不规范？(　　)

A. 戴防护眼镜　　B. 在通风处

C. 雨天作业　　D. 用冷水冲洗被制冷剂溅到的皮肤

21. 在汽车空调装置中，冷凝器安装在(　　)。

A. 发动机散热器前　　B. 驾驶室内

C. 后行李舱内　　D. 发动机散热器后

22. 空调操纵面板上的 A/C 开关，用来控制(　　)系统。

A. 采暖　　B. 通风　　C. 制冷　　D. 加热

23. 通过观察窗观察制冷剂时，表示制冷剂量正好的是(　　)。

A. 发动机转速变化时，一直有大量气泡。

B. 发动机转速变化时，偶然有少量气泡。

C. 发动机转速变化时，一直没有气泡。

D. 发动机转速变化时，一直有少量气泡。

三、问答题

1. 为什么现在空调制冷剂不用R12？
2. 轿车加热系统的热源来自哪里？
3. 简述热力膨胀阀的作用。
4. 简述制冷循环过程，用图表示出来。

第9章

汽车车身附属电气设备

学习目标

掌握汽车常见的附属电气设备的基本组成及工作原理，如电动车窗、电动座椅、电动后视镜、车窗玻璃清洁装置等；

了解汽车附属电气设备的作用及常见问题。

教学要点

知识要点	能力要求	相关知识
电动车窗	了解汽车电动车窗的组成，掌握其工作原理，熟悉智能型电动车窗的特点	车窗玻璃升降器、车窗玻璃调节原理、智能型电动车窗
电动座椅	掌握汽车电动座椅的组成及工作原理，会分析其控制电路，了解具有记忆功能的电动座椅	调节机构、控制电路、记忆功能
电动后视镜	掌握电动后视镜调节原理	组成、工作原理
车窗玻璃清洁装置	掌握电动刮水器的结构组成及工作原理，了解车窗玻璃清洗装置及除霜装置的作用及使用方法	变速原理、间歇刮水、除霜装置、喷水原理

导入案例

刮水器是汽车上重要的附属电气设备之一，对汽车的行驶安全性起着至关重要的作用。

其实，在雨天帮助驾驶人擦玻璃的装置在很早以前就出现了。电力驱动的汽车刮水器的发明人是一名妇女，名叫夏洛特·布里奇福德。她和女儿弗洛朗成立了布里奇福德公司，其中一项业务就是制造电动刮水器。电动刮水器于1917年获得专利，但公司并未从中盈利，因为没有人相信她们的想法。直到1923年，刮水器才开始正式安装在汽车上，而刮水器最后样式的发明权落入博世公司，并将1927年作为正式发明时间。

现在，随着世界汽车工业的迅速发展，刮水器的重要性还在不断提高，并被赋予更广泛的用途。汽车制造商认识到，可以让刮水器来监督驾驶人的状态。为此，普通刮水器被安装了专门的摄像头，以跟踪驾驶人的眼球运动，如果驾驶人打瞌睡，它就发出响亮的警告信号以避免交通事故。随着汽车发展的日新月异，现在刮水器的新纪元也开始了，“智能”刮水器将给人们带来新的福音。

9.1 电动车窗

电动车窗，是指以电为动力使车窗玻璃自动升降的车窗。目前，轿车普遍装有电动车窗。电动车窗系统装有两套控制开关，一套装在驾驶人侧门扶手上，为总开关(图9.1)，驾驶人坐在驾驶座上，即可利用控制开关使全部车窗玻璃自动升降，操作简便，且有利于行车安全。另一套分别装在每个车窗中部扶手上，可由乘员分别进行操纵。

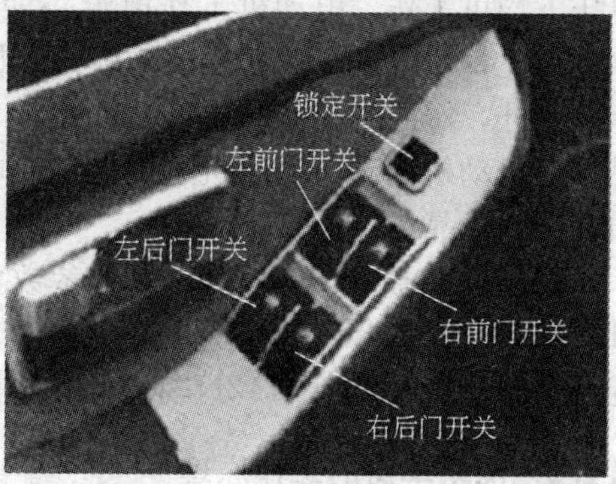

图9.1 电动车窗总开关

9.1.1 电动车窗的组成

电动车窗主要由车窗、车窗玻璃升降器、电动机、断路器及开关等组成。

1. 电动机

电动机是为车窗的升降提供动力的装置。车窗升降电动机采用双向转动的电动机。它有永磁型和双绕组型两种。永磁型的电动机是外搭铁，双绕组型的电动机则是各绕组搭铁。这两种电动机都是通过改变电流方向来实现电动机的正反转从而实现车窗玻璃的升或降的。

2. 车窗玻璃升降器

车窗玻璃升降器主要有两种形式：一种是齿扇式，另一种是齿条式。

齿扇式车窗玻璃升降器如图9.2(a)所示。齿扇上连有螺旋弹簧，当车窗下降时螺旋弹簧收缩吸收能量；当车窗上升时螺旋弹簧伸展而释放能量，以减轻电动机的负荷。于是无论车窗上升还是下降，电动机的负荷都基本相同。当电动机转动时，通过蜗轮蜗杆减速并改变其旋转方向，使齿扇转动，并带着车窗上下运动实现升降。

齿条式车窗玻璃升降器如图 9.2(b)所示。升降器利用柔性齿条和小齿轮实现动力传递。当电动机转动时，通过蜗轮蜗杆减速机构将动力传给小齿轮，小齿轮又使齿条移动，齿条通过拉绳带着车窗玻璃进行升降。

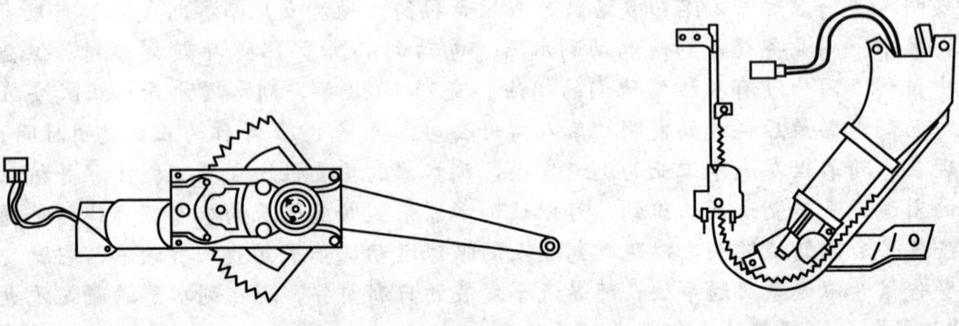

(a) 齿扇式　　(b) 齿条式

图 9.2　车窗玻璃升降器

3. 车窗升降器的主要技术参数

电动车窗升降器的主要技术参数是标称电压、工作电压、额定负载、玻璃行程、玻璃上升时电动机最大消耗电流、制动力和寿命等。通常标称电压为 12V，但系统在 9～15V 电压下均可工作，电动机工作电流一般在 7A 左右。但电动机旋转时，电流高达 20 多安培，因此，对电动机的性能要求较高。同时，电动机及升降器的寿命要求高达 15000 次以上。此外，需要经受高温、低温、烟雾、尘埃、喷水、振动和冲击等环境试验，还应使产品经受电动机制动、电动机过载保护、电磁相容性、噪声和寿命等试验，以保证产品的品质和工作可靠。

扬子公司玻璃升降开关技术参数如下：①功率小于等于 180W；②标称电压 12V (DC)，最大负载 15A；③开关寿命 10 万次；④介质耐压 50Hz、550V、1min 无击穿；⑤开关转换力 $3N \leqslant F \leqslant 12N$；⑥触点间接触电阻小于等于 $20m\Omega/A$。

9.1.2　电动车窗的工作原理

如图 9.3 所示，当点火开关转至点火挡时，电动车窗主继电器工作，触点闭合，给电动车窗电路提供电源，此时，电源指示灯点亮。如将主开关上的窗锁开关闭合，那么所有车窗都可随时进入工作状态，乘员车窗的指示灯点亮。

1. 驾驶人侧的车窗升降

驾驶人侧开关具有“点触工作”功能，即简单、短暂地轻按开关，就能将玻璃完全打开或关闭。驾驶人需要关闭或打开车窗时，不再需要一只手驾驶，另一只手去控制车窗，这样，提高了舒适性和安全性。

不管主开关上的窗锁开关是断开还是闭合，驾驶人侧车窗都能进行升降操作。假设驾驶人侧的车窗需要下降，可按下主开关上下降按钮，其工作电路为：蓄电池的正极→断路器→

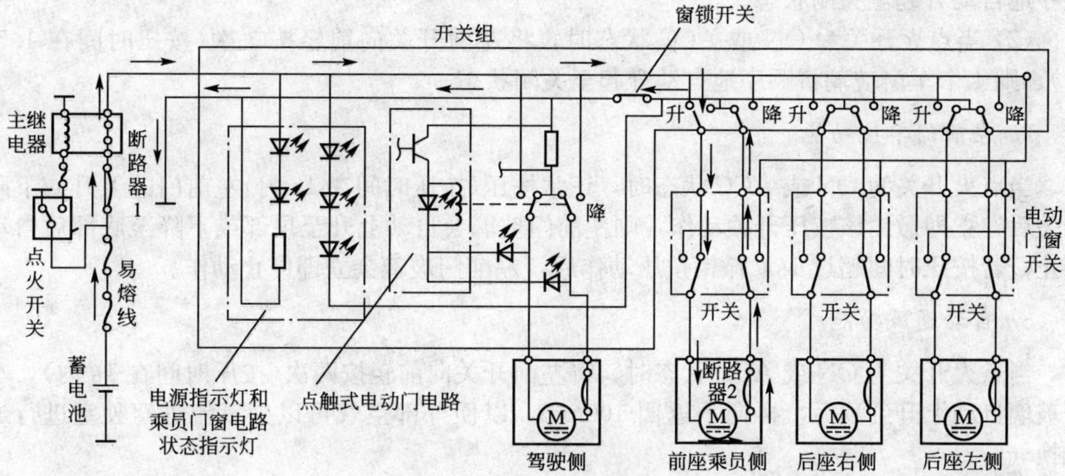

图 9.3 电动车窗的控制电路

驾驶人侧降触点→电动机→驾驶人侧开关的另一触点→窗锁开关→蓄电池的负极，构成闭合电路。与此同时，触点式开关的电路也同时接通，下降指示灯点亮，继电器线圈通电而产生吸力，保持开关处于下降工作状态直至下降到极限位置。在下降过程中，如果要使车窗停在某一位置，驾驶人可再点触一下开关，则继电器线圈断路，车窗下降停止。

2. 乘员侧车窗升降

当主开关上的窗锁开关闭合时，乘员侧车窗玻璃的升降可以由驾驶人操纵，也可以由乘员自已操纵，以 9.3 所示前乘员侧车窗玻璃上升为例进行说明。

(1) 驾驶人操纵。当驾驶人按下主开关相应的前乘员车窗上升开关时，其电流由蓄电池的正极→易熔线→断路器 1→主继电器→主开关→前乘员开关左触点→电动机→断路器 2→乘员开关的右触点→窗锁开关→搭铁→蓄电池的负极，构成闭合回路。该电路中的电动机通电工作，使车窗上升。当需要车窗下降时，驾驶人按下主开关上的下降开关，因电动机是永磁双向电动机，其电流方向相反，电动机通电反转使车窗下降。

(2) 乘员操纵。乘员接通前乘员车窗上升开关时，其电流由蓄电池的正极→易熔线→断路器 1→主继电器→乘员开关左触点→电动机→断路器 2→乘员开关的右触点→窗锁开关→搭铁→蓄电池的负极，构成了闭合电路。该电路中的电动机通电工作，使车窗上升。当需要车窗下降时，乘员按下开关上的下降开关，电动机的电流方向相反，电动机通电反转使车窗下降。

其他后座乘员左、右车窗的升降操纵与前乘员侧的操纵方法相同，在此不再叙述。

9.1.3 智能型电动车窗

部分豪华型车辆装有智能型电动车窗，即车窗有微机和集成电路控制系统，具有自动关窗、点按自动升降、防夹、通风、障碍识别、收费窗等功能，其特点是针对开关的不同动作设定，车窗 ECU 作出自动识别，并输出控制指令，控制车窗电动机的动作。

1. 自动关窗功能

(1) 当点火开关为 OFF 状态时，若有外部触发信号(如锁车信号)，则 4 个车窗玻璃将顺序地自动升起至关闭状态。

(2) 当点火开关为 ON 或 ACC 状态时，将左前开关向前轻按 3 次(按压时间在 1.5s 内)，则 4 个车窗玻璃将顺序地自动升起至关闭状态。

2. 左前门单按功能

当点火开关为 ON 或 ACC 状态时，正常按压(按压时间在 1s 内)左前门的上升或下降开关后，立即撤销该按压开关动作，则左前门玻璃会自动上升至顶部或下降至底部后自动停止；若按压时间超过 1s，撤销按压动作后，左前门玻璃会立即停止动作。

3. 自动通风功能

当点火开关为 ON 或 ACC 状态时，将左前开关向前轻按两次(按压时间在 1s 内)，车窗玻璃自动上升到顶后，再向下返回 100mm，以便外部空气可以少量流进驾驶室进行通风换气。

4. 障碍识别功能

4 个车窗玻璃在上升过程中，如遭遇障碍物均会自动停止上升，并自动下降 10mm。

5. 收费窗口功能

当点火开关为 ON 或 ACC 状态时，将左前开关向后轻按两次(按压时间在 1s 内)，车窗玻璃自动下降到底，40s 后再自动升起至关闭状态。

9.1.4 电动车窗的检修

1. 初步检查

如果车窗无法正常升降，应先从不同方向轻轻摇动玻璃，以此判断故障属于机械方面还是电路方面。一般地，玻璃能够向所有方向稍微运动的，机械方面就基本没有问题。

2. 查常见故障表

以索纳塔轿车为例，其电动车窗常见的故障及原因见表 9-1。

表 9-1 索纳塔轿车电动车窗常见的故障及原因

常见故障	故障原因	诊断思路
某个车窗只能向一个方向运动	分开关故障或分开关至主开关可能出现断路	检查分开关导通情况及分开关至主开关控制导线导通情况
某个车窗两个方向都不能运动	传动机构卡住 车窗电动机损坏 分开关至电动机断路	检查传动机构是否卡住 测试电动机工作情况，包括断路、短路及搭铁情况检查 查分开关至电动机电路导通情况
所有车窗均不能升降或偶尔不能升降	熔断器被烧断 搭铁不良	检查熔断器 检查、清洁、紧固搭铁
两个后车窗分开关不起作用	总开关出现故障	检查总开关导通情况

9.2 电动座椅

车辆座椅的主要功能是为驾驶人及乘员提供便于操作、舒适而又安全的驾乘位置，这就是座椅调节的目的。此外，通过座椅调节还可以改变坐姿，减少长时间乘车的疲劳。

座椅调节正向多功能方向发展，其种类很多，还可以有不同的组合方式。如具有8种调节功能的电动座椅，其动作方式有座椅前后调节、上下调节、座椅前部的上下调节、靠背的倾斜调节、侧背支撑调节、腰椎支撑调节及靠枕上下、前后调节。

电动座椅前后方向的调节量一般为100～160mm，座位前部与后部的垂直调节量为30～50mm。全程移动所需时间为8～10s。

9.2.1 电动座椅的构造

电动座椅一般由双向电动机、传动装置和座椅调节器等组成，如图9.4所示。

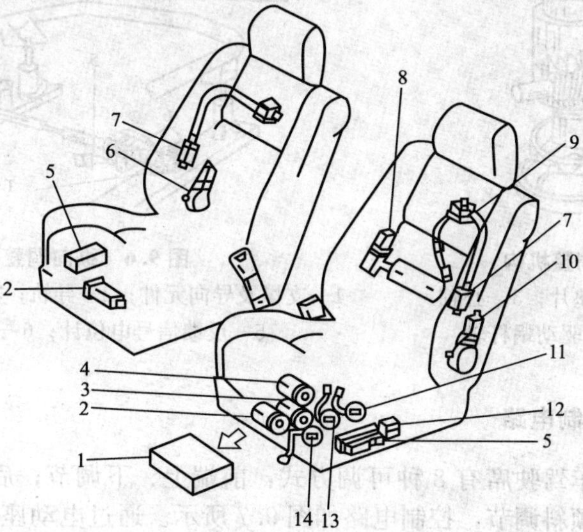

图9.4 电动座椅的构造

1—电动座椅ECU；2—滑动电动机；3—前垂直电动机；4—后垂直电动机；5—电动座椅开关；6—倾斜电动机；7—头枕电动机；8—腰垫电动机；9—位置传感器(头枕)；10—倾斜电动机和位置传感器；11—位置传感器(后垂直)；12—腰垫开关；13—位置传感器(前垂直)；14—位置传感器(滑动)

1. 电动机

电动机的数量取决于电动座椅的类型，通常两向移动座椅装有两个电动机，四向移动的座椅装有4个电动机，最多可达8个电动机。大多数电动座椅使用永磁式电动机，通过开关来操纵电动机按不同方向旋转。

2. 传动机构

电动机的旋转运动，通过传动机构实现座椅的空间位置调节。

1）高度调整机构

高度调整机构由蜗杆轴、蜗轮、心轴等组成，如图 9.5 所示。调整时蜗杆轴在电动机的驱动下，带动蜗轮转动，从而保证心轴旋进或旋出，实现座椅的上升与下降。

2）纵向调整机构

纵向调整机构由蜗杆、蜗轮、齿条、导轨等组成，如图 9.6 所示。齿条装在导轨上，调整时，电动机转矩经蜗杆传至两侧的蜗轮上，经导轨上的齿条，带动座椅前后移动。

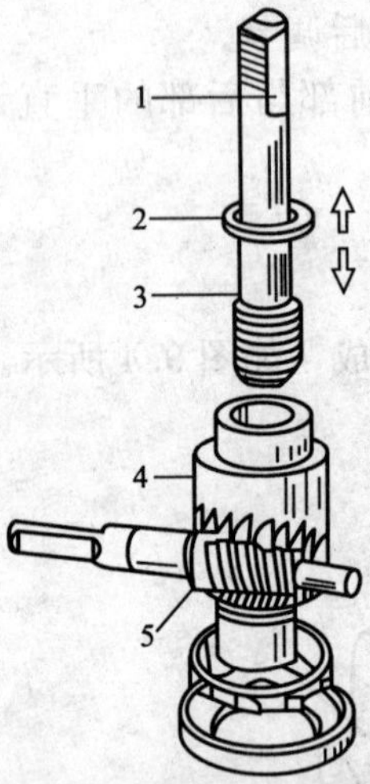

图 9.5　高度调整机构

1—铣平面；2—止推垫片；3—心轴；
4—蜗轮；5—挠性驱动蜗杆轴

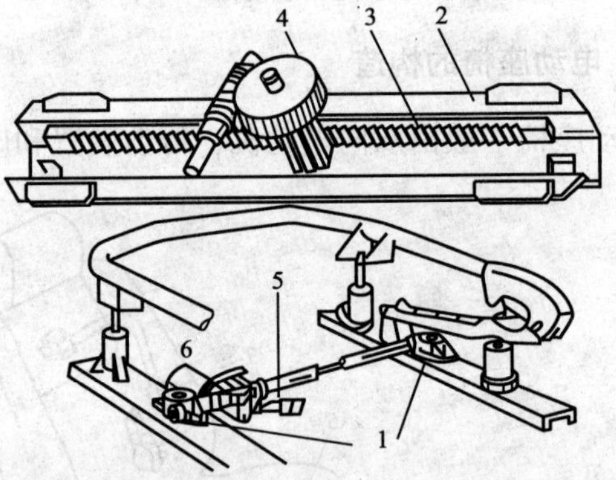

图 9.6　纵向调整机构

1—支撑及导向元件；2—导轨；3—齿条；4—蜗轮；
5—反馈信号电位计；6—调整电动机

9.2.2　电动座椅的控制电路

广汽本田雅阁轿车驾驶席有 8 种可调方式：前端上、下调节；后端上、下调节；前、后调节；向前、向后倾斜调节，控制电路如图 9.7 所示。通过电动座椅调节开关，即可完成不同的调节功能。这里仅介绍电动座椅前端上、下调节。

1. 向上调节

当将电动座椅前端上、下调节开关置于向上位置时，电路中的电流流向为：蓄电池正极→黑线→发动机盖下熔断器/继电器盒 No. 42(100A)、No. 55(40A)→黄/绿线前乘客席侧仪表板下熔断器/继电器盒 No. 2(20A)→红线→电动座椅开关端子 B2→前端上、下调节开关端子 A3→红/黄线→前端上、下调节电动机端子 1→前端上、下调节电动机→前端上、下调节电动机端子 2→红线→端子 A4→端子 B5→黑线→搭铁→蓄电池负极。前端上、下调节电动机工作，座椅前端向上移动。

2. 向下调节

当将电动座椅前端上、下调节开关置于向下位置时，电路中的电流流向为：蓄电池正极→黑线→发动机盖下熔断器/继电器盒 No. 42(100A)、No. 55(40A)→黄/绿线前乘客席侧仪表板下熔断器/继电器盒 No. 2(20A)→红线→电动座椅开关端子 B2→电动机座椅开关端子 A4→红线→前端上、下调节电动机端子 2→前端上、下调节电动机→前端上、下调节电动机端子 1→红/黄线→端子 A3→端子 B5→黑线→搭铁→蓄电池负极。前端上、下调节电动机工作，座椅前端向下移动。

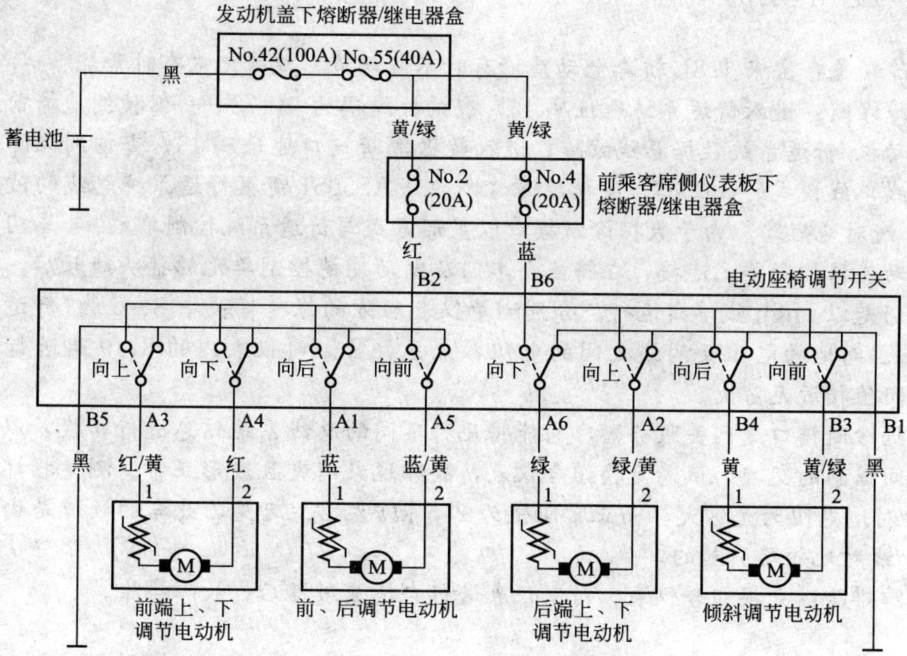

图 9.7 广汽本田雅阁轿车驾驶席电动座椅控制电路

9.2.3 带存储功能的电动座椅

带存储功能的电动座椅采用微机控制，它能存储选定的座椅调节位置，使用时只要按指定的按键开关，座椅就会自动地调节到预先选定的座椅位置上。带存储功能的电动座椅的控制如图 9.8 所示。

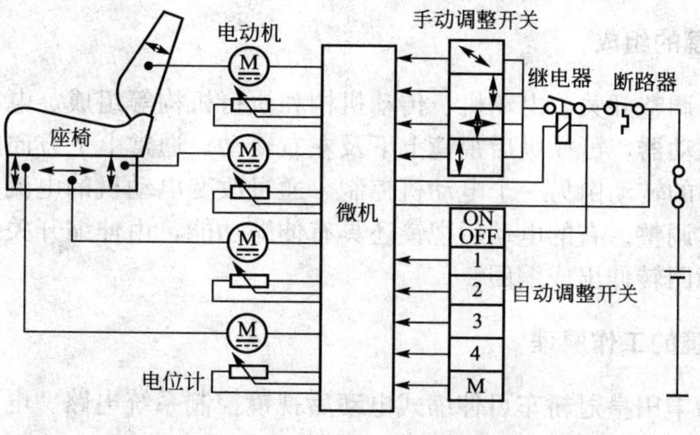

图 9.8 带存储功能的电动座椅控制示意图

该系统有一个存储器，存储装置通过4个电位计来控制座椅的调定位置。只要座椅位置调定后，驾驶人按下存储器的按钮，电子控制装置就把这些电压信号存储起来，作为重新调整位置时的基准。使用时，只要一按按钮，就能按存储时的状态来调整座椅位置。

应用实例1

故障现象：宝来1.8L轿车电动座椅有时不能调节，座椅记忆有时紊乱。

故障诊断：进入舒适系统地址码46，查询故障码为01173——驾驶侧座椅前后高度调节电动机/舒适系统数据总线故障；进入数据诊断接口地址码19，查询到故障含义为数据总线单线模式的故障码。连接故障诊断仪VAS5051观察舒适系统总线的波形，发现Low线对地短路。由于数据诊断接口以星形方式与舒适系统控制单元、4车门控制模块及电动座椅控制单元连接，在将4个车门及电动座椅控制单元的插头断开后，测量总线波形仍是以High线单线运行。分别测量仪表后方的绿色插头中8、9脚(舒适总线到组合仪表)对地的电阻及两线之间的电阻，未见异常。对仪表内的8、9脚进行电阻测量，其阻值接近无穷大。

数据诊断接口是网关服务器，它能将几种不同的总线系统信息进行转换，以实现不同系统间信息的交换。试着更换组合仪表，故障现象消失且波形正常。测量损坏仪表的8、9脚对地电阻为无穷大，而正常阻值为2.6 kΩ左右。可见，此车的故障是由于仪表内Low线对地短路引起的。

故障排除：更换组合仪表，对新仪表进行自适应激活后，故障排除。

9.3 电动后视镜

车辆上的后视镜位置直接关系到驾驶人能否观察到车后的情况，与行车的安全性有着密切的关系。而后视镜的调整一般来说比较麻烦，特别是靠乘客车门一侧的后视镜。采用电动后视镜，可通过开关进行调整，操作起来十分方便。

9.3.1 电动后视镜的组成

电动后视镜由调整开关、电动机、传动机构和执行机构等组成。电动后视镜的背后装有两套电动机和驱动器，可操纵后视镜上下及左右转动。通常上下方向的转动用一个电动机控制，左右方向的转动由另一个电动机控制。通过改变电动机的电流方向，即可完成后视镜的上下及左右调整。有的电动后视镜还具有伸缩功能，由伸缩开关控制伸缩电动机工作，使整个后视镜回转伸出或缩回。

9.3.2 电动后视镜的工作原理

图9.9所示为丰田皇冠轿车可伸缩式电动后视镜控制系统电路。电动后视镜控制开关的工作状态见表9-2。

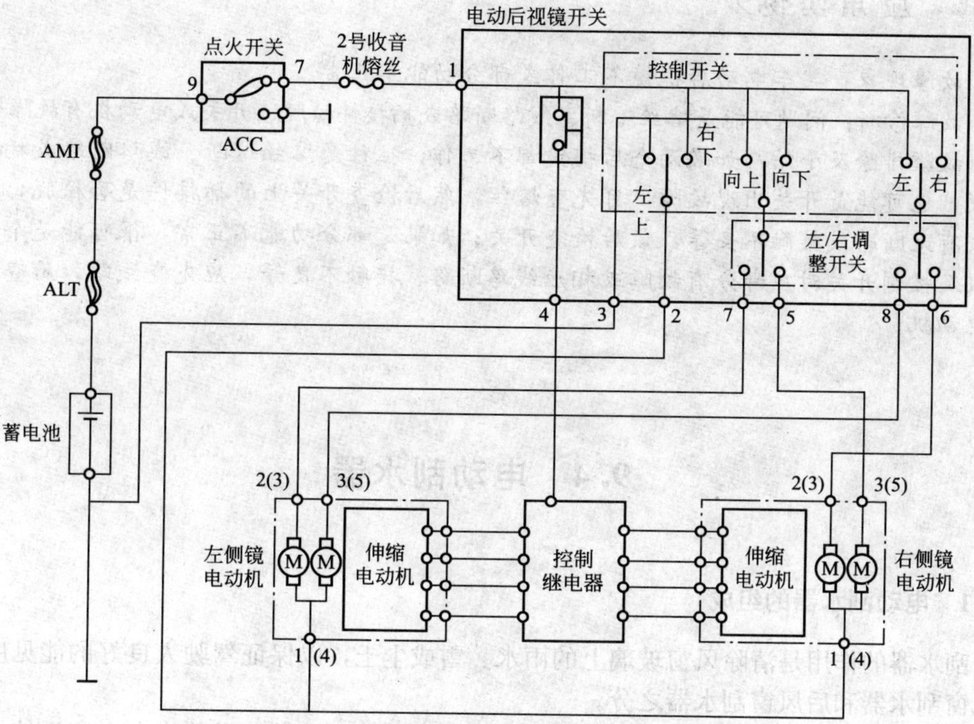

图 9.9　丰田皇冠轿车可伸缩式电动后视镜控制系统电路

表 9-2　电动后视镜控制开关的工作状态

触点调整状态	左	右	向上	向下	左	右
向左调整	●				●	
向右调整		●				●
向上调整	●		●			
向下调整		●		●		

注：●表示开关与触点接通。

进行调整时，首先通过左右调整开关选择要调整的后视镜。如调整左镜时，开关打向左侧，此时开关分别与接点 7、8 接通，再通过控制开关即可进行该镜的上下和左右调整。如果进行向上调整时，可将控制开关推向上侧，此时控制开关分别与向上接点、左向上接点结合。电流由蓄电池正极→熔断器→点火开关→控制开关向上接点→左/右调整开关→接点 7→左侧镜上下调整电动机→接点 1→电动镜开关接点 2→控制开关左上接点→电动镜开关接点 3→蓄电池负极，形成回路，左侧镜上下调整电动机运转，完成调整过程。其他调整过程与向上调整过程类似，通过接通不同的开关即可完成。

电动后视镜的伸缩是通过电动后视镜开关上的伸缩开关控制的，该开关控制继电器动作，使左右两镜伸缩电动机工作，以实现后视镜的伸缩。

应用实例2

故障现象：某车电动后视镜不工作或部分功能不正常。

故障诊断：问题可能是熔丝熔断、线路断路或插接件松脱、开关或电动机有故障等。

故障排除及小结：如果两个后视镜都不工作，往往是熔丝熔断、线路断路或插接件松脱，也可能是开关出现故障，可先查熔丝，然后检查开关上的插接件是否松脱，相关各线有无断路或接触不良等，最后检查开关；如果是部分功能不正常，很可能是个别电动机及控制开关对应部分有故障或相应线路断路、接触不良等，应先查线路，后查开关及电动机。

9.4 电动刮水器

9.4.1 电动刮水器的组成

刮水器的作用是清除风窗玻璃上的雨水、雪或尘土，以保证驾驶人良好的能见度，有前风窗刮水器和后风窗刮水器之分。

因驱动装置不同，刮水器有真空式、气动式和电动式 3 种。目前汽车上广泛使用的是电动刮水器。电动刮水器由直流电动机和传动机构组成，其基本构成如图 9.10 所示。电动机旋转经蜗轮-蜗杆减速和连动机构的作用变成刮水器臂的摆动。

为了保证刮水器的正常工作和正确复位，在进行曲柄和刮水器装配时应注意正确装配位置。

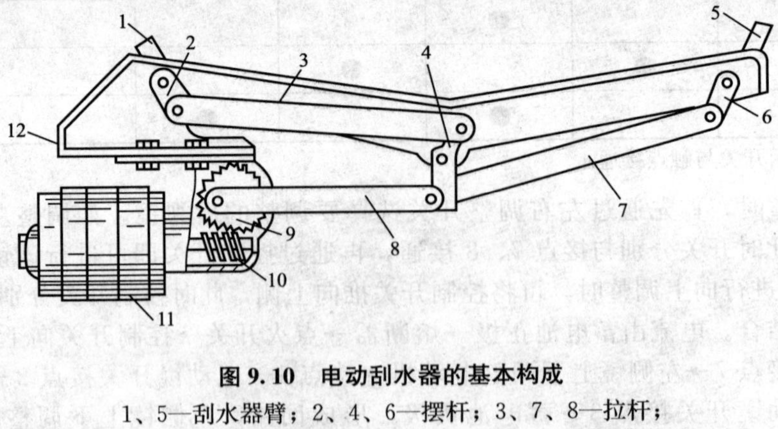

图 9.10　电动刮水器的基本构成

1、5—刮水器臂；2、4、6—摆杆；3、7、8—拉杆；
9—蜗轮；10—蜗杆；11—电动机；12—底板

9.4.2 电动刮水器的工作原理

电动刮水器一般都能实现变速、复位、间歇刮水等功能。

1. 电动刮水器的变速原理

刮水器的变速是利用直流电动机的变速原理来实现的，由直流电动机电压平衡方程式可得转速公式为：

$$n=(U-IR)/(KZ\Phi) \tag{9-1}$$

式中：U——电动机端电压(V)；

I——通过电枢绕组中的电流(A)；

R——电枢绕组的电阻(Ω)；

K——常数；

Z——正、负电刷间串联的电枢数；

Φ——磁极磁通(Wb)。

在电压U和直流电动机定型的条件下，即I、R、K均为常数，当磁极磁通Φ增大时转速n下降，反之则转速上升。若两电刷之间的电枢数Z增多，转速n也下降，反之则转速上升。所以，刮水器变速是在直流电动机变速的理论基础上，采取改变电动机磁极磁通的强弱，或者改变两电刷之间的导体数多少来实现的。

1) 改变磁通变速

改变电动机磁极磁通变速的方法，只适合于线绕式直流电动机。线绕式电动刮水器的工作原理如图9.11所示。

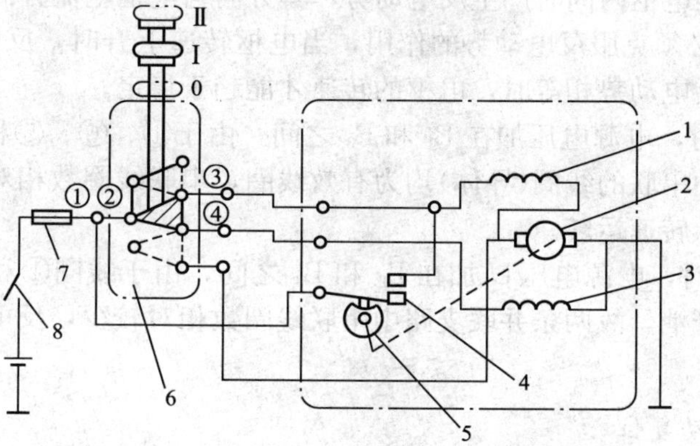

图9.11 线绕式电动刮水器的工作原理

1—串励绕组；2—电枢；3—并励绕组；4—触点；5—凸轮；
6—刮水器开关；7—熔断器；8—电源开关

当刮水器开关在Ⅰ挡位置(低速)时，电流由蓄电池正极→电源开关→熔断器7→接线柱②→接触片，然后分两路：一路通过接线柱③→串励绕组1→电枢2→蓄电池负极，形成回路；另一路通过接线柱④→并励绕组3→蓄电池负极，形成回路。此时，在串励绕组1和并励绕组3的共同作用下，磁场增强，电动机以低速运转。

当刮水器开关在Ⅱ挡位置(高速)时，电流由蓄电池正极→电源开关→熔断器7→接线柱②→接触片→接线柱③→串励绕组1→电枢2→蓄电池负极，形成回路。此时由于并励绕组3被隔除，磁场减弱，电动机以高速运转。

2）改变电刷间的导体数变速

改变电刷间导体数变速的方法只能通过永磁电动机来实现，它的磁极为铁氧体永久磁铁，具有不易退磁的优点，能够实现高、低速运转，其工作原理如图 9.12 所示。

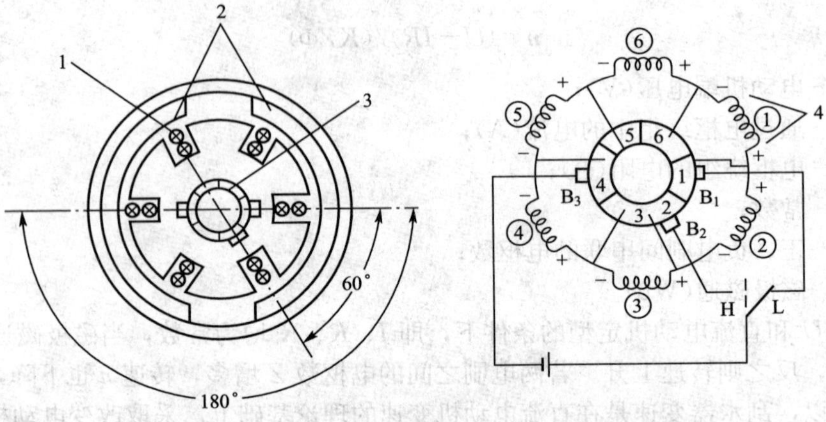

图 9.12　永磁式刮水器电动机的工作原理

1—电枢绕组；2—永久磁铁；3—换向器；4—反电动势

B_1 为低速运转电刷，B_2 为高速运转电刷，B_3 为公共电刷。B_1、B_2 安装位置相差 60°。当电动机工作时，在电枢内同时产生反电动势，其方向与电枢电流方向相反。如要使电枢旋转，外加电压 U 必须克服反电动势的作用，当电枢转速上升时，反电动势也相应上升，只有在外加电压与反电动势相等时，电枢的转速才能趋于稳定。

当开关拨向 L 时，电源电压加在 B_1 和 B_3 之间，由于①、⑥、⑤和②、③、④组成两条并联支路，支路中串联的线圈(导体)均为有效线圈，串联线圈数相对较多，故反电动势较大，电动机以较低转速运转。

当开关拨向 H 时，电源电压 U 加在 B_2 和 B_3 之间，由于线圈①和线圈②产生方向相反的电动势，互相抵消，故两条并联支路中串联线圈数相对较少，反电动势较小，电动机以较高转速运转。

2. 刮水器的自动复位

为了不影响驾驶人的视线，要求刮水器刷能自动复位，不管何时切断电源，刮水器的橡胶刷都能自动停止在风窗玻璃的下部。图 9.13 所示为刮水器自动复位装置的示意图。在减速蜗轮(由尼龙制成)上嵌有铜环，其中较大的一片铜环与电动机外壳相连接而搭铁；触点臂 A、B 用磷铜片制成(有弹性)，其一端铆有触点与蜗轮端面或铜片接触。

当电源开关接通，把刮水器开关拉到低速挡时，电流从蓄电池正极→电源开关→熔断器→电刷 B_3→分电枢绕组→电刷 B_1→接线柱②→接触片→接线柱③→搭铁→蓄电池负极，形成回路，电动机以低速运转。

当刮水器开关拉到高速挡时，电流从蓄电池正极→电源开关→熔断器→电刷 B_3→分电枢绕组→电刷 B_2→接线柱④→接触片→接线柱③→搭铁→蓄电池负极，形成回路，电动机以高速运转。

当刮水器开关推到空挡(停止挡)时，如果刮水器橡胶刷没有停到规定位置，由于触点与铜环接触，电流则继续流入电枢，其电路为：蓄电池正极→熔断器→电刷B_3→分电枢绕组→电刷B_1→接线柱②→接触片→接线柱①→触点臂B→铜环→搭铁→蓄电池负极，形成回路(图 9.13(a))，电动机以低速运转直至蜗轮旋转到图 9.13(b)所示的特定位置，电路中断。由于电枢的惯性，电动机不可能立即停止转动，电动机以发电机方式运行，因此此时电枢绕组通过触点臂 A、B，与铜环接通而短路，电枢绕组产生很大的反电动势，并产生制动力矩，电动机便迅速停止转动，使橡胶刷复位到风窗玻璃的下部。

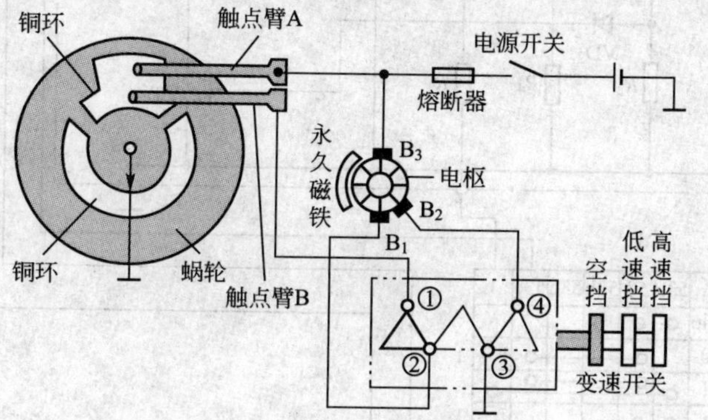

(a) 刮水器电动机继续转动

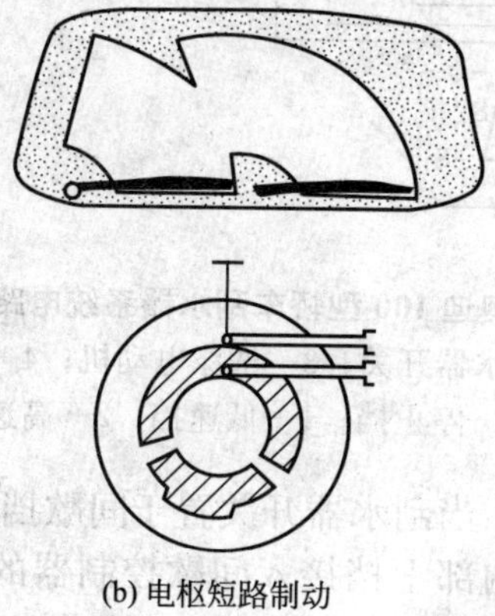

(b) 电枢短路制动

图 9.13　自动复位装置示意图

B_1—低速电刷；B_2—高速电刷；B_3—公共电刷

3. 间歇式电动风窗刮水器

汽车在毛毛细雨或雾天、小雪天气中行驶时，如按上述刮水器速度进行刮水，那么风窗玻璃上的微量水分和灰尘就会形成一个发粘的表面，不仅不能将风窗玻璃刮干净，反而会使玻璃模糊不清，留下污斑，影响驾驶人的视线。因此，现代汽车上一般都增设了电子间歇式刮水系统。在碰到上述情况时，开动间歇开关，使刮水器按一定周期自动停止和刮拭，即每刮水一次停止 2～12s，这样可使驾驶人获得良好的视野。刮水系统的间歇功能主要靠间歇控制器来实现。现以奥迪 100 型轿车间歇控制器为例加以说明。图 9.14 所示为奥迪 100 型轿车刮水器系统电路原理示意图，它由间歇控制器 1、刮水器开关 2、洗涤电动机 3、刮水电动机 4 等组成。间歇控制器由电子元件与小型继电器组合而成，其工作电压为12V。

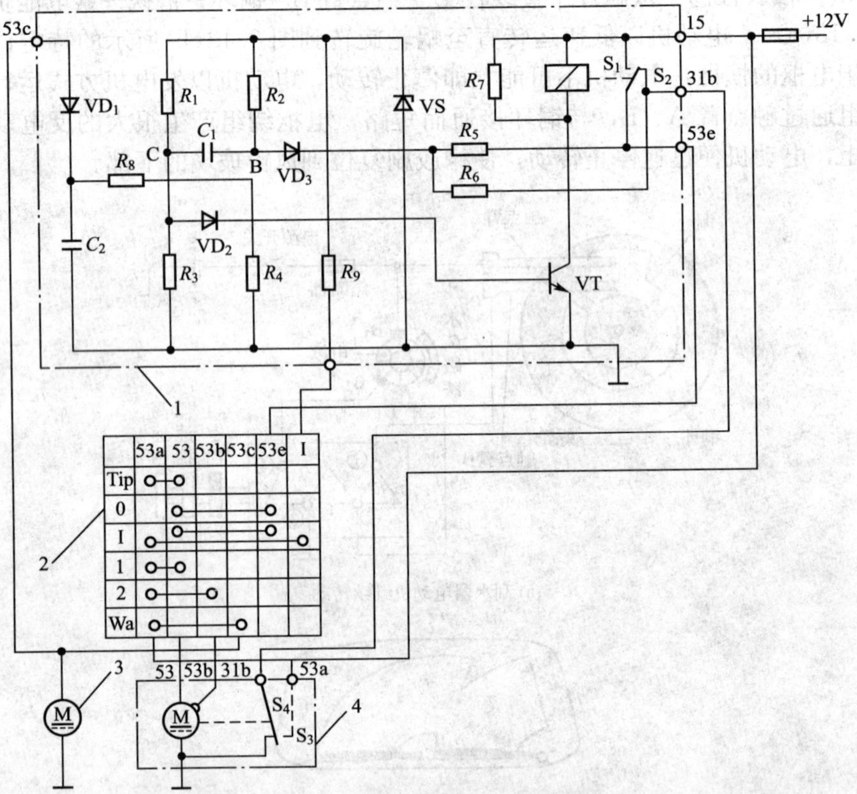

图 9.14　奥迪 100 型轿车刮水器系统电路原理示意图

1—间歇控制器；2—刮水器开关；3—洗涤电动机；4—刮水电动机刮水器开关：

Tip—点动；0—停止挡；1—低速挡；2—高速挡；Wa—洗涤

间歇控制器的工作原理为：当刮水器开关置于间歇挡(Ⅰ挡)时，电源便经熔断器、刮水器开关53a端、刮水器开关内部Ⅰ挡接入间歇控制器的Ⅰ端，C_1被充电。C_1的充电电路为：蓄电池正极→熔断器→刮水器开关53a→Ⅰ挡→间歇控制器“Ⅰ”端→R_9→R_2→C_1→VD_2→晶体管VT的基极、发射极→搭铁→蓄电池负极，构成闭合回路。此时C点的电位为1.6V，B点的电位为5.6V，C_1两端有4V的电位差。

C_1充电时，其充电电流为晶体管提供偏流，使晶体管导通，从而接通了继电器线圈的电路，继电器的常开触点S_1闭合，S_2打开，电流经S_1、53e、开关内的Ⅰ挡、53端进入刮水电动机的电枢，使刮水电动机慢速旋转，刮水器开始工作。

当橡胶刷往返一次又回到风窗玻璃最下位置、刮水电动机也旋转至自动复位时，S_3、S_4接通，使31b端搭铁，为C_1的放电提供通路。

C_1放电回路主要有两条：一条经R_2、R_1放电，另一条经VD_3、R_6、31b、电动机自动复位触点S_3、触点S_4、搭铁、稳压管VS、R_2放电。放电瞬间B点电压突然降到2.8V。由于C_1原有4V的电位差，故使C点电位降为−1.2V，晶体管VT的基极电位翻转为低电平，于是晶体管截止，切断了继电器线圈的电路，其常开触点S_1又断开，常闭触点S_2又闭合，恢复到自然状态时的31b与53e接通，将电阻R_5、R_6并联，加速C_1放电，并为

C_1 的再充电做准备。

随着 C_1 放电时间的增加，C 点电位逐渐升高，当 C 点电位接近 2V 时，晶体管又导通，C_2 又恢复为充电状态。

由此可见，只要刮水器开关置于间歇挡，电源便接入间歇控制器的“Ⅰ”端，C_1 就会不间断地充、放电，晶体管就会导通、截止反复翻转，使继电器反复接通与断开，如此形成间歇刮水器的工作状态，刮水时间为 2～4s，间歇时间为 4～6s，直到断开刮水器的开关。

9.4.3 电动刮水器检测与维修

阅读材料9-1

说起刮水器的故障，可能很多人不以为意。的确，在汽车的总体构成中，刮水器只能算是个比较小的部件。但是每一片刮水器平均每年要在汽车风窗玻璃上刮 100 万次以上。

在使用过程中，刮水片逐渐失去它大部分的卷曲弹性，越来越刮不干净。因为它们将保持固定的卷曲状态，不能和玻璃很好地贴附。尤其是整天停放在露天停车场的车辆，阳光会烤硬橡胶，当刮水器被使用时，因为橡胶已经变硬成型，不能顺应玻璃的弧度，故会刮出条纹或者刮时有噪音，不仅烦人，而且很危险。

寒冷的天气对刮水片寿命也有影响。冷空气会使橡胶变硬变脆，容易开裂。摇臂有时也会被冰雪卡阻，造成刮水片无法均匀受力，使刮水片在扫过玻璃时跳动，从而出现波纹。

使用过度也会使刮水片受损，灰尘、小颗粒、路上溅的泥点甚至小虫子的汁液都会磨钝刮水片的刃口，没有刃口一定刮不干净。由于刃口形状被精确设计出来是为了发挥其最大的刮水效果的，失去刃口，水便会从刮水片下滑过去，还留在风窗玻璃上。结果使刮水器工况变坏，视线不清。

根据国家驾驶安全调查显示：雨天驾车，由刮水器引起的交通事故率比平常高出 5 倍多。

1. 刮水系统故障码

广州本田 2003 汽车刮水器、洗涤器系统的故障码见表 9-3。

表 9-3 广州本田 2003 汽车刮水器、洗涤器系统的故障码

DTC故障检测	
故障码	故障原因
B1281	风窗玻璃刮水器开关 MIST 位置电路故障
B1282	风窗玻璃刮水器开关 INT(AUTO)位置电路故障
B1283	风窗玻璃刮水器开关 LOW 位置电路故障
B1284	风窗玻璃刮水器开关 HIGH 位置电路故障

2. 刮水系统故障码的清除

只有将原故障码所示的故障完全排除，方可将故障码清除。以广州本田 2003 汽车为例，刮水系统故障码的清除方法如下：

(1) 轮换点火开关的位置“OFF”与“ON(Ⅱ)”。

(2) 将风窗玻璃刮水器开关切换至“MIST”，并持续 2s。

(3) 将风窗玻璃刮水器开关置于“OFF”，并等待 2s。

(4) 将风窗玻璃刮水器开关置于“INT(AUTO)”，并等待 2s。

(5) 将风窗玻璃刮水器开关置于“LOW”，并等待 2s。

(6) 将风窗玻璃刮水器开关置于“HIGH”，并等待 2s，最后用测试仪进行检查。

需要说明的是，广州本田 2003 汽车的刮水器、洗涤器开关是固定在组合开关控制装置内的。

3. 刮水器故障分析与检测

刮水器故障包括不工作、间断性工作、持续操作不停及刮水器不复位等。下面对上述故障的现象及原因进行简要分析。

(1) 故障现象：刮水器电动机不转。

故障原因：熔丝烧断；导线松动或接触不良；刮水器控制开关损坏或接触不良；电枢绕组断路或减速器齿轮损坏；线圈接头松脱；电刷损坏或夹住；转子卡死等。

(2) 故障现象：刮水器动作迟缓。

故障原因：电压过低或开关接触不良；刮水片与玻璃的接触面脏污；电动机轴承和减速器齿轮润滑不良；电刷接触不良或弹簧过软等。

(3) 故障现象：开关断开后，刮水器电动机不能停转。

故障原因：控制开关触点烧结粘连或接地短路；自动停位器触点烧坏等。

(4) 故障现象：刮水片不能自动复位。

故障原因：控制开关损坏，电动机自动复位器接触不良，连接导线断路。

(5) 故障现象：刮水器摇臂有不正常响声。

故障原因：连杆机构扭曲，接头磨损。

另外，如果发现在雨下得很大时使用刮水器感觉不错，可是在下小雨时，刮水片会在玻璃上留下擦拭不均的痕迹；有的时候还会在玻璃上造成视线不良，这种情况表明刮水片已老化。其他故障与橡皮刷调整有关，例如，橡皮刷拍打风窗下方排水槽，或其中一个橡皮刷低于另一个橡皮刷的停止位等。

应用实例3

故障现象：一辆 2005 年款广州本田奥德赛 MPV，行驶里程 8 万 km，用户反映车辆停驶一夜后，早晨发现前风窗玻璃洗涤器不喷水，刮水器也不工作。

检查分析：首先确认故障，按下前风窗玻璃洗涤器开关，洗涤器不喷水且无电动机工作的声音，正常情况应该是在喷水的同时刮水器来回动作。操纵刮水器开关，发现前刮水器无间歇挡和除霜挡，而中高速挡工作正常。询问用户确定该车最近没有在其他修理厂维修过，检查车身外观，前保险杠左内侧喷水壶及喷水电动机无碰撞痕迹，清洗液量正常。

在继续检修故障之前，有必要先了解该车刮水器系统的控制过程。该车车身电气采用了多路集成控制系统(MICS)，刮水器系统的开关控制模块、多路集成控制模块(MICU)及继电器控制模块均由一条单线的通信回路进行数据的发送和接收。组合开关控制模块监视着刮水器开关，例如当刮水器开关接通低速挡时，组合开关控制模块就会将此信息发送到通信回路，继电器控制模块接收到此信息后，为继电器提供接地信号，从而接通刮水电动机的电路，前风窗玻璃洗涤器的工作回路与此类似。

首先使用本田专用故障诊断仪 HDS 检测多路集成控制系统，调出故障码 B1080，含义为继电器控制模块和多路集成控制模块的供电电路 IG1 输入错误，且故障码无法清除。根据上面介绍的刮水器系统控制过程进行分析，初步确定前风窗玻璃洗涤器不喷水及刮水器工作不良可能是由故障码提示的原因引起的，首先应该对此故障码进行排查。导致此故障码存储的常见原因包括：仪表板下继电器盒内的 NO. 21 熔丝熔断；多路集成控制模块故障；继电器控制模块故障；相关供电及搭铁线路故障。

根据刮水器控制电路图(图 9. 15)，首先检查仪表板下继电器盒内为多路集成控制模块供电的 NO. 21 号熔丝(7. 5 A)，供电正常。利用本田专用故障诊断仪 HDS 对执行器进行功能测试，结果喷水电动机工作正常，且刮水器各挡位工作正常。既然能够用故障诊断仪 HDS 进行功能测试，则说明多路集成控制模块及继电器控制模块功能正常，网络通信回路也没问题。接下来查看数据列表，检测组合开关相关控制信号有没有输出到通信回路，检查结果正常，那么组合开关控制模块也是正常的，问题应该在线路上。

先检查各控制模块的电源及搭铁回路。关闭点火开关，拆下发动机舱内继电器控制模块，断开继电器控制模块的 10 线线束插头 K，检查该模块的电源及搭铁情况，结果插头 K 中的 10 号端子与车身搭铁正常。打开点火开关，测量到的插头 K 中的 8 号端子与搭铁之间的电压为零，而正常应为蓄电池电压。人为给插头 K 中的 8 号端子供电，结果刮水器可以正常工作，该端子电压是由继电器盒内的 NO. 21 熔丝通过插头 C 的 3 号端子提供，那么问题就是继电器模块到仪表板下熔丝盒之间的导线断路。拆开转向盘侧仪表板下熔丝盒，检查 C3 端子电压正常，继电器控制模块插头 K8 号端子与仪表板下熔丝盒 C3 号端子之间断开。仔细检查发现，左前减振器座通往防火墙之间的线束断裂(图 9. 16)。

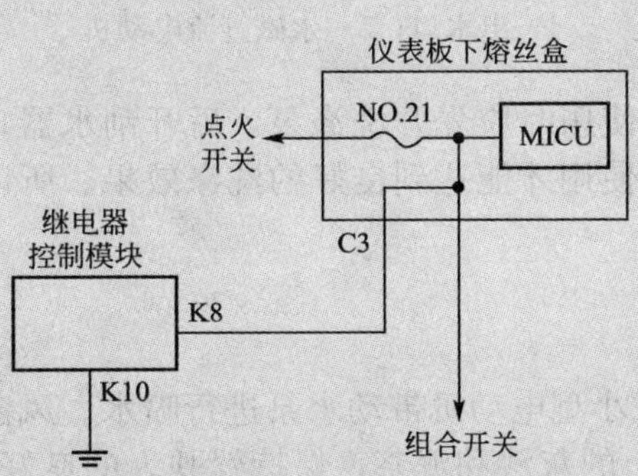

图 9. 15 刮水器控制电路示意图

图 9. 16 左前减振器座通往防火墙之间的线束

故障排除：修复 K8 到 C3 之间断路的线路，清除故障码后，前风窗玻璃洗涤器及刮水器工作正常，故障排除。

9.5　风窗玻璃洗涤器

为了更好地清除附在风窗玻璃上的污物，在车辆上设置了风窗玻璃洗涤器，与刮水器配合工作，保证驾驶人有良好的视野。

9.5.1　风窗玻璃洗涤器的组成

风窗玻璃洗涤器由洗涤液罐、微型永磁直流电动机、洗涤泵、软管、三通、喷嘴及刮水器开关组成，如图 9.17 所示。

9.5.2　风窗玻璃洗涤器的工作原理

永磁直流电动机和离心式叶片泵构成一个小总成，如图 9.18 所示，这个小总成安装在储液罐上，喷射压力为 70～88kPa。喷嘴安装在风窗玻璃下面或发动机舱盖上，一般有两个，其喷射方向可以调整，以使洗涤液喷射到风窗玻璃的合适位置。捷达轿车喷嘴的喷射位置按图 9.19 中数值进行调整。

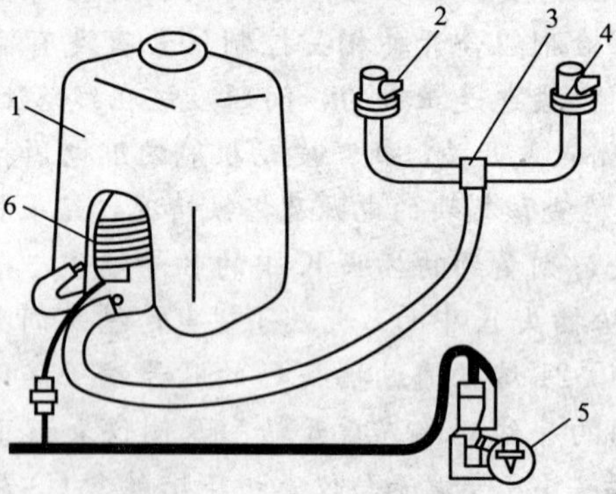

图 9.17　风窗玻璃洗涤器

1—洗涤液罐；2、4—喷嘴；3—三通；
5—刮水器开关；6—洗涤泵

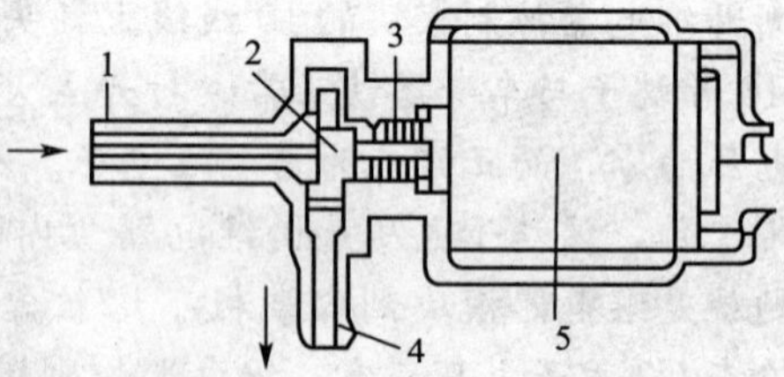

图 9.18　洗涤器电动机与洗涤液泵总成

1—进液口；2—叶轮；3—泵体；
4—出水口；5—永磁直流电动机

洗涤泵连续工作的时间一般不超过 1min，使用时应先开洗涤泵，后开刮水器。在喷射停止后，刮水器应继续刮 2～5 次，这样配合使用才能达到良好的洗涤效果。所以，洗涤器电路一般与刮水器开关联合工作。

9.5.3　风窗玻璃洗涤器常见故障及维修

汽车风窗玻璃洗涤器多为电动式，以永磁式小型电动机带动水泵进行喷水。风窗玻璃洗涤器与刮水器配合使用，用来清除风窗玻璃上的灰沙和泥浆，保持驾驶人的良好视线。电动式洗涤器由储液箱、直流电动机、水泵、输水管、喷嘴等部件组成。下面以 NJ 系列车型为例，简要介绍汽车风窗玻璃洗涤器常见故障诊断的基本方法。

(1) 洗涤器电动机不转：按下风窗玻璃洗涤器按钮后，洗涤器电动机不转，检查其熔丝良好。

故障原因：

① 线路故障：熔丝盒电源引线至洗涤器电动机断路，洗涤器按钮开关控制引线至洗涤器电动机断路。

② 电动机故障：电刷损坏或电动机引线断路。

③ 控制开关故障：引线断路、触点损坏。

(2) 洗涤器运转，但喷水无力或不喷水：按下风窗玻璃洗涤器按钮后，洗涤器电动机有运转声但喷水无力或不喷水。

故障原因：

① 储液箱至水泵间管路堵塞、喷嘴堵塞。

② 电动机转子轴与水泵叶轮间打滑。

③ 电动机故障：电刷弹簧压力过低、换向器污垢严重、电枢线圈局部短路、水泵压盖过紧。

(3) 按下洗涤器按钮，熔丝随即熔断。

故障原因：

① 线路故障：电线束内洗涤器电动机电源线与控制线短路。

② 洗涤器电动机故障：电枢线圈短路、转子卡住不转、电动机引线短路。

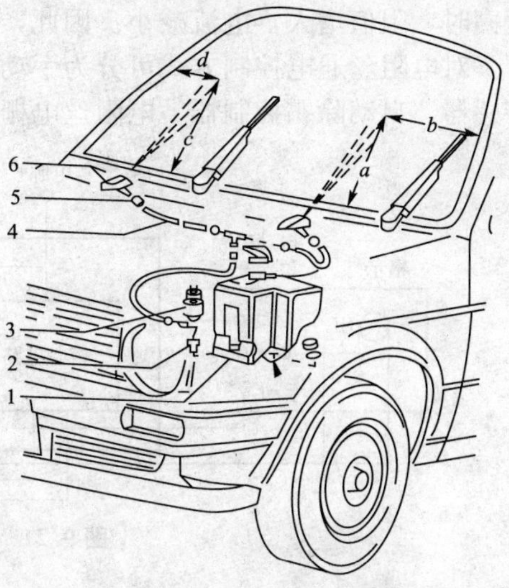

图 9.19 风窗清洗装置构成及喷嘴调整

1—储液罐；2—密封圈；3—洗涤泵；4—软管；5—软管护套；6—喷嘴；a—345mm；b—300mm；c—320mm；d—420mm

9.6 风窗玻璃除霜装置

9.6.1 风窗玻璃除霜器的组成

冬季风窗玻璃上易结冰霜，用刮水器是无法清除的，有效除去冰霜的方法是加热玻璃。前风窗玻璃和侧窗玻璃可利用空调暖风进行除霜；轿车的后风窗玻璃一般利用电阻丝组成的电栅加热除霜，即电热式除霜，如图 9.20 所示。

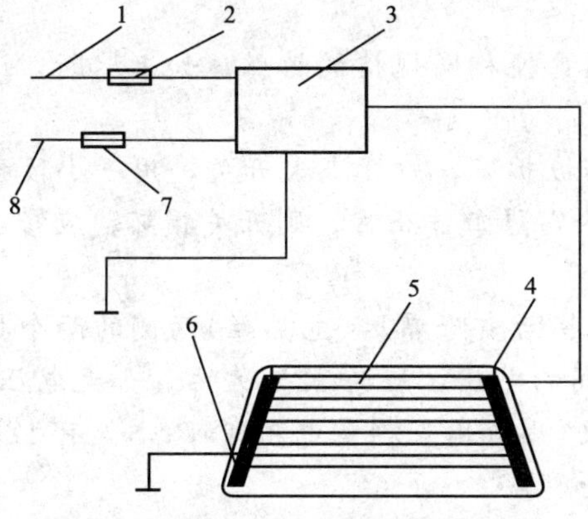

图 9.20 电热式后窗除霜电路原理图

1—接电源正极；2—熔断器；3—开关/定时继电器；4—供电接线柱；5—后窗电栅；6—搭铁接线柱；7—熔断器；8—接点火开关

9.6.2 风窗玻璃除霜器的工作原理

后风窗玻璃除霜器一般是在玻璃成型过程中，将很细的电阻丝烧结在玻璃表面上。它由一组平行的含银陶瓷电阻丝组成，在玻璃两侧有汇流条，汇流条上各焊有一个接线柱，其中一个用来供电，另一个是搭铁接线柱。这种除霜器的工作电流较大，因此电路中除设有开关外，有的还设有一个定时继电器。这种继电器在通电 10min 后即能自动断电，如霜还没有除净，驾驶人可再次接通开关，但在此之后每次只能通电 5min。

除霜器的电阻随温度的变化而变化，具有正温度系数。温度低时，阻值减小，电流增大；温度高时，阻值增大，电流减小。因此，除霜器自身具有一定的调节功能。

对电阻丝通电控制方式可分为手动和自动两种。自动控制除霜装置由开关、自动除霜传感器、自动除霜控制器、电阻丝电栅等组成，如图 9.21 所示。

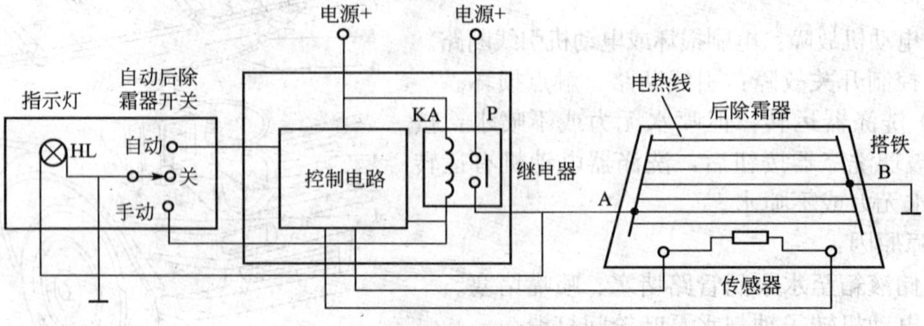

图 9.21　后窗自动控制除霜装置

工作过程如下。

① 除霜开关位于“关”位置时，除霜装置不工作。

② 将除霜开关拨至“自动”位置，当后窗玻璃下缘传感器检测到冰霜达到一定厚度时，传感器电阻值急剧减小到某一设定值，控制器便控制继电器使电路接通，继电器触点闭合。于是由点火开关 IG 接线柱向电阻丝供电，同时仪表板上的指示灯点亮，指示除霜装置正在工作。随着玻璃上冰霜减少到某一程度后，传感器电阻值增大，控制器将继电器电路切断，触点断开，指示灯熄灭，后窗电栅断电，除霜装置停止工作。

③ 除霜开关拨至“手动”位置时，继电器电磁线圈可经“手动”开关直接搭铁，使除霜电路接通。

应用案例4

故障现象：除霜器不除霜；除霜器有时工作有时不工作。

故障原因：熔断器或控制线路断路；加热丝或开关损坏；控制线路不良。

诊断与排除：

① 首先检查熔丝是否熔断，如果熔丝熔断则更换相同规格的熔丝；如未熔断，进行下一步。

② 检查除霜器开关，将除霜器开关周围装饰板拆下，打开点火开关，用一小段短路线将开关端子短接，观察除霜器工作情况，如除霜器工作正常，则开关损坏，应修理或更换；如除霜器仍不工作，进行下一步。

③ 检查所在线路及插接件是否断路或松脱，将后窗除霜器(电热丝)两侧的两个插头拔下，打开点火开关，用万用表测量两个插头间的电压，应为 12V 左右。如无电压，应进一步检查搭铁线及火线是否有断路或接触不良(用万用表测量电阻即可)；如有 12V 左右电压，进行下一步。

④ 检查除霜器加热丝，一个人在后窗外用手电筒逐行缓慢照射加热丝，另一个人在车内仔细观察加热丝，如发现加热丝的某处充分辉亮，则该处为断路处，应用专用加热丝修理工具修理。

阅读材料9-2

汽车玻璃除霜技巧

在寒冷的冬季，车在室外停放一夜，第二天风窗玻璃经常会出现结霜现象，这恐怕是没有车库的车主最为头痛的问题之一。当汽车玻璃结霜后，传统方法中最安全的是提前热车用暖风吹化结霜，但是这种方法需要耗费一定的时间。另外，也不能用布和卡片等刮玻璃上的霜。因为冬天风比较大，霜里会有许多细小的灰尘，使用工具刮霜就等于用细砂纸在打磨玻璃，使车窗很快变成毛玻璃。更不能用凉水或热水浇，因为用水浇，凉水使玻璃结冰，热水可以直接导致玻璃炸裂。至于一些车友们把白酒或酒精洒在风窗玻璃上除霜的做法，则会给橡胶零件造成一定的腐蚀或损害，所以不建议用这种方法。

目前一些防结霜于未然的方法受到很多车友的青睐。例如，车主可以在晚上停车之后，用专业车衣盖住整车。当然不推荐用报纸和普通布类来遮挡玻璃，因为严寒天气下，这类物品可能被冻结在玻璃上或者被大风吹走。另外一个未雨绸缪的方法是，在晚上快要达到停车地点之前或停好车熄火之后，打开车窗或车门，使车内温度降低至室外温度时再关窗、关门、锁好车，由于车内外没有温差，空气中的水汽便不易凝结在车窗上，因此就可以从源头上防止结霜的产生。

本章小结

本章介绍了汽车电动车窗、电动座椅、电动后视镜、电动刮水器、风窗玻璃洗涤器及除霜装置的结构组成、工作原理、可能出现的问题及解决办法。

复习思考题

一、单选题

1. 目前轿车上安装的刮水器大多是(　　)。

A. 气动式　　B. 电动式　　C. 液动式　　D. 真空式

2. 洗涤泵连续工作时间一般不要超过(　　)。

A. 10s　　B. 30s　　C. 1min　　D. 5min

3. 后风窗玻璃除霜继电器在初次通电后，(　　)后自动断开。

A. 5min　　B. 10min　　C. 5s　　D. 10s

4. 如果在开启车窗时，某个车窗不能升降，可能是(　　)。

A. 熔断器断路　　B. 电源电压过低　　C. 电源开关故障　　D. 电动机损坏

5. 电动座椅前后方向的调节量一般为(　　)。

A. 50～100mm　　B. 100～160mm　　C. 50～100cm　　D. 100～160cm

6. 四向移动的座椅，一般有(　　)个电动机。

A. 2　　B. 4　　C. 6　　D. 8

二、多项选择题

1. 电动刮水器的作用是清除风窗玻璃上的(　　)。

A. 雨水　　B. 结冰　　C. 雪　　D. 尘土

2. 电动刮水器间歇控制一般在(　　)使用。

A. 雨停的时间　　B. 洗涤的时间　　C. 毛毛雨时　　D. 雨量稀少时

3. 风窗玻璃洗涤器主要由洗涤液罐、三通、(　　)等组成。

A. 洗涤泵　　B. 喷嘴　　C. 雨量传感器　　D. 刮水器

4. 电动刮水器系统常见的故障有(　　)。

A. 喷嘴不喷水　　B. 刮水器不工作

C. 刮水器间断性工作　　D. 刮水片不能复位

5. 电动车窗系统主要由(　　)等组成。

A. 电动机　　B. 玻璃升降器

C. 车窗传感器　　D. 开关装置

6. (　　)可能导致电动座椅某个方向不动作的故障。

A. 熔丝熔断　　B. 电源线路断路

C. 该座椅开关损坏　　D. 该方向控制电路故障

三、判断题

1. 永磁式刮水电动机是通过改变正、负电刷之间串联线圈的个数实现变速的。(　　)

2. 为了更好地清除浮在风窗玻璃上的污物，在汽车上增设了风窗玻璃洗涤器。(　　)

3. 汽车的前、后风窗玻璃装设了除霜装置，一般前风窗玻璃采用的是电栅加热除霜方式。(　　)

4. 电动车窗一般装有两套开关，分别为总开关和分开关，两个开关之间互相独立。(　　)

四、简答题

1. 简述电动车窗的基本组成和工作原理。

2. 智能型的电动玻璃升降器的电子控制装置能实现哪些功能?

3. 简述电动刮水器的自动复位原理。

4. 试分析电动刮水器的变速原理。

5. 广州本田雅阁轿车电动座椅向上调节是怎样实现的?

6. 简述后风窗玻璃除霜器的工作过程。

第10章 汽车电气设备总线路

学习目标

了解汽车电气设备线路的类型；

了解汽车电气设备线路的识读方法及流程；

能对全车电路及部分电路图进行分析及识读。

教学要点

知识要点	能力要求	相关知识
汽车电气设备线路类型	了解汽车电气设备线路类型	单元线路、电气线路图，汽车线路原理图、线束图
汽车电气设备线路识读	了解汽车电气设备线路的识读方法及流程；了解一般电路图中的符号和数字的含义	识图要领、数字符合含义、回路原则
汽车电路图分析实例	能对全车电路及部分电路图进行分析及识读	桑塔纳全车电路分析、解放汽车全车电路分析

导入案例

汽车电气设备总线路就如同人的神经系统一样，分布在汽车的各个部位，控制着汽车的各种器件有序地工作。随着汽车电子化程度的不断提高和更新，新的结构和装置不断涌现，汽车电器与电控装置日益增多，车载电气产品的增加使汽车上所使用的导线数量、长度、质量、种类增加，特别是信号线的增加速率更快。在20世纪50年代中期，汽车上的导线仅有75m，而今天，一辆高档车辆的导线束长度超过2km，质量为35kg。在一些新式车辆中，导线数量超过5600根，在特殊的轿车线路中至少要使用200多种不同的导线，这使汽车电路更加复杂。所谓汽车电气设备总线路，就是通过开关、熔断器、导线等中间装置，将供电系统、起动系统、点火系统、电子控制系统、灯光系统、车辆信息显示系统和辅助电气设备等部分合理地连接而组成总体。一张详尽的汽车电路图对于维修技术人员来说就是一种汽车故障的“检测工具”。

10.1 汽车电气设备线路类型

汽车线路有部分线路和整车线路之分。部分线路即局部线路或叫单元线路，如电源线路、起动线路、点火线路、照明线路、信号及仪表线路等；整车线路即汽车电气总线路，常见的整车线路有3种，即汽车电器线路图(也称布线图)、汽车线路原理图和汽车线束外形图。

10.1.1 汽车电气线路图

汽车电气线路图通常根据汽车电器的外形，用相应的图形符号表示，再用导线相互连接而成，它所连接的电气设备的安装位置、外形和线路与实际情况一致，如图10.1所示，以便对汽车电器故障进行判断与排除。汽车电气线路图在图面上比较注意各电气设备在汽车上的实际位置。例如，通常图的左边代表汽车的前部，图的右边则代表汽车的尾部。同时，图中的电气设备大多以实物轮廓的示意形状表示，给人以真实感觉。对那些实际安装位置走向相同的连接导线也尽可能画在一起。电气线路图类似于无线电设备的实物接线图，其优点是较好地再现了线路的实际连接情况，缺点是识图比较困难。

10.1.2 汽车线路原理图

汽车线路原理图也称线路简图，是根据国家或有关部门制定的标准，用规定的图形符号绘制的较简明的线路。这种图用来表达线路的工作原理和连接状态，不讲究电气设备的形状、位置和导线走向的实际情况，如图10.2所示。图中电气设备均采用符号表示。这种图便于分析汽车电气设备的工作原理或工作过程，并利于分析判断故障的大概位置。

10.1.3 汽车线束外形图

汽车线束外形图，主要说明哪些电器的导线汇合在一起组成线束、与何处进行连接等，反映的是已制成的线束外形，故也叫做线束包扎图，如图10.3所示。图中一般都标

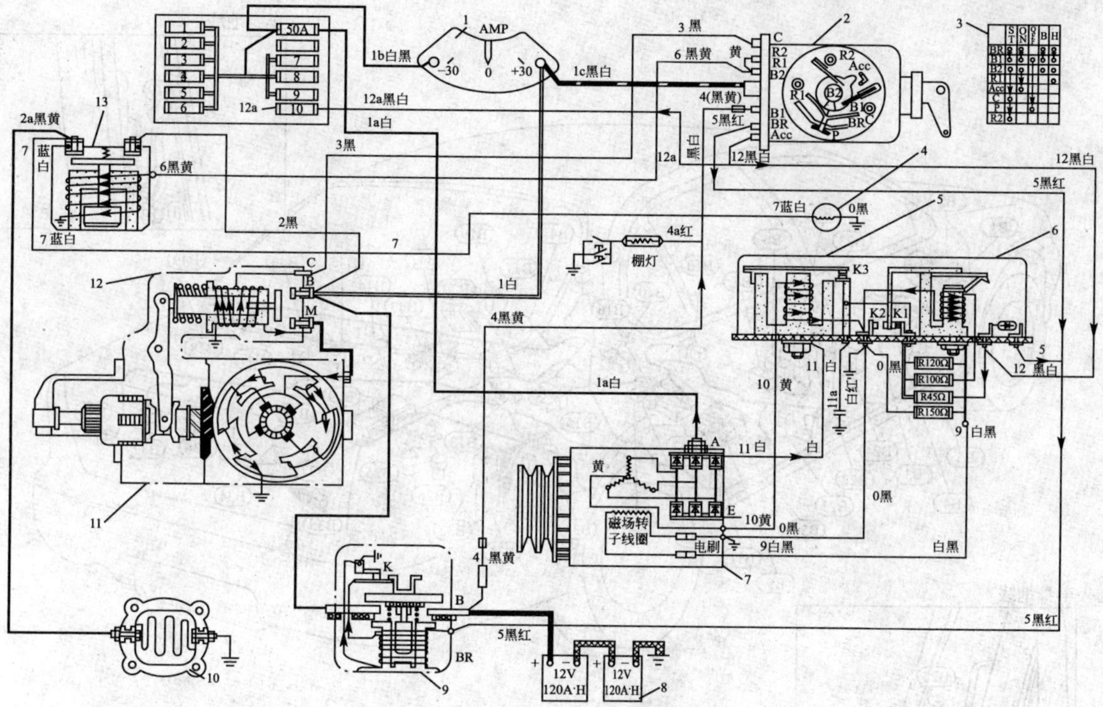

图 10.1　NISSAN 柴油货车充电及起动系统电气线路图

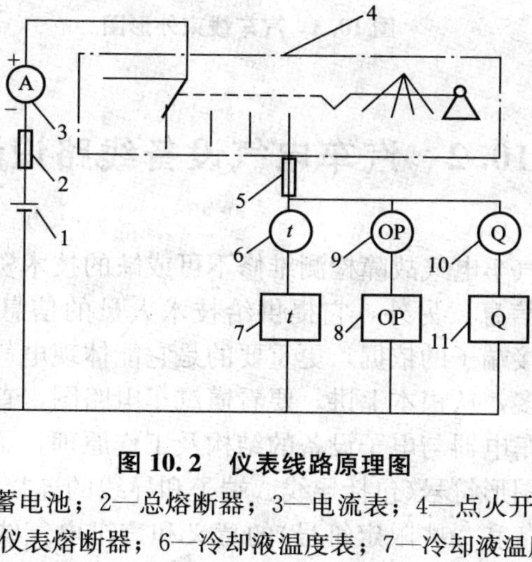

图 10.2　仪表线路原理图

1—蓄电池；2—总熔断器；3—电流表；4—点火开关；
5—点火及仪表熔断器；6—冷却液温度表；7—冷却液温度传感器；
8—油压传感器；9—油压表；10—燃油表；11—燃油传感器

明线束中每根导线所连接的电气设备的名称，有的还标注了每根导线的长度。

线束外形图通常又分为主线束图和辅助线束图两种。主线束图又分为底盘线束图和车身线束图。辅助线束类型较多，多用于主线束的支路并通过插接器与各种辅助电器相连，如空调线束、车顶线束、电动门窗线束、ABS线束、自动变速器线束、电动座椅线束、电动门窗线束等。

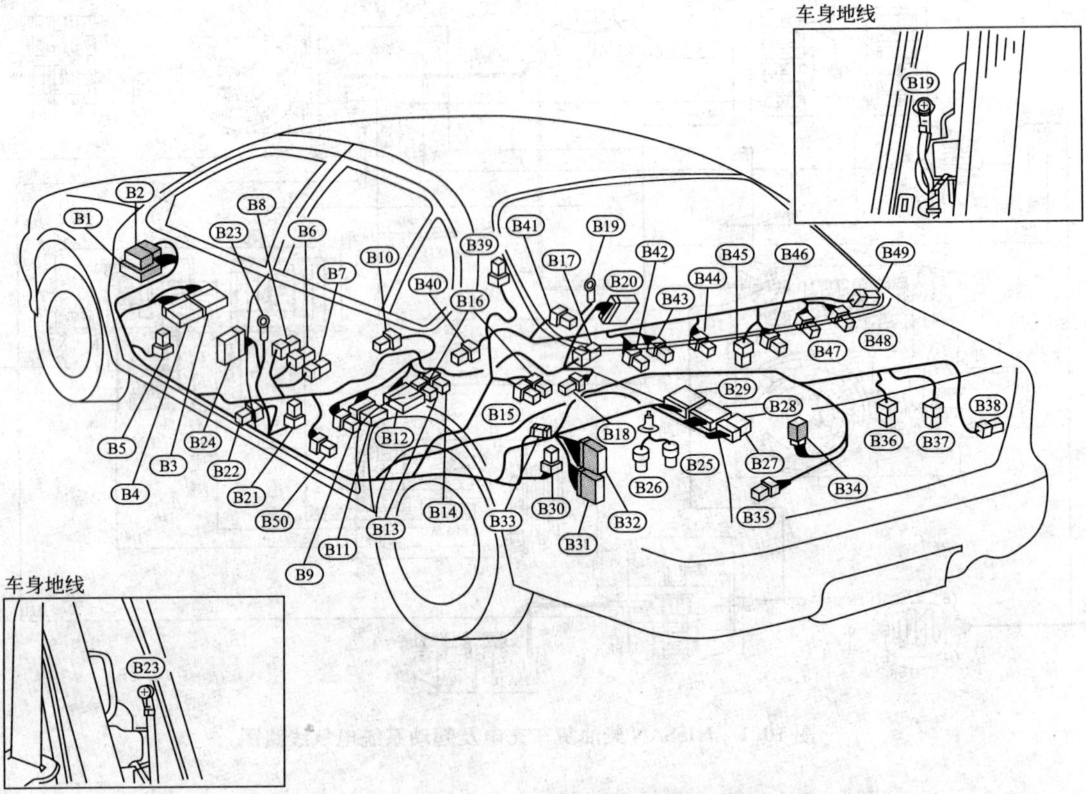

图 10.3　汽车线束外形图

10.2　汽车电气设备线路识读

汽车电路图是现代汽车电气故障检测维修不可或缺的技术资料，它全面反映了电路的原理、连接关系和位置信息。另外，它提供给技术人员的信息量不仅是当电路出现故障时，查找电气元件及连接端子的依据，更重要的是它能体现电气故障诊断的逻辑规律。

汽车电路图规范繁多，从根本上讲，要看懂汽车电路图，首先要具备一定的电工和电子学基础知识，熟悉汽车电器与电子设备的结构及工作原理，了解我国规定的及进口车型采用的汽车电路图所用图形符号(包括导线、端子和导线的连接、触点与开关、电气元件、仪表、传感器、电气设备和一些限定符号)的意义和汽车电气线路一般的结构特点。掌握汽车电路识图要领，了解全车电路识图分析的一般流程，再选择一两款典型车型的全车电路进行全面分析训练，掌握汽车电路识图技能就水到渠成了。

10.2.1　汽车电路图识图要领

由于目前各型汽车的电路图尚未统一，特别是各种进口汽车的一些图形符号还很不一致，所以要看懂各种车型的电路图有一定难度。本文以桑塔纳 2000 汽车供电起动系统电路图(图 10.4)和发动机电控汽油喷射点火系统电路图(图 10.5)为例，总结几点读图要领。

1. 了解一般电路图中的符号和数字的含义

对于不同车型不同数字和符合所表示的含义不尽相同，但也有一定的规律，下面以图 10.4为例，介绍其符号和数字的一般含义。

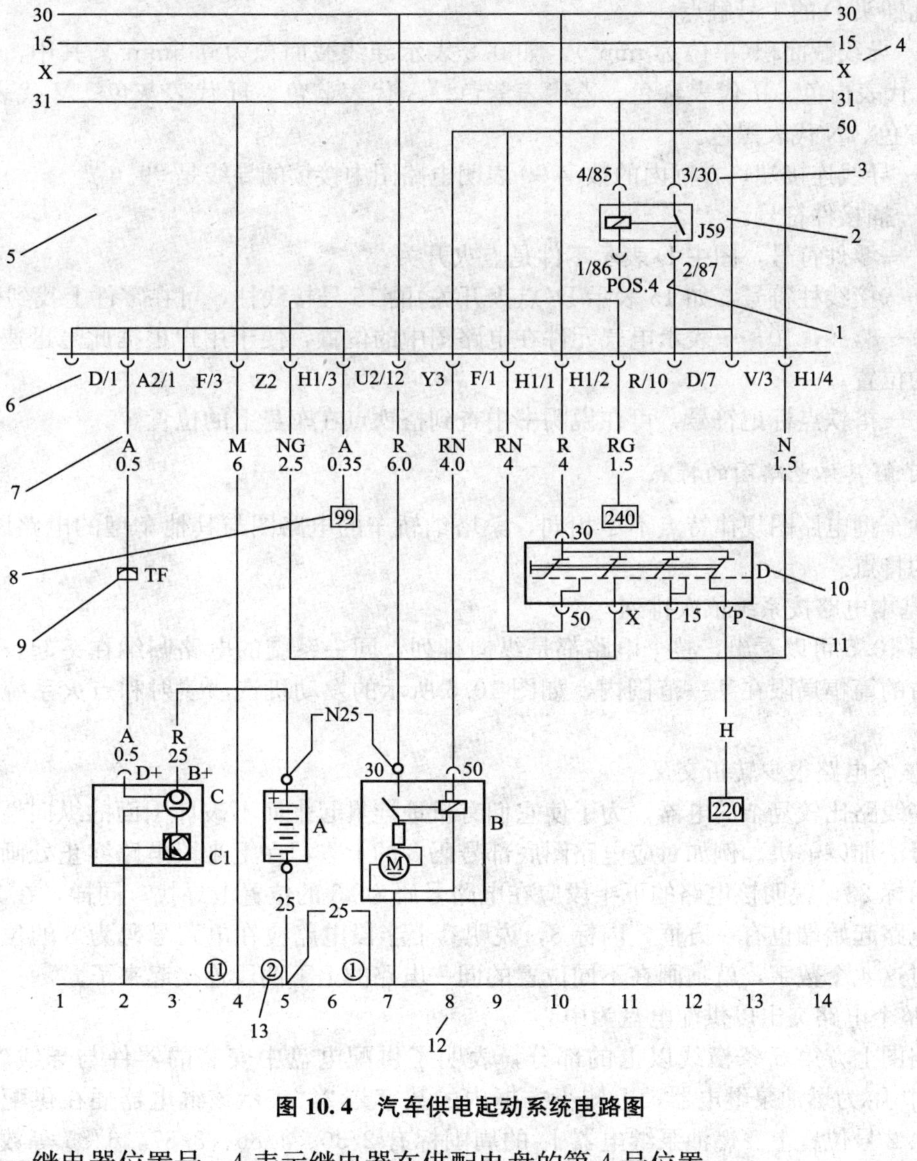

图 10.4 汽车供电起动系统电路图

1——继电器位置号，4 表示继电器在供配电盘的第 4 号位置。

2——供配电盘上的继电器或控制器符号，图中的 J59 表示卸荷继电器。

3——供配电盘上的插接件符号，图中 3/30 表示为多孔插头的一个触点，其中，3 为供配电盘上 4 号继电器的 3 号触点，30 为继电器/控制器上触点 30。

4——电源线号，30 代表常火线(电压为 12V)，即与蓄电池直接相连，中间不经过任何开关，不论是停车时还是发动机熄火时均有电，专供发动机熄火时也需要用电的电器使用，如停车灯、制动灯、顶灯及散热器风扇电动机等；15 代表小容量电器火线，只有在点火开关接通后方能有电；X代表汽车起步时才接通的大容量电器火线，如供起动机用；31代表供配电盘内的搭铁线。

5——供配电盘。

6——供配电盘上的连接件符号，指出一个带线束的多空或单空插头的位置，如D/1表示多孔插头D的1号触点。

7——导线截面积(单位为mm^2)，如0.5表示导线截面积为$0.5mm^2$。其中，G代表黄色、B代表白色、R代表红色、Z代表紫色、A代表蓝色、H代表灰色、V代表绿色、M代表棕色、N代表黑色。

8——导线连接端，方框内的数字99表明电路图中接续的导线是99。

9——插接件符号。

10——零件符号，图中D表示零件是点火开关。

11——接线柱符号，如15表示D(点火开关)的15号接线柱，可在零件上找到标记。

12——8，9，10，…表示电气元件在电路图中的位置，便于用户根据此号迅速查找电气元件的位置。

13——搭铁点标记符号，可在说明书中查到搭铁点在车身上的位置。

2. 了解具体电路图的特点

各种车型电路图规律特点不尽相同，桑塔纳轿车的电路图与其他车型的电路图相比，有一定的特点。

1）基本电路按系统依次排列

从图10.5可以看出，整个电路都是纵向排列，同一系统的电路归纳在一起，在电路图中所占的篇幅局限在某一范围内，如图10.5所示的发动机汽油喷射和点火系统的电路部分。

2）整个电路很少转折交叉

有些线路比较复杂的电器，为了使它们有机地连贯起来而不破坏图面的纵向性，采用断线代号法加以解决。例如对应电路图底部号码8的上方，在上半段电路终止处画有一小方框，内标23，说明该电路的下半段应在电路号码为23的位置上寻找；同样，在23位置下半段电路起始端也有一方框，内标8，说明其上半段电路应在电路号码为8的位置上寻找。通过这4个数字，就把画在不同位置的同一电路的上下两段连接起来了。

3）整个电路突出以供配电盘为中心

电路图上方第5条横线以上的部分，表明了供配电盘中安装的器件与导线。例如，图10.5中J_{17}为燃油泵继电器，上侧小方框内的数字是2，表示该继电器插在供配电盘正面板的第2号位置上。燃油泵继电器J_{17}的周围标有2/30、4/86、3/87、6/85等数字，其中分母30、86、87、85是指该继电器上4个插脚的标号，分子2、4、3、6是指供配电盘正面板第2号位置上相应的4个插孔。又如，S_5为燃油泵熔断器，位于供配电盘正面板下方，熔断器安装部位的右起第5个位置，额定电流为10A。电路图上方第5条横线上标有供配电盘背面插接器的代号D、N、P、E等，代号后面的数字表明了该插接器连接的导线在插接器中的插孔位置，如E14表示插接器E上第14号插孔，N表示该插接器只有1个插孔；同理，D23、D7、D13分别表示插接器D的第23号、7号、13号插孔。而且凡是接点标有同一代号的所有导线都在车上的同一线束内，这也为查找线路提供了方便。

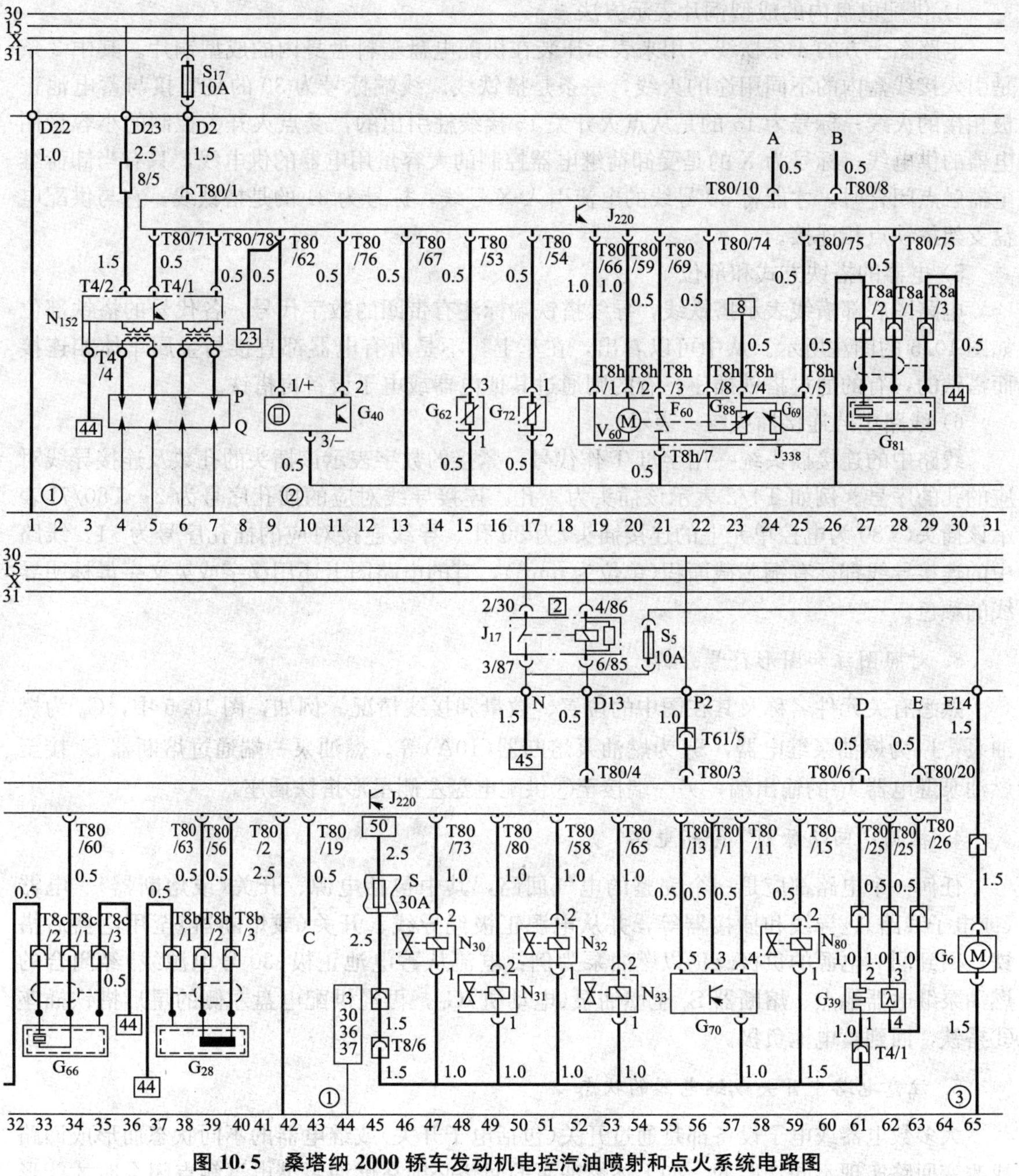

图 10.5 桑塔纳 2000 轿车发动机电控汽油喷射和点火系统电路图

A—空调 A/C 开关信号；B—空调压缩机信号；C—自诊断 E 线；D—发动机转速信号；E—车速信号；F_{60}—怠速信号；G_{6}—燃油泵；G_{28}—转速传感器(灰色插头)；G_{39}—氧传感器；G_{40}—霍尔传感器；G_{61}—1、2 缸爆燃传感器(白色插头)；G_{62}—冷却液温度传感器；G_{66}—3、4 缸爆燃传感器；G_{69}—节气门电位计；G_{70}—空气质量流量计；G_{72}—进气温度传感器；G_{88}—怠速节气门电位计；J_{17}—燃油泵继电器；J_{220}—Motronic 控制单元；J_{338}—节气门体；N_{30}—第 1 缸喷油器；N_{31}—第 2 缸喷油器；N_{32}—第 3 缸喷油器；N_{33}—第 4 缸喷油器；N_{80}—活性炭罐电磁阀；N_{152}—点火线圈；P—火花塞插头；Q—火花塞；S—附加熔断丝(30A)；S_{5}—燃油泵熔断器(10A)；S_{17}—控制单元熔断器(10A)；V_{60}—怠速控制器；①—发动机搭铁点(在发动机控制单元旁边)；②—传感器到控制单元搭铁连接；③—供配电盘左侧星形搭铁插座

4）供配电盘内的成型铜片表示方法

电路图上方的 4 条横线，用来表示压装在供配电盘塑料盘身内的成型铜片。其中 3 条是引入接线盒内的不同用途的火线，一条是搭铁线。线端标号为 30 的是直接与蓄电池正极相接的火线；标号为 15 的是从点火开关 15 接线柱引出的，受点火开关控制的小容量用电器的供电线；标号为 X 的是受卸荷继电器控制的大容量用电器的供电线，只有当卸荷继电器触点闭合时，才能将 30 号线的电流引入 X 号线；标号为 31 的是搭铁线，它与供配电盘支架搭铁点相连接。

5）电器的搭铁方式和部位

电路图底部横线表示搭铁线，导线搭铁端标注有带圈的数字代号，各代号的搭铁部位如图 10.5 的图注所示。从中可以看出，在车上，不是所有电器都直接与金属车体相连接而搭铁的，有的通过搭铁插座，有的则通过其他电器或电子设备再搭铁。

6）线路中的连接插头统一表示

线路中的连接插头统一用字母 T 作代号，紧接的数字表示该插头的孔数及连接导线对应的孔的序号。例如 T4/2 表示该插头为 4 孔，连接导线对应的插孔序号为 2；T80/71 表示该插头(T80 为电控单元上的连接插头)为 80 孔，导线连接对应的插孔序号为 71。线路中的连接导线都标有铜芯截面积(单位为 mm^2)，有的电路图上还用汉字或英文字母标明导线的颜色。

3. 对照图注和图形符号分析

熟悉有关元件名称及其在图中的位置、数量和接线情况。例如，图 10.5 中，G_6 为燃油泵，J_{17} 为燃油泵继电器，S_5 为燃油泵熔断器(10A)等。燃油泵一端通过熔断器 S_5 接至燃油泵继电器 J_{17} 的输出端，另一端接至③供配电盘左侧星形搭铁插座。

4. 根据“回路原则”分析电路

任何一个电路都应是一个完整的电气回路，其中包括电源、开关(或熔断器)、电器(或电子线路)、导线和插接器等，并从电源正极经导线、开关(或熔断器)至用电器后搭铁，回到同一电源的负极。仍以燃油泵为例：电流从蓄电池正极(30 号电源线)经闭合的燃油泵继电器触点、熔断器 S_5 至燃油泵(电动机)G_6，再经供配电盘左侧的星形搭铁插座③搭铁，回到蓄电池负极。

5. 注意电路中开关或继电器的状态

大多数电器或电子设备都是通过开关(包括电子开关)或继电器的不同状态而形成回路或改变回路实现不同功能的。如上述燃油泵的回路必须在燃油泵继电器触点闭合时才能形成，而燃油泵继电器触点闭合的条件是继电器线圈导通。同理，从电路图 10.5 可以看出，燃油泵继电器线圈必须在电控单元 J_{220} 中起开关作用的晶体管导通时，才能通过电控单元中的搭铁点形成回路。对于采用多挡点火开关或组合开关的电路，还应注意蓄电池(或发电机)电流是通过什么途径到达这个开关的，中间是否经过其他开关或熔断器，火线接在开关的哪个接线柱上；多挡开关共有几个挡位，开关内部有几个同时或分别动作的触头，在每一挡位各接通或切断哪些电器；组合开关由哪些开关或按钮组合而成，各通过哪些触点接通电路或改变回路等。

6. 利用汽车电路特点把整车电路化整为零

汽车电路单线制、各电路负载相互并联及两个电源也相互并联等特点，为把整车电路化整为零进行读图提供了方便。整车电路可以按前面所述的组成汽车电气线路的各个分电路逐一进行分析；对于各分电路同样可以采取各个击破的办法进行识读。如电子控制系统电路，就可以分成发动机电子控制系统、自动变速器电子控制系统、制动防抱死电子控制系统等电路；发动机电子控制系统又可分为汽油喷射控制、点火控制、排放控制等不同电路。

10.2.2 全车电路识图分析流程

实践证明，在进行电路识图和分析时，做到以下几步即可。

1. 认真读几遍图

结合电路图的识图要领，认真读几遍图，了解汽车电路图的整体布局。汽车电路图中电器装置的布置顺序一般是供电电源(特别是蓄电池)在左，用电设备在右，各个系统尽量画在一起；电源线在上，搭铁线在下；在局部电路的原理图中，信号输入端(或控制端)在左，信号输出端(或驱动端)在右。

寻找主干电路，汽车电路以点火开关为中心将全车电路分成几条主干电路，即 30 号线、15 号线、50 号线、31 号线、X 号线等。

认真读几遍图注，图注说明了汽车所有电气设备的名称及其数码代号，通过读图注可初步了解该汽车都装配了哪些电气设备。

2. 进行电路整理

原车电路提供的信息量比较大，包括了电路原理和连接关系之外的许多信息，如位置、中转插头、颜色等，因此从一定程度上影响了技术人员对电路原理和连接关系的判断。因此，需要按照突出电路原理和连接关系的原则重新整理电路。

3. 进行关联性分析

汽车全车电路基本上由电源电路、起动电路、点火电路、照明电路、辅助电气设备电路等单元电路组成。从整车电路来讲，各单元电路是相对独立的，但它们之间也存在着内在多路共享的部分并相互影响，包括电源铰接点、搭铁铰接点和信号铰接点，在起动发动机时，由于起动机瞬间电流很大，导致蓄电池内阻压降增大，其输出电压降低，因而会影响其他电路的正常工作。再如发电机输出电压过高，又会造成灯泡烧坏等。有意识地将电路的关联部分提取出来，给予特别关注，是掌握汽车电路的一个重要环节，也是实现准确判断和迅速找出故障部位排除故障的必要条件。

4. 浏览全图框画各个系统

要读懂汽车电路图，首先必须掌握组成电路的各个电气元件的基本功能和电器特性。在大概掌握全图的基本原理的基础上，再把一个个单独的电气系统框出来(或画出来)。在框画各个系统时，应注意既不漏掉各个系统中的组件，也不能多框画其他系统的组件。框画出的任何一个系统都应是一个完整的独立的电气回路，即包括电源、开关、保险装置、电器设备、导线等，并从电源的正极经导线、开关、熔丝至电器后搭铁，能组成闭合回路，否则所框画出的系统就不正确。这样就容易抓住每一部分的主要功能及特性。

10.3 汽车电路图分析实例

汽车总线路的布置因车而异、各有特点，但都存在一定的规律。下面以几种典型汽车电气设备线路为例，进行识图分析。

10.3.1 解放CA1092型汽车整车电气系统电路分析

解放CA1092型汽车整车电气系统电路原理图分解为4大系统，即供电、起动、点火系统电路；仪表、收放机及警报信号系统电路；刮水器、暖风、点烟器系统电路；照明和信号系统电路，如图10.6所示。

1. 供电、起动、点火系统电路

该系统电路中包括：蓄电池、发电机、电压调节器、电流表、组合继电器、充电指示灯、点火起动开关、起动机、点火控制器、点火线圈、分电器、火花塞、熔断器及连接导线等。其工作原理如下。

1）起动前的功能检查系统电路

首先将点火开关转到位置Ⅰ，使点火开关触点1与2接触。这时充电指示灯22工作，电路中的电流由蓄电池20正极→熔断器14→电流表18→点火开关触点1、2→充电指示灯22→组合继电器21→充电指示灯继电器常闭触点→蓄电池负极，构成回路。于是，充电指示灯点亮，表示该指示系统电路工作正常。

2）起动机系统电路

将点火开关由位置Ⅰ转到位置Ⅱ，使其开关触点1与4闭合。这时起动机工作电路中的电流由蓄电池20正极→熔断器14→电流表18→点火开关触点1、4→组合继电器中的起动继电器线圈1→组合继电器中的充电指示灯→继电器常闭触点→蓄电池20负极，构成回路。因此，组合继电器中的起动继电器开始工作，使其常开触点闭合。于是，起动机电磁开关线圈电路被接通，工作电路中的电流由蓄电池20正极→组合继电器21中的起动继电器常开触点→起动机电磁开关线圈→蓄电池20负极，构成回路。于是，起动机电磁开关闭合使起动机接通电源。其工作电路中的电流由蓄电池20正极→起动机23→蓄电池20负极，构成回路。因此，起动机开始旋转拖动发动机，完成起动全过程。

3）点火系统电路

发动机起动后，点火开关自动返回位置Ⅰ，使其开关触点1与2接通。这时点火系统工作电路中的电流由蓄电池正极→熔断器14→电流表18→点火开关触点1、2→点火线圈初级线圈及点火控制器→蓄电池负极，构成回路。发动机运转时，分电器中的脉冲信号发生器产生间断的脉冲信号，送给点火控制器来控制点火线圈初级线圈的接通与断开。当点火线圈的初级线圈断开时，在它的次级线圈中产生感应高压电，击穿火花塞电极间隙，使之产生气体电离发出火花，点火线圈储存电能变成热能放出，点燃混合气，使发动机工作。

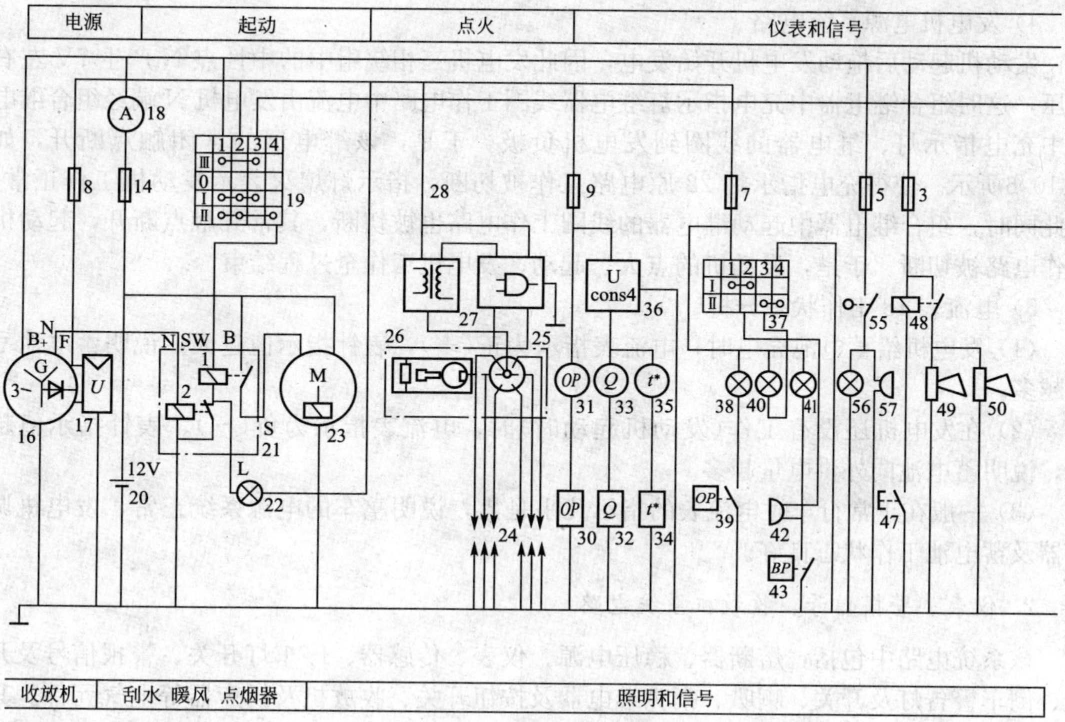

图 10.6 解放 CA1092 型汽车整车电路

1～15—熔断器；16—交流发电机；17—晶体管调节器；18—电流表；19—点火开关；20—蓄电池；21—组合继电器；22—充电指示灯；23—起动机；24—火花塞；25—分电器；26—点火信号发生器；27—点火控制器；28—点火线圈；29—工作灯插座；30—油压表传感器；31—油压表；32—燃油表传感器；33—燃油表；34—冷却液温度传感器；35—冷却液温度表；36—稳压器；37—停车灯开关；38—机油压力警告灯；39—机油压力报警开关；40—停车指示灯；41—低压警告灯；42—低压报警蜂鸣器；43—低压报警开关；44—收放机天线；45—收放机；46—扬声器；47—喇叭按钮；48—喇叭继电器；49、50—喇叭；51—点烟器；52—暖风电动机；53—暖风电动机开关；54—暖风电动机变速电阻；55—倒车灯开关；56—倒车灯；57—倒车蜂鸣器；58—制动灯开关；59、60—制动灯；61—闪光器；62—危险报警开关；63—转向灯开关；64、65—左转向信号灯；66—左转向指示灯；67、68—右转向信号灯；69—右转向指示灯；70—发动机罩下灯开关；71—发动机罩下灯；72～75—示宽灯；76～79—仪表灯；80—车灯开关；81—室内灯；82—灯光继电器；83—脚踏变光开关；84—远光指示灯；85、86—前照灯(远/近光)；87、88—前照灯(远光)；89—雾灯开关；90、91—雾灯；92—刮水器电动机；93—刮水开关；94—七孔挂车插座

4）发电机电源系统电路

发动机起动后拖动发电机开始发电，因此发电机三相绕组中的中性点N产生7V左右电压，这时组合继电器中充电指示灯继电器线圈工作电路中电流由发电机N端经组合继电器中充电指示灯、继电器的线圈到发电机负极。于是，该继电器的常闭触点断开，如图10.6所示。使得充电指示灯22原电路工作被切断，指示灯熄灭表示发动机工作正常；与此同时，组合继电器中起动继电器的线圈工作电路也被切断，其常开触点断开，起动机工作电路被切断。于是，发动机的点火、起动、发电机工作全过程结束。

5）电流表18工作状态分析

(1) 发电机给蓄电池充电时，电流表指示为正(+)，表针指示值越大，说明蓄电池亏电越多。

(2) 在发电机还没有工作(发动机起动时)时，电流表指示为负(−)，表针指示值越大，说明蓄电池向外供电量越多。

(3) 一般在正常行车时电流表的指示几乎是零，说明整车的电源系统正常，发电机调节器及蓄电池工作状态良好。

2. 仪表、警报信号、收放机系统电路

该系统电路中包括：熔断器、稳压电源、仪表、传感器、停车灯开关、警报信号及开关、倒车警告灯及开关、喇叭、喇叭继电器及按钮开关、收放机及扬声器等电气元件。其工作原理如下。

1）仪表及传感器系统电路

当发动机起动后，点火开关19处在位置I，如图10.6所示，触点1与2闭合。油压表工作电路中电流由发电机正极→点火开关触点1、2→熔断器9→油压表3、1→油压表传感器30→负极搭铁，构成回路。燃油表工作电路中电流由蓄电池正极→熔断器14→电流表→点火开关触点1、2→熔断器9→稳压电源36→燃油表33→燃油表传感器32→蓄电池负极，构成回路。冷却液温度表工作电路中电流由蓄电池正极→熔断器14→电流表→点火开关触点1、2→熔断器9→稳压电源→冷却液温度表35→冷却液温度传感器34→蓄电池负极，构成回路。

2）警报信号系统电路

机油压力警报开关39在发动机机油压力低于一定值时触点闭合，这时机油压力警告灯系统工作电路中电流由蓄电池正极→熔断器14→电流表→点火开关触点1、2→熔断器7→机油压力警告灯38→机油压力报警开关39→蓄电池负极，构成回路，机油压力警告灯亮。

停车指示灯40系统电路：当停车拉紧驻车制动杆时，停车灯开关37触点3与4闭合。这时停车指示灯工作电路中电流由蓄电池正极→熔断器14→电流表→点火开关触点1、2→熔断器7→停车指示灯40→停车开关触点3、4→蓄电池负极，停车指示灯亮。

气压警告灯41和低压报警蜂鸣器42系统电路：在行车时，停车开关37的触点1与2闭合。当制动气压低于441.3kPa时低压报警开关43触点闭合。这时低压警告灯和低压报警蜂鸣器工作电路中的电流由蓄电池正极→熔断器14→电流表→点火开关触点1、2→熔断器7→停车灯开关触点1、2→低压报警蜂鸣器42→低压报警开关43→蓄电池负极，构成回路，低压报警蜂鸣器鸣叫，同时低压警告灯亮。

倒车灯和倒车蜂鸣器系统电路：当变速器操纵杆放到倒挡位置时，倒车开关55触点闭合。这时倒车灯和倒车蜂鸣器工作电路中电流由蓄电池正极→熔断器14→电流表→熔断器5→倒车开关55→倒车蜂鸣器57→倒车灯56→蓄电池负极，构成回路。于是倒车灯点亮、倒车蜂鸣器鸣叫。

3）收放机系统电路

打开收放机电源开关，收放机工作电路中电流由蓄电池正极→熔断器14→电流表→点火开关触点1、3→熔断器15→收放机→蓄电池负极，构成回路，收放机开始工作。

4）喇叭声响系统电路

当按下喇叭按钮47时，喇叭继电器48的线圈电路接通，使其常开触点闭合。这时喇叭工作电路中电流由蓄电池正极→熔断器14→电流表→熔断器3→喇叭继电器触点→喇叭49与50→蓄电池负极，构成回路。于是，喇叭鸣叫。

3. 刮水器、暖风、点烟器系统电路

1）刮水器系统电路

当把刮水器开关93拉到L挡(低速挡)时，其开关触点1与4闭合。这时刮水器电动机工作电路中电流由蓄电池正极→熔断器14→电流表18→熔断器3→刮水器电动机92→刮水器开关触点1、4→蓄电池负极，构成回路。于是，刮水器电动机慢速旋转刮洗前风窗。当把刮水器开关拉到H挡(高速挡)时，其开关触点3与4闭合，刮水器电动机工作电路中的电流由蓄电池正极→熔断器14→电流表18→熔断器3→刮水器电动机92→刮水器开关触点3、4→蓄电池负极，构成回路。于是，刮水器电动机快速旋转刮洗前风窗。

刮水器电动机的自动停位是利用刮水器开关触点1与2接通，使刮水器电动机进行能耗制动，最终让刮水片停在风窗玻璃下部的固定位置上的。

2）暖风电动机系统电路

当把暖风电动机开关搬到位置1(低速挡)时，这时暖风电动机工作电路中电流由蓄电池正极→熔断器14→电流表18→熔断器1→暖风电动机开关触点→暖风电动机变速电阻54→暖风电动机52→蓄电池负极，构成回路。于是，暖风电动机以低速旋转。

当把暖风开关搬到位置2(高速挡)时，这时暖风电动机工作电路中电流由蓄电池正极→熔断器14→电流表18→熔断器1→暖风电动机开关触点→暖风电动机52→蓄电池负极，构成回路。于是，暖风电动机以高速旋转。

3）点烟器工作电路

当按下点烟器时，其触点闭合。这时点烟器工作电路中电流由蓄电池正极→熔断器14→电流表18→熔断器1→点烟器51→蓄电池负极，构成回路。于是，点烟器将流过的电流转变成热能并用于点烟。

4. 照明和信号灯系统电路

该系统电路中包括：熔断器、闪光器、转向开关、危险警告灯开关、转向灯、制动灯开关、制动灯、七孔挂车插座、车灯开关、前照灯、变光开关、灯光继电器、雾灯开关、雾灯等电器元件。

1）前照灯系统电路

首先将车灯开关拉到位置Ⅰ，其开关触点1与3、4接通。这时示宽灯72～75和仪表照明灯76～79系统工作电路中电流由蓄电池正极→熔断器14→电流表18→车灯开关触点1、4→熔断器10→示宽灯72～75和仪表照明灯76～79→蓄电池负极，构成回路。于是，上述各灯同时亮。

当需检查发动机机舱内部件时，只要打开发动机罩盖，发动机罩下灯开关70触点就会自动闭合，于是，发动机罩下灯亮。

当把车灯开关拉到Ⅱ位置时，其开关触点1与2、4接通。灯光继电器82线圈电路被接通，电流由蓄电池正极→熔断器14→电流表18→车灯开关触点1、2→灯光继电器线圈→蓄电池负极，构成回路。于是，灯光继电器工作，其常开触点闭合。这时前照灯系统工作电路中电流由蓄电池正极→熔断器14→电流表18→灯光继电器触点82→脚踏变光开关83触点→熔断器12→4个前照灯远光85～88及远光指示灯84→蓄电池负极，构成回路。于是，前照灯远光灯点亮。

当把脚踏板变光开关83切到另一位置，使另外一对触点闭合时，前照灯系统工作电路中电流由蓄电池正极→熔断器14→电流表18→灯光继电器触点→脚踏变光开关触点→熔断器13→两个前照灯近光85、86→蓄电池负极，构成回路。于是，前照灯近光亮。

当转动车灯开关使其室内灯开关触点闭合时，室内灯81亮。

2）雾灯系统电路

当拉动雾灯开关89使其触点闭合时，雾灯工作电路中电流由蓄电池正极→熔断器14→电流表18→熔断器11→雾灯开关89→两个前雾灯90、91→蓄电池负极，构成回路，两个前雾灯同时亮。

10.3.2 上海桑塔纳轿车整车电路系统电路分析

上海桑塔纳轿车电源、起动、预热、点火、仪表和信号电路如图10.7所示，照明和信号、刮水、洗涤电路如图10.8所示，空调、收放机电路如图10.9所示。具体各单元电路分析如下。

1. 电源电路

桑塔纳轿车的电源由容量54A·h、负极接地的12V蓄电池与整体式交流发电机并联组成。当点火开关D置于Ⅰ挡，发动机转速低于1200r/min时，蓄电池电压高于发电机电压一定的数值，则充电指示灯K2点亮，如图10.7所示，其电流回路为蓄电池正极→点火开关D的15接点→充电指示灯K2→发电机磁场绕组→控制磁场绕组励磁电流的大功率晶体管(调节器开关管)→搭铁→蓄电池负极。在发动机转速达到或高于1200r/min时，发电机电压高于蓄电池电压，并向蓄电池充电。由于发电机与蓄电池间的电位差减小，故充电指示灯K2熄灭，指示发电机工作状态良好。

2. 发动机点火系统、仪表及起动电路

1）点火系电路

点火开关D置于Ⅰ挡、点火系统初级电路通电，其电流回路为：蓄电池正极→点火开关D的15接点→点火线圈N的初级线圈→点火开关放大器N11→搭铁→蓄电池负极。当发动机中间轴驱动霍尔传感器的转子转动时，传感器发出脉冲信号，控制点火放大器N11周期地接通与切断点火线圈N中的初级电流，在次级线圈中感应高压电，并按照点火次序使相应气缸上的火花塞跳火。

2）仪表与指示灯电路

在点火系统工作的同时，指示发动机技术状况的仪表与指示灯电路也工作，电流由蓄电池正极流入以下电路：发动机转速表G5→换挡指示器控制装置J98→搭铁，如图10.7

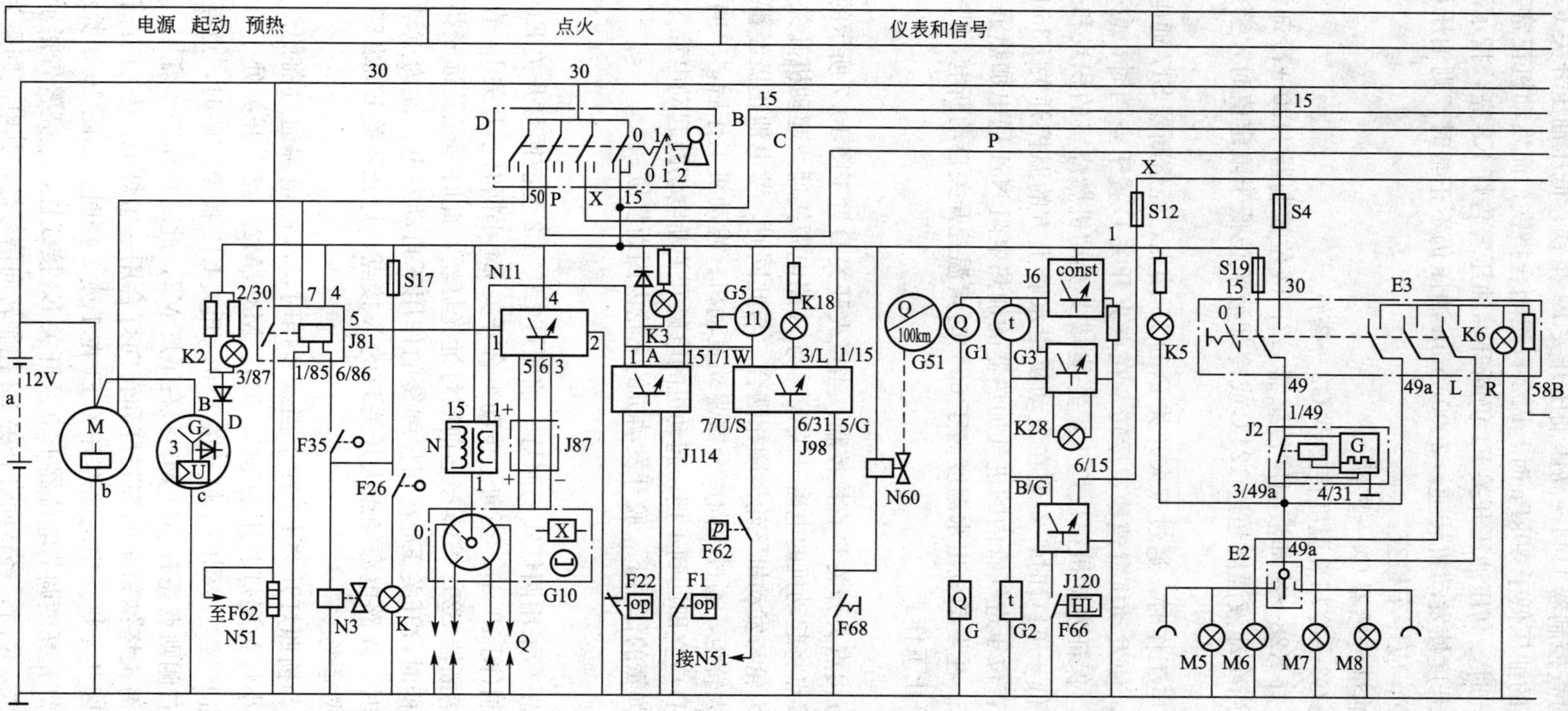

图 10.7　桑塔纳轿车电源、起动、预热、点火、仪表和信号电路

a—蓄电池；b—起动机；c—整体式交流发电机；K2—充电指示灯；N51—进气管加热器的加热电阻；J81—进气预热继电器；F35—进气管预热器温控开关；N3—怠速截止阀；S17—熔断器；F26—自动阻风门温控开关；K—阻风门指示灯；D—点火开关；N11—点火开关放大器；N—点火线圈；Q—火花塞；K3—油压指示灯；J114—油压检查控制器；F22—低压油压开关；F1—高压油压开关；G5—转速表；J98—换挡指示器控制装置；F62—换挡指示灯真空开关；F68—换挡油耗指示器；G51—油耗表；N60—油耗表电磁阀；G1—燃油表；G—燃油表传感器；G3—冷却液温度表；G2—冷却液温度表传感器；J6—稳压器；K28—液位液温警告灯；J120—冷却液不足指示控制器；F66—冷却液不足指示器开关；K5—转向指示灯；E3—危险警告灯开关；K6—报警闪光器指示灯；J2—闪光器；E2—转向灯开关；M5—左前转向信号灯；M6—左后转向信号灯；M7—右前转向信号灯；M8—右后转向信号灯

所示；油压指示灯 K3→油压检查控制器 J144→高压油压开关 F1 搭铁；低压油压开关 F22 搭铁。当低压油压开关 F22 处的油压低于 30kPa 时，F22 自然闭合搭铁，而发动机正常工作时的高压油压达不到 180kPa 时，高压油压开关 F1 仍断开，油压警告灯 K3 亮，指示润滑系统有故障。若加大节气门开度使发动机转速≥2000r/min 油压仍不正常时，则油压检查控制器 J114 发出蜂鸣报警声，应停车检查。

稳压器 J6→燃油表 G1→油量传感器 C4→搭铁。

稳压器 J6→冷却液温度表 G3→冷却液温度传感器 G2→搭铁。

稳压器 J6→液位液温警告灯 K28→冷却液温度传感器 G2；液位控制器 J120→冷却液不足指示器开关 F66→搭铁，当冷却液温度超过 124℃或冷却液液位低于限定值时，警告灯 K28 点亮。

在点火系统与仪表电路通电工作时，通过点火开关 D 的 15 接点，经熔断器 S17 通电，怠速截止阀 N3 打开怠速量孔，使发动机怠速稳定运转。在点火开关 D 置于空挡时，怠速截止阀 N3 断电关闭怠速量孔，保证发动机很快熄火，并能减少发动机燃烧室的积炭和排气污染。当发动机的出水温度低于 64℃时，安装在发动机出水管上方的温控开关 F35 闭合，进气预热继电器 J81 工作，位于进气管内的进气加热器的加热电阻 N51 通电加热混合气，改善发动机冷车工作状态。在发动机出水温度高于 65℃时，温控开关自动断电，进气加热器的加热电阻 N51 断电停止工作。

3）起动电路

950W 串励式直流起动机 b 由点火开关 D 直接控制，当点火开关 D 置于图 10.7 所示的 2 挡位置时，点火开关 D 的 50 接点将起动机的电磁开关线圈与 A 路电源接通，起动机开关铁心带动传动叉，使起动机驱动齿轮与发动机飞轮齿圈相啮合，与此同时，蓄电池正极经蓄电池线向起动机输入强电流产生大转矩，通过单向离合器驱动发动机。发动机工作后，单向离合器开始打滑，此时点火开关 D 应立即回到 1 挡，起动机的电磁开关断电切断起动电源，起动机驱动齿轮在传动叉销回位弹簧的作用下，脱开发动机的飞轮齿因而复位。

3. 灯光电路

(1) 前照灯。上海桑塔纳轿车采用两灯式前照灯。前照灯 L1、L2 受前照灯开关 E1 及变光和超车灯组合开关 E4 控制(图 10.8)。当向上拨动组合开关 E4 手柄时，开关 E4 直通 A 路电源，电气图编号 30 经熔断器 S29、S10 接通前照灯远光灯丝，此时远光及远光指示灯 K1 亮，在松开组合开关手柄时，开关 E4 在回位弹簧的作用下自动断电，此为点动作用。前照灯开关 E 1 处在 2 挡时，A 路电源经点火开关 D 的 X 接点、灯光开关 E1 的 56 接点、变光开关 E4，接通近光或远光。

(2) 小灯、尾灯、停车灯。前照灯开关 E1 在 1 挡或 2 挡时，A 路电源通过前照灯开关 E1 及熔断器 S7 和 S8 点亮小灯与尾灯共用的 M1、M4、M3、M2。点火开关处于 0 挡时，A 路电源经点火开关 D 的 P 接点传到停车灯开关 E19，开关 E19 拨至左侧时，点亮左小灯 M1 和左尾灯 M4；拨至右侧则点亮右小灯 M3 和右尾灯 M2，此时均作停车灯用。

(3) 警告灯和转向灯。上海桑塔纳轿车的警告灯和转向灯合用一组灯泡，左前右前灯 M5、M7，左后右后灯 M6、M8 共 4 灯。当前照灯开关 El 在 1 或 2 挡时，如图 10.8 所示，E1 的 58 接点将 A 路电源引到灯光亮度调节电位器 E20 及开关 E3 接线柱，点亮警告指示灯 K6。危险警告灯开关 E3 在空挡 0 位时，经转向灯开关 E2 控制转向信号灯，其电流回路为：

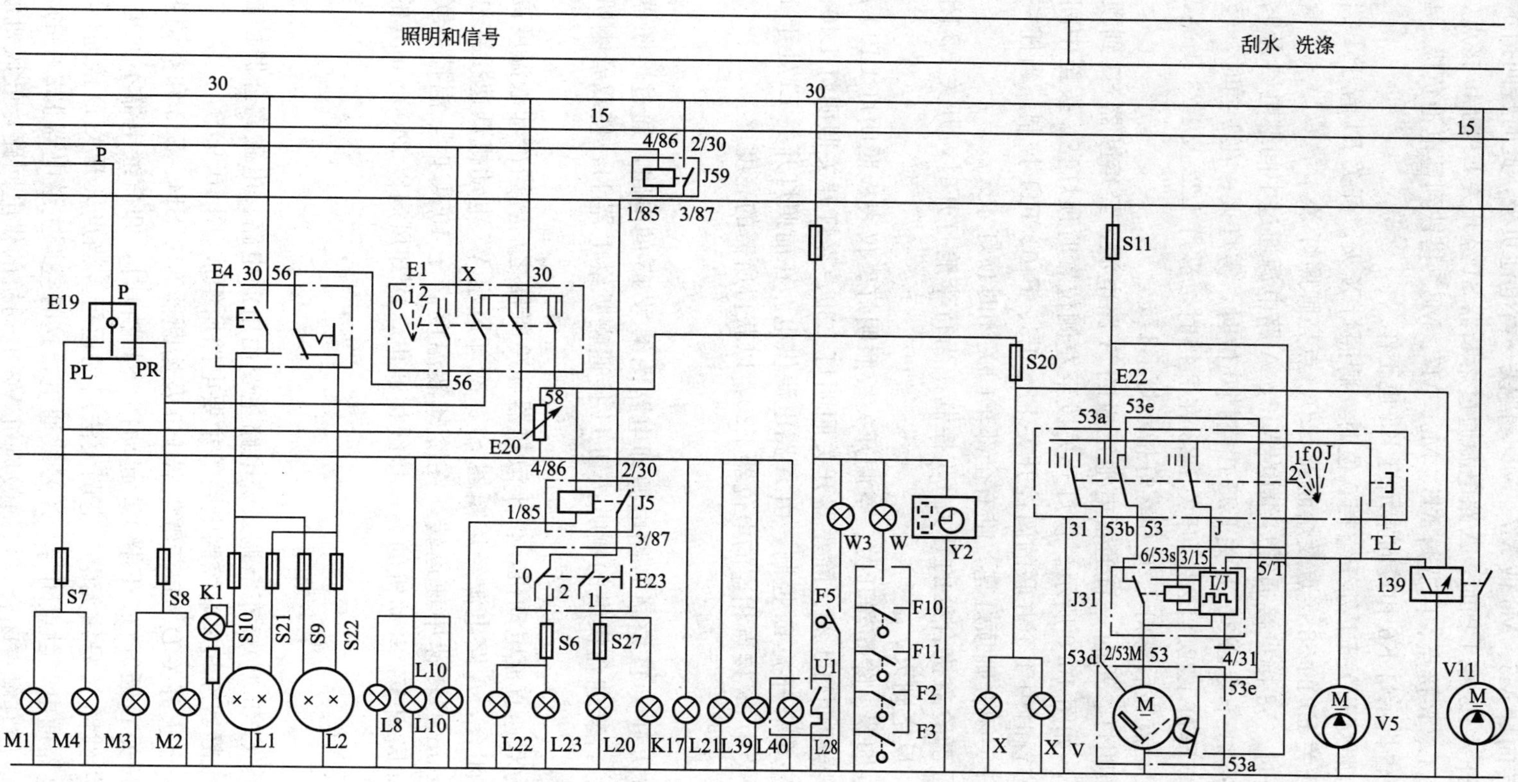

图 10.8　桑塔纳轿车照明和信号、刮水、洗涤电路

E19—停车灯开关；M1、M2、M3、M4—合用的停车灯与小灯；E4—变光和超车灯组合开关；K1—远光指示灯；L1—左前照灯；L2—右前照灯；E1—车灯开关；E20—仪表灯调光电阻；L8—时钟照明灯；L10—仪表灯；J59—中间继电器(卸荷继电器)；J5—雾灯继电器；E23—前后雾灯开关；L22—左前雾灯；L23—右前雾灯；L20—后雾灯；K17—雾灯指示灯；L21—暖气开关照明灯；L39—后风窗除雾器开关照明灯；L40—前后雾灯开关照明灯；L28—点烟器照明灯；W3—行李舱照明灯；F5—行李舱照明灯开关；W—前顶灯；F10、F11、F2、F3—顶灯门控开关；Y2—数字式时钟；X—牌照灯；E22—刮水器开关；J31—洗涤器和间歇刮水器继电器；V—前风窗刮水器；V5—前风窗洗涤器；V11—前照灯洗涤泵(现已取消)

A 路电源正极→点火开关 D 的 15 接点→熔断器 S19→危险警告灯开关 E3 的 49 接点→闪光继电器 J2→转向灯开关 E2→转向灯 M5、M6 或 M7、M8→搭铁→蓄电池负极，此时转向指示灯 K5 工作。当危险警告灯开关 E3 在 1 挡时，A 路电源通过熔断器 S4 经开关 E3 的 49 接点、闪光器 J2、开关 E3 的 49a、L、R 接点、闪光灯 M5、M6、M7、M8、搭铁到蓄电池负极。4 灯同时闪光，以示警告，警告指示灯 K6 和转向指示灯 K5 也工作。

(4) 牌照灯与雾灯。前照灯开关 E1 处于空挡 0 位时，牌照灯 X 灭。开关 E1 置于 1 挡或 2 挡时，A 路电源通过开关 E1 的 58 接点及熔断器 S20，点亮牌照灯 X。

开关 E1 置于 1 或 2 挡时，58 接点接通雾灯继电器 J5，A 路电源通过中间继电器 J59、雾灯继电器 J5 的触点传到雾灯开关 E23。开关 E23 在空挡 0 位时，雾灯灭；在 1 挡时，经开关 E23、熔断器 S6，点亮雾灯 L22、L23；开关 E23 在 2 挡时，雾灯 L22 及 L23 仍亮，且经开关 E23、熔断器 S27，点亮后雾灯 L20 和雾灯指示灯 K17。

(5) 车顶灯与行李舱照明灯。平时一直通蓄电池正极的 A 路电源，经熔断器 S3 到顶灯 W 后，由顶灯开关控制，如图 10.9 所示。顶灯开关拨至左侧位置时顶灯亮；拨至中间位置时顶灯灭；拨至右侧位置时由 4 个并联的门控开关 F2、F3、F10、F11 控制，当任一车门打开时，相应的门灯开关闭合则顶灯亮，唯有全部车门关闭时顶灯才灭。

行李舱照明灯 W3 由行李舱盖接合处的开关 F5 控制，当行李舱打开时，开关 F5 闭合，行李舱照明灯 W3 亮，反之则灭。

(6) 仪表板、时钟、点烟器、除霜器开关、空调开关板照明灯。仪表板照明灯 L10 两只，时钟照明灯 L8、点烟器照明灯 L28、除霜器开关照明灯 L39、雾灯开关照明灯 L40、空调开关板照明灯 L21 均经车灯开关 El 控制，由 A 路电源供电。在前照灯开关 El 处于 1 挡或 2 挡时，调整与 El 开关中 58 接点相连的电位器 E20，以获得所需的亮度。

4. 喇叭与冷却风扇

如图 10.9 所示，由点火开关 D 控制 B 路电源即电路图编号 15 的电路，通过熔断器 S16 给喇叭 H1、H2 供电。经转向盘操纵的喇叭按钮 H 接通喇叭继电器 J4，使双音喇叭 H1、H2 通电发声。

冷却风扇 V7 电动机为双速直流电动机，位于散热器和冷凝器之后，当冷却液温度高于 95℃时，温控开关 F18 闭合，A 路电源经熔断器 S1、冷却风扇 V7 电动机低速接线柱通电，冷却风扇以 1600r/min 的转速中速运转。在冷却液温度高于 105℃时，温控开关 F18 的高温触点闭合，冷却风扇 V7 电动机的高速接线柱通电，冷却风扇以 2400r/min 的转速高速运转。

5. 空调系统电路

上海桑塔纳(LX、GX、GX5 型)轿车空调系统电路主要由电源电路、电磁离合器控制电路、鼓风机控制电路和冷凝器冷却风扇控制电路等主要电路所组成(图 10.9)。

电源电路由蓄电池 a、点火开关 D、卸荷继电器 J59 及熔断器 S1、S14、S23 和空调主继电器 J32 组成。当点火开关 D 断开(OFF 挡)或起动挡(ST 挡)时，卸荷继电器不通电，触点断开而使空调系统的供线路 X 号线无电，空调无法启动运行。当点火开关 D 接通(即处于 ON 挡)时，卸荷继电器通电，触点闭合，X 号线通电，这时空调主继电器 J32 中的 2 号继电器经熔断器 S14 得电使其触点闭合，接通鼓风机 V2 电动机的供电回路，鼓风机便可在鼓风机开关 E9 控制下运转，进行强制通风换气或送出暖气，它不受空调 A/C 开关

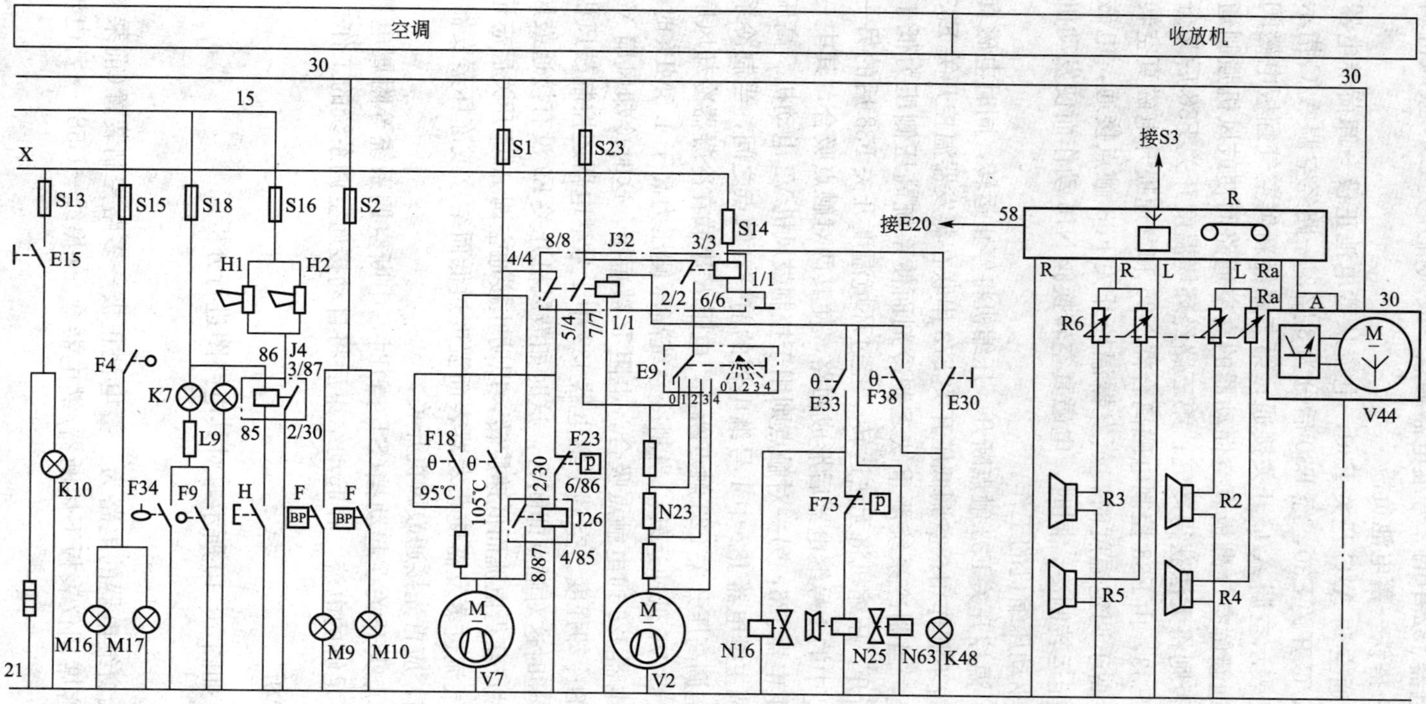

图 10.9 桑塔纳轿车空调、收放机电路

E15—后风窗电热器开关；Z1—后风窗电热器；F4—倒车灯开关；M16、M17—左右倒车灯；L9—灯光开关照明灯；K7—双回路和驻车制动装置的指示灯；F9—手制动指示灯开关；F34—制动液液位警告灯开关；H1、H2—双音喇叭；J4—喇叭继电器；H—喇叭按钮；F—制动灯开关；M9、M10—左右制动灯；F18—冷却风扇温控开关；V7—冷却风扇；F23—空调高压开关；J26—冷却风扇继电器；J32—空调继电器；E9—鼓风机开关；N23—调速开关；V2—鼓风机；N16—双路电磁阀(怠速提升电磁真空转换阀)；E33—蒸发器温控开关；F73—空调低压开关；N25—空调电磁离合器；F38—环境温度开关；N63—用于新鲜空气翻板的双路电磁阀；E30—空调开关；K48—空调开关指示灯；R—收放机；R2、R3、R4、R5—扬声器；R6—左右扬声器平衡开关；V44—电动天线装置

E30 的限制。鼓风机开关 E9 在不同的挡位时，鼓风机 V2 电动机的供电回路中串入的调速电阻个数也不同，从而可得到不同的送风速度。鼓风机 V2 电动机的供电回路为：蓄电池正极→熔断器 S23→空调主继电器 J32 中的 2 号继电器触点→鼓风机开关 E9→鼓风机调速电阻 N23→鼓风机 V2 电动机→搭铁→蓄电池负极。

夏季需要获得冷气时必须接通空调 A/C 开关 E30，电流从蓄电池正极→卸荷继电器 J59 的触点→熔断器 S14→空调 A/C 开关 E30，经 E30 后分为 3 路，一路经空调 A/C 指示灯 K48 构成回路，指示灯 K48 亮表示空调 A/C 开关接通；第二路经新鲜空气翻板电磁阀 N63 构成回路，使该阀动作以接通新鲜空气翻板真空促动器的真空通路而使鼓风机强制通过蒸发器总成的空气通道进风，否则将无法获得冷气；第三路经环境温度开关 F38 后又分为两路，一路到蒸发器温控开关 E33，由 E33 控制电磁离合器 N25 和怠速提升电磁真空转换阀 N16 的供电，当蒸发器温度高于调定温度时，蒸发器温控开关 E33 触点接通，电磁离合器电路接通吸合，压缩机才能运转制冷，同时，电磁真空转换阀 N16 动作而使发动机以较高转速运转以有足够的动力驱动压缩机的工作。

如蒸发器温度低于调定温度，温控开关 E33 触点断开，压缩机将停止运转，同时电磁真空转换阀 N16 断电，怠速提升装置不起作用。空调低压开关 F73 串联在蒸发器温控开关 E33 和电磁离合器 N25 之间的电路上，当制冷系统严重缺乏制冷剂而使系统高压侧压力低于 0.2MPa 时，低压开关 F73 触点断开，压缩机将无法运转。经过环境温度开关 F38 后的另一路电流则在进入空调主继电器 J32 中的 1 号继电器后形成回路，使其两对触点吸合，其中一对触点用于控制冷凝器冷却风扇继电器 J26，另一对触点则用于控制鼓风机 V2 电动机。高压开关 F23 串联在继电器 J26 和空调主继电器 J32 中 1 号继电器的前一对触点之间，当制冷系统高压侧压力低于 1.5MPa 时，空调高压开关 F23 触点断开，电阻 R 串联在冷凝器冷却风扇 V7 电动机的供电回路中，冷却风扇 V7 低速运转。当制冷系统高压侧压力高于 1.5MPa 时，高压开关 F23 触点接通，使得继电器 J26 通电触点吸合，电阻 R 被短接，这时冷却风扇 V7 高速运转以加强冷凝器和发动机的冷却强度。空调主继电器 J32 中 1 号继电器还控制鼓风机的一对触点，当空调 A/C 开关接通时这对触点即闭合，这时如鼓风机开关 E9 没有接通鼓风机电路，鼓风机 V2 也将从该对触点获得电流而低速旋转，以防止接通空调 A/C 开关后忘记接通鼓风机开关而造成因没有空气流过蒸发器使蒸发器表面温度过低而结冰或冻坏蒸发器。因此，在接通空调 A/C 开关之前，应首先接通鼓风机开关。

卸荷继电器 J59 的作用是当点火开关在起动挡(ST 挡)时，中断空调系统等附属电器的工作，以保证发动机起动时有足够的电流，在起动结束后将自动接通空调系统的工作。

10.3.3 本田汽车部分电路图分析

以本田电动天窗电路为例，如图 10.10 所示，对其电路图进行分析。

1. 电动天窗继电器电路

当打开点火开关时，电动天窗继电器的电路为：蓄电池正极→多路控制装置(前乘客席侧)→电动车窗继电器(前乘客席侧仪表板下熔断器/继电器盒)→黑线→G581→蓄电池负极。电动车窗继电器接通。

2. 天窗开启电路

当电动天窗开关打到开启位置时，天窗开启电路为：蓄电池正极→黑线→发动机盖下

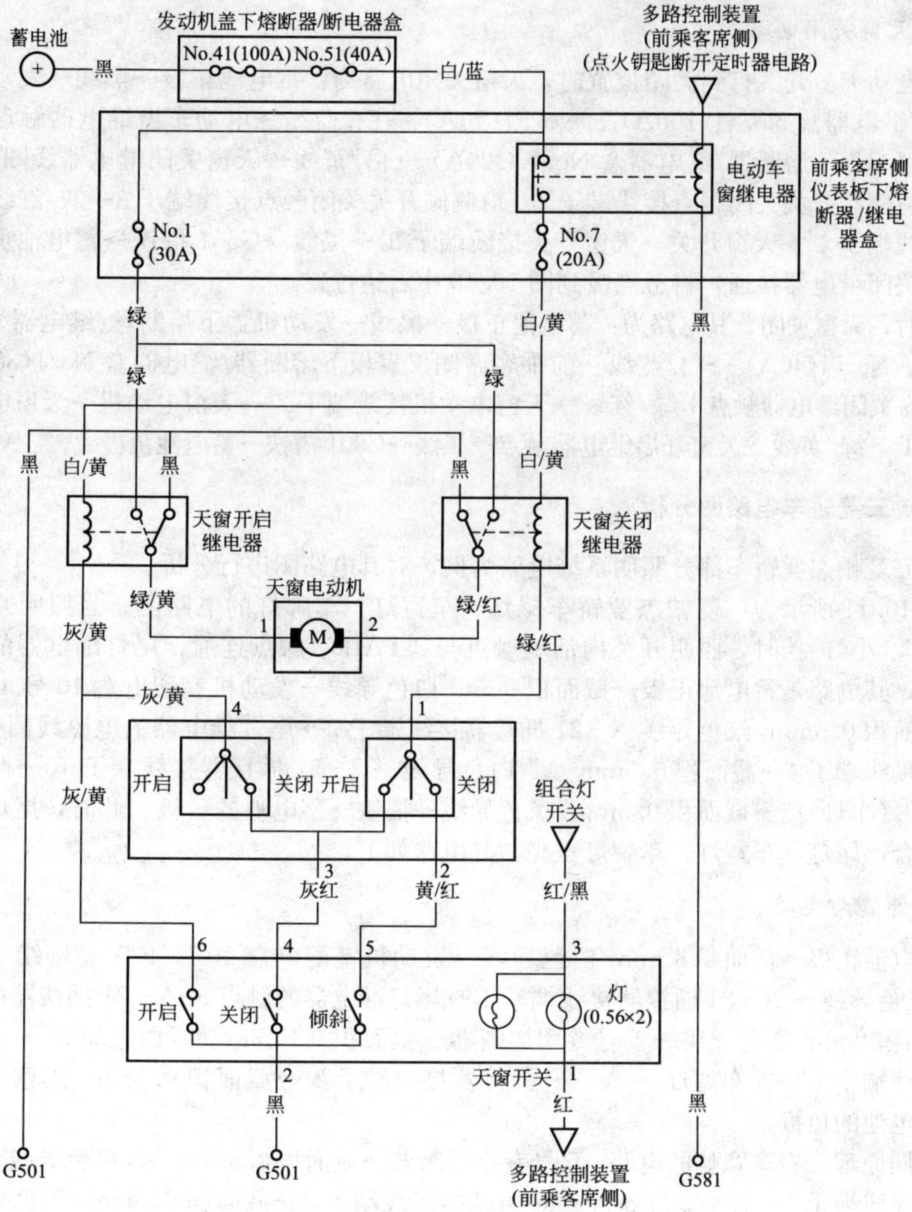

图 10.10　电动天窗电路图

熔断器/继电器盒 No. 41(100A)、No. 51(40A)→白/蓝线→电动车窗继电器触点→前乘客席侧仪表板下熔断器/继电器盒 No. 7（ 20A）→白/黄线→天窗开启继电器线圈→灰/黄线→天窗开关接线端子 6→天窗开启开关→天窗开关接线端子 2→黑线→G501 搭铁→蓄电池负极。此时天窗继电器将触点吸到图 10.10 中左边位置。

此时，天窗电动机开始工作，天窗开启。其电路为：蓄电池正极→黑线→发动机盖下熔断器/继电器盒 No. 41(100A)、No No. 1(30A)→绿线→天窗开启继电器触点→绿/黄线→天窗电动机接线端子 1→天窗电动机→天窗电动机接线端子 2→绿/红线→天窗关闭继电器触点→黑线→G501 搭铁→蓄电池负极。

3. 天窗关闭电路

当电动天窗开关打到关闭位置时，天窗关闭电路为：蓄电池正极→黑线→发动机盖下熔断器/继电器盒 No. 41(100A)、No. 51(40A)→白/蓝线→电动车窗继电器触点→前乘客席侧仪表板下熔断器/继电器盒 No. 7（20A）→白/黄线→天窗关闭继电器线圈→绿/红线→天窗侧倾开关关闭触点接线端子 1→窗侧倾开关关闭触点接线端子 3→灰/红线→天窗开关接线端子 4→天窗开关→天窗开关接线端子 2→黑线→G501 搭铁→蓄电池负极。此时天窗关闭继电器接通，将触点吸到图 10.10 中右边位置。

此时，天窗关闭。其电路为：蓄电池正极→黑线→发动机盖下熔断丝/继电器盒 No. 41(100A)、No. 51(40A)→白/蓝线→前乘客席侧仪表板下熔断器/继电器盒 No. 1(30A)→绿线→天窗关闭继电器触点卡绿/红线→天窗电动机接线端子 2→天窗电动机→天窗电动机接线端子 1→绿/黄线→天窗开启继电器触点→黑线→G501 搭铁→蓄电池负极。

10.3.4 三菱轿车电路图分析

以三菱帕杰罗轿车部分照明系统电路为例，对其电路图进行分析。

图 10.11 所示为三菱帕杰罗轿车尾灯、车宽灯、车牌灯的电路图。当照明开关位于“TAIL”（小灯）挡时，照明开关内活动触点与“TAIL”触点连通，尾灯继电器的电磁线圈通电，其电路是蓄电池正极→截面积 $8mm^2$ 白色导线→发动机室配电盒 10 号 40A 易熔线→截面积 $0.5mm^2$ 红色导线 A－21 插接器接线端子 2→尾灯继电器的电磁线圈→A－21 插接器接线端子 4→截面积 $0.5mm^2$ 绿/白色导线→C－57 插接器接线端子 10→照明开关“TAIL”（小灯）挡→截面积 $0.5mm^2$ 黑色导线→搭铁→蓄电池的负极。此时，尾灯继电器触点闭合，尾灯、车宽灯、车牌灯点亮，其电路如下。

1. 车宽灯电路

蓄电池正极→截面积 8 mm^2 白色导线→发动机室配电盒 10 号 40A 易熔线→截面积 $3mm^2$红色导线→ A－21 插接器接线端子 1→尾灯继电器的触点→ A－21 插接器接线端子 1→截面积 $2mm^2$ 红色导线→ 5 号专用熔断器→截面积 0.5 mm^2 绿/白色导线→ A－29 插接器接线端子 1→左车宽灯→ A－29 插接器接线端子 2→截面积 $0.5mm^2$ 黑色导线→搭铁→蓄电池的负极。

相同原理，右车宽灯的电路：5 号专用熔断器→截面积 $0.5mm^2$ 绿/白色导线→ A－48 插接器接线端子 1→右车宽灯→A－48 插接器接线端子 2→截面积 $0.5mm^2$ 黑色导线→搭铁→蓄电池的负极。

2. 尾灯电路

左尾灯电路：5 号专用熔断器→截面积 $0.5mm^2$ 绿/白色导线→ C－10 插接器接线端子 1→截面积 0.5 mm^2 绿/红色导线→C－66 插接器接线端子 22→E－17 插接器接线端子 3→E－20 插接器接线端 1→左尾灯→E－20 插接器接线端 5→E－17 插接器接线端子 4→搭铁→蓄电池的负极。

右尾灯电路：5 号专用熔断器→截面积 $0.5mm^2$ 绿/白色导线→ C－85 插接器接线端子 6→跨接 C－98 插接器接线端子 4→C－66 插接器接线端子 24→截面积 $0.5mm^2$ 绿/白色导线→G－09 插接器接线端子 1→右尾灯→G－09 插接器接线端子 5→截面积 $0.5mm^2$ 黑色

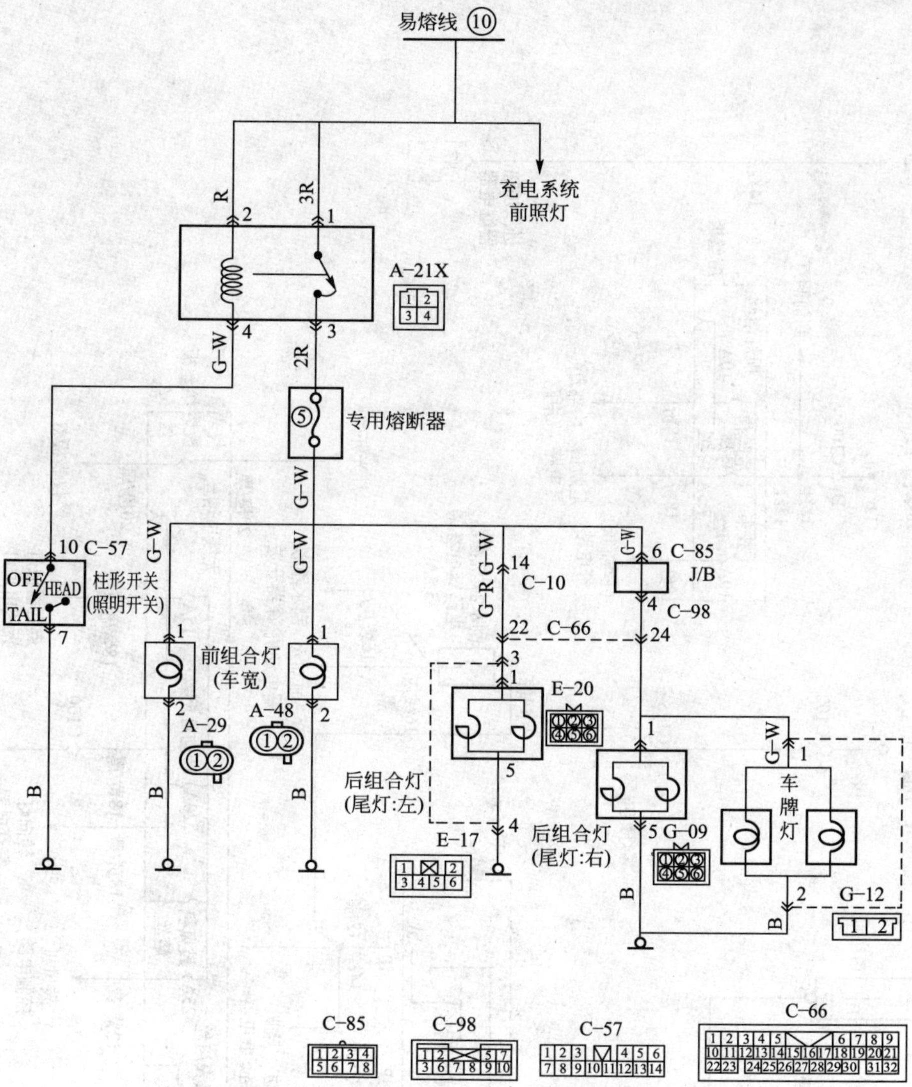

图 10.11 尾灯、车宽灯、车牌灯的电路图

导线→搭铁→蓄电池的负极。

3. 车牌灯电路

5 号专用熔断器→截面积 0.5mm^2 绿/白色导线→C－85 插接器接线端子 6→跨接 C－98 插接器接线端子 4→C－66 插接器接线端子 24→截面积 0.5mm^2 绿/白色导线→G－12 插接器接线端子 1→车牌灯→G－12 插接器接线端子 2→截面积 0.5mm^2 黑色导线→搭铁→蓄电池的负极。

10.3.5 北京切诺基吉普车电路分析

以切诺基吉普车照明电路为例，对其电路图进行分析。

如图 10.12 所示，电流从蓄电池正极经起动机继电器连接一规格 18 绿颜色的易熔线、插接器 C100 的 D_1 接线端子到前照灯电路。

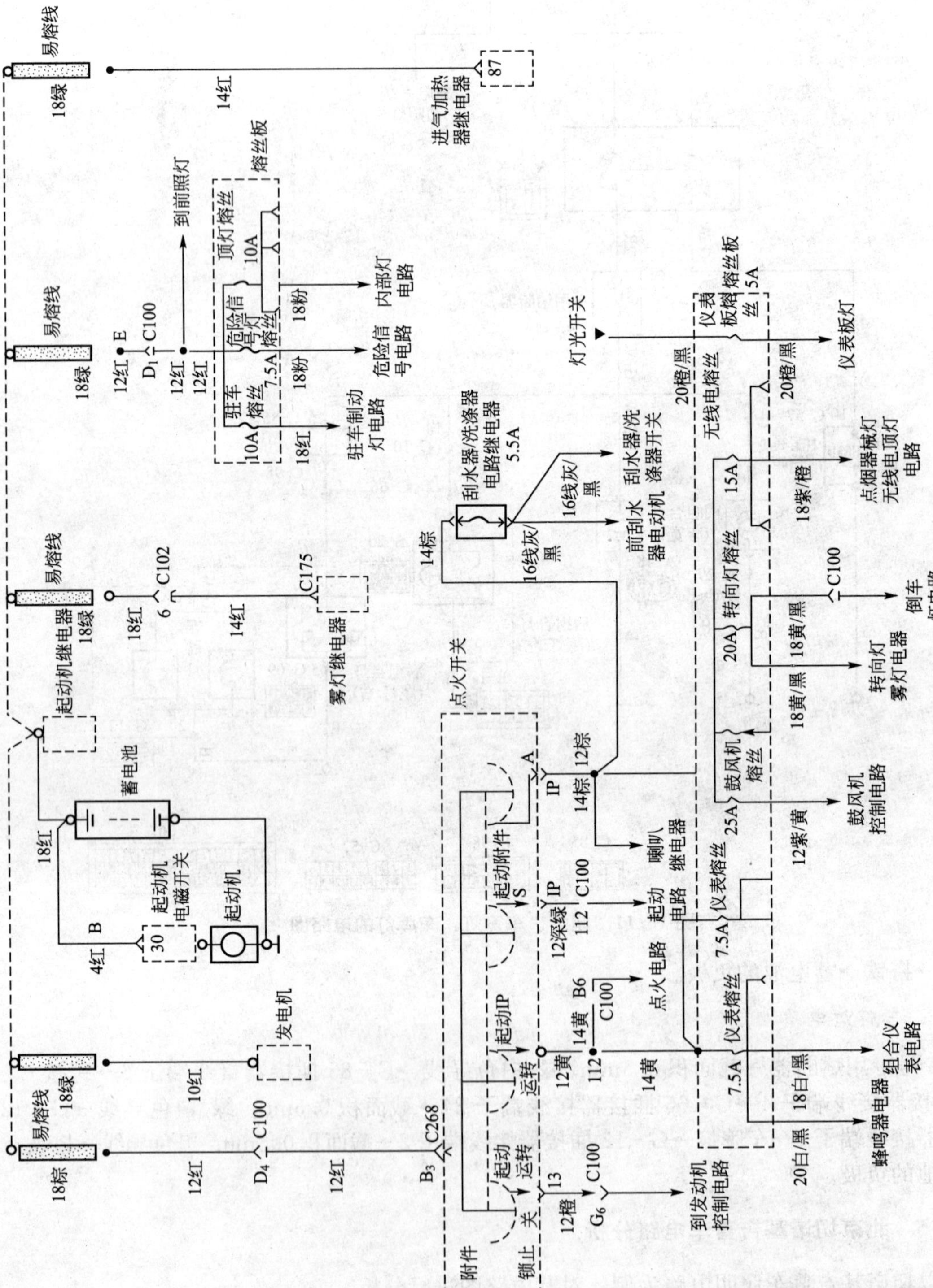

图 10.12 切诺基汽车电源配电图

如图 10.13 所示，电流经过上述电路后，通过插接器 C100 的 D_1 接线端子、插接器 C268 的 B_1 接线端子、灯光开关(在灯光开关中，有一个容量为 25 A 的电流断路器起保护作用)、插接器 C269 的 11 号接线端子、规格 12 棕/黑色的导线、插接器 C177 的 2 号接线端子到变光开关。

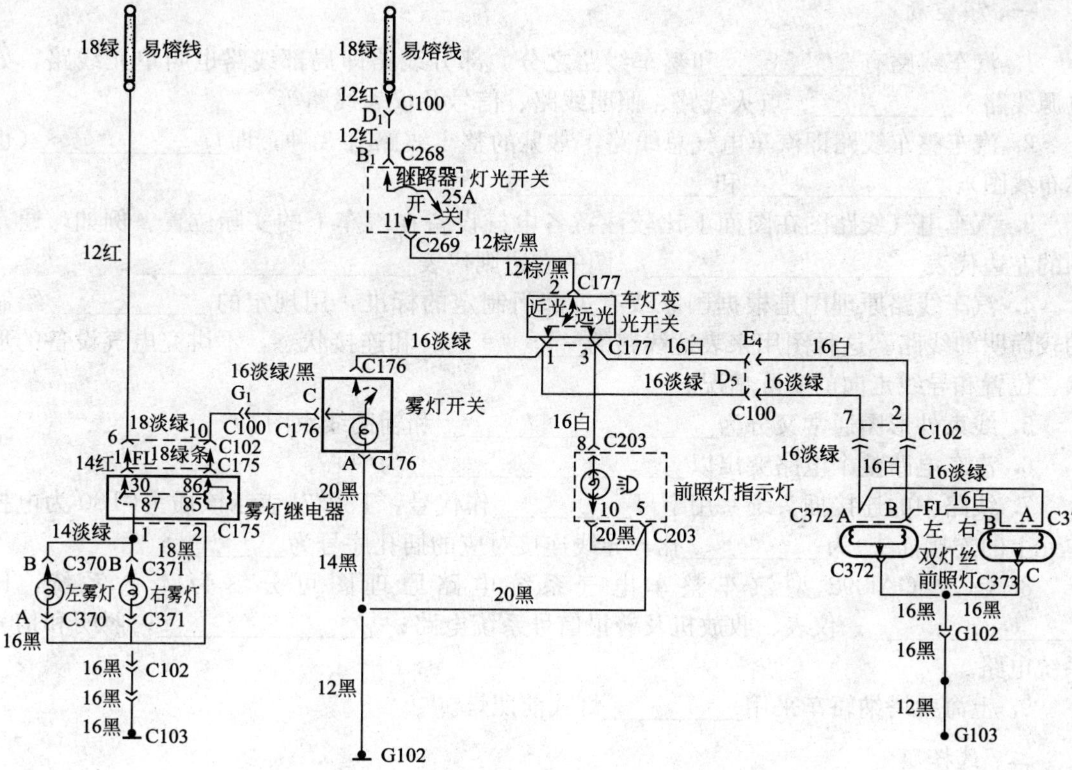

图 10.13 切诺基汽车雾灯与前照灯电路图

当车灯变光开关打到近光时，电流通过插接器 C177 的 1 号接线端子到左右前照灯的近光灯丝。

当车灯变光开关打到远光时，电流通过连接器 C177 的 3 号接线端子到左右前照灯的远光灯丝，同时流经仪表板的前照灯指示灯，提示远光灯亮。

本 章 小 结

本章介绍了汽车电路图的类型，分析总结了一般汽车电路图的识读方法及流程，以桑塔纳 2000 轿车、解放 CA1092 型货车、本田轿车、三菱轿车、切诺基吉普车等为例，进行了整车及部分汽车部分电路图的分析。

复习思考题

一、填空题

1. 汽车线路有__________和整车线路之分。部分线路即局部线路也叫单元线路，如电源线路、__________、点火线路、照明线路、信号及仪表线路等。

2. 汽车整车线路即汽车电气总线路，常见的整车线路有 3 种，即______________（也称布线图）、______________和______________。

3. 汽车电气线路图在图面上比较注意各电气设备在汽车上的实际位置。例如，通常图的左边代表__________________，图的右边则代表__________________。

4. 汽车线路原理图是根据国家或有关部门制定的标准，用规定的____________绘制的较简明的线路。这种图用来表达线路的____________和连接状态，不讲究电气设备的形状、位置和导线走向的实际情况。

5. 线束外形图通常又分为____________________和辅助线束图。

6. 汽车电路整个电路突出以____________________为中心。

7. 线路中的连接插头统一用字母__________作代号。T80/71 表示该插头（T80 为电控单元上的连接插头）为__________孔，导线连接对应的插孔序号为__________。

8. 解放 CAl092 型汽车整车电气系统电路原理图可分解为 4 大系统，即______________；仪表、收放机及警报信号系统电路；________________；照明和信号系统电路。

9. 上海桑塔纳轿车采用__________灯式前照灯。

二、选择题

1. 电源系统电路由（　　）等组成。

A. 蓄电池　　B. 发电机　　C. 电压调节器　　D. 以上说法均正确

2. 起动系统电路由（　　）等组成。

A. 起动机　　B. 起动继电器　　C. 点火开关　　D. 以上说法均正确

3. 下列不属于传统点火系统电路的是（　　）。

A. 附加电阻　　B. 火花塞　　C. 爆燃传感器　　D. 电子点火控制器

4. 下列不属于照明与灯光信号系统的是（　　）。

A. 警告指示灯　　B. 雾灯　　C. 示宽灯　　D. 制动灯

5. 下列不属于仪表信息系统电路的是（　　）。

A. 附加电阻　　B. 传感器　　C. 警告指示灯　　D. 蜂鸣器

6. 仪表信息系统电路由（　　）等组成。

A. 电流表　　B. 仪表及传感器

C. 控制器件及蜂鸣器　　D. 以上说法均正确

7. 一般常见的辅助电器由（　　）等组成。

A. 风窗玻璃刮水器及清洗装置　　B. 风窗除霜（防雾）装置

C. 电动后视镜　　D. 以上说法均正确

8. 电路图中标有 30 字样的线路，它与(　　)直接连接。

A. 蓄电池　B. 发电机　C. 起动继电器　D. 油泵继电器

9. 电路图中标有 X 字样的线路，它是点火开关接通使 X-接触继电器触点闭合后，提高(　　)用电设备的电源。

A. 小容量　B. 大容量　C. 空容量　D. 不变容量

10. 起动机受(　　)控制。

A. 点火线圈　B. 点火开关　C. 发电机　D. 发动机

11. 点火电路由(　　)等组成。

A. 点火开关　B. 放大器、点火线圈

C. 霍尔元件、火花塞　D. 以上选项均正确

12. 上海桑塔纳 LX 型轿车组合仪表包括(　　)等。

A. 转速表　B. 燃油指示表　C. 冷却液温度表　D. 以上选项均正确

三、问答题

1. 什么是汽车线路原理图？什么是汽车线束外形图？
2. 汽车线路原理图中标号 30、15、X、31 含义各是什么？
3. 桑塔纳汽车电路图具有什么特点？
4. 试分析解放 CA1092 型汽车起动系统的工作过程。
5. 说明桑塔纳轿车电路图中 2/30、D23 的含义。

参考文献

[1] 董宏国．汽车电路分析［M］．3版．北京：北京理工大学出版社，2013.

[2] 孙仁云，付百学．汽车电器与电子技术［M］．2版．北京：机械工业出版社，2012.

[3] 姚胜华．汽车电器与电子控制技术［M］．广州：华南理工大学出版社，2010.

[4] 徐向阳．汽车电器与电子控制技术［M］．北京：机械工业出版社，2003.

[5] 于万海．汽车电气设备原理与检修［M］．3版．北京：电子工业出版社，2011.

[6] 金立君．智能型安全气囊控制技术［J］．交通科技与经济，2010(03)：112-113.

[7] 李春明．汽车车身电子技术［M］．北京：北京理工大学出版社，2003.

[8] 郭远辉．汽车车身电气及附属电气设备检修［M］．北京：人民交通出版社，2005.

[9] 何丹娅．汽车电器与电子设备［M］．北京：人民交通出版社，1998.

[10] 王文涛，等．丰田2007款CAMRY汽车电源系工作原理及故障诊断［J］．汽车电器，2011(03)：35-37.

[11] 陈兆全，等．皮卡车电动车窗的结构原理分析［J］．汽车电器，2011(03)：21-22.

[12] 周又濂．汽车电器开关的分类与发展［J］．汽车与配件，2011(28)：16-18.

北京大学出版社汽车类教材书目

序号	书　名	标准书号	著作者	定价	出版日期
1	汽车构造(第2版)	978-7-301-19907-7	肖生发，赵树朋	56	2014.1
2	汽车构造学习指导与习题详解	978-7-301-22066-5	肖生发	26	2014.1
3	汽车发动机原理(第2版)	978-7-301-21012-3	韩同群	42	2013.5
4	汽车设计	978-7-301-12369-0	刘涛	45	2008.1
5	汽车运用基础	978-7-301-13118-3	凌永成，李雪飞	26	2008.1
6	现代汽车系统控制技术	978-7-301-12363-8	崔胜民	36	2008.1
7	汽车电气设备实验与实习	978-7-301-12356-0	谢在玉	29	2008.2
8	汽车试验测试技术	978-7-301-12362-1	王丰元	26	2013.6
9	汽车运用工程基础(第2版)	978-7-301-21925-6	姜立标	34	2013.1
10	汽车制造工艺（第2版）	978-7-301-22348-2	赵桂范，杨　娜	40	2013.4
11	车辆制造工艺	978-7-301-24272-8	孙建民	45	2014.6
12	汽车工程概论	978-7-301-12364-5	张京明，江浩斌	36	2008.6
13	汽车运行材料（第2版）	978-7-301-22525-7	凌永成	45	2013.7
14	汽车运动工程基础	978-7-301-25017-4	赵英勋，宋新德	38	2014.10
15	汽车试验学	978-7-301-12358-4	赵立军，白　欣	28	2013.5
16	内燃机构造	978-7-301-12366-9	林　波，李兴虎	26	2011.12
17	汽车故障诊断与检测技术	978-7-301-13634-8	刘占峰，林丽华	34	2013.8
18	汽车维修技术与设备	978-7-301-13914-1	凌永成，赵海波	30	2013.5
19	热工基础	978-7-301-12399-7	于秋红	34	2009.2
20	汽车检测与诊断技术	978-7-301-12361-4	罗念宁，张京明	30	2009.1
21	汽车评估	978-7-301-14452-7	鲁植雄	25	2012.5
22	汽车车身设计基础	978-7-301-15619-3	王宏雁，陈君毅	28	2009.9
23	汽车车身轻量化结构与轻质材料	978-7-301-15620-9	王宏雁，陈君毅	25	2009.9
24	车辆自动变速器构造原理与设计方法	978-7-301-15609-4	田晋跃	30	2009.9
25	新能源汽车技术（第2版）	978-7-301-23700-7	崔胜民	39	2014.2
26	工程流体力学	978-7-301-12365-2	杨建国，张兆营等	35	2011.12
27	高等工程热力学	978-7-301-16077-0	曹建明，李跟宝	30	2010.1
28	汽车电气设备（第2版）	978-7-301-16916-2	凌永成，李淑英	38	2014.1
29	汽车电气设备	978-7-301-24947-5	吴焕芹，卢彦群	42	2014.10
30	现代汽车发动机原理	978-7-301-17203-2	赵丹平，吴双群	35	2013.8
31	现代汽车新技术概论（第2版）	978-7-301-24114-1	田晋跃	42	2014.5
32	现代汽车排放控制技术	978-7-301-17231-5	周庆辉	32	2012.6
33	汽车服务工程（第2版）	978-7-301-24120-2	鲁植雄	42	2014.6
34	汽车使用与管理	978-7-301-18761-6	郭宏亮，张铁军	39	2013.6
35	汽车数字开发技术	978-7-301-17598-9	姜立标	40	2010.8
36	汽车人机工程学	978-7-301-17562-0	任金东	35	2013.5
37	专用汽车结构与设计	978-7-301-17744-0	乔维高	45	2010.9
38	汽车空调	978-7-301-18066-2	刘占峰，宋　力等	28	2013.8
39	汽车空调技术	978-7-301-23996-4	麻友良	36	2014.4
40	汽车 CAD 技术及 Pro/E 应用	978-7-301-18113-3	石沛林，李玉善	32	2014.1
41	汽车振动分析与测试	978-7-301-18524-7	周长城，周金宝等	40	2011.3
42	新能源汽车概论	978-7-301-18804-0	崔胜民，韩家军	30	2013.6
43	汽车空气动力学数值模拟技术	978-7-301-16742-7	张英朝	45	2011.6
44	汽车电子控制技术(第2版)	978-7-301-19225-2	凌永成，于京诺	40	2014.1
45	车辆液压传动与控制技术	978-7-301-19293-1	田晋跃	28	2011.8
46	车辆悬架设计及理论	978-7-301-19298-6	周长城	48	2011.8
47	汽车电器及电子控制技术	978-7-301-17538-5	司景萍，高志鹰	58	2012.1
48	汽车车身计算机辅助设计	978-7-301-19889-6	徐家川，王翠萍	35	2012.1
49	现代汽车新技术	978-7-301-20100-8	姜立标	49	2013.7
50	电动汽车测试与评价	978-7-301-20603-4	赵立军	35	2012.7
51	电动汽车结构与原理	978-7-301-20820-5	赵立军，佟钦智	35	2012.7
52	二手车鉴定与评估	978-7-301-21291-2	卢　伟，韩　平	36	2012.8
53	汽车微控制器结构原理与应用	978-7-301-22347-5	蓝志坤	45	2013.4
54	汽车振动学基础及其应用	978-7-301-22583-7	潘公宇	29	2013.6
55	车辆优化设计理论与实践	978-7-301-22675-9	潘公宇，商高高	32	2013.7
56	汽车专业英语	978-7-301-23187-6	姚　嘉，马丽丽	36	2013.8
57	车辆底盘建模与分析	978-7-301-23332-0	顾　林，朱　跃	30	2014.1
58	汽车安全辅助驾驶技术	978-7-301-23545-4	郭　烈，葛平淑等	43	2014.1
59	汽车安全	978-7-301-23794-6	郑安文	45	2014.3
60	汽车系统动力学与仿真	978-7-301-25037-2	崔胜民	42	2014.11

相关教学资源如电子课件、电子教材、习题答案等可以登录 www.pup6.cn 下载或在线阅读。

如您需要免费纸质样书用于教学，欢迎登陆第六事业部门户网(www.pup6.com.cn)填表申请，并欢迎在线登记选题以到北京大学出版社来出版您的大作，也可下载相关表格填写后发到我们的邮箱，我们将及时与您取得联系并做好全方位的服务。

联系方式：010-62750667，童编辑，13426433315@163.com，pup_6@163.com，欢迎来电来信咨询。